Compact
Complete
Creative

C

Book 5

司法試験&予備試験対策シリーズ

Civil Law

民法

III

債権総論

改訂新版

はしがき

☆改訂にあたり

　30年に及ぶデフレ景気・低成長の中、内外を問わず、政治・経済・社会の激動の時代が続いています。世界中、不安と重苦しさが充満する中、人々は生き方を求めて、未知の世界に踏むこまざるを得ない状況に立ち入っています。価値観が一変するこの新たな時代を生き抜くために、民法を「導きの星」のよすがとして学ぼうとお考えの皆様に向けて、いささかなりともお役に立てればと考え、民法（私法）の全体構造や、権利とは何かなどについて述べました。通常の「はしがき」とは体裁が異なりますが、ご辛抱、ご容赦を願います。

☆

　まず、物と所有権は常識的には同じ様なものとして用いられています。しかし、法律的に考える際には全く異なります。物は素粒子で構成されており、スーパーカミオカンデによってその中身を観測することができます。しかし、所有「権」は素粒子で構成されていません。その存在は、人間の頭脳の中のイメージに過ぎません。

　物とは別に、所有権を考え出し、その使用を始めた狙いは、2人以上の者が1つの物について争うときに、どちらにその物を渡すかを決める手段とするためです。争いは、目に見える物体それ自体にこだわっていては解決できません。所有権の帰属で解決します。争っている2人はともに「自分の物」だと言い争っているのです。そこで、所有権という一種の観念を基準として、その物の帰属者を決めるのです。これが所有権をはじめとする「権利」の体系である私法の役割であり、法や「権利」を学ぶ実益です。

　今も昔も、不安・紛争・テロの時代ですが、人類の願いは、常に「永遠の平和」です。それに資する手段の1つが法や「権利」を学ぶことにあります。人間の文化の進展とともに物・財物をめぐる争いは複雑・高度に発展します。それを解決するために、日々、無数の法や「権利」の束が生まれるのです。

　そして、法は最終的に紛争を解決する宿命を負っており、決断を強制する手段を持っています。強制力のない法は、道徳・モラル・倫理に過ぎません。強制力・損害賠償・刑罰（死刑・懲役・罰金等）を与えることの根拠となるものが法なのです。

☆法の世界へのご招待

　法は争いを解決する手段です。法は、あらゆる争いを、人と人の間で生じたことにします。犬が人に噛みついてケガをすれば、その犬とケガをした人の争いではなく、その犬の飼い主とケガをした人の争いとなります。そのため、その犬の飼い主を探すことになります（その犬が野犬であれば、責任を負う人がいないことになります）。この世の不都合を、誰かの人間の争いに転換して解決するのが法なのです。

　それでは、「＊　私法の全体構造図」（はしがきの最終頁参照）を見てみることにしましょう。これは、3つに分けて考えられます。

　1つ目は、「法が扱う対象」（下記1参照）は何かです。2つ目は、「法の主体は個人から複数人へ」（下記2参照）と拡大していることです。そして、3つ目は、「人・団体が他の人・団体との間で、財物をどのように交換するか」（下記3参照）です。

1　法が扱う対象

　法が扱う対象は、所有権や制限物権（用益物権・担保物権）、債権などにとどまらず、知的財産権などへと拡大しています。現代では、ＡＩ（人工知能）なども発展しており、さらに法が扱う対象の拡大が予想されます。

2　法の主体は個人から複数人へ

　法の主体は、個人から複数人（団体）へと拡大しています。団体には、一定の目的を共有する組合や会社などがあります。また、統治の団体である自治体（県・市・町・村など）、ひいては国家が作られ、国家の集合である国際連合へと発展していきます。

　団体は、それ自体が権利の主体であり、外部的な関係では1人と同様に取り扱われます。その団体には代表者などが存在します。団体の内部関係は、当該団体が多数の人・集合で構成されているので、内部の意思をまとめるための機関が用意されています。この集団の外部関係・内部関係は、現代では、益々複雑に変化・発展しています。

3　ある人・団体が他の人・団体との間で、財物をどのように交換するか

　ある人・団体と他の人・団体との間で、財物（権利）はどのように交換されるのでしょうか。まず、原則は、意思表示に基づいて財物（権利）が移転するというものです。すなわち、財物（権利）の移転の手段となるのは、当事者の合意（売買契約・賃貸借契約など）です。もっとも、法律そのものが財物（権利）の移転について定めている場合もあります。意思表示ではなく、法律による財物（権利）の移転です。この制度としては、時効取得や事務管理・不当利得・不法行為など、意外と広範囲にわたります。

☆1つ目の論点⇒法の対象の拡大

1　物から所有権・その他の権利へ

　ロビンソン・クルーソーのように孤島に1人で生活しているときは、身の回りの全ては全て彼の物です。どのように利用しようとも、争いは生じないでしょう。1人の世界では法律はいまだ存在しません。しかし、この孤島にもう1人の人間が住めば、1つの物をめぐって争いが生まれます。この時点で、争いを解決するための工夫が必要となるのです。そして、暴力（自力救済）による解決は新たな暴力を生み、決して安全と平和が訪れることはありません。その安全と平和を確保するためのものが「法」なのです。

　まず、人は所有権を発明しました。所有権を有する人は、所有権の目的物を侵害・妨害する人に対して、その排除を主張することができます。所有権絶対の原則の誕生です。

　そして、人々が豊かな生活を築くことにより、益々権利の周辺は拡大していきます。人と人とが接触し、摩擦を起こす関係が増加するからです。その紛争を回避する基準となるものが、「法」（法規範・ルール）なのです。

2　所有権から制限物権（用益物権・担保物権）へ

　次に、例えば土地などをめぐり争いが発生しますが、その土地の価値をどのように利用・支配するかによって、様々な権利（地上権・地役権などの用益物権や、質権・抵当権・非典型担保などの担保物権）が生まれていきます。紛争の相手方との利益調整上の必要などから、種々の権利が発明され、拡大していくのです。

3　物権から債権へ

　かつては、金銭的な価値がないものは権利として保護に値しないとされていました。しかし、近代資本主義社会の発展のためには、このような限定をすることなく、契約自由の原則を広く認めるべきであると考えられました。その結果、民法399条は「債権は、金銭に見積もることができないものであっても、その目的とすることができる」と規定して、当事者が締結した契約を保護する方向へと進んだのです。

4　物権・債権から知的財産権へ

　人の文化・社会が複雑に変化・拡大し、法律の数も増加しました。文化の発展により、人の接触・交流・争いの内実も輪郭も多様化します。そして、今日では、特許権・実用新案権・意匠権・商標権・著作権など、新たな権利が続々と誕生しています。特に、文芸・

美術・音楽などを保護する著作権まで権利が拡大するに至っているのです。

☆2つ目の論点⇒法の主体の拡大（個人から複数人へ）

1　法人概念の発明

　1つ目の論点で学んだ権利の帰属主体となる地位・資格を権利能力といいます。人間は生まれた時からこの権利能力を有します。

　もっとも、自分1人ができることの範囲は限られており、目的を達成するためには、実現したい目的を共通にする複数人が協力・共同して、団体を創ることが必要不可欠です。そこで、団体も権利能力の帰属主体となることが必要となり、「法人」という権利能力者が発明されました。法人概念の発明は、近代社会の発展の偉大な発明といわれています。

2　法人の機関

　法人は、その目的の実現するために意思決定をし、決定した意思を外部に表明する必要があります。そのため、意思決定のための内部機関と、決定した意思を外部に表明するための外部機関が必要となります。

　意思決定のための内部機関としては、会社の株主総会や、社団法人の社員総会などがこれに当たります。多数の構成員の意見を1つのまとめるための機関です。

　また、決定した意思を外部に表明するための外部機関としては、会社の代表取締役や、社団法人の代表理事などがこれに当たります。団体の構成員がばらばらに行動してしまうと、相手方は誰の意見がその法人のものなのかが分からず、困ってしまいます。そこで、団体を代表して、対外的に権利関係を処理するための外部機関（代表機関）が必要となるのです。

　他にも様々な目的・役割を担った機関が存在しますが、詳しくは「C-Book　民法Ⅰ＜総則＞」の本文をご覧ください。

　そして、このような仕組みは、自治体・国家・国際団体などにも応用されます。つまり、どのような団体にも、その団体の目的、構成員の範囲、構成員相互の関係を定める各種の内部機関、団体の意思を外部に表明する外部機関が必要となるのです。

3　代理制度

　民法は、自分が法律行為をするのではなく他人に任せる制度として、代理制度（99条以下）を置いています（代理制度の詳細については、「C-Book　民法Ⅰ＜総則＞」の本文をご覧ください。）。これを応用して、今まで説明してきたように、法人に外部機関（代表機関）が設けられています。法人が対外的に活動した結果発生した法律効果は、法人の構成員ではなく、法人そのものに帰属します。

4　家族制度

　人の集団の中でも、家族は特殊です。家族は、血族子孫を誕生させる男と女との結合からスタートした団体ともいえます。法の誕生よりもはるかに古いでしょう。

　しかし、現在では家族という団体も国家・社会の基本単位をなすため、国家秩序たる法に組み込まれています。家族や親族は、国家・社会の根幹を支えていることから、親族に関する条文は、原則として強行法規とされています。現行の民法は、725条で親族の範囲を広く定めています（6親等内の血族、配偶者、3親等内の姻族）が、現在、日本人の家族慣習は大きく変容し、家族関係の希薄化が指摘されています。

　なお、民法は、相続についても規定しています。つまり、家族の誰かが死亡した場合には、その被相続人の遺産について新たな帰属者を決めなければなりません。その法が民法の中に規定されている「相続」法なのです。詳しくは、「C-Book　民法Ⅴ＜親族・相続＞」の本文をご覧ください。

☆3つ目の論点⇒財産権の移転を求める人・団体との関係

　衣食住等を自分の支配下に収めたいとき、人はどうするでしょうか。人類は、暴力によって生存を確保した長い歴史を持ちます。暴力で物体を取得するときは、権利性を問題とする必要はありません。物体それ自体を奪えばよいのです。しかし、現代の法治国家の下では、暴力による解決は否定されており、法を中心に解決されます。

　権利の移転は、次に2つの場合に分けられます。1つは、意思表示（売買契約・賃貸借契約などの当事者の合意）に基づいて権利が移転するというものです。もう1つは、意思表示ではなく、法律による権利の移転です。国家が法律によって権利の移転を定めた場合というわけです。

1　意思表示に基づく権利変動

　権利の移転の手段となるのは、当事者の合意です。すなわち、意思表示に基づく法律関係が原則となります。これを私的自治の原則と言います。個人間相互が納得し、利益を配分する合意がなされるわけですが、その様々な契約や法律構成を、民法で詳しく学んでいきます。

2　意思表示に基づかない権利変動

　上記1の場合以外の場合、つまり、当事者の意思表示に基づかない権利変動としては、時効取得や事務管理・不当利得・不法行為などが規定されています。これらは、当事者の意思表示がなくても、民法が定めた要件を具備することによって発生します。

　＊　私法の全体構造図

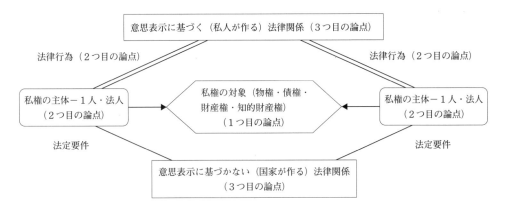

2022年1月吉日

LEC総合研究所　司法試験部
編著者代表　　反町　勝夫

本書をお使いいただくにあたって ••••••••••••

一 本書の効果的活用法

　本書は、民法<債権総論>について、司法試験・予備試験その他各種資格試験に合格するために必要・十分な知識や理解を得るための独習用教材として編集されました。そのため、本書には試験合格のために必須である基本的かつ最低限の知識・情報から、司法試験の論文式試験でも問われ得る応用的な知識・情報まで盛り込まれています。

　そこで、初めて本書をお使いいただくにあたっては、1回の学習で全ての事項を理解しようとせず、まずは「A」「B」ランクが付されている単元をしっかり読み込むことを推奨します。その中でも「A」ランクが付されている単元は特に重要なので、本書を一度読み終えた後再度戻り、繰り返し学習するとより効率的です。なお、「C」ランクが付されている単元は、重要度が比較的低いため、軽く目を通す程度の学習で十分です。

単元のランク

　　A：論文式試験・短答式試験を通して必ず理解しておく必要がある、きわめて重要度の高い単元です。
　　B：論文式試験・短答式試験を通して理解しておくと良い、基本的な単元です。
　　C：論文式試験・短答式試験を通して重要度が比較的低い単元です。

二 本書の構成

1 「これから学ばれる方へ」

　本書では、章のはじめに導入部分として「これから学ばれる方へ」のコーナーを設けています。これは、民法をより身近に感じていただくとともに、その章で学習する大まかな内容を、日常的な事例を用いて平易に説明したものです。民法を初めて学習する方や、民法に苦手意識をお持ちの方は、「これから学ばれる方へ」を読んでいただくと、民法の全体像をイメージすることができます。

2 各節の「学習の指針」

　本書では、各節の「学習の指針」を冒頭に設けています。「学習の指針」では節の構成を大まかに示していますので、体系的な理解に役立ててください。また、各節の内容を学習するにあたり、重要なポイントや必要な理解の程度を示しています。どこまで学習すれば良いのかとお悩みになったときは、「学習の指針」を参考にすると良いでしょう。

3 「問題の所在」、「考え方のすじ道」、「アドヴァンス」

　本書では、論点を具体的に捉え、的確な論証をすることができるように、「問題の所在」と「考え方のすじ道」を設けています。「問題の所在」では、何が争点となって判例があるのか、どうして学説が見解を対立させているのか、民法のどの条文のどの文言の解釈が問題となっているのか等を明示することにより、理解を深めることができるように工夫しています。特に、事案を多く設けることで、論文式試験を少しでも意識できるようにしました。そして、続く「考え方のすじ道」では、主として判例・通説に従った思考プロセスを分かりやすく展開しました。さらに、論点をより深く理解できるように、「アドヴァンス」において判例・学説を詳しく紹介しています。

4 「判例」、「One Point」

　司法試験・予備試験では、短答式・論文式試験を問わず、正確な判例の知識・理解が必要不可欠です。そこで、本文中において比較的詳細な「判例」の紹介をするとともに、欄外にも随所に「判例」を掲載しました。欄外に掲載した「判例」は、本文中の判例と比べて端的に要旨を述べたものとなっています。また、「One Point」は、試験上有用と思われる知識・情報を記載したもので、条文や判例・学説等の理解を促進・補完するものとなっています。

5 「先取り情報」、「法律相談室」

　民法では多くの条文・判例を学習しなければなりません。そこで、本書では、後に詳しく学ぶ事項を簡潔に説明した「先取り情報」を設けて、学習効率を高めています。また、「法律相談室」では、民法が日常的な法律問題や実際に起こり得る法律問題をどのように処理しているかについて述べています。気分転換に活用していただければ幸いです。

6 「論文式試験の過去問を解いてみよう」、「短答式試験の過去問を解いてみよう」

　「論文式試験の過去問を解いてみよう」では、旧司法試験の論文式試験の過去問とフローチャート及び答案構成を掲載しました。また、「短答式試験の過去問を解いてみよう」では、各章末に現行司法試験・予備試験の短答式試験の過去問を掲載し、簡単な解説と本文へのリンクを施したコーナーを設けました。その章や節で学習した知識や理解の確認に役立ててください。

7　付録〜「論点一覧表」

　「論点一覧表」は、「問題の所在」が記載されているページやその他重要な論点を掲載したページを一覧化したものです。個々の論証をただ暗記するだけでは、論文式試験に適切に対応することができません。論文式試験に適切に対応し、問題を正しく処理するためには、問題の背景や制度趣旨、基本的知識・判例の理解を踏まえた学習が必要不可欠です。そこで、本書では、論点名と本文中の該当頁のみを一覧化するにとどめました。個々の論証をただ暗記するのではなく、当該論証が必要となる場面や問題の背景を正しく理解するように心掛けましょう。

6-1-4 債権譲渡の対抗要件

一　はじめに
二　債務者に対する対抗要件（467 I）
三　第三者に対する対抗要件（467 II）
四　債権の劣後譲受人に対する弁済と478条

学習の指針

債権譲渡の効果を債務者や第三者に対抗するためには、債務者に対する通知又は債務者の承諾が必要となります（467 I）。このように通知・承諾が債務者に対してのみならず第三者に対する対抗要件となるのは、債務者に債権譲渡の事実を認識させ、債務者をして債権の帰属を第三者に公示しようとする点にあります。

本節の内容は、短答式試験・論文式試験のいずれにおいても出題可能性のある非常に重要な分野です。特に、債権の二重譲渡において第三者が確定日付ある通知・承諾をともに具備している場合の処理に関しては十分な理解が不可欠です。判例・通説である到達時説をしっかりとおさえたうえで、①各譲受人・債務者間の関係（全額請求の可否）、②各譲受人相互の関係（分配請求の可否）について、判例を中心にしっかりと理解・表現できるようにしておきましょう。

> 「学習の指針」でその節の構成を示しつつ、重要なポイントと必要な理解の程度を明記

一　はじめに

1　債権譲渡の効果を債務者や第三者に対抗するためには、債務者に対する通知又は債務者の承諾が必要である（467 I）。

2　**債務者に対する対抗要件**

「物」の譲渡（物権変動）の場合には、第三者に対する対抗要件のみが要求されるが（177、178）、債権譲渡の場合には、債務者に対しても対抗要件（467 I）が必要とされている。

∵　債権譲渡は譲渡人と譲受人の間の契約のみによって行われ、債務者はこれに関与しないから、債務者に債権譲渡があったことを知らせないと、債務者が元の債権者に支払った後で、譲受人から支払を請求され、二重払いの危険が生じかねない

ここにいう「対抗」とは、物権変動における対抗（177、178参照）とは異なり、譲受人が債権者であることを主張することを意味する。

3　**第三者に対する対抗要件**

債権譲渡であっても、債権を二重に譲渡することは可能であり、譲渡人の債権者が譲渡を知らずに債権を差し押さえることも考えられる。そのため、物権変動と同様に、第三者に対する対抗要件を備えることも必要である。民法は、「債務者以外の第三者」に債権譲渡を「対抗」するためには、「確定日付のある証書」による「通知」又は「承諾」を要するとした（467 II）。

B
◀内田III・232頁
中田・647頁

> 該当箇所の重要度をA・B・Cランクで表示し、基本書の参照先を明確に表示

● 5　多数当事者の債権・債務関係

(d)　物上保証人の事前求償権

問題の所在

372条及び351条によれば、物上保証人が求償権を取得するのは、物上保証人が「債務を弁済し、又は…所有権を失ったとき」であるから、この規定を根拠として、主たる債務者から委託を受けた物上保証人（受託物上保証人）の事前求償権を認めることはできない。そこで、受託保証人に事前求償権を認めた460条を、受託物上保証人に類推適用することはできないか。

考え方のすじ道

物上保証人の負担により被担保債権が消滅した場合の物上保証人と主たる債務者との法律関係は、保証人の弁済により主たる債務が消滅した場合の保証人と主たる債務者との法律関係に類似するから、460条の類推適用が認められるようにも思える
↓しかし
受託保証人に事前求償権が認められたのは、それが保証債務の負担を内容とする委任契約に基づく事務処理費用の前払請求権（649）としての性質を有するからである
↓他方
物上保証の委託は担保物権の設定行為の委託にすぎず、物上保証人の弁済等によって債務を消滅させることまで委託の趣旨には含まれていないため、前払請求すべき「費用」が生じる余地はない
↓したがって
物上保証人には、460条の類推適用による事前求償権は認められない

> 「問題の所在」で問題の核となるポイントを指摘し、「考え方のすじ道」で論理的な思考プロセスを明示

アドヴァンス

A　否定説（最判平2.12.18・通説）
受託物上保証人の事前求償権に関する460条の規定を、受託物上保証人に類推適用することはできない。
（理由）
① 物上保証の委託は担保物権の設定行為の委託にすぎず、債務負担行為の委任ではないから、物上保証人が抵当権を設定したとしても、当該不動産の価額の限度で責任を負担するものにすぎない。したがって、物上保証人が債権者に対して債務の消滅行為をすることまで委任の趣旨には含まれない以上、前払請求すべき「費用」は生じ得ない。
② 抵当不動産の売却代金による被担保債権の消滅の有無及びその範囲は、抵当不動産の売却代金の配当等によって得ずるものであるから、求償権の範囲はもちろん、その存在さえもあらかじめ確定することはできない。

B　肯定説
（理由）
物上保証人と保証人との共通性（具体的には、①物上保証人も他人の債務につき不利益を甘受する立場にある点、②物上保証人も主たる債務者の債務を弁済するについて正当な利益を有する者であり、弁済による代位の際には保証人と同列の扱いを受ける点、③債務を弁済するか、担保権が実行された場合には、物上保証人も事後求償権を取得する点）に鑑みれば、物上保証人の利益は保証人のそれと同様に保護されるべきである。

2　委託を受けない保証人（無委託保証人）の場合
無委託保証人は、事後求償権のみを有し、事前求償権を有さない。求償の範囲は、主たる債務者の意思に反して保証人となったか否かによって区別される。
(1)　主たる債務者の意思に反しない場合
この場合、受託保証人が弁済期前に債務の消滅行為をしたときとほぼ同じ求償権を持つ。⇒142頁
① 求償の範囲は、無委託保証人が債務の消滅行為をした当時、主たる債務者が受けた利益が限度である（462 I・459の2 I 前段）。この場合に

◀論点
◀中田・592頁
◀論文・予備H 24

> 「アドヴァンス」で判例や学説の内容を整理し、当該問題に関する理解を深める

5 下請企業の労働者に対する元請企業の安全配慮義務

安全配慮義務は、下請企業の労働者と元請企業のような直接の契約関係にない当事者間であっても、特別な社会的接触の関係に入ったものといえる場合には認められ得る（最判平3.4.11）。

判例 最判平3.4.11

事案： Xらは、長年Y会社の専属的な下請企業であるA会社に雇用された社外工としてY会社の経営する神戸造船所に勤務してきた。社外工の場合も事実上Y会社から作業場所・工具等の提供を受け、その指揮・監督を受けて作業に従事しており、その作業内容も本工とほとんど同じであった。Xらは造船所構内の騒音により難聴に罹患したとして、Y会社の安全配慮義務違反を理由に、損害賠償を請求する訴えを提起した。

判旨： 最高裁判所は、元請企業と下請企業の労働者という直接の契約関係にない者の間にも安全配慮義務を認めた。すなわち、以上の事実関係のもとでは、「Yは、下請企業の労働者との間に特別な社会的接触の関係に入ったもので、信義則上、右労働者に対し安全配慮義務を負うものである」。

6 債務不履行責任と不法行為責任の相違

安全配慮義務違反による債務不履行が問題となる事例の多くは、不法行為による処理も可能な事例である（⇒「4 第三者による加害行為と安全配慮義務」（42頁）で問題となった判例（最判昭59.4.10）は、例外的に不法行為による処理が困難な事例である）。そこで、両者の相違が問題となるところ、以下のように整理することができる。

【債務不履行責任と不法行為責任の相違】

	債務不履行	不法行為
主張・立証責任	債務者が帰責事由の不存在の主張・立証責任を負う（＊）	債権者（被害者）が故意・過失の存在の主張・立証責任を負う
消滅時効期間（人の生命・身体の侵害による損害賠償請求権）	・損害及び債務者を知った時から5年（166Ⅰ①）・権利を行使することが可能な時から20年（167、166Ⅰ②）	・損害及び加害者を知った時から5年（724の2、724Ⅰ）・不法行為の時から20年（724②）
損害賠償の範囲	416条の問題	規定なし（416類推適用）（大連判大15.5.22）
過失相殺	過失を「考慮して、損害賠償の責任及びその額を定める」（418）	過失を「考慮して、損害賠償の額を定めることができる」（722Ⅱ）
履行遅滞となる時期	履行の請求を受けた時∵債務不履行に基づく損害賠償債務は期限の定めのない債務（412Ⅲ）であるため（最判昭55.12.18）	不法行為時（最判昭58.9.6）
慰謝料請求権	債権者のみ（最判昭55.12.18）→遺族からは遺族固有の慰謝料請求権を取得しない	被害者の近親者も慰謝料請求をなし得る（711）

論点 で巻末の「論点一覧表」と本文をリンク

◀中田・139頁
論文・予備H30

重要判例は枠で囲み、規範やキーワードを青字で表示

短答式試験
の過去問を解いてみよう

1 金銭に見積もることができないものは、債権の目的とすることができない。[司H30−16]

2 特定物の引渡しを目的とする債権の債務者は、その引渡しをするまで、自己の財産に対するのと同一の注意をもって、その物を保存すべき義務を負う。[司H22−14]

3 甲倉庫内の米のうち1トンの引渡しを受ける旨の制限種類債権は、甲倉庫内の

× 債権は、金銭に見積もることができないものであっても、その目的とすることができる（399）。⇒2−1 −（p.9）

債権の目的が特定物の引渡しであるときは、債務者は、その引渡しをするまで、契約その他の債権の発生原因及び取引上の社会通念に照らして定まる善良な管理者の注意をもって、その物を保存しなければならない（400）。⇒2−2 −（p.12）

○ 制限種類の種類物がす

端的な解説が付された短答式試験の過去問で復習し、理解を深める

論点一覧表

＊「問題の所在」が記載されている箇所やその他重要な論点が掲載されている箇所を一覧化しました。「考え方のすじ道」が掲載されている論点には「○」マークを付しています。

論点名	考え方のすじ道	該当頁
債権総説		
債権の目的		
1 取立債務の場合の特定時期	○	15
2 契約内容に適合しない物の提供による特定の可否	○	16
3 特定後の変更権		17
債権の効力		
4 第三者による債権侵害		29
5 安全配慮義務①（第三者による加害行為と安全配慮義務）		42
6 安全配慮義務②（下請企業の労働者に対する元請企業の安全配慮義務）		43
7 損害賠償の範囲		45

巻末に「論点一覧表」を掲載、「考え方のすじ道」や重要論点が述べられている箇所にジャンプでき、当該論点の周辺知識を深めつつ直前期の整理が可能

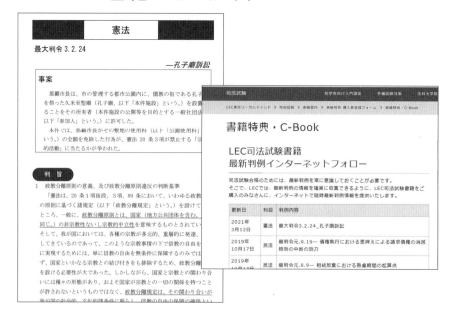

　司法試験、予備試験、司法書士試験、公認会計士試験など、主要な国家試験には必ず民法が出題されます。C-Bookはこれらの国家試験受験生のニーズに応ずるべく編集されています。

　ここでは、それぞれの国家試験等で、どのように民法が出題されているかについて、略述しました。

◆　C-Bookで受ける「司法試験」

1　司法試験の概要

　司法試験は、裁判官・検察官・弁護士となるために必要な学力及びその応用能力を有するか否かを判定する試験です。短答式試験と論文式試験があり、両方の総合点によって合否が決せられます。短答式試験では基本的な条文・判例の知識や理解が試され、論文式試験では高度な事案分析能力・法的な論理的思考力が試されます。

2　司法試験におけるC-Book民法Ⅲ＜債権総論＞活用法

(1)　短答式試験対策

　司法試験短答式試験の民法では、民法総則から親族・相続まで満遍なく出題されるため、バランス良く正確に基本的な条文・判例に関する知識・理解の習得を積み重ねる必要があります。そこで、「短答式試験の過去問を解いてみよう」のコーナーを活用することで、現時点での自分の知識・理解のレベルを確認することができます。

(2)　論文式試験対策

　司法試験論文式試験は、長文の事例問題を短時間で整理・分析し、法的な論理的思考力を駆使して、的確に問題を処理し妥当な結論を導くための思考プロセスを記述するという過酷な試験です。正しく題意を読み解き、事例中の事実を摘示しつつ、設問に的確かつ具体的に答えるためには、条文・判例や民法上の制度について正確に理解していなければなりません。本書では、「問題の所在」、「考え方のすじ道」、「アドヴァンス」の３段階で、条文・判例や民法上の制度の理解を深めることができるように工夫しています。

ＬＥＣ司法試験サイト	https://www.lec-jp.com/shihou/upper/

LEC　司法試験	検索

◆ C-Bookで受ける「予備試験」

1 予備試験の概要

　予備試験は、法科大学院での教育課程を修了した者と同等の能力を有するか否かを判定する試験です。予備試験に合格し、その後に控えている司法試験に合格するためには、法科大学院での教育課程を修了したレベルに到達することが最低限の条件です。

　そして、予備試験は、短答式試験・論文式試験の他、口述試験があり、司法試験のように連続して実施されるのではなく、それぞれ別日程で実施されます。短答式試験では、司法試験と同じく基本的な条文・判例の知識や理解が試され、例年では、全15問中11〜12問が司法試験と共通する問題となっています。論文式試験では、司法試験と比較して事例の分量がかなり少なく、論述すべき問題点の数も多くありませんが、その難易度自体は決して低くはありません。なお、口述試験では、2日間にかけて、法律実務基礎科目（民事・刑事）をメインとした出題がなされます。

2 予備試験におけるC-Book民法Ⅲ＜債権総論＞活用法

(1) 短答式試験対策

　司法試験と同じく、予備試験においても民法総則から親族・相続まで満遍なく出題されます。したがって、学習すべき範囲は広範なものとなり、知識として正確に定着させる必要もあるため、学習のスピードを意識しつつ、繰り返し本書をお読みいただくのが望ましいでしょう。自分の知識・理解の定着度は、「短答式試験の過去問を解いてみよう」のコーナーで確認することができます。

(2) 論文式試験対策

　司法試験と異なり、問題分の分量や論点数は決して多くありません。もっとも、合格するためには条文・判例の知識・理解が必要不可欠であり、これを設問に応じて正確かつ具体的にアウトプットする能力が求められます。その一助を担うのが、「問題の所在」、「考え方のすじ道」、「アドヴァンス」です。これらを一体として複数回お読みいただくことで、アウトプットを意識した学習が可能となります。

ＬＥＣ予備試験サイト	https://www.lec-jp.com/shihou/yobi/

LEC　予備試験　検索

◆ C-Bookで受ける「司法書士試験」

1 司法書士概要

　　司法書士の業務には、登記・供託・裁判に関する事務・簡裁訴訟代理等関係業務等があります。このうち、最も大きな比重を占めているのが「登記に関する事務」で、業務全体の約9割を占めているといわれています。

2 司法書士試験の概要

　　司法書士試験は、筆記試験と口述試験に分かれています。近年、筆記試験は7月第1日曜日に実施されることが多く、午前の部（多肢択一式35問）と午後の部（多肢択一式35問、記述式2問）があります。民法は、午前の部で出題されます。

　　筆記試験合格者を対象に、10月中旬、口述試験が実施されます。

3 司法書士試験におけるC-Book民法Ⅲ＜債権総論＞活用法

(1) 知識問題対策のために

　　司法書士試験の民法は毎年20問出題されます。出題範囲に関しては民法総則・物権・債権・親族・相続など満遍なく出題されます。

　　司法書士試験の民法は、条文や判例を中心として、基本的な知識からやや応用的な知識が身についているかどうかという点が問われます。学習にあたっては単元ごとにどのような条文があり、どのような趣旨・目的に基づいて規定されているか、判例がどのような問題に対してどのような処理をしたのかという点を学習するとよいでしょう。その上で、六法に掲載されている条文に目を通しながら、「短答式試験の過去問を解いてみよう」のコーナーで知識・理解を確認した後で、司法書士試験の過去問を解いていくとよいでしょう。

(2) 司法書士試験情報収集のために

　　上記で司法書士試験の概要、本書の利用法について簡単に紹介いたしましたが、弊社の司法書士サイトでも受験情報や合格体験記など司法書士試験に関するさまざまな情報を提供しております。ぜひ、ご覧ください。

ＬＥＣ司法書士サイト　　https://www.lec-jp.com/shoshi/

LEC　司法書士	検索

◆ C-Bookで受ける「行政書士試験」

1 行政書士試験の概要

　　行政書士試験は、毎年11月の第2日曜日午後1時から午後4時までの3時間で行われ、年齢、学歴、国籍等に関係なく受験することができます。試験科目は、①行政書士の業務に関し必要な法令等（46問、択一式及び記述式）と、②一般知識等（14問、択一式）です。

　　また、内容については、①法令科目は、憲法、行政法、民法、商法及び基礎法学、②一般知識は、政治・経済・社会、情報通信・個人情報保護、文章理解の構成になっています。

2 行政書士試験におけるC-Book民法Ⅲ＜債権総論＞活用法

　　民法は、例年、択一式9問・記述式2問の出題となっています。そして、＜債権総論＞の分野からは、択　式で1〜3問程度出題されるほか、記述式でも出題されることがあります。

　　そこで、択一式の対策としては、「問題の所在」「アドヴァンス」「短答式試験の過去問を解いてみよう」を活用するとよいでしょう。「問題の所在」では、何が争点となって判例があるのか、民法のどの条文でどのような解釈問題が生じているのか等を明示し、より理解を深めることができるように工夫しています。また、「アドヴァンス」では判例・学説が整理されており、さらに詳しく学習することができます。各章末に掲載した「短答式試験の過去問を解いてみよう」は、手軽に知識・理解の確認や簡単なアウトプットが可能となります。

　　記述式の対策としては、「考え方のすじ道」が判例・通説の立場から当該論点の思考プロセスや規範を明示していますので、「考え方のすじ道」を学習するとよいでしょう。

> ＬＥＣ行政書士サイト　　https://www.lec-jp.com/gyousei/

LEC　行政書士　検索

◆ C-Bookで受ける「公務員試験」

1 公務員試験の概要

　公務員は、国家公務員と地方公務員に大別されます。国家公務員は、中央官庁やその出先等の国家機関の職員です。専門職として裁判所職員、国税専門官等があります。地方公務員は、県庁、市役所、区役所等の職員です。試験区分は、学歴に応じて、大学院修了者を対象とした試験、大学卒業程度の人を対象とした試験、高校卒業程度の人を対象とした試験に分かれています。

2 試験内容紹介

　試験内容は、一次試験として教養科目と専門科目に関する「択一式試験」が実施され、一次試験又は二次試験で専門科目その他に関する「記述式試験」ないし「論文式試験」が実施されることが多いです。

　民法の出題数は試験種によって異なりますが、国家総合職や地方上級の法律職、裁判所職員のようにかなり出題数が多い試験種もあり、公務員試験における民法の重要度は高いといえます。

　二次試験では、人物試験（面接試験）が実施される場合もあります。これら一次、二次試験を突破すると「最終合格」となります。もっとも、公務員試験では「最終合格」イコール採用というわけではないことに注意が必要です。

3 公務員試験におけるC-Book民法Ⅲ＜債権総論＞活用法

(1) 択一式試験対策

　択一式試験では、重要判例に関する出題が多くあります。本書では、重要判例のポイントには色をつけて強調しています。

　また、学説の内容をあらかじめ理解していないと正解を導くことが困難な問題が出題される試験もあります。本書では、「アドヴァンス」でどのような判例・学説があるのかを詳細に紹介していますので、これらを用いれば学説問題も十分に対応できるでしょう。

(2) 記述式試験対策

　記述式試験の多くは、事例問題の形式で出題されます。この事例問題を解答するにあたり、重要な論点を理解していないことには十分な答案は作成できません。本書では、「問題の所在」「考え方のすじ道」で答案の骨組みを示し、さらに巻末に「論点一覧表」を掲載して、直前期の見直しもしやすいように工夫しています。

4 公務員試験情報収集のために

　上記で公務員試験概要、本書の活用法について簡単に紹介しましたが、公務員には様々な種類・試験があります。弊社の公務員サイトでは、公務員試験ガイドや公務員試験に役立つ様々な情報を提供しております。ぜひ、ご覧ください。

| ＬＥＣ公務員サイト | https://www.lec-jp.com/koumuin/ |

| LEC　公務員 | 検索 |

◆ C-Bookで受ける「公認会計士試験」

1 試験内容紹介

　　公認会計士試験は、公認会計士となるのに必要な専門的学識を有するかどうかを判定するため、短答式と論文式による筆記の方法により行われており、短答式試験の合格者に対し論文式試験を実施し、これに合格した者が最終合格者となります。

　　「短答式試験」では、企業法・監査論・管理会計論・財務会計論の４科目から出題され、試験時間合計300分で実施されます。

　　「論文式試験」では、監査論・租税法・会計学・企業法の必須４科目と、選択科目である経営学・経済学・「民法」・統計学の４科目のうち１科目を受験することになります。試験時間は、合計780分です。

　　このように、公認会計士試験においては、民法が「論文式試験」で出題されますが、その出題傾向・難易度は、旧司法試験の論文式試験に類似しているということができます。

2 公認会計士試験におけるC-Book民法Ⅲ＜債権総論＞活用法

　　民法の論文式試験では、過去の出題のほとんどが事例形式の出題となっています。本書では、具体的な論点について「問題の所在」「考え方のすじ道」「アドヴァンス」を掲載しており、これらを読み込むことで、答案の骨格となる部分を論理的に学習することができるでしょう。

ＬＥＣ公認会計士サイト	https://www.lec-jp.com/kaikeishi/

LEC　公認会計士 | 検索 |

CONTENTS

第4編　債権総論

第1章　債権総説

第2章　債権の目的

第 3 章 債権の効力

第4章 責任財産の保全

第5章 多数当事者の債権・債務関係

第6章 債権譲渡・債務引受

第7章 債権の消滅

論点一覧表

INDEX（判例索引・事項索引）

◆図表一覧

参考文献表・文献略記表

中田裕康『債権総論（第4版）』岩波書店　　　　　　　　　　　　　　　　　　　　　　　　（中田・頁）

潮見佳男『新債権総論Ⅰ』信山社　　　　　　　　　　　　　　　　　　　　　　　　　　　（潮見Ⅰ・頁）

潮見佳男『新債権総論Ⅱ』信山社　　　　　　　　　　　　　　　　　　　　　　　　　　　（潮見Ⅱ・頁）

潮見佳男『プラクティス民法　債権総論（第5版補訂）』信山社　　　　　　　　　　　　　（プラ・頁）

潮見佳男『民法（全）（第2版）』有斐閣　　　　　　　　　　　　　　　　　　　　　（民法（全）・頁）

道垣内弘人『リーガルベイシス民法入門（第3版）』日本経済新聞出版社　　（リーガルベイシス・頁）

内田貴『民法Ⅲ　債権総論・担保物権（第4版）』東京大学出版会　　　　　　　　　　　（内田Ⅲ・頁）

平野裕之『債権総論』日本評論社　　　　　　　　　　　　　　　　　　　　　　　　　　（平野・頁）

野村豊弘・栗田哲男・池田真朗ほか『民法Ⅲ　債権総論（第4版）』有斐閣　　　　　　　　（SⅢ・頁）

千葉恵美子・潮見佳男・片山直也
　『Law Practice 民法Ⅱ【債権編】（第4版）』商事法務　　　　　　　　　　　（ロープラⅡ・頁）

筒井健夫・村松秀樹『一問一答　民法（債権関係）改正』商事法務　　　　　　　　　（一問一答・頁）

潮見佳男『民法（債権関係）改正法の概要』一般社団法人　金融財政事情研究会　　　　　（概要・頁）

日本弁護士連合会『実務解説　改正債権法（第2版）』弘文堂　　　　　　　　　　　（実務解説・頁）

債権法研究会『詳説　改正債権法』一般社団法人　金融財政事情研究会　　　　　　　　　（詳説・頁）

潮見佳男・北居功・高須順一ほか『Before/After　民法改正』弘文堂　　　　　　　　（B／A・頁）

潮見佳男・道垣内弘人『民法判例百選Ⅰ　総則・物権（第8版）』有斐閣
　　　　　　　　　　　　　　　　　　　　　　　　　　　（百選Ⅰ［第8版］〔事件番号〕）

窪田充見・森田宏樹『民法判例百選Ⅱ　債権（第8版）』有斐閣　　　（百選Ⅱ［第8版］〔事件番号〕）

水野紀子・大村敦志『民法判例百選Ⅲ　親族・相続（第2版）』有斐閣
　　　　　　　　　　　　　　　　　　　　　　　　　　　（百選Ⅲ［第2版］〔事件番号〕）

潮見佳男・道垣内弘人『民法判例百選Ⅰ　総則・物権（第7版）』有斐閣
　　　　　　　　　　　　　　　　　　　　　　　　　　　（百選Ⅰ［第7版］〔事件番号〕）

中田裕康・窪田充見『民法判例百選Ⅱ　債権（第7版）』有斐閣　　　（百選Ⅱ［第7版］〔事件番号〕）

水野紀子・大村敦志『民法判例百選Ⅲ　親族・相続』有斐閣　　　　（百選Ⅲ［初版］〔事件番号〕）

『令和～年度　重要判例解説』有斐閣　　　　　　　　　　　　　　　　（令～重判〔事件番号〕）

『平成～年度　重要判例解説』有斐閣　　　　　　　　　　　　　　　　（平～重判〔事件番号〕）

我妻榮・有泉亨・清水誠・田山輝明
　『我妻・有泉コンメンタール民法（第7版）―総則・物権・債権―』日本評論社　（我妻コンメ・頁）

松岡久和・中田邦博編『新・コンメンタール民法（財産法）（第2版）』日本評論社　（新コンメ・頁）

第4編
［債権総論］

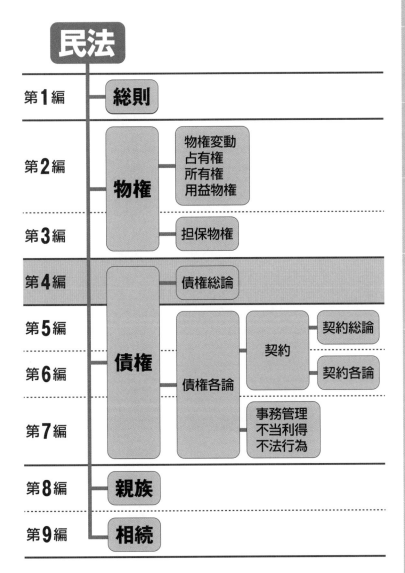

民法

第1編	総則		
第2編	物権	物権変動 占有権 所有権 用益物権	
第3編		担保物権	
第4編		債権総論	
第5編	債権	契約	契約総論
第6編		債権各論	契約各論
第7編			事務管理 不当利得 不法行為
第8編	親族		
第9編	相続		

1 債権総説

●1-1 債権法の概要　　●1-2 債権の意義・性質　　●1-3 物権と債権の差異

これから学ばれる方へ

　私達は、日々の生活を続けていくために様々な社会活動を営んでいます。例えば、銀行からお金を借りたり、ディーラーから車を買ったり、大家さんから部屋を借りたり、大工さんに家の建築を頼んだりしています。

　車の売買を例にとってみると、AがディーラーであるBから車を購入したとします。AB間の売買契約の効果として、Aさんは車を自由に使える権利つまり所有権を取得するとともに、Bに対して「車を引き渡してくれ」と言える権利を取得することになります。このようにしてAさんが売買契約により取得する権利のうち、Bという特定の「人」に対して「車の引渡し」という一定の行為を請求する権利を「債権」といいます。このように債権は特定の人に対し行為を請求する権利ですから、その特定の人からみれば行為をすべき義務となります。これを「債務」といいます。

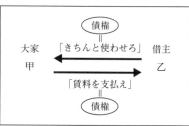

　また、乙が大家の甲から部屋を借りるとしましょう。部屋を借りる契約を賃貸借契約といいますが、この場合、乙は甲に対して部屋を利用できる状態にするように請求できる権利を有し、甲は乙に賃料の支払を請求することができる権利を有します。これらもまた債権です。

　では、先のディーラーBが違う車を渡してしまった場合や車に欠陥があったような場合、あるいはBが引渡期日が来ても一向に引き渡してくれないような場合、債権者のAはBに何か言えないでしょうか。Aとしては、「自分が頼んだ車とかえてくれ」、「欠陥を直してくれ」、「損害賠償を支払え」といったことを言いたいところでしょう。また、乙が賃料を全然支払ってくれないといったような場合、大家の甲としては賃貸借契約を解除して乙を部屋から追い出したいと考えるでしょう。民法は、このような人と人との財産をめぐる関係を規律するために、「債権」に関する詳細な規定を設けています（399以下）。

　本章では、債権とは何か、それはどのような一生をたどるのかを、債権に関する規定の位置を確認しながら学んでいくことになります。

1-1 債権法の概要

```
一　債権総論と各論
二　債権法の全体図
三　債権法の特色
```

学習の指針

　はじめに、債権法の全体像を概観していきます。債権法は抽象的な議論が多いため、各場面における具体的なイメージを持つことが大切になります。そのための下準備として、これから学習する債権法の体系を俯瞰していきましょう。

一　債権総論と各論

◀中田・4頁

　民法第3編は「債権」について定めており、このうち、第1章「総則」を講学上「債権総論」（399 ～ 520の20）という。第2章「契約」、第3章「事務管理」、第4章「不当利得」、第5章「不法行為」をまとめて、講学上「債権各論」（521 ～ 724の2）という。本書においても、この分類に従い解説を行う。

　本書で学ぶ債権総論は、第1章「総則」を対象とするが、これは、債権の一般理論を収める部分であり、第1節「債権の目的」、第2節「債権の効力」、第3節「多数当事者の債権及び債務」、第4節「債権の譲渡」、第5節「債務の引受け」、第6節「債権の消滅」、第7節「有価証券」から成り立っている。

二　債権法の全体図

1　債権の発生

◀中田・14頁

　債権の発生原因の主要なものとして「契約」（521 ～ 696）、「事務管理」（697 ～ 702）、「不当利得」（703 ～ 708）、「不法行為」（709 ～ 724の2）が、債権各論に規定されている。そのうち最も重要な「契約」は、さらに契約総論と契約各論に分かれる。

　契約総論（521 ～ 548の4）においては、契約の一般理論として「契約の成立」、「契約の効力」、「契約の解除」が規定されているほか、「定型約款」についても定められている。契約の効力の中には、双務契約の牽連性の現れである同時履行の抗弁権・危険負担の他に、契約の効果の一部を第三者に帰属させるという特殊な効果を生じさせる、第三者のためにする契約についての規定もある。

　契約各論（549 ～ 696）においては、売買・消費貸借・賃貸借など13種類の典型契約が規定されている。各契約の性質・内容に応じた成立・効力・消滅について定められている。特に、売買の箇所において規定されている「売買の効力」は有償契約*に妥当する一般規定として重要である。

　なお、債権総論においては、契約等により発生した「債権の目的」に関する規定が置かれている。債権の目的という表現はわかりにくいが、債務者がなすべき一定の行為（作為・不作為）、すなわち給付のことだと考えればよい。

*有償契約とは、契約当事者が互いに対価的意義を有する出捐（経済的損失）をする契約をいう。

2　債権の効力

　発生した債権がどのような効力を有するかは、主に債権総論において定められている。

　まず、債権は、債務者が任意になした給付を債権者が受領しこれを保持する効力を最低限有している。これを、通常「給付保持力」という。

　次に、債務者が任意に債務を履行しない場合、債権者は現実に履行を強制することができる。また、債務不履行に基づいて損害賠償請求や契約の解除をすることもできる。

契約の解除は、契約総論のなかに規定されているが、債権総論に規定されている債務不履行を発生原因とするため、これとの関係で理解する必要がある。

3 債務の履行の確保

債権者の大きな関心として債務の履行の確保がある。そのためには、まず、債務者の一般財産である責任財産を保全する必要がある。債務者が任意に債務を履行しない場合、債権者は履行の強制や損害賠償請求という手段をとることができるが、債務者の責任財産が確保されていなければ、そのような手段は役に立たないからである。そこで、債権総論の「債権の効力」のなかに、債務者の責任財産を保全する制度として**債権者代位権**と**詐害行為取消権**が定められている。

次に、債務の履行を確保する手段として債権の担保がある。債権担保には物的担保と人的担保があり、特定の物の交換価値を支配する物的担保は物権編に規定されている。これに対し、人的担保は債務者以外の者の一般財産を担保の目的とし、保証制度が債権総論の「**多数当事者の債権及び債務**」のなかに規定されている。

多数当事者の債権・債務関係とは、一個の同一の給付を目的とする債権又は債務が多数の者に帰属している関係をいう。すべてが債権担保手段として規定されているわけではないが、担保手段として規定されている保証のほかにも、連帯債務などは、債権の効力を強めるので債権担保手段として利用されることが多い。

4 債権債務の移転

債権は、その内容を変えることなく契約によって第三者に移転することができる。債権は、人が他の人に対して一定の行為を請求する権利であるので、債権者が変われば権利の中身が変わってしまうのが原則である。しかし、経済取引の発展と債権の財産的価値の重要性から、民法は、債権の同一性を維持して債権の移転を認めた。この債権譲渡は、債権総論において規定され、現代社会においては、実質的な債権回収手段として利用されることが多い。

また、経済取引においては、債務は消極的財産といわれ、債権と同様に重要な地位を占める。この債務の移転を債務引受という。この債務引受は、債務者とその譲受人との契約であり、いわば債務という消極的財産の譲渡契約であるが、通常は、債務引受と定義し、債務の譲渡契約とはいわない。

5 債権の消滅

債権は、債務者が債務を履行し、給付内容が実現されることを目的としている。したがって、給付内容が実現（履行）されれば、もはや債権を存続させる必要性がない。そこで、債権は目的達成により消滅する（債権は、いわば、円満な履行により消滅する運命にある。この点、物権と異なる）。この給付内容を実現する行為を、債権者からみて履行といい、債務者からみて弁済という。債権総論においては、弁済のほかにも、代物弁済・供託・相殺などの債権の消滅原因を規定している。これらの債権消滅原因のなかには、給付内容が実現するものや実現する必要性がなくなるものがある。

三 債権法の特色

1 任意法規性

債権法は、原則として**任意法規**である。債権は、人と人との「法律的な鎖」であるから、債権の内容は、人と人との合意でどのようにでも形成できる。それは、まさしく契約自由の原則の現れである。したがって、債権法の規定は当事者が自由に合意した契約の内容を前提として、その内容の確定性及び履行の際に適用される解釈規定や補充規定として働く。

2 共通性

　物権法・家族法（身分法）に比べて、債権法は共通性を有する。各国における売買や債権契約などによる債権内容が国際取引の発達により共通の取引慣行として一般化する傾向はますます著しい。

3 信義則

　債権法においては信義誠実の原則（1Ⅱ）が重要な役割を果たしている。債権・債務関係は、人と人との合意により成立するものであって、その合意の解釈は終局的には当事者の信頼関係を基礎になされる以外にないからである。

1-2　債権の意義・性質

> **一　意義**
> **二　性質**
>
> ### 学習の指針
> 　債権とは、特定人から特定人に対して一定の財産上の行為（給付）を請求する権利をいいます。直接性の有無・排他性の有無は、物権との差異を理解するうえでのポイントになりますので、直接性・排他性の意味はしっかり理解して下さい。また、不可侵性は、後で学習する「第三者による債権侵害」の論点でポイントになります。

一　意義

　債権とは、特定人から特定人に対して一定の財産上の行為（給付）を請求する権利をいう。

 ex. 買主が売主に対して目的物の引渡しを請求する権利、金銭の貸主が借主に対して貸金の返還を請求する権利

二　性質

　人の行為は意思の自由を前提とするのであって、人が他人の意思を支配することはできない。そのため、人である債務者の行為が目的（内容）となる債権については、以下のような性質がある。

 ① 直接性がない

  債権は、その権利の実現のためには、常に他人の行為が必要となる。

  →権利の実現のためには、物を直接に支配すれば足りる物権とは異なる

 ② 排他性がない

  同一の特定人に対する同一内容の権利が複数成立しうるので、排他性はない。

  →複数の債権はどれも有効に成立するが、そのうちのどれか1つを履行すれば他のものは履行不能となり、債務不履行として処理される

 ③ 不可侵性がある

  不可侵性は、すべての権利に共通の性質であるから、債権にも認められる。

  →債権侵害に対して損害賠償請求（709）ができる

1-3　物権と債権の差異

B
ランク

◀中田・21頁

> ## 学習の指針
> 　民法は、市民社会の関係を、人の人に対する関係と人の物に対する関係とに分け、前者を債権、後者を物権の観念で把握しようとしています。そこで、民法全体を理解するには物権と債権の差異をきちんと理解する必要があります。

物権と債権の差異をまとめると、以下のようになる。　⇒『**物権**』

① 　意義

　物権は物を直接的・排他的に支配する権利（対物権、直接支配権）であり、債権は債務者に対して一定の行為を請求する権利（対人権、請求権）である。

② 　絶対性・相対性

　物権は誰に対してでも権利内容の実現を請求できる（**絶対性**）。例えば、Aが建物を所有している場合、Aは、自分以外のすべての人に対して、建物所有権の効力を主張することができる。そのため、無断で建物に侵入する者がいれば、それが誰であるかを問わず、物権の効力として退去を求めることができる。

　これに対して、債権は債務者に対してしか権利内容の実現を請求することができない（**相対性**）。例えば、AがBから傘を無償で借りている場合、Aは傘の使用借権という債権をもつにすぎず、B以外の人に対して債権の効力を主張することはできない。

③ 　排他性・非排他性

　同一の物の上に互いに相容れない内容の物権が同時に２つ以上成立することはできない（**排他性**）。例えば、同じ土地がAとBとに二重に譲渡された場合、AがBより早く所有権を取得すれば、もはやBがこの土地を取得することはできない（もっとも、この排他性をBに主張するためには登記が必要である）。すなわち、ある物の所有権を取得した者は、その物に対して「私も所有権を有する」という他人の主張を排斥することができる。物権の基本原理の１つである一物一権主義も、物権の排他性から導かれる原則である。

　一方で、債権の場合には、内容的には両立しえない複数の債権が有効に併存しうる（**非排他性**）。例えば、同一日時に別々の劇場で出演する契約を二重に締結した場合、いずれの債務を履行するかは債務者の自由に委ねられており、債務不履行をされた債権者の不利益は契約責任（損害賠償責任）を追及することによって補填すればよいとされる（415）。債務者の自由意思を尊重し、行動の自由を可能な限り保障することが自由主義社会においては望ましいと考えられるからである。

④ 　公示の要請

　物権には排他性があるので、登記などによって公示し、取引の安全を図る必要がある。

　これに対して、債権に排他性はないので、公示の要請はない。

⑤ 　種類・内容（**物権法定主義**　vs　契約自由の原則）

　物権については、**物権法定主義**がとられている（175）。

　∵　物権は絶対性・排他性が認められているため、第三者に対する影響

が大きく、多種多様な物権が自由に創設されるとすれば、それに対応する公示方法を設けることは困難である

　これに対して、債権については、契約自由の原則により、当事者間で自由に債権債務の内容を定めてもよいと考えられている。

　∵　債権は、債権者と債務者との間を規律するもので、原則として他の第三者に影響を与えない

⑥　物権の優先性

　同一の物について物権と債権がある場合、原則として物権が債権に優先する。

→賃借人は賃貸人（所有者）に対してその賃借物を利用する債権を有しているが、賃貸人からその物の所有権（物権）を譲り受けた第三者には賃借権を対抗できないのが原則である（「売買は賃貸借を破る」）

→もっとも、不動産賃借権は一定の要件を備えると第三者に対抗することができる（605、借地借家10Ⅰ、借地借家31）

【物権と債権の比較】

	物権	債権
意義	物を直接的・排他的に支配する権利（対物権、直接支配権）	債務者に対して一定の行為を請求する権利（対人権、請求権）
絶対性	あり →すべての人に対して主張することができる	なし（相対性） →債務者に対してのみ請求することができる
排他性	あり →1つの物について同一内容の物権は1つしか成立しない（一物一権主義）	なし（非排他性） →同一の特定人に対する同一内容の債権が複数成立しうる
公示の要請	あり（∵排他性）	なし（∵非排他性）
種類・内容	物権法定主義（∵絶対性・排他性）	契約自由の原則（∵相対性・非排他性）
絶対性	あり →物権的請求権あり	なし →ただし、例外あり（不動産賃借権）
物権の優先性	原則：物権が債権に優先する 例外：一定の要件を備えた不動産賃借権は物権に優先する（605参照）	

これから学ばれる方へ

　例えば、A君がB君から1,000円を借りたとしましょう。この場合、B君はA君に「1,000円返せ」という債権を有し、A君はB君に「1,000円を返す」という債務を負うことになりますが、この「1,000円を返す」というのが債権の目的、すなわち給付を意味します。ただ、債権の目的は、このような代金支払といった物の引渡しを内容とする債務に限られません。例えば、「夜には大きな音で音楽を聴かないでくれ」とか、「自分の肖像画を描いてもらう」といった債務も債権の目的となるのです。

　債権はいくつかの観点から分類することができますが、引き渡す目的物が特定物であるか否か（当事者がその物の個性に着目しているか否か）により、特定物債権と不特定物債権に分けることができます。例えば、C君がD君から、それまで使っていた古いパソコンを買うという契約を結んだのですが、C君に渡す前に盗まれてしまったという場合、「D君が使っていたパソコン」はもうD君のもとには存在しないので、D君はC君にパソコンを引き渡すことができないということになります。このような債権を特定物債権というのです。他方、C君がパソコンショップD店から新品のパソコンを買うような場合、D店の店員がC君に引き渡す前にパソコンを落として壊してしまっても、他の新品パソコンをC君に引き渡すことはできます。このような債権を不特定物債権（種類債権）というのです。ただ、同種の新品パソコンが市場に存在する限り、D店はC君に何があってもパソコンを引き渡さなければならないというのは、D店に酷といえます。そこで、債権の目的物を特定の物（「この」新品パソコン）に限定した場合には、特定物と同じような扱いにするというのが「種類債権の特定」の話です。

　本章ではほかに、金銭債権、選択債権というものも学びます。例えば、E君とF君が「黒い馬か白い馬のどちらかを売る」という契約を交わした場合、これを選択債権といいます。これらの具体的な規定についても学習していきます。

2-1　意義・要件

<table>
<tr><td>一　意義</td><td rowspan="2">**学習の指針**</td></tr>
<tr><td>二　要件</td></tr>
</table>

学習の指針

「債権」は抽象的な概念のため、イメージを持ちづらいかもしれません。

そこで債権の意義や要件についてもしっかり理解をしておくことが、以降の債権総論の勉強に役立つでしょう。

一　意義

B
ランク

◀中田・28頁、34頁

1　債権の目的の意義

　債権の目的（内容）とは、債務者のなすべき一定の行為（給付）を意味する。請求できる「特定の行為」のことを「給付」、債務者がその特定の行為をすることを（債権者側から見て）債務の「履行」という。そして、債務が履行されると、債権はその存在目的を達成し消滅する。債権が消滅する点に着目した債務者の行為を（債務者側から見て）「弁済」という。

　債権には、契約から生じる債権と、事務管理・不当利得・不法行為から生じる債権（法定債権）とがある。このうち、法定債権の目的は、法律により定められており、金銭債権であるのが通常である（709等参照）。一方、契約から生じる債権の目的は、契約自由の原則により、まず当事者の意思によって決定される（521Ⅱ参照）。

　なお、「債権は、金銭に見積もることができないものであっても、その目的とすることができる」（399）。給付の内容は、金銭的評価に適さないもののほか、金銭的価値のないものであってもよい。

2　債権の種類

　債権は、給付の内容によって、以下のように分類されている。

⑴　与える債務となす債務

⒜　与える債務

　代金支払や建物の明渡しといった「物の引渡し」を内容とする債務をいう。

⒝　なす債務

　物の引渡し以外の一定の作為・不作為、すなわち「一定の行為をすること、又はしないこと」を内容とする債務をいい、さらに以下の2つに分類される。

ア　代替債務

　債務者以外の者の行為によって債権の目的を達成できるもの。

　　ex.　建物を収去する（取り壊す）債務

イ　不代替債務

　債務者以外の者の行為によっては債権の目的を達成できないもの。

　　ex.　画家に肖像画を描いてもらう債務、演奏家に演奏をしてもらう債務

＊　この分類方法は、債務不履行の要件や強制履行の方法において差異が生ずる。

　例えば、与える債務では、与えたか否かで債務不履行の有無を判断するのに対し、医師による診療などのなす債務では、外形的に診療行為がなされたとしても直ちに債務が履行されたとはいえない場合がありうる。

　また、物の引渡しという与える債務を債務者が履行しない場合には、

執行官が債務者に代わって強制的に債務を履行することが可能であるが、なす債務である医師による診療を執行官が代わりに行うことは不可能であるし、医師の診療を執行官が強制することも許されない。

(2)　**結果債務と手段債務**

(a)　**結果債務**

特定の結果を実現することが、債務の目的となっているものをいう。

ex.　物の引渡義務や請負人の仕事完成義務

→結果の実現（物の引渡し・仕事の完成）が給付となっており、これが実現できなければ債務不履行となる

(b)　**手段債務**

結果の実現ではなく、結果に向けて最善を尽くすことが債務の内容になっているものをいう。

ex.　医者の診療義務

→結果の実現ではなく、手段を尽くすこと自体が給付となる（そのため、病気の完治などの給付結果が実現しなくても債務不履行とはならない）

(3)　**特定物債権と不特定物債権**

物の引渡しを内容とする「与える債務」は、引渡しの目的物が特定物であるか否かにより、特定物債権と不特定物債権（種類債権）とに分けられる（ただし、金銭債権を除く）。この点については後述する。　⇒11頁参照

二　要件

一般に、①確定性、②適法性、③社会的妥当性が債権の目的の要件として挙げられる。これらは、民法総則における法律行為（契約）の有効要件とほぼ重なる。

→事務管理・不当利得・不法行為から生じる債権（法定債権）の目的は、通常、金銭債権であるから、債権の目的の要件が問題となるのは、主として契約から生じる債権の場合である

①　確定性

給付の内容が「AがBに何か良い物を売る」というような不明確なものである場合には、その債権の履行を強制的に実現することは不可能であり、また、債務不履行となった際の損害賠償額も決まらない。そこで、給付の内容が確定しうるものであることが要件となる。

→契約を締結する時点で確定していなくても、何らかの方法で確定可能であれば足りる

問題は、どのようなことが定まっていれば内容が確定したと解することができるかである。確定性の要件については、一般に「誰が、誰に、何を、いつ、どこで、どのように」（「なぜ」を「誰」に入れ替えた５Ｗ１Ｈ）が確定していれば足りるが、これらが確定しているかどうかについて争いがある場合は、法律行為（契約）の解釈をしなければならない。　⇒『総則』

②　適法性

契約から生じる債権の目的は、当事者の自由に委ねられている（契約自由の原則、521Ⅱ参照）。しかし、法令中の公の秩序に関する規定（強行法規）に反する意思を表示しても無効となる（91）。

③　社会的妥当性

契約から生じる債権の目的が個々の強行法規に違反していなくとも、「公の秩序又は善良の風俗」に反するときは無効となる（90）。

＊ 実現可能性について

　　債権成立の時点で給付が不能である場合（原始的不能）であっても、当事者がそれを債権の目的とすることに合意したときは、債権の効力が生じる。すなわち、実現可能性は、債権の目的の要件とはならない（412の2Ⅱ参照）。

2-2　特定物債権と不特定物債権（種類債権）

一　特定物債権 二　不特定物債権 　（種類債権） 三　不特定物債権の特定 四　特定後の変更権	学習の指針 　特定物債権とは、特定物（当事者が、その物の個性に着目して取引した物）の引渡しを目的とする債権をいいます。これに対し、不特定物債権とは、不特定物（当事者が、その取引において個性に着目していない物）の引渡し

を目的とする債権をいいます。

　債権の処理においては、特定物債権なのか不特定物債権なのかによってその後の処理がかなり変わってきます。債権の処理は、短答・論文通じてきわめて重要ですので、特定物債権・不特定物債権の違い、それらの効力としてどのようなものがあるかを理解して下さい。

　また、本節で学習する不特定物債権の特定の概念は、非常に重要です。不特定物債権の場合、債務者は、同種・同品質の物が市場に存在する限りこれを調達しなければならない義務を負っています。契約の履行期が近づけば、債務者は具体的に給付しなければならず、その準備として何を給付すべきかの特定が必要です。これが、不特定物から特定物への転換です。その規定として、401条2項が任意規定として定められています。

一　特定物債権

1　意義

　特定物（当事者が、その物の個性に着目して取引した物）の引渡しを目的とする債権をいう。特定物か不特定物かは、当事者の主観によって決定される。

　ex. 中古自動車や家屋の引渡債権

2　効力

(1)　引渡義務

　特定物債権の債務者は、目的物である特定物を債権者に引き渡す義務（引渡義務）を負う。そして、契約に基づく特定物債権の債務者は、契約の内容に適合した物を引き渡さなければならず、単に、その特定物を引き渡せば引渡義務を履行したということにはならない点に注意を要する。

　特定物債権は、目的物が滅失すれば、直ちに履行不能となる。この点が、後述する不特定物債権と最も大きく異なる点である。

◀内田Ⅲ・61頁
中田・37頁

☞ One Point ▶ 特定物債権の目的物が滅失した場合の処理

　ここでは、具体的な事例を基に、どのような処理がされるのかを実際に考えてみます。学習前の用語も多数登場するので、よく分からないときは読み飛ばしてもかまいませんが、とても重要なポイントなので、一通り学習し終えた後、再度読み直すことを推奨します。

　例えば、特定物である建物の売買契約を締結した後、その引渡し前に火災により建物が焼失した場合を想定してみます。この場合、売主の引渡義務は履行不能となります。その結果、買主は履行を求めることができません（412の2Ⅰ）。

① 火災の原因が売主にある場合

　　売主は、債務不履行に基づく損害賠償責任を負います（415Ⅰ・同Ⅱ①）。

　　買主は、このような売主から売買代金の支払を請求されても、損害賠償債権と代金支払債務との同時履行の抗弁（533）を主張することで、代金支払を拒むことができます。また、これらの債権・債務を相殺（505）することもできます。さらに、売買契約を解除（542Ⅰ①）して、代金支払債務を免れることも可能です。

② 火災の原因が当事者双方の責めに帰することができない事由による場合

　　売主は、損害賠償責任を免れます（415Ⅰただし書）。

　　買主は、売主から売買代金の支払を請求されても、これを拒むことができます（危険負担、536Ⅰ）。また、売買契約を解除（542Ⅰ①）することもできます（逆にいえば、買主は契約を解除しなければ代金支払債務を免れることができません）。

③ 火災の原因が買主にある場合

　　売主は、損害賠償責任を負いません（415Ⅰただし書）。

　　買主は、代金支払の拒絶も売買契約の解除もできません（536Ⅱ前段、543参照）。

　なお、上記事例と異なり、建物の引渡しが既に済んでおり、その後に売主・買主双方の帰責事由なく建物が滅失した場合について、民法は、売主は責任を負わず、買主は代金支払債務を免れないと規定しています（567Ⅰ参照）。つまり、買主は、損害賠償請求や契約の解除をすることができない上、建物の代金も支払わなければならないのです。

(2) **善管注意義務**

(a) **意義**

　特定物債権の債務者は、「その引渡しをするまで、契約その他の債権の発生原因及び取引上の社会通念に照らして定まる善良な管理者の注意をもって、その物を保存しなければならない」（400）。

　善管注意義務とは、職業や社会・経済的地位に応じて一般的・客観的に要求される注意義務をいう（本人の能力とは無関係である）。もっとも、個別事情と無関係に一律に定まるものではなく、あくまで「契約その他の債権の発生原因及び取引上の社会通念」に照らして定まるものである。

　　→善管注意義務を負うのは「引渡しをするまで」（引渡し時）であり、履行期以後も含む

(b) **内容**

　善管注意義務と対比されるのは、単に債務者が自己の財産の保管に際して払う主観的な注意義務を内容とする「自己の財産に対するのと同一の注意」（無償寄託、659）や、「その固有財産におけるのと同一の注意」（相続財産、918Ⅰ）であり、善管注意義務はこれらよりも重い注意義務である。

【注意義務の整理】

善管注意義務が要求される場合	財産法	① 留置権者（298 I） ② 質権者（350・298 I） ③ 特定物の引渡義務者（400）（＊） ④ 使用借主（593、400） ⑤ 賃借人（601、400） ⑥ 有償の受寄者（657、400） ⑦ 有償・無償の受任者（644） ⑧ 通常の事務管理者（698反対解釈）
	家族法	① 後見監督人（852・644） ② 後見人（869・644） ③ 遺言執行者（1012 III・644）
自己の財産に対するのと同一の注意義務が要求される場合	財産法	・ 無償の受寄者（659）
	家族法	① 親権者（827） ② 相続放棄者（940 I） ③ 限定承認者（926 I）、他にも918条1項・944条1項等

＊　特定物の引渡義務者が負う善管注意義務（400）は、債権者の受領遅滞により、自己の財産に対するのと同一の注意義務へと軽減される（413 I）。

(c)　**善管注意義務に違反した場合の効果**

　　特定物の引渡義務者が善管注意義務に違反して目的物を保存し、又は善管注意義務を履行しない場合、債権者は、債務者に対して、①履行の請求（適切な保存のために必要な措置を講じるように求めること、412の2 I参照）、②履行の強制（414）、③善管注意義務違反に基づく損害賠償請求（415）、④契約の解除（契約上の特定物債権であり、解除の要件を満たす場合、541・542）をすることができる。

　　もっとも、善管注意義務と特定物の引渡義務は別であるため、特定物の引渡義務者が善管注意義務を尽くしていたとしても、特定物である目的物の引渡し前にその目的物が滅失した場合には、引渡義務の履行不能となる（⇒上記OnePoint「特定物債権の目的物が滅失した場合の処理」参照）。

　　→特定物の引渡義務者は、善管注意義務に違反していなくても、「引渡義務」の不履行について免責事由（415 Iただし書）が認められなければ、損害賠償責任を負う（もっとも、善管注意義務を尽くしていたことは、「引渡義務」の免責事由を認めるための重要な評価要素となると解されている）

二　不特定物債権（種類債権）

◀中田・38頁、47頁

1　意義

　　不特定物債権（種類債権）とは、不特定物（当事者が、その取引において個性に着目していない物）の引渡しを目的とする債権をいう。

　　給付すべき物の品質の定め方については401条1項に規定されており、法律行為の性質又は当事者の意思によって定められる。当事者にとって品質は重要であるから、通常は明示又は黙示の合意によって定められる。

　　しかし、これらによって定めることができない場合には、債務者は、「中等の品質を有する物」（401 I）を給付しなければならない。そうするのが当事者の意思により適合的であるし、取引上妥当であるからである。

2　効力

　　不特定物債権の債務者は、後述する「特定」（⇒下記「**三　不特定物債権の特定**」参照）が生じない限り、目的物（所定の種類・品質・数量の物）を履行期に引き渡す義務を負い、たとえ引き渡そうとした物が滅失したとしても、他

から同種の目的物を調達して引き渡さなければならない（調達義務）。

ex. Lサイズのとちおとめ（イチゴ）を8パック購入する旨の売買契約を締結した場合、売主は、契約の内容に適合する目的物であれば具体的にどのイチゴを引き渡してもよく、引渡日までに準備していたLサイズのとちおとめ（イチゴ）8パックが盗難の被害に遭っても、再度、Lサイズのとちおとめ（イチゴ）8パックを用意して買主に引き渡さなければならない

このように、不特定物債権の債務者は調達義務を負う以上、所持している目的物について善管注意義務を負わない。また、不特定物の調達義務が履行不能となることはほぼないので、危険負担（536参照）の問題になることもほぼない。

3 制限種類債権

(1) 意義

特定の場所・範囲によって制限されている種類債権をいう。

ex. A倉庫内の米、B工場溜池に保管されているタール（最判昭30.10.18／百選Ⅱ［第8版］〔1〕）

(2) 効力

特定前であっても、制限内の種類物がすべて滅失すれば、他から調達して引き渡す義務がなくなり、履行不能となる（最判昭30.10.18／百選Ⅱ［第8版]〔1〕）。

(3) 種類債権との差異

(a) 履行不能となり得るかどうか

制限種類債権は、特定した場所・範囲によって制限された種類物が滅失した場合には履行不能となるのに対し、種類債権は、その種類に属する物の全てが消滅するということはほぼ起こり得ないため、履行不能になることもほぼないと説明されるのが一般的である。

* もっとも、現在では、制限種類債権かどうかという区別よりも、当事者が契約でどのような債務を負うのかを具体的に探求することの方がより重要であると解されている。

(b) 目的物の品質

制限種類債権は、「A倉庫内の米」というように具体的な限定が付されるため、通常は目的物の品質が問題となることはないのに対し、種類債権は、401条1項により定められる。

三 不特定物債権の特定

1 意義

不特定物債権（種類債権）において、給付すべき目的物を具体的に確定することを「特定」といい、「以後その物を債権の目的物とする」（401Ⅱ）。例えば、ビール1ダースを目的物とする売買契約を締結した場合に、売主が引き渡すべき目的物が、「このビール」というように限定される場合等である。

2 趣旨

種類債権の場合、債務者は、同種の物が市場に存在する限りこれを調達して引き渡さなければならないという調達義務を負っている。しかし、いつまでもこのような重い義務を負わせるのは債務者に酷である。

そこで、民法は、一定の行為がなされた後は債権の目的物を特定の物に限定し、特定物とほぼ同様に扱うことにして、**調達義務から債務者を解放**することにした。

3 要件

① 「債務者が物の給付をするのに必要な行為を完了」したこと（401Ⅱ）
　→債務者が引渡しに必要な全ての行為を行ったことをいう

◀内田Ⅲ・16頁
　中田・47頁以下

◀ **論文・司法H30**

(a)　持参債務の場合

　　持参債務とは、債務者が債権者の住所に目的物を持参して履行すべき債務のことをいう（484 I）。

　　持参債務の場合、債務者が債権者の住所に目的物を持参し、現実の提供（債権者がいつでも目的物を受け取れる状態に置くこと）をすることで上記①の要件を満たし、特定が生じる（大判大 8.12.25）。

　　　→債権者の住所に送付するために目的物を運送人に渡すだけでは、特定は生じない

(b)　取立債務の場合

　　取立債務とは、債権者が債務者の住所で目的物を取り立てて履行を受ける債務のことをいう。

　　取立債務の場合、後述するとおり、目的物を分離し、引渡しの準備を整えてこれを債権者に通知することが必要であると解されている（最判昭 30.10.18 ／百選 II ［第 8 版］〔1〕参照）。

　　　→目的物の分離が必要となる点で、弁済の提供（493）とは異なる

(c)　送付債務の場合

　　送付債務とは、債権者・債務者の住所以外の場所（第三地）に目的物を送付すべき債務のことをいう。

　　送付債務の場合には、一般的に、次のように分けて考えられている。

　　第三地が履行場所として定められている場合には、持参債務に準じて、債務者が第三地に目的物を持参し、現実の提供をすることが必要である。

　　一方、債務者が債権者の要請に応え、好意で第三地に送付することを承諾した場合には、債務者が第三地宛てに目的物を発送した時点で特定が生じる。

　　　→上記のいずれであるかは、契約の解釈の問題とされる

②　債務者が「債権者の同意を得てその給付すべき物を指定」したこと（401 II）

　　債権者が債務者に指定権を与え、債務者がその指定権を行使した結果として特定の物を指定した場合である。債権者と債務者が合意した場合を含まない（それは下記③に当たる）。

③　当事者の合意など

　　当事者の合意によって、給付すべき物を特定できるのは当然のことであり、特に問題にならない。

(1)　取立債務の場合の特定時期（要件①について）

問題の所在

　取立債務の場合、「債務者が物の給付をするのに必要な行為を完了」（401 II）したとして、特定が生じるには、具体的にいかなる行為が必要であるかが問題となる。

考え方のすじ道

特定が生じると、その効果として、債務者は調達義務を免れる代わりに善管注意義務（400）を負うほか、特約がない限り、目的物の所有権が債権者に移転する

　　　↓そして

このような効果は、履行の対象が客観的に確定された場合に生じると解すべきである

　　　↓そうだとすると

取立債務の場合には、目的物が分離されて初めて、履行の対象が客観的に確定されたといえる

　　　↓したがって
取立債務において特定が生じたといえるためには、目的物を分離し、引渡しの準
備を整えてこれを債権者に通知することが必要であると解する

(2)　契約内容に適合しない物の提供による特定の可否（要件①について）

問題の所在

　契約内容に適合しない物を現実に提供した場合でも特定（401Ⅱ）したといえ
るか。

考え方のすじ道

特定が生じると、債務者は善管注意義務（400）を負う一方、調達義務を免れる
　　　↓しかし
契約内容に適合しない物を提供した債務者が調達義務を免れるべき理由はない
　　　↓また
契約内容に適合しない物が当該債権の目的物として特定されてしまうと、債権者
にとって酷である
　　　↓したがって
契約内容に適合しない物を現実に提供しても「債務者が物の給付をするのに必要
な行為を完了」（401Ⅱ）したとはいえず、特定は生じない

4　効果

　特定が生じると、以下の4つの効果が発生する。概ね、特定物と同様に扱わ
れる。

①　善管注意義務の発生

　　特定により、債務者は当該目的物について、善管注意義務を負う（400）。
　　→債務者は調達義務を免れる

②　所有権の移転

　　特約がない限り、特定により、当該目的物の所有権が債権者に移転する
　（最判昭35.6.24）。

③　履行不能

　　特定により、債務者はその特定された目的物を引き渡す義務を負い、当
該目的物が滅失した場合には、もはや引き渡すべき物がなくなる以上、履
行不能となる。
　　→債権者は、その目的物の履行を請求することができなくなる（412の
　　　2Ⅰ）
　　⇒OnePoint「特定物債権の目的物が滅失した場合の処理」（12頁）参照

④　危険の移転（567）の前提要件の充足

　　危険の移転について規定する民法567条1項は、売主が買主に特定した
目的物を引き渡した場合において、その引渡しがあった時以後にその目的
物が当事者双方の責めに帰することができない事由によって滅失・損傷し
たときは、売主は責任を負わず（買主は損害賠償請求や契約の解除ができ
ない）、買主は代金支払義務を免れない旨定めている。この規定は、他の
有償契約について準用される（559）。
　　→危険の移転に関する本条の前提要件として、目的物が特定していなけ
　　　ればならない（567Ⅰかっこ書参照）から、特定により、危険の移転
　　　の前提要件が充足されることになる
　　　ただし、注意すべきなのは、特定が生じた時点と危険の移転時期は一致
　　しないということである。例えば、種類債権の目的物について特定が生じ
　　た後、当該目的物を買主に引き渡す前に、当該目的物が当事者双方の責め

に帰することができない事由によって滅失した場合、買主に危険の移転はないから、買主は代金支払を拒むことができ（危険負担、536Ⅰ）、契約を解除することもできる（542Ⅰ①）。

四　特定後の変更権

　不特定物債権（種類債権）の特定が生じた後、当該目的物が滅失した場合、債務者の引渡義務は履行不能（412の2Ⅰ参照）となる。そして、当該目的物が滅失したことにつき債務者に帰責事由がある場合、債務者は債務不履行に基づく損害賠償責任（415）を負うのが原則である。

　もっとも、特定物債権と異なり、不特定物債権では、当事者はもともと目的物の個性に着目していなかった以上、たとえ特定が生じた後でも、債務者が別の目的物を引き渡すことは可能である。

　そこで、債権者に特段の不利益がない限り、債務者は、信義則（1Ⅱ）に基づき、別の目的物を引き渡すことができると解されている（変更権、大判昭12.7.7）。

　→これにより、債務者は損害賠償責任を免れることができる

ex.　新品のA型パソコン1台（不特定物）の売買契約が締結され、当事者の合意により、ある新品のA型パソコン1台に特定された後、買主に引き渡される前に、売主のミスで当該パソコンが盗まれた場合、売主は別の新品のA型パソコン1台を買主に引き渡すことにより、損害賠償責任を免れることができる

2-3　金銭債権

学習の指針

　|　金銭債権
　二　利息債権

　金銭債権とは、一般には、一定額の金銭の引渡しを目的とする債権をいいます。金銭債権には目的物の特定という観念がなく、市場に尽きることもないため、法律上は無限に調達可能です。そのため、履行不能は考えられず、金銭債務の不履行は常に履行遅滞となります。

　金銭債権については、短答式試験の対策として、不可抗力による不履行についても債務不履行責任を負わなければならない点と、損害賠償額が原則として法定利率を基準に定められる点、元本債権と利息債権の関係を押さえておくとよいでしょう。

一　金銭債権

◀内田Ⅲ・64頁以下
中田・56頁以下

1　意義

　金銭債権とは、金銭の引渡しを目的とする債権をいう。

　ex.　売買代金債権、貸金債権

2　金銭債権の給付方法

　金銭債権の本質は、物の引渡しではなく価値そのものを通貨によって移転する点にある。したがって、どの通貨で支払うかは重要ではないため、金銭債権の債務者は、その選択に従い、「各種の通貨で弁済をすることができる」（402Ⅰ本文）とされている。もっとも、「特定の種類の通貨の給付を債権の目的としたとき」（同Ⅰただし書。1000円札で1万円を支払うと合意した場合など）は、この限りでない。

→「通貨」とは、強制通用力を与えられた貨幣をいい、日本では狭義の貨幣（硬貨）と日本銀行券（紙幣）が「通貨」に当たる

また、外国の通貨（USドル・ユーロ等）に日本の「通貨」としての強制通用力は認められていないが、国際取引を考慮し、外国の通貨の給付を債権の目的とした場合、債権者はその外国の通貨による弁済を求めることができ、債務者も外国の通貨で弁済をすることができる（402Ⅲ・同Ⅰ）

さらに、外国の通貨で債権額を指定したときは、債務者は、履行地における為替相場により、日本の通貨で弁済することができる（債務者の代用権、403）。また、判例（最判昭50.7.15）は、外国の通貨による支払が約定されていても、債権者は、日本の通貨による支払に切り替えることができ、債務者は、もはや外国の通貨による支払ができないとして、債権者の代用権も認めている。

3　金銭債権と債務不履行の関係

(1)　金銭債権は、履行不能となることはなく、履行遅滞となるにすぎない。

∵　世の中から通貨がなくなることはあり得ず、容易に調達することが可能

→債務者の無資力による支払不能という事実は、履行不能とは関係がない

また、金銭債権については、種類債権の特定も生じない。

(2)　金銭債権の債務不履行については、419条が特則を定めている。　⇒53頁参照

Q：この前友達に借りた10万円を返すとき、二千円札50枚で返したのですが、受け取ってもらえませんでした。必ず一万円札10枚で返さなくてはならないのですか。

A：「10万円」という価値をもつ金銭であれば、金銭の種類の選択は債務者に任されていますので、特約がない限りどのような種類の通貨で支払ってもかまいません。したがって、特に約束でもない限り、一万円札10枚で返す必要はありません。

二　利息債権

1　意義

金銭の貸借にあっては、借主は元本を返還するとともに、合意があれば、元本を使用した期間に対応した一定の利率によって計算される金銭（利息）を支払わなければならない。このような場合に、貸主が元本の支払を求めることができる権利を元本債権、利息の支払を目的とする債権を利息債権という。

利息債権には、①**基本権たる利息債権**（元本を前提として、一定期間の経過により一定の利率による利息を支払うことを内容とする基本的な債権）と、②**支分権たる利息債権**（基本権たる利息債権の効果として一定期間の経過により現に発生した個々の具体的な債権）とがある。

ex.　1000万円を年利12％（毎月10万円の利息の返済）で借り入れした場合、年利12％の利息を支払うべき基本権たる利息債権が元本債権の完済まで存続し、毎月10万円ずつ支払うべき個々の具体的な債権（支分権たる利息債権）が発生する

①基本権たる利息債権は、元本債権の消滅とともに消滅し（付従性）、元本債権が移転すれば、当然にこれとともに移転する（随伴性、大判大10.11.15）。

他方、②支分権たる利息債権のうち、将来発生するものは原則として元本債権に従属し、元本債権と法律上の運命をともにする。もっとも、将来発生する支分権たる利息債権のみを譲渡することは可能である（将来債権譲渡の一種）。

ONE POINT

1万円のネクタイを100円硬貨100枚で支払おうとしても、売主はこの受け取りを拒むことができます（通貨の単位及び貨幣の発行等に関する法律7条は、硬貨は「額面価格の20倍までを限り、法貨として通用する」と規定しています）。大量の硬貨で支払われると、計算や保管が煩雑だからです。

他方、紙幣については上記のような制限がないので、5万円の財布を1000円札50枚で支払ってもよいとされています。

B
ランク

◀内田Ⅲ・68頁以下
　中田・61頁以下

これに対し、既に発生した支分権たる利息債権は、元本債権に対して独立しており、元本債権が弁済や時効などにより消滅しても、消滅しない（付従性なし）。また、元本債権が移転しても、特約のない限り、これとともに移転するものではなく（随伴性なし）、独立に処分することも可能である。

【元本債権と利息債権の関係】

	基本権たる利息債権	支分権たる利息債権
成立の付従性	有	有
消滅の付従性	有	（*）
処分の随伴性	有	無

＊ 利息債権は元本債権から発生し、元本債権が消滅すれば、原則として全体的に消滅する（付従性あり）。元本債権が遡及的に消滅すれば、利息債権の消滅も遡及する。もっとも、弁済期が到来し、既に発生した支分権たる利息債権については付従性はなく、独立して弁済することができ、譲渡することもできる

☞ One Point ▶ 利息と遅延損害金

利息も遅延損害金も、期間に応じて一定の率で発生するという点で共通しますが、その性質は異なります。利息は、元本の利用の対価として支払うものですが、遅延損害金は履行期に弁済しないという、履行遅滞による損害賠償金です。債務不履行に陥った後は、利息は発生せず、遅延損害金のみが発生します。

2 利率

(1) 法定利率・約定利率の意義

金銭の消費貸借について利息をとるかどうか、利率をいくらに定めるかについては、当事者の合意に委ねられているが、利息をとるという合意がない限り、民法では無利息が原則である（589Ⅰ）。一方、商法では民法の原則が修正され、商人間の金銭の消費貸借については当然に利息が生じるものとされている（商513Ⅰ）。

法律の規定により利息が発生する場合（法定利息）において、利率につき法律に特段の定めがないときは、その利率は404条の規定する法定利率による。また、当事者の合意により利息が発生する場合（約定利息）、その利率は第一に当事者の合意によって定まる（約定利率）が、当事者が合意しなかったときは法定利率による。

なお、約定利率については、法外な高利から債務者を保護するという趣旨から、利息制限法による制限がある。

(2) 法定利率の基準時

利息を生ずべき債権（元本債権）について別段の意思表示がないときは、その利率は、「その利息が生じた最初の時点」（利息を支払う義務の履行期ではなく、利息を支払う義務が生じた最初の時点）における法定利率による（404Ⅰ）。

→適用される法定利率の基準時は「その利息が生じた最初の時点」であり、その後に法定利率が変動しても、支払うべき法定利率は変更されず、固定されたままである

(3) 法定利率の変動制

民法は、法定利率について、変動制を基礎とする制度を採用している。

まず、①改正民法施行時（令和2年4月1日）は年3％の法定利率から始まり（404Ⅱ）、②1期（3年）ごとに法定利率の見直しを行う（404Ⅲ）。その際、③直近変動期（変更がない場合は改正民法施行時の期）の「基準割合」と当期の「基準割合」との差をはかり、その差が1％を超えたときは、小数

点以下を切り捨てて直近変動期の法定利率に加減する（404ⅣⅤ）。　⇒下記
図表参照

「基準割合」とは、「各期の初日の属する年の6年前の年の1月から前々年
の12月までの各月」（過去5年間の各月）における「短期貸付けの平均利率」
（当該各月において銀行が新たに行った貸付期間1年未満の貸付けに係る利
率の平均、404Ⅴかっこ書）の合計を60で除して計算した割合（0.1%未満の
端数切捨て）として法務大臣が告示するものをいう（404Ⅴ）。

　　→要するに、年3%の法定利率から始まり、3年ごとに、過去5年間の市
　　中金利の平均値の新旧比較を行い、直近変動期の法定利率に1%刻みの
　　加減をするということである

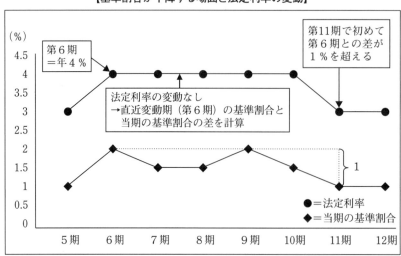

【基準割合が上昇する場面と法定利率の変動】

＊　第2期と第4期との間でも1%の差が生じているが、法定利率が変動するのは直近変動期
　（改正民法施行時）の基準割合と当期の基準割合との間に1%を超える差が生じた場合であ
　り、第1期と第2期及び第1期と第4期との間の差は±0.5%しか生じていない以上、法定
　利率は変動しない。

【基準割合が下降する場面と法定利率の変動】

3　複利（重利）

　　利息の算定方法には、当初の元本に対してのみ利息が付される単利と、利息
が順次元本に組み入れられ、利息に対しても利息が発生する複利（重利）とが
ある。民法は当事者間の合意がない限り、単利によるものとし、例外的に利息

の支払が1年以上遅滞し、かつ債権者が催促してもなお支払がない場合に限って、利息の元本への組入を認めている（法定重利、405）。なお、これと異なる合意があればその合意が優先することは契約自由の原則上当然であり、契約による重利（約定重利）も利息制限法の範囲内で効力が認められる（最判昭45.4.21）。

4 利息制限法

(1) 意義

　　利息制限法は、法外な高利から債務者を保護する趣旨で設けられたものである。利息が制限利率によって計算した金額を超える場合、その超過部分に係る利息契約は無効となる（利息制限1柱書）。

(2) 利息制限法所定の制限利率を超えた利息分の支払

　(a) 債務者が利息制限法所定の制限を超える利息等を任意に支払ったときは、その制限超過部分は、489条により、残存する元本に充当される（最大判昭39.11.18参照）。

　(b) 債務者が利息制限法所定の制限を超えて任意に利息等の支払を継続し、その制限超過部分を元本に充当すると、計算上元本が完済となったとき、その後に支払われた金額は、債務が存在しないのにその弁済として支払われたものに他ならないから、不当利得（703、704）としてその返還を請求することができる（最大判昭43.11.13）。

　(c) 利息を元本とともに一度に任意に支払った場合であっても、不当利得として返還請求することができる（最判昭44.11.25）。

　(d) 支払が貸金業者の預金又は貯金口座に対する払込みによってなされたときであっても、特段の事情のない限り、貸金業者はその都度直ちに受取証書を債務者に交付しなければならない（最判平11.1.21）。かかる受取証書交付義務及びその記載事項は、貸金業法によって明示されたが、これを他の記載で代替できるとした内閣府令は法の委任の範囲を逸脱した違法な規定として無効である（最判平18.1.13／百選Ⅱ〔第8版〕〔56〕）。

　(e) 期限の利益喪失特約のうち、支払期日に制限超過部分の支払を怠った場合に期限の利益を喪失するとしている部分は、利息制限法1条の趣旨に反して無効であり、支払期日に約定の元本及び利息の制限額を支払いさえすれば、制限超過部分の支払を怠ったとしても、債務者は期限の利益を喪失することはない（最判平18.1.13／百選Ⅱ〔第8版〕〔56〕）。

2-4　選択債権

> **学習の指針**
> 　一　選択債権の意義
> 　二　選択債権の特定
>
> 　選択債権とは、数個の給付中の選択によって決定する一個の給付を目的とする債権をいいます。選択権の帰属の問題と給付不能による特定の問題について、主に短答対策として直前に整理すれば十分でしょう。

一　選択債権の意義

　数個の給付中の選択によって決定する一個の給付を目的とする債権。例えば、ＡＢ2台の自動車のうちのいずれか1台を売るという場合がこれに当たる。

◀内田Ⅲ・78頁以下
中田・69頁

二 選択債権の特定

B

1 選択による特定

(1) 選択権者

債務者である（406）。ただし、特約で債権者又は第三者とすることができる。

(2) 選択権の行使

選択権は、相手方に対する意思表示によって行う（407Ⅰ）。いったんなした選択の意思表示を撤回するには、相手方の承諾が必要である（407Ⅱ）。

(3) 選択権の移動

(a) 当事者の一方が選択権を有する場合（408）

① 債務が弁済期にあるときで、かつ
② 相手方が相当の期間を定めて催告しても、その期間内に選択しないときには、選択権は相手方に移る。

(b) 第三者に選択権がある場合（409）

① 第三者が選択をなすことができず、又は
② 選択をする意思を有しない場合には、弁済期の到来や第三者への催告を要することなく、選択権は債務者に移る

(4) 効果

選択による特定の効果は、債権発生時に遡って生ずる（411本文）。このように遡及効を与えたのは、ある場合には既に不能となった給付をも選択できることを認めようとする趣旨である。

411条ただし書には、「第三者の権利を害することはできない」との規定があるが、この規定は実際上意味がない。なぜなら、選択権の遡及効による物権の移転と第三者の権利との優劣は、専ら登記・引渡しその他の対抗要件の具備の先後によって決せられるからである。

2 給付不能による特定

(1) 特定

債権の目的である給付の中に、履行不能となった給付がある場合には、原則として、債権はその残存する給付に限定されない（410反対解釈）。しかし、「選択権を有する者の過失」により給付が不能になった場合には、例外的に、債権はその残存する給付に限定される（410）。本条は、債権者・債務者以外の第三者が選択権を有する場合にも適用される。

(2) 効果

特定とは、残部の給付が債権の目的となるという意味であり、残部が数個あるときは、この部分についての選択債権として存続することになる。

特定されない場合、選択権者は、履行不能となった給付を選択することができる。

選択権者が債権者であれば、債権者は履行不能となった給付を選択して履行不能による契約解除（542Ⅰ①）をすることができ、債務者に帰責事由があるときは、履行不能による損害賠償請求（415）をすることができる。

また、選択権者が債務者であれば、債務者は履行不能となった給付を選択することができ、債権者は、債権者自身に帰責事由がある場合（543）を除き、

履行不能による契約解除（542Ⅰ①）をすることができる。

【不能による選択債権の特定の有無】

不能原因 ＼ 選択権者	債権者	債務者	第三者
債権者の過失	○	×	×
債務者の過失	×	○	×
第三者の過失	×	×	○
不可抗力	×	×	×

（○印は特定する）

☞ One Point ▶ 選択債権の給付

　前述のとおり、選択権者が債務者である場合において、債権者の過失により履行不能になった給付があるとき、債務者はその履行不能になった給付を選択することができます。この場合、債権者は反対給付の履行を拒むことができない（536Ⅱ本文）上に、契約を解除することもできない（543）点に注意が必要です。

Q：先日、友人は中古車であるＡ車とＢ車のいずれか好きな方を私にくれると約束してくれたのですが、その後、友人のミスにより、Ａ車は盗まれてしまったとの連絡を受けました。私はＡ車の方が好みだったのですが、Ｂ車しかもらえないことになるのでしょうか。

A：この場合、Ａ車はその友人の過失により盗まれてしまったのであり、選択権を有するあなたの過失によるものではありませんので、あなたの債権はＢ車に特定するわけではありません。そのため、あなたは、Ｂ車をもらうこともできますし、その友人に対して、履行不能に基づく損害賠償請求をすることもできます。

1　金銭に見積もることができないものは、債権の目的とすることができない。［司H 30－16］

× 債権は、金銭に見積もることができないものであっても、その目的とすることができる（399）。
⇒2－1　一　(p.9)

2　特定物の引渡しを目的とする債権の債務者は、その引渡しをするまで、自己の財産に対するのと同一の注意をもって、その物を保存すべき義務を負う。［司H 22－14］

× 債権の目的が特定物の引渡しであるときは、債務者は、その引渡しをするまで、契約その他の債権の発生原因及び取引上の社会通念に照らして定まる善良な管理者の注意をもって、その物を保存しなければならない（400）。
⇒2－2　一　(p.12)

3　甲倉庫内の米のうち1トンの引渡しを受ける旨の制限種類債権は、甲倉庫内の米が全て滅失したときは、履行不能となる。［司H 30－16］

○ 制限内の種類物がすべて滅失すれば、他から調達する義務がなくなり、履行不能となる。
⇒2－2　二　(p.14)

4　判例によれば、履行の場所につき別段の定めのない種類債権の目的物は、債務者が債権者の住所に目的物を発送した時に特定する。［司H 28－17＝予H 28－8］

× 種類物の給付は、原則として持参債務となる（484）。そして、持参債務の場合、債務者が債権者の住所で現実の提供をした時に「物の給付をするのに必要な行為」（401Ⅱ）があったとして、種類債権の特定が生じる（大判大8.12.25）。
⇒2－2　三　(p.15)

5　外国の通貨で債権額を指定した場合には、債務者は、日本の通貨で弁済をすることができない。［司H 30－16］

× 外国の通貨で債権額を指定したときは、債務者は、履行地における為替相場により、日本の通貨で弁済をすることができる（403）。
⇒2－3　一　(p.18)

6　元本債権が消滅したとしても、弁済期が到来した利息債権は、当然には消滅しない。［司H 30－16］

○ 弁済期が到来した利息債権は、支分権たる利息債権である。そして、支分権たる利息債権について、元本債権が将来に向かってのみ消滅する場合には、それ以前に弁済期に至った利息債権は、何ら影響を受けない。
⇒2－3　二　(p.19)

7　利息を生ずべき債権について約定利率の定めがないときは、その利率は、最初に利息が生じた時点における法定利率による。［司R２－21］

○　404条1項参照
⇒2-3　ニ (p.19)

8　法定利率の割合は、３年を一期とするその期ごとに見直され、必ず変更される。［司R２－21］

×　法定利率は、3年を1期とし、1期ごとに変動する（404Ⅲ）が、直近変動期における基準割合と当期における基準割合との差に相当する割合が1%未満の場合には、端数として切り捨てられ、法定利率の変動は生じない（同Ⅳ）。
⇒2-3　ニ (p.19)

9　債務者が利息の支払を１年分以上延滞し、債権者が催告をしても、債務者がその利息を支払わないときは、債権者は、これを元本に組み入れることができる。［司H27－36］

○　405条参照
⇒2-3　ニ (p.21)

10　選択債権においては、別段の意思表示がないときは、選択権は債権者に属する。［司H30－16］

×　選択債権に関する選択権者は、当事者間の契約により定めることができるが、その定めがない場合には、債務者に属する（406）。
⇒2-4　ニ (p.22)

11　選択債権について債務者が選択権行使の意思表示をした場合、その意思表示は、債権の弁済期前であっても、債権者の承諾を得なければ、撤回することができない。［司R２－37］

○　407条2項参照
⇒2-4　ニ (p.22)

12　債権の目的が２個の給付の中から選択によって定まる場合に、選択権を有する者の過失によって、その給付の一方が後に至って不能となったときは、債権の目的は他方に特定する。［司H22－14改］

○　410条参照
⇒2-4　ニ (p.22)

3 債権の効力

●3-1 債権の効力総説　　●3-2 強制履行　　●3-3 債務不履行　　●3-4 受領遅滞

これから学ばれる方へ

　今までに述べたとおり、債権は債務者に対して一定の行為を要求する権利です。例えば、「A君がB君に自動車を100万円で売る」という売買契約が、A君とB君との間に締結されたとすると、A君はB君に対して、「代金100万円支払え」という債権を有することになります。B君が素直に100万円を払ってくれれば、当然A君はこれを受領する権能があります。これは債権の最小限度の効力といえますが、債権はさらに強い効力を有します。まず、A君が車を引き渡したのに、B君が代金を支払わない場合、A君は債権に基づいて裁判所に訴えを提起して、判決によって債権の存在を確認し、かつB君に対して債務の履行を命じる判決を得ることができます。次に、この判決に基づいて、その債権の内容を強制的に実現することができます（この場合、国家がB君の財産を処分し、一定の金額を調達して、それをA君に与えることになります）。これが本章で学ぶ履行の強制（強制履行）の話です。ただ、A君の有する債権が、「B君に自分の肖像画を描いてもらう」といった債権のように、履行の強制（強制履行）に適さない債権もあります。

　また、A君は、B君の債務不履行に基づく損害賠償をB君に請求することもできます。そして、その内容は金銭賠償（417）ですから、これについては常に強制履行をすることができるのです。本章ではこの損害賠償について詳しく学習していくことになります。

　多くの場合、債務は債務者の履行を債権者が受領することによって消滅するものですが、例えば、A君がB君に自動車を引き渡そうとしているのに、B君が自動車を受け取らないという場合、B君（債権者）にどういう責任が発生するかということが問題となります。これが受領遅滞の問題です。

　最後に、債権も権利である以上、第三者がこの行使を妨げ、又はこれを侵害した場合には、妨害の排除や不法行為による損害賠償の請求が認められるかどうか問題になります。例えば、第三者C君が、B君を困らせてやろうと思って、A君がB君に引き渡すはずの自動車を壊したような場合、C君の行為は、B君のA君に対する自動車の引渡請求権という債権を侵害したことになります。これが本章の3-1のなかで学習する債権侵害の話です。

LEC東京リーガルマインド　C-Book民法Ⅲ〈債権総論〉改訂新版

3-1　債権の効力総説

```
一　債権の効力
二　債権に基づく妨害排除
　　請求
三　第三者による債権侵害
```

学習の指針

　債権の効力は抽象的でやや分かりにくいですが、債権を取得することで何ができるのかを知る必要がありますので、しっかりと学習しましょう。特に、自然債務の概念は短答式試験でも問われることがあります。また、債権に基づく妨害排除請求については、原則として否定されていること、対抗要件を備えた不動産賃借権については例外的に肯定されていることを押さえておきましょう。第三者による債権侵害については、重要度は決して低くはないので、難しくても一通り読み込むようにしましょう。

一　債権の効力

　債権とは、債権者が債務者に対して一定の行為を請求することができる権利である。そして、債権を実現するには債務者の行為が必要である。債務者が債権の目的たる行為をして、債権を満足させてくれればよいが、その行為をしてくれないときに、債権者は債務者に対して法的に何ができるのか。これが債権の効力として問題とされる中心部分である。

◀内田Ⅲ・127頁以下

1　4つの効力

　債権には、一般的に4つの効力があると説明される。その効力が弱い順に並べると、以下のようになる。

① 給付保持力
② 請求力
③ 訴求力
④ 執行力（貫徹力・掴取力）

◀中田・75頁以下

(1) 給付保持力

　給付保持力とは、債務者のした給付を適法に保持できる効力のことをいう。

(2) 請求力

　請求力とは、債権者が債務者に対して、任意に履行を請求できる効力のことをいう。裁判外において任意に履行の請求を行うことができるにすぎない。

　→給付保持力と請求力が債権の最小限の効力であると説明される

(3) 訴求力

　訴求力とは、債権者が債務者に対して、訴えによって履行を請求できる効力のことをいう。裁判上の請求力ともいわれる。

(4) 執行力

　執行力とは、債務者が履行しない場合に、債権者が国家機関の権力によって強制的に債権の内容を実現する効力のことをいう。

　執行力は、さらに貫徹力（債権の内容をそのままの形で強制的に実現する効力）と掴取力（金銭債権について、債務者の一般財産への強制執行により債権の内容を実現する効力）に分けて説明される。

2　自然債務

　給付保持力はあるが、訴求力のない債権を自然債務という。

　→訴求力がないので、裁判所に訴えて判決を得ることはできないが、給付保

 大判昭10.4.25

カフェー丸玉女給事件
客がホステスの歓心を買うため、独立自活の資金として400円を与える約束をしたという事案で、自ら進んで履行してしまえば債務の弁済となるが、その履行を強要しえない特殊の債務関係が生じているとして、ホステスからの400円の支払請求を認めなかった。

持力はあるので、債務者が任意に履行した場合にはこれを適法に受領することができ、その後に返還を請求されることはない（不当利得にはならない）

例えば、①消滅時効（166）の援用された債務、②不法原因給付の返還債務（708本文）などが、自然債務の具体例として挙げられる。

3　債務と責任

(1)　意義

債務：債務者の給付義務・履行義務

責任：債務者の一般財産が、債権の強制的実現の引当てになっている状態（掴取力に服している状態）

(2)　債務と責任の分化

通常の債権は、債務と責任の両方を有している。しかし、以下のような例外が見られる。

(a)　責任なき債務

債務を負っているが、自己の一般財産をもって債務について責任を負わない場合をいう。言い換えれば、訴求力までの効力はあるが、執行力のない債権である。

ex.　強制執行をしない旨の特約（不執行の合意）のある債務

(b)　債務なき責任

自らが債務を負うわけではないが、自己の特定の財産をもって他人の債務について責任を負う場合をいう。

ex.1　物上保証人

ex.2　抵当不動産の第三取得者

＊　なお、保証は、債権者に対する独立した債務（保証債務）を負っているので、債務なき責任には当たらない。

二　債権に基づく妨害排除請求

[B ランク]

判例は、「債権者は直接第三者に対して債権の内容に応ずる法律的効力を及ぼし第三者の行動の自由を制限することを得ないのを本則とする。……債権に排他性を認め第三者に対し直接妨害排除等の請求を為し得べきものとすることはできない」旨判示し、原則として第三者に対する妨害排除請求権を否定している（最判昭28.12.14）。

もっとも、判例は、債権である賃借権の中から一定範囲のものだけ限定して妨害排除請求権を肯定している。例えば、対抗力のある不動産賃借権（605、借地借家10Ⅰ、31）を有する賃借人については、不法占拠者に対しても、二重賃借人に対しても、その妨害排除請求権を認めている（最判昭30.4.5、最判昭28.12.18／百選Ⅱ［第8版］〔57〕）。

＊　なお、上記以外の方法として、占有訴権（197以下）、債権者代位権の行使（423、423の7）があり得る。

判例　最判昭28.12.18／百選Ⅱ［第8版］〔57〕

事案：　XはAとの間でA所有の土地の賃貸借契約を締結し、その後Aは本件土地をCに譲渡した。一方Yは本件土地をCから賃借したと主張して、本件土地上に建物を建築し所有するに至った。そこでXはYに対し、建物収去・土地明渡しを請求して訴えを提起した。

ONE POINT
改正前民法下における判例法理（最判昭28.12.18／百選Ⅱ［第8版］〔57〕）を明文化したものとして、605条の4が規定されています。

判旨：　「土地の賃借権をもってその土地につき権利を取得した第三者に対
　　　　抗できる場合にはその賃借権はいわゆる物権的効力を有し、その土
　　　　地につき物権を取得した第三者に対抗できるのみならずその土地に
　　　　つき賃借権を取得した者にも対抗できるのである。従って第三者に
　　　　対抗できる賃借権を有する者は爾後その土地につき賃借権を取得し
　　　　これにより地上に建物を建てて土地を使用する第三者に対し直接に
　　　　その建物の収去、土地の明渡を請求することができるわけである。」

三　第三者による債権侵害

◀内田Ⅲ・205頁以下
　中田・332頁以下

1　はじめに

　例えば、売主Aと買主Bとの間で10万円の古陶器の売買契約が締結されたの
を知ったCが、Bに対する嫌がらせの目的で、当該古陶器を粉砕した場合、C
は、BのAに対する当該古陶器の引渡債権の侵害を理由に、不法行為に基づく
損害賠償責任（709）を負うことがあるか。

　このように第三者が債権侵害をした場合、2つの問題が生じる。

　まず、①第三者の行為により債権侵害がされた場合、これを「権利侵害」と
して不法行為責任（709）を追及することができるかという問題である。

　次に、②第三者の債権侵害に対して不法行為責任を追及できるとしても、ど
のような場合にどのような要件で不法行為責任を追及することができるのかと
いう問題である。

2　①の問題について

　債権は、債務者に対してしか権利内容の実現を請求することができない（相
対性）。また、内容的には両立しえない複数の債権も有効に併存しうる（非排他
性）。このような債権の性質からすれば、第三者が債権を侵害しても、債権者は
「権利」を侵害されたとはいえないとも思える。

　しかし、債権といえども法的な保護に値する財産権である以上、不可侵性を
有するから、不可侵性を侵した第三者の行為は違法である。したがって、債権
を侵害した第三者に対しては、不法行為責任を追及しうるという立場が判例（大
判大4.3.10／百選Ⅱ［第8版］〔19〕）・通説である。

3　②の問題について

　それでは、どのような場合にどのような要件で不法行為責任を追及すること
ができるか。

　この点、その存在・内容が公示される物権と異なり、債権の存在・内容が公
示されることはないから、客観的には債権を侵害していても、第三者が当該債
権の存在について知らないこともある。また、債権は主として契約によって発
生するところ、契約は自由競争原理の上に成り立っているから、自由競争の範
囲内であれば、たとえ債権侵害であっても直ちに不法行為になることはない。

　このような債権の性質（公示性の欠如・自由競争原理の支配）を踏まえて、
学説は、債権侵害の態様を分類し、その類型ごとに不法行為の成立要件を検討
している。

(1)　債権の帰属自体を侵害した場合

　　ex.　第三者が預金通帳や印鑑を盗んだ上、受領権者としての外観を装い
　　　　（478参照）、銀行から預金を引き出した場合
　　　　→この場合、銀行側が善意・無過失であれば、478条に基づき、有効な
　　　　　払戻し（弁済）となり、正当な預金者は預金債権を失う

　この場合、第三者の行為は債権自体を失わせるものであり、公示性の欠如
や自由競争原理の支配という債権の性質が問題になることはない。したがっ

て、不法行為の成立要件に修正を加える必要はなく、第三者の故意・過失によって不法行為が成立することに異論はみられない。

(2) 債権の目的たる給付を侵害し、かつ債権を消滅させた場合

　ex.1 「1　はじめに」（⇒29頁）冒頭の事例

　ex.2 ライブを目前に控えた有名アーティストを誘拐・監禁し、そのライブの出演を妨害した場合

　これらの場合、債権の存在は公示されていないため、第三者に債権侵害の不法行為が成立するためには、第三者が債権の存在を認識していること（故意）を要する。すなわち、第三者に過失があっても故意がなければ、当該第三者は不法行為責任を負わない。

(3) 債権の目的たる給付を侵害したが、債権は消滅していない場合

　(a) 事実行為による場合

　　ex.1 土地の所有者Aから当該土地の売却を委託されたBは、当該土地の買主の代理人Cから唆され、Cと通謀し、実際の売却価格よりも低く売却したこととしてその差額を着服した場合（大判大4.3.10／百選Ⅱ［第8版］〔19〕参照）

　　　→Cは、AのBに対する委任契約上の債権を侵害したといえるか

　　ex.2 Cは、交通事故により、A社の営業企画部長Bに怪我を負わせてしまい、長期入院を余儀なくさせてしまったが、営業に支障を来したA社にも損害（間接損害）が発生した場合

　　　→Cは、AのBに対する雇用契約上の債権を侵害したといえるか

　これらの場合も、債権の存在は公示されていないことから、第三者が債権の存在を認識していること（故意）が必要であると解されている。すなわち、第三者（上記C）に過失があっても故意がなければ、当該第三者は不法行為責任を負わない。

　(b) 取引行為による場合

　　ex.1 AがBから甲土地を3000万円で購入したことを知ったCは、自己の展開する事業拡大のためには甲土地が必要不可欠であると考え、いまだ登記名義がBのままであったことから、Bから甲土地を4000万円で購入し、甲土地の所有権移転登記を取得した場合

　　ex.2 競争関係にある会社の被用者を引き抜いて、会社に損害を与える場合

　ア　原則否定説（判例、伝統的通説）

　　自由競争原理に反するような故意の公序良俗違反でなければ、不法行為は成立しない。

　　∵① 対抗要件の場面では、第二譲受人は背信的悪意者でなければ保護されるのに、不法行為の場面では悪意の第二譲受人が責任を負わされるのでは、対抗要件制度の趣旨が貫徹できなくなる

　　② 自由競争の建前からは、二重契約の締結・履行をしたとしても、これは適法であるから、単なる悪意の場合は違法性がない

　イ　原則肯定説（有力説）

　　第三者に故意・過失があれば、不法行為が成立する。

　　∵① 取引安全の要請による対抗要件制度と、損害の公平な分担を目的とする不法行為制度は別次元のものであり、不法行為法が対抗要件制度の要請に従う必要はない

　　② 既に売買契約が成立していることを知りながら重ねて契約するのは自由競争の範囲外である

(4)　債務者の責任財産を減少させた場合

　　ex.1　債務者の財産を格安の値段で購入し、あるいは極めて有利な条件で代物弁済を受けるなどの行為（法律行為による場合）

　　ex.2　債務者の責任財産を損傷、隠匿、窃取するなどの行為（事実行為による場合）

　　ex.1のような法律行為による場合については、詐害行為取消権（424）による保護に委ねるべきである。

　　これに対して、**ex.2**のような事実行為による場合については、不法行為が成立する余地があるが、債権者に対する侵害としては間接的なものであるから、債権侵害の故意が必要であるとされる。

【債権侵害の態様の整理】

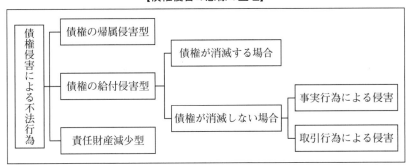

3-2　強制履行

一　強制履行とは	**学習の指針**
二　強制履行の方法 三　自然債務・不完全債務 　（強制力を欠く債権） 四　履行の強制と損害賠償 五　債務の種類と強制履行 　の方法の整理	国家機関による債権内容の強制的実現を強制履行といいますが、この強制履行の方法には、直接強制・代替執行・間接強制の３種類があります。 　短答式試験対策として、各方法の関係とその具体例を理解しておきましょう。

一　強制履行とは

　債務が任意に履行されない場合、債権者は、原則として債権の内容を強制的に実現することができる（414 I）。これは債権の本来の効力であるため、広義の債務不履行（客観的な債務不履行の事実）があれば足り、債務者の帰責事由は不要とされる。

二　強制履行の方法

　民法及び民事執行法は、債権の種類に応じて、直接強制・代替執行・間接強制の３種類の強制履行の方法を定めている。

1　直接強制

　直接強制とは、国家の執行機関が、直接に債権の内容を実現させる強制執行の方法をいう（民執43以下、同168〜170）。

直接強制は、金銭の支払（民執43以下）、物の引渡債務（民執168以下）などの「与える債務」の場合に適した強制方法である。他方、直接強制は債務者の意思を無視するため、作為・不作為ないし意思表示を目的とする「なす債務」の場合に用いることは不可能である。

2 代替執行

代替執行とは、債務者以外の者により債権の内容を実現させた上で、これに必要な費用を債務者から取り立てる強制執行の方法をいう（民執171）。

代替執行は、性質上直接強制を許さない債務（「なす債務」）の場合に認められる。物や金銭の引渡しを目的とする債務（「与える債務」）については認められないと解されている。債務の目的・内容によって取扱いは異なる。

(1) 作為を目的とする債務

作為を目的とする債務のうち、第三者が債務者本人に代わって債務の内容の実現が可能な場合（代替的作為債務）に代替執行を行うことが認められる（民執171 I ①）。一方、債務者本人が行うのでなければ、債務本来の趣旨に沿うことにならない場合（不代替的作為債務）では、代替執行を行うことができず、間接強制（民執172 I）によるしかない。

なお、判決により謝罪広告すべき義務（723）が生じた場合、謝罪広告は強制になじまないとも考えられるが、判例（最判昭31.7.4）は、「単に事態の真相を告白し陳謝の意を表明するに止まる程度のもの」は、代替執行をすることができるとしている。

(2) 不作為を目的とする債務

不作為を目的とする債務について不履行があった場合、債務者の費用で、不作為債務違反の有形的状態を除去し、又は将来のため適当な処分を請求できる（民執171 I ②）。ここにいう「将来のため適当な処分」としては、将来の損害に対して金銭その他の担保を提供させることが通常であるとされている。

なお、深夜のピアノ演奏をやめさせることや、マンションの1室を暴力団事務所として使用させないことといった、不作為を目的とする債務に違反する継続的な行為をやめさせることは、除去すべき有形的状態が存在せず、「将来のため適当な処分」も考えられないため、代替執行を行うことができず、間接強制（民執172 I）によるしかない。

3 間接強制

間接強制とは、債務の履行がされるまで一定の金銭を強制的に債務者から債権者に支払わせることにより、債務者に対して心理的に圧迫し、債務者の意思を履行へと向かわせる強制執行の方法をいう（民執172、173）。

間接強制は、物の引渡しを目的とする債務、作為債務及び不作為債務について認められている。なお、不作為債務について間接強制をするには、債権者において、債務者がその不作為義務に違反するおそれがあることを立証すれば足り、債務者が現にその不作為義務に違反していることを立証する必要はない（最決平17.12.9）。一方、金銭債務については、原則として間接強制は認められておらず、扶養義務等に係る金銭債権についてのみ、例外的に間接強制が認められている（民執167の15、151の2 I 参照）。これは、金銭債務についての間接強制は実質的に見て金銭債権そのものの履行の強制であること、実損害を超えた額を債権者に保持させる結果となり得ることから、妥当でないためである。

☞ **One Point ▶ 間接強制の位置付けの変化**

　従来、間接強制による強制執行は、債務者の人格を不当に圧迫し、人格尊重の理念に反するおそれがあるため、最後の手段として位置付けられていました。すなわち、直接強制又は代替執行が可能であれば、間接強制による強制執行は認められていませんでした（間接強制の補充性）。しかし、間接強制の補充性については、「強制的な直接強制の方が債務者の意思の自由を前提とする間接強制よりも債務者の人格を尊重するという考えは形式論にすぎない」との批判があり、その合理性が疑問視されていました。また、代替的作為債務についても、現実には代替執行を行うことが困難な場合が多く、間接強制の方法を用いた方が効果的な場合があるとの指摘がされてきました。

　そこで、平成15年、民事執行法が改正され、債権者からの申立てがあれば、直接強制や代替執行が可能な債務についても間接強制による強制執行が可能である旨が定められました（民執173 I）。

4　意思表示をする債務

　意思表示をする債務は、不代替的作為債務であるが、特別の規定が置かれている。

　意思表示をする債務において、債権者に必要なのは、債務者が現実に意思表示をすることではなく、意思表示により生じる法的効果である。そこで、意思表示をする債務は、判決をもって債務者の意思表示に代えることができるとされ、裁判確定時に債務者が意思表示をしたものとみなされる（意思表示の擬制、民執177）。

　　→「被告は、原告に対し、甲土地について、売買を原因とする所有権移転登記手続をせよ」との判決が確定した場合、甲土地の買主は、売主の意思表示があったことを前提に、買主単独で具体的な所有権移転登記手続を行うことが可能となる

5　間接強制すら許されない債務

　債務者の自由意思を抑圧して履行を間接的に強制することが人格尊重・意思自由の尊重の理念に反する場合（夫婦の同居義務、芸術作品の創作義務等）、「債務の性質がこれを許さないとき」といえ、債務の履行強制は認められない（414 Iただし書）。この場合、債務不履行を理由とする損害賠償請求をするしかない。

三　自然債務・不完全債務（強制力を欠く債権）　

　現実に存在する債務の中には、給付保持力や請求力を備えているものの、訴求力や執行力を欠く債権・債務も存在する。例えば、以下のようなものである。
　①　不起訴の合意をした債務（訴求力を欠く債務）
　②　不執行の合意をした債務（執行力を欠く債務）
　③　自然債務（大判昭10.4.25、カフェー丸玉女給事件）
　　⇒27頁参照

四　履行の強制と損害賠償　

　強制履行に関する414条1項の規定は、損害賠償の請求を妨げない（414 II）。債務不履行に基づく損害賠償請求が強制履行にかかわらず認められることを注意的に規定したものである。

五　債務の種類と強制履行の方法の整理　

　①　直接強制が可能な債務（物の引渡債務、金銭債務等）については、代替執行はできず、直接強制又は間接強制による。
　②　金銭債務については、直接強制によるが、扶養義務等に係る金銭債務に

ついてのみ、例外的に間接強制も認められる。
③　作為債務・不作為債務のうち、代替執行が可能なものについては、代替執行又は間接強制による。他方、代替執行が不可能なものについては、代替執行はできず、間接強制による。
④　金銭債務（一部を除く）以外の債務は、間接強制が可能である。

【債務の種類と強制履行の方法の整理】

債務の種類	現実的履行の強制の手段
引渡債務	・直接強制（民執43以下、同168〜170）又は間接強制（民執172、173）が可能 ・金銭債権は、原則として直接強制が認められるが、扶養義務等に係る金銭債権についてのみ、例外的に間接強制も可能（民執167の15）
代替的作為債務	・直接強制は許されず、代替執行（民執171Ⅰ①）又は間接強制（民執172、173）の方法が考えられる
不代替的作為債務	・間接強制（民執172）のみ可能（＊1）
不作為債務	・代替執行（民執171Ⅰ②）又は間接強制（民執172、173）が可能（＊2、3）
意思表示をする債務	・判決をもって債務者の意思表示に代えることが可能（民執177Ⅰ） 　**ex.**　不動産の移転登記については、判決による単独申請が可能（不登63Ⅰ）

＊1　不代替的作為債務のうち、夫婦の同居義務や芸術作品の創作義務等は間接強制すら許されず（414Ⅰただし書）、債務不履行に基づく損害賠償請求ができるにとどまる。
＊2　不作為義務の違反があっても、除去すべき有形的状態が存在しない場合や「将来のため適当な処分」が考えられない場合には、代替執行はできない。
＊3　間接強制をするには、債権者において、債務者がその不作為義務に違反するおそれがあることを立証すれば足り、債務者が現にその不作為義務に違反していることを立証する必要はない（最決平17.12.9）。

3-3　債務不履行

3-3-1　債務不履行総説

一　意義 二　債務不履行の類型	**学習の指針**

　本節では、債務不履行とは何か、債務不履行にはどのような類型があるのか、それぞれの類型の要件・効果について、詳しく説明します。とても重要な学習分野ですので、しっかり理解するようにしましょう。

一　意義

　債務不履行とは、債務の本旨に従った履行がなされないことをいう。
　債務不履行が生じた場合、民法は、債権の内容の実現を保障するための制度として、履行請求権と損害賠償請求権を設けている。また、契約上の債務について不履行が生じた場合、民法は、解除権に関する規定（540以下）を設けているが、これについては『債権各論』で取り扱う。

◀内田Ⅲ・123頁
　中田・112頁

二　債務不履行の類型

　債権者は、「債務者がその債務の本旨に従った履行をしないとき」、又は「債

◀内田Ⅲ・142頁以下
　中田・118頁以下

務の履行が不能であるとき」、これによって生じた損害の賠償を請求することができる（415Ⅰ）。

「債務者がその債務の本旨に従った履行をしないとき」には、履行遅滞・履行拒絶・その他の債務不履行（不完全履行等）が含まれる。

「債務の履行が不能であるとき」は、履行不能の場合である。

以下では、履行遅滞、履行不能、履行拒絶、その他の債務不履行（不完全履行等）の順で、それぞれについて詳しく説明する。

1 履行遅滞

履行遅滞とは、債務者が履行をすることが可能であるのに、履行期が到来しても履行しない場合のことをいう。

(1) 要件

履行遅滞の要件は、(a)履行可能性があること、(b)履行期が到来したこと、(c)履行しないこと（同時履行の抗弁権・留置権が存在しないこと）である。

(a) 履行可能性があること

履行が不可能な場合は、履行遅滞ではなく履行不能（⇒「2 履行不能」）の問題となる。そのため、履行可能性があることが要件となる。

(b) 履行期が到来したこと

履行期（履行すべき時期）については412条に規定が置かれており、①確定期限があるとき（412Ⅰ）、②不確定期限があるとき（同Ⅱ）、③期限の定めがないとき（同Ⅲ）の3つの場合において、いつ履行遅滞となるのかが定められている。

① 確定期限があるとき

原則として、期限の到来した時から遅滞に陥る（412Ⅰ）。

例外的に、期限の到来だけでは遅滞に陥らない場合がある。

ex.1 指図証券等、提示が必要な有価証券の場合

→期限の到来に加え、証券を提示して初めて遅滞に陥る（520の9、520の18、520の20）

ex.2 取立債務等、履行の際にまず債権者の協力が必要な場合

→期限の到来に加え、債権者が必要な協力をして初めて遅滞に陥る

② 不確定期限があるとき

不確定期限とは、将来必ず到来するが、それがいつかは不確定な期限のことをいう。この場合、期限の到来した後に履行の請求を受けた時、又は期限の到来したことを知った時のいずれか早い時から遅滞に陥る（412Ⅱ）。

③ 期限の定めがないとき

原則として、履行の請求を受けた時から遅滞に陥る（412Ⅲ）。

もっとも、期限の定めのない消費貸借の場合は、催告から相当期間経過後（591Ⅰ）に、不法行為に基づく損害賠償債務の場合は、不法行為の時（最判昭37.9.4参照）に、それぞれ遅滞に陥る。

【遅滞に陥る時期】

	債務の種類	遅滞に陥る時期
期限の定めのある債務	確定期限債務	原則：期限到来時（412Ⅰ） 例外：期限到来に加えて、 　① 指図証券等の場合は、証券の提示が必要（520の9、520の18、520の20） 　② 取立債務の場合は、債権者が必要な協力をすることが必要
	不確定期限債務	期限の到来した後に履行の請求を受けた時、又はその期限の到来したことを知った時のいずれか早い時（412Ⅱ）
期限の定めのない債務（＊）		履行の請求を受けた時（412Ⅲ）
	期限の定めのない消費貸借（591）	催告から相当期間経過後（591Ⅰ）
	不法行為に基づく損害賠償債務（709）	不法行為時（最判昭37.9.4参照）

＊ 法律の規定により生ずる債務（**ex.** 不当利得返還債務）は、原則として期限の定めのない債務である。

　(c) **履行しないこと（同時履行の抗弁権・留置権が存在しないこと）**

　　　債務者は、履行の提供により債務不履行責任を免れる（492）ため、債務者が履行期に履行の提供をしないことが必要となる。

　　　　→債務者が同時履行の抗弁権（533）・留置権（295）を主張できる場合、債務者は履行期に履行しなくても、履行遅滞の責任を負わない

　(2) **効果**

　　　債権者は、履行が遅れたことによる損害の賠償（遅延賠償）を請求することができる（415Ⅰ本文）。ただし、履行遅滞が契約その他の債務の発生原因及び取引上の社会通念に照らして債務者の責めに帰することができない事由（免責事由）によるものであるときは、損害賠償を請求することはできない（同Ⅰただし書）。

　　　債権者は、本来の債務の履行請求と併せて損害賠償請求をすることもできる（414Ⅱ）。また、履行拒絶の場合には、債務の履行に代わる損害賠償（塡補賠償）を請求することができる（415Ⅱ②）が、本来の債務の履行請求とともに遅延賠償の請求をすることもできる。

　　　さらに、契約に基づく債務の場合、債権者は契約を解除できる（541、542）が、解除とともに損害賠償請求をすることも妨げられない（545Ⅳ）。

2 履行不能

　　履行不能とは、債務の履行が契約その他の債務の発生原因及び取引上の社会通念に照らして不能である場合をいう（412の2Ⅰ）。

　(1) **要件**

　　　履行不能の要件は、履行が不能であることのみである。

　　　→履行期の到来の有無を問わない

　　　「不能」の態様としては、以下のようなものがある。

　　① 物理的不能：目的物の滅失によって履行が物理的に不可能となる場合

　　　　ex. 賃借目的物の滅失（最判昭30.4.19等）

　　② 法律的不能：法律上の規定により履行が不可能となっている場合

　　　　ex. 売買目的物の譲渡が法律で禁止された場合（大判明39.10.29）

　　③ 取引通念上の不能：物理的には履行可能であるが、取引通念上履行が不可能と判断される場合

　　　　ex. 不動産の二重譲渡がなされ、一方の買主に所有権移転登記を済ませ

た場合、他方の買主に対する売主の登記義務・引渡義務は履行不能となる（最判昭35.4.21等）

また、「不能」には、原始的不能（契約成立時において債務の履行が不能である場合）と後発的不能（契約成立時には履行が可能であり、その後に不能となる場合）のいずれも含まれる。

→原始的不能の場合であっても、債権者は415条に基づく損害賠償請求をすることができる（412の2Ⅱ）。これは、契約上の債務の履行が原始的不能であっても、契約は有効のままであることを前提としている

(2)　効果

履行不能の場合、債権者は履行の請求をすることはできないが（412の2Ⅰ）、債務の履行に代わる損害賠償（塡補賠償）の請求をすることができる（415Ⅱ①）。ただし、履行不能が契約その他の債務の発生原因及び取引上の社会通念に照らして債務者の責めに帰することができない事由（免責事由）によるものである場合には、損害賠償を請求することはできない（同Ⅰただし書）。

また、契約上の債務の場合、債権者は契約を解除することができる（542Ⅰ①）が、解除とともに損害賠償請求をすることも妨げられない（545Ⅳ）。

なお、債務者が履行遅滞に陥っている間に、当該債務が履行不能となった場合、履行遅滞について債務者に帰責事由があれば、たとえ履行不能について債務者に帰責事由がなくても、債務者の帰責事由による履行不能とみなされる（413の2Ⅰ）。そのため、このような場合にも、債権者は損害賠償を請求することができる。

3　履行拒絶

履行拒絶とは、債務者がその債務の履行を拒絶する意思を明確に表示した場合をいう（415Ⅱ②）。

(1)　「履行を拒絶する意思を明確に表示したとき」の意義

「明確に表示した」といえるためには、単に「履行しない」などの発言により履行拒絶の意思が表明されているだけでは足りず、履行拒絶の意思がその後に翻意される見込みがないほど確定的である必要がある。

履行拒絶の意思表示がなされた時期は、履行期の前後を問わない。

(2)　効果

履行拒絶がなされた場合、債権者は契約を解除することなく損害賠償（塡補賠償）を請求できるほか、契約を解除することもでき（542Ⅰ②③、同Ⅱ②）、契約の解除とともに損害賠償請求をすることも妨げられない（545Ⅳ）。

また、塡補賠償がなされるまで、あるいは契約が解除されるまでの間は、本来の債務の履行請求をすることができる。

4　その他の債務不履行（不完全履行等）

債務不履行の類型は多様であるため、履行遅滞、履行不能、履行拒絶のいずれにも該当しないものも存在する。以下では、その代表例である不完全履行について説明する。

(1)　不完全履行の意義

不完全履行とは、債務の履行が一応はなされたが、その内容に不完全な部分がある場合をいう。

(2)　要件

(a)　履行があったこと

何らの履行もない場合には、前述の履行遅滞や履行不能の問題となる。

(b)　履行が不完全であること

債務者による債務の履行が不完全であること、すなわち、債務者による

履行が「債務の本旨に従った履行」（415 I）とはいえないことが必要である。

　以下のとおり、不完全履行には様々な場合があるが、いずれにおいても契約の解釈（当事者の合理的意思解釈）によって本来の債務の内容を特定し、当該債務内容を基準として、債務者の作為・不作為が「債務の本旨に従った履行」といえるかどうかを判断する。

(c)　具体例

　ア　給付内容自体に不完全な点がある場合

　　　ex.　5個1セットのグラスの売買において、そのうちの1個が割れた状態で引き渡された場合

　イ　**給付内容に不完全な点があったために、債権者の一般的法益に損害（拡大損害）が生じた場合**

　　　ex.1　弁当を購入して食べたところ、食中毒菌が混入していたため強烈な腹痛に見舞われ、入院を余儀なくされた場合

　　　ex.2　金魚100匹を購入したところ、うち5匹が病気であったため、その病気が債権者の飼っていた鯉にも伝染した場合

　ウ　**履行方法に不完全な点があった場合**

　　　ex.1　注文された家具を買主の住居に搬入する際、家具は無傷であったが住居の壁紙を破損してしまった場合

　　　ex.2　自動車の修理を依頼したが、修理工事に不完全な点があった場合

(d)　効果

　不完全履行であっても、改めて契約に適合する目的物を給付し、あるいは不完全な部分を除去することで、履行を完全なものとすることができる（追完）。したがって、追完が可能かつ合理的である場合には、追完請求（562 I）をすることができる。追完請求権には、引き渡された物の修補請求権、代物の給付請求権など様々な形態がある。　⇒『債権各論』

　もっとも、完全な履行をすることが不可能、あるいは無意味（追完不能）である場合もある。この場合は、履行不能の場合と同様、損害賠償請求をすることができるにとどまる。

3-3-2　債務不履行に基づく損害賠償請求の要件

一	要件
二	免責事由
三	履行補助者
四	安全配慮義務

学習の指針

　本節では、債務不履行に基づく損害賠償請求の要件について詳しく説明した後、履行補助者及び安全配慮義務についても説明します。

　まず、債務不履行に基づく損害賠償請求の要件は、必ず暗記するようにしましょう。また、履行補助者の部分は難しいところですので、よく分からなければ先に進んでも構いません。安全配慮義務は、短答式試験でも頻出の学習分野ですので、反復して学習することを推奨します。

◀中田・118頁以下

◀論文・司法H19

◀論文・司法H25

一　要件

　債務不履行に基づく損害賠償請求（415 I）の要件は、次の4つである。

①　債務の存在

②　債務不履行の事実（債務の本旨に従った履行がされなかったこと）

③　損害の発生

④　債務不履行と損害との間の因果関係

以下、それぞれの要件について説明する。

1　債務の存在

債務不履行が生じるには、その前提として債務の存在が必要となる。債務の発生原因としては、契約・事務管理・不当利得・不法行為が挙げられる。

2　債務不履行の事実

前述のとおり、債務不履行の類型には、履行遅滞、履行不能、履行拒絶、その他の債務不履行（不完全履行等）があり、各々の要件を満たす必要がある。⇒35頁以下

3　損害の発生

債務不履行に基づく損害賠償請求をするためには、損害が発生していることが必要となる。損害の意義・分類については、後述する。　⇒44頁

→なお、本来の債務の履行の請求や契約の解除では、損害の発生は要件となっていない点に注意が必要である

4　債務不履行と損害との間の因果関係

債務不履行に基づく損害賠償請求をするためには、債務不履行の事実と発生した損害との間の因果関係があることも必要となる。因果関係とは、債務不履行がなければ損害が発生しなかったであろうという関係（事実的因果関係）をいう。

もっとも、事実的因果関係があれば全ての損害が賠償されるかというと、そういうわけではない。損害賠償の範囲については、後述する。　⇒45頁

二　免責事由

◀中田・154頁以下

1　意義

前述した4つの要件を満たした場合であっても、その債務不履行が「契約その他の債務の発生原因及び取引上の社会通念に照らして」、「債務者の責めに帰することができない事由」（免責事由）によるものである場合、債務者は債務不履行責任を負わない（415Ⅰただし書）。この規定は、債務不履行の類型を問わず適用される。

2　趣旨

免責事由には、「契約その他の債務の発生原因及び取引上の社会通念に照らして」という文言が付されている。これは、免責事由の有無は契約の内容に即して判断するものであることを明らかにするものといえる。

すなわち、契約上の債務の不履行が問題となる場合には、契約の解釈により、その不履行をもたらした事実が債務者を免責すべきものとされるかどうかが検討される。そして、契約の解釈によっては判断できない場合には、「取引上の社会通念」（当該契約の性質・目的、契約締結に至る経緯その他の事情）をも考慮し、免責事由の有無を判断する。

なお、「その他の債務の発生原因」という文言が付されているのは、契約以外の債務の発生原因（事務管理・不当利得・不法行為）から生じた債務は、その発生原因に照らして免責事由の有無が判断されるという趣旨であるが、実際上、債務不履行の免責事由が問題となるのは、そのほとんどが契約上の債務である。

3　主張・立証責任

415条1項の文言から、免責事由が存在することの主張・立証責任は債務者が負う。

┌───┐
│ ☞ **One Point** ▶過失責任主義の否定   │
│   │
│ 　改正前民法下では、債務不履行責任が成立するには「債務者の責めに帰すべき │
│ 事由」（帰責事由）によることが必要であるとされていました。具体的には、単に │
│ 債務者の不履行があるという客観的事実だけでなく、当該不履行が債務者の故意・ │
│ 過失又は信義則上これと同視すべき事由による場合（過失責任がある場合）に債務 │
│ 不履行責任が成立するとし、帰責事由と過失とを同視する考え方（過失責任主義） │
│ を採っていました。   │
│ 　しかし、なぜ債務者が債務不履行責任を負うのかといえば、契約上の債務の履行 │
│ をしなかったからにほかならず、過失（注意義務違反）があったからではありません。 │
│ 　そのため、改正民法下では、契約の趣旨に照らして免責事由の存否を判断するこ │
│ ととされ、「帰責事由＝過失」という従来の解釈は認められないものとされました（過 │
│ 失責任主義の否定）。   │
└───┘

三　履行補助者

1　意義

　履行補助者とは、債務を履行するために債務者が履行の過程に使用した者をいう。

> **ex.** 売買契約の売主が、買主に目的物を送付するにあたり、運送業者を利用して目的物を送付した場合の運送業者

◀中田・164頁以下

論文・司法H25

2　履行補助者の行為と債務不履行責任

　履行補助者の行為によって債権者に損害が生じた場合、債務者は債務不履行責任を負うかどうかが問題となる。

　この点については、契約の解釈により債務の内容を特定した上で、その履行として履行補助者の行為がどのように評価されるかを考える立場が有力に主張されている。

　例えば、高級品の食器の売買契約において、債務者が運送業者に当該食器を交付したが、運送中に起きた交通事故により当該食器が粉砕してしまったという場合、契約の解釈により、運送中の危険を契約当事者のいずれが負担するものであったのかを特定することになる。言い換えれば、債務者がどこまで行えば履行したことになるのかという債務の内容の問題であり、これは契約の解釈によって決まる。

　他方、そもそも当該契約において履行補助者の使用が禁止されているような場合には、履行補助者を使用したこと自体が債務不履行といえるので、これをもって債権者は損害賠償の請求が可能である。

四　安全配慮義務

1　意義

　安全配慮義務とは、相手方の生命・身体・健康を危険から保護するよう配慮すべき義務をいう。

　判例（最判昭50.2.25／百選Ⅱ［第8版］〔2〕）は、「ある法律関係に基づいて、特別な社会的接触の関係に入った当事者間において、当該法律関係の付随的義務として、当事者の一方又は双方が相手方に対して信義則上負う義務」としている。

◀内田Ⅲ・151頁以下
　中田・138頁以下

判例 最判昭50.2.25／百選Ⅱ〔第8版〕〔2〕

事案： 自衛隊員Aは、昭和40年7月13日、整備工場で車両を整備中に他の隊員の運転する大型車にひかれて死亡した。Aの遺族Xらは翌日Aの死を知り、同年7月17日に災害補償金の支給を受けた。その後、Xらは国に対して損害賠償請求できることを知り、昭和44年10月6日に、自動車損害賠償保障法3条に基づき、逸失利益・慰謝料を損害賠償として請求した。

判旨： 国が公務員に対して負う義務は、給与支払義務にとどまらず、「国は、公務員に対し、国が公務遂行のために設置すべき場所、施設もしくは器具等の設置管理又は公務員が国もしくは上司の指示のもとに遂行する公務の管理にあたって、公務員の生命及び健康等を危険から保護するよう配慮すべき義務（以下「安全配慮義務」という。）を負っているものと解すべきである。」

「……けだし、右のような安全配慮義務は、ある法律関係に基づいて特別な社会的接触の関係に入った当事者間において、当該法律関係の付随義務として当事者の一方又は双方が相手方に対して信義則上負う義務として一般的に認められるものであって、国と公務員との間においても別異に解すべき論拠はなく、……災害補償制度も国が公務員に対し安全配慮義務を負うことを当然の前提とし、この義務が尽くされたとしてもなお発生すべき公務災害に対処するために設けられたものと解されるからである。」

「国に対する右損害賠償請求の消滅時効期間は、……民法167条1項により10年と解すべきである。」

＊ この判例は、国と公務員との間の関係についてのものであるが、通常の雇用契約の場合もほぼ同様に考えられる。学説上も、雇用契約上の付随義務として、使用者は労働者に対して安全配慮義務を負うとするのが通説である。

判例 最判平28.4.21 平28重判〔4〕

未決勾留による拘禁関係は、勾留の裁判に基づき被勾留者の意思にかかわらず形成され、法令等の規定に従って規律されるものである。そうすると、未決勾留による拘禁関係は、当事者の一方又は双方が相手方に対して信義則上の安全配慮義務を負うべき特別な社会的接触の関係とはいえない。したがって、国は、拘置所に収容された被勾留者に対して、その不履行が損害賠償責任を生じさせることとなる信義則上の安全配慮義務を負わない。

2 類型

(1) 給付義務としての安全配慮義務

生命・健康等の安全の配慮自体を契約目的とし、安全配慮義務自体が給付義務となる場合。

ex. 入院患者に対する病院の義務、託児所・保育所の乳幼児に対する義務

(2) 付随義務としての安全配慮義務

給付義務の中核をなす給付は別に存在し、それに付随して債権者の生命・健康等の安全に配慮すべき義務が債務者に課される場合。

→安全配慮義務が特に問題となるのはこの類型である

ex. 使用者が被用者の就労にあたり、被用者の生命・健康等を危険から保護するよう配慮する義務

3 安全配慮義務の具体的内容

安全配慮義務の具体的内容については、それが問題となる当該具体的状況に照らして、個別・具体的に判断される。

① 物的環境の整備
　→労務提供の場所に安全施設を設ける義務、労務提供の道具・手段として安全なものを選択する義務、機械等に安全装置を設ける義務、労務提供者に保安上必要な装備をさせる義務などが考えられる
② 人的環境の整備

　　　　→労務提供の場所に安全監視員等を配置する義務、安全教育を徹底する
　　　　義務、事故原因となりうる道具・手段について適任の人員を配置する
　　　　義務などが考えられる
　　なお、使用者が負う安全配慮義務には、被用者が運転者として道路交通法等
に基づき当然に負うべき通常の注意義務は含まれない（最判昭58.5.27参照）。

判例　最判昭58.5.27

事案：　自衛隊員Bは、上司であるAの職務上の命令のもとに、Aが運転
するジープに同乗していたところ、Aの過失に基づく事故により死
亡した。そこで、Bの遺族が国に対し、安全配慮義務の不履行を理
由として損害賠償を請求した事案。

判旨：　国が負う安全配慮義務は、「国が公務遂行に当たって支配管理する
人的及び物的環境から生じうべき危険の防止について信義則上負担
するものであるから、国は、自衛隊員を自衛隊車両に公務の遂行と
して乗車させる場合には、右自衛隊員に対する安全配慮義務として、
車両の整備を十全ならしめて車両自体から生ずべき危険を防止し、
車両の運転者としてその任に適する技能を有する者を選任し、かつ、
当該車両を運転する上で特に必要な安全上の注意を与えて車両の運
行から生ずる危険を防止すべき義務を負うが、運転者において道路
交通法その他の法令に基づいて当然に負うべきものとされる通常の
注意義務は、右安全配慮義務の内容に含まれるものではなく、また、
右安全配慮義務の履行補助者が右車両に自ら運転者として乗車する
場合であっても、右履行補助者に運転者としての右のような運転上
の注意義務違反があったからといって、国の安全配慮義務違反があ
ったものとすることはできない」として、A説を採用した。

4　第三者による加害行為と安全配慮義務　　　　　　　　　　　⚠️論点

　　被用者が職場内又は勤務時間中において、第三者の加害行為により被害を受
けた場合、使用者に安全配慮義務違反が認められるかどうかが問題となる。
　　判例（最判昭59.4.10）は、以下のとおり、使用者に安全配慮義務違反があっ
たことを認めた。第三者の加害行為が原因であり、使用者の不法行為責任を肯
定するのが困難な事例であるため、安全配慮義務違反を認める必要・実益があ
ると解されている。

判例　最判昭59.4.10

事案：　Y会社の見習い従業員Aは、宿直勤務中に窃盗の目的で社屋に入
ってきたBに殺害された。そこで、Aの遺族Xが、①防犯設備の不
備、②入社したてのAを一人で宿直勤務させたこと、③従業員教育・
安全教育の不徹底等の点に安全配慮義務違反があったと主張して、
Yに対して損害賠償を請求した事案。

判旨：　本件事案に即してみると、Yは社屋内に盗賊等が容易に侵入でき
ないような物的設備を施し、また宿直員の増員や宿直員に対する安
全教育を徹底することなどにより、Aの生命・身体等に危険が及ば
ないように配慮する義務があったとし、この義務が履行されていれ
ば本件事故を未然に防止しえたといえるとして、Xの請求を認めた。

5　下請企業の労働者に対する元請企業の安全配慮義務

安全配慮義務は、下請企業の労働者と元請企業のような直接の契約関係にない当事者間であっても、特別な社会的接触の関係に入ったものといえる場合には認められ得る（最判平3.4.11）。

論点
◀中田・139頁
論文・予備H30

> **判例**　**最判平3.4.11**
>
> 事案：　Ｘらは、長年Ｙ会社の従業員として、あるいはＹ会社の専属的な下請企業であるＡ会社に雇用された社外工としてＹ会社の経営する神戸造船所に勤務してきた。社外工の場合も事実上Ｙ会社から作業場所・工具等の提供を受け、その指揮・監督を受けて作業に従事しており、その作業内容も本工とほとんど同じであった。Ｘらは造船所構内の騒音により難聴に罹患したとして、Ｙ会社の安全配慮義務違反を理由に、損害賠償を請求する訴えを提起した。
>
> 判旨：　最高裁判所は、元請企業と下請企業の労働者という直接の契約関係にない者の間にも安全配慮義務を認めた。すなわち、以上の事実関係のもとでは、「Ｙは、下請企業の労働者との間に特別な社会的接触の関係に入ったもので、信義則上、右労働者に対し安全配慮義務を負うものである」。

6　債務不履行責任と不法行為責任の相違

安全配慮義務違反による債務不履行が問題となる事例の多くは、不法行為による処理も可能な事例である（⇒「**4　第三者による加害行為と安全配慮義務**」（42頁）で問題となった判例（最判昭59.4.10）は、例外的に不法行為による処理が困難な事例である）。そこで、両者の相違が問題となるところ、以下のように整理することができる。

【債務不履行責任と不法行為責任の相違】

	債務不履行	不法行為
主張・立証責任	債務者が帰責事由の不存在の主張・立証責任を負う（＊）	債権者（被害者）が故意・過失の存在の主張・立証責任を負う
消滅時効期間 （人の生命・身体の侵害による損害賠償請求権）	・損害及び債務者を知った時から5年（166Ⅰ①） ・権利を行使することが可能な時から20年（167、166Ⅰ②）	・損害及び加害者を知った時から5年（724の2、724①） ・不法行為の時から20年（724②）
損害賠償の範囲	416条の問題	規定なし（416類推適用） （大連判大15.5.22）
過失相殺	過失を「考慮して、損害賠償の責任及びその額を定める」（418）	過失を「考慮して、損害賠償の額を定めることができる」（722Ⅱ）
履行遅滞となる時期	履行の請求を受けた時 ∵　債務不履行に基づく損害賠償債務は期限の定めのない債務（412Ⅲ）であるため（最判昭55.12.18）	不法行為時（最判昭58.9.6）
慰謝料請求権	債権者のみ（最判昭55.12.18） →遺族らは遺族固有の慰謝料請求権を取得しない	被害者の近親者も慰謝料請求をなし得る（711）

| 弁護士費用 | 安全配慮義務違反の場合は請求できる（最判平24.2.24／平24重判〔5〕） | 請求できる（最判昭44.2.27） |

* 安全配慮義務違反を理由とする債務不履行の場合には、原告（債権者）が安全配慮義務の内容を特定し、かつ、義務違反に該当する事実を主張・立証する責任を負う（最判昭56.2.16）。したがって、この場合の主張・立証責任の負担は、不法行為における過失の主張・立証の場合と実質的に異ならないと考えられている。

3-3-3 債務不履行に基づく損害賠償請求の効果

一　損害の意義と分類
二　損害賠償の方法
三　損害賠償の範囲
四　損害賠償額の算定
五　賠償者の代位
六　代償請求権

学習の指針

債務者の帰責事由に基づく債務不履行により、債権者が損害を被った場合、債権者は債務者に対して、損害賠償を請求できます。債権者の損害を債務者に填補させることにより、当事者間の公平を図ることが目的です。

本節では、『債権総論』の最も重要な学習分野の1つである債務不履行に基づく損害賠償請求の効果について、広く学習していきます。特に、損害賠償の範囲が試験的に非常に重要ですので、判例を正しく理解しましょう。

一　損害の意義と分類

1　損害の意義

損害とは、債務の本旨に従った履行がなされたならば債権者が有したであろう利益と、債権者が現に有している利益との差額をいう（差額説、最判昭39.1.28）。

具体的には、損害を財産的損害と精神的損害に分け、その上で、個別の損害項目ごとに金額を算出して積算するという方法によって計算される。

2　損害の分類

(1)　財産的損害・精神的損害（非財産的損害）

(a)　財産的損害

財産的損害とは、債務不履行によって債権者に生じた財産上の不利益をいう。

財産的損害は、積極的損害（債権者が現に受けた損失　ex. 物の破損・修理費）と消極的損害（債務不履行がなかったならば債権者が得られたであろう利益（逸失利益）　ex. 転売利益、営業利益、休業・死亡によって失った利益）に分けられる。

(b)　精神的損害（非財産的損害）

精神的損害（非財産的損害）とは、債務不履行によって債権者に生じた精神的苦痛をいう。精神的苦痛を賠償する金銭を慰謝料という。

債務不履行における精神的損害については、不法行為（710、711）と異なり明文の規定はないものの、その賠償が認められる場合もあると解されている。

→ただし、近親者の慰謝料請求権について定める711条は類推適用されない（最判昭55.12.18）

◀内田Ⅲ・176頁以下
中田・172頁以下

(2)　履行利益・信頼利益

(a)　履行利益

履行利益とは、債務の本旨に従った履行がなされていたら債権者が得られたであろう利益をいう。

ex.　転売利益

(b)　信頼利益

信頼利益とは、契約が無効又は不成立となった場合に、契約を有効と信じたことによって債権者が被った損害をいう。

ex.　契約を締結するために要した費用、代金支払のために借り入れた金銭の支払利息

(3)　遅延賠償・填補賠償　⇒36頁

二　損害賠償の方法

損害賠償の方法には、損害発生以前の状態に戻す方法（原状回復）と、損害を金銭に評価して賠償する方法（金銭賠償）がある。

民法417条は、「損害賠償は、別段の意思表示がないときは、金銭をもってその額を定める」と規定して、金銭賠償を原則としている（417）。

（理由）

① 価値基準を金銭に置き、それによる統一的な価値体系を構築している商品経済社会のもとでは、「損害」もまた金銭的評価が可能とされるから、「債権」の同一性は、金銭的価値のもとに把握されることになる。

② 債務者にとっては原状回復の方が望ましいかもしれないが、債務の性質が原状回復を許さない場合や、履行不能の場合にはもはや機能しない。

◀内田Ⅲ・182頁
中田・170頁

三　損害賠償の範囲

◀中田・191頁以下

問題の所在

一個の債務不履行と事実的因果関係の存する債権者の損害は無限に生じるおそれがある。例えば、買い受けた建物の引渡しが遅延したのでやむを得ず仮のアパートで生活していたところ、隣家からの出火でアパートが火事になり、重い火傷を負って入院し、入院中の病院の治療ミスによって顔に重大な傷害を受けた結果、今までの仕事を続けることができなくなり、その結果家庭生活が円満でなくなり、離婚せざるを得なくなり……というように「風が吹けば桶屋がもうかる」式のケースも考えられる。

この場合に、債権者の全損害を債務者に賠償させることは債務者に著しく酷であり、当事者の公平に反する。そこで、416条は損害賠償の範囲を定めているが、その範囲は具体的にはいかなるものであるかが問題となる。

考え方のすじ道

損害賠償制度の趣旨：当事者間の公平を図ること
　　　↓とすれば
債務不履行により生ずる損害は無限に拡大するおそれがあるから、賠償すべき損害を相当な範囲内に限るべき
　　　↓すなわち
損害賠償の範囲は、現実に生じた損害のうち特有の損害を除いた、社会的にみて相当といえる因果関係の範囲に限定するべきである（相当因果関係説）
　　　↓よって
1項：相当因果関係の原則を定め、通常の事情による通常生ずべき損害の賠償責任を定めたもの
2項：当事者が予見すべきであった場合に限り、特別の事情による通常生ずべき損害についても賠償責任を定めたもの

> * 416条2項は「特別の事情によって生じた損害」と規定しているから、それ以外の「通常の事情によって生じた損害」は同条1項によって賠償される。そして、416条1項は「通常生ずべき損害」と規定しているところ、それ以外の異常な損害については1項・2項ともに言及していないから、1項・2項ともに「通常生ずべき損害」のみが賠償される。

アドヴァンス

- 相当因果関係説（判例）

  賠償すべき損害の範囲は、債務不履行と相当因果関係に立つ全損害である。

  相当因果関係に立つ損害とは、債務不履行によって現実に生じた損害のうち、当該場合に特有の損害を除き、そのような債務不履行があれば通常予想される因果関係の範囲内の損害をいう。

  416条は損害賠償の範囲を定めているが、同条1項は相当因果関係の原則を表明し、2項は相当因果関係の存否の判断に際してその基礎とすべき特別の事情の範囲を示すものである。

* 相当因果関係説に立つ場合、基礎となる事情と損害とを区別することが重要である。

  416条1項：通常事情により通常生ずべき損害の賠償責任を負うとしたもの

  416条2項：予見すべきであった場合には特別事情により通常生ずべき損害についても賠償責任を負うべきとしたもの

→予見可能性の判断時期は債務不履行時と解されている（大判大7.8.27／百選Ⅱ［第8版］〔7〕）

∵ これから債務不履行をしようという段階でどのような損害が生じるかを予測すべきであったのならば、それを賠償すべきである

  また、416条2項の「当事者」は債務者のみを意味すると解されている

∵ 特別事情が債務者にとって予見可能であれば、それによって発生した損害を債務者に賠償させる方が公平である

☞ One Point ▶ 通常損害と特別損害

通常損害と特別損害を区別する意味は、予見可能性を立証する必要性の有無にあります。すなわち、通常損害とされれば、予見可能性の立証は不要ですが、特別損害なら、債権者の方で「特別の事情」の予見可能性を立証する必要があるのです。

問題は、何が通常損害で、何が特別損害かですが、これは一般的には決まらず、契約類型ごとに当事者は商人かどうか、目的物は何か、等を考慮して個別具体的に判断するほかないでしょう。

まず、通常損害は、文字通り通常生じる損害ですから、判断は容易なのが普通です。例えば、売買の目的物が給付されなかった場合には、同種の物を買うために余計にかかった費用、特定物の滅失ならその物の時価相当額、賃貸借の目的物の返還が遅れた場合には、その間の賃料相当額が通常損害です。

では、特別損害とは何でしょうか。例えば、不動産の売買で買主が時価を超える有利な価格での転売契約を結んでいたとします。売主が債務を履行しなかった場合、転売によって得られたはずの利益は通常損害でしょうか、特別損害でしょうか。

この場合、転売契約の存在が「特別の事情」となり、その「事情」から生じた損害、すなわち、転売利益の喪失は特別損害となります。このような特別事情がなければ、当該不動産の所有権を得られなかったことが損害（通常損害）となります。

判例 最判平21.1.19／百選Ⅱ【第8版】〔6〕

事案： 　Xは本件ビルの所有者である中小企業等協同組合法に基づいて設立された事業協同組合たるY1から、使用目的を店舗として、昭和42年に建築された本件ビルの地下1階の建物部分を賃借してカラオケ店の営業を行っていた。本件ビルは、老朽化のため大規模な改装と設備の更新の必要があったが、使用不能の状態にあるというわけではなく、直ちにそれを行わなければ当面の利用に支障が生じるわけではなかった。

　平成9年2月12日、排水用ポンプの故障が原因となり、排水管の継ぎ目部分等から汚水が噴き出すなどして、本件店舗部分が床上30cm程度浸水した（以下、「本件事故」という。）。Y1は、平成9年2月18日付け書面をもって、Xに対し、本件ビルの老朽化等を理由として、本件賃貸借契約を解除し、明渡しを求める旨の意思表示をした。Y1の代表者として同建物の管理に当たっていたY2は、本件事故直後よりXから本件ビルの修繕を求められていたが、これに応じず、Xに対して本件店舗部分からの退去を要求し、本件店舗部分の電源を遮断するなどした。Xは営業再開のめどが立たないため、平成10年9月14日、Y1及びY2（「Y1ら」という。）に対して修繕義務の不履行を理由として営業利益喪失等による損害賠償を求めた。

判旨： 　本件ビルは、本件事故時において建築から約30年が経過しており、本件事故以前に使用不能の状態には至っていなかったものの、老朽化による大規模な改装とその際の設備の更新が必要とされていたこと及び所有者であるY1は、本件事故直後、書面により、Xに本件ビルの老朽化等を理由とする賃貸借契約を解除する旨の意思を表示して、本件店舗部分からの退去を要求したのに対し、Xは、本件店舗部分における営業再開のめどが立たないため、営業利益の喪失等について損害の賠償を求める本件訴訟を提起したこと等からみて、①老朽化により、改修を必要とする本件ビルにおいて、Xが本件賃貸借契約をそのまま長期にわたって継続し得たとは必ずしも考え難い。②本件訴訟が提起された時点では本件店舗における営業再開は実現可能性が乏しかった。③カラオケ店の営業は、本件店舗以外では行うことができないとは考えられないし、Xは本件事故によるカラオケセット等の損傷に対し、保険金の支払いを受けているのであるから、Xは再びカラオケセット等を整備するのに必要な資金の相当部分を取得していた。

　以上のような事情が認められる本件においては、「遅くとも、本件本訴が提起された時点においては、Xがカラオケ店の営業を別の場所で再開する等の損害を回避又は減少させる措置を何ら執ることなく、本件店舗部分における営業利益相当の損害が発生するにまかせて、その損害のすべてについての賠償をY1らに請求することは、条理上認められないというべきであり、民法416条1項にいう通常生ずべき損害の解釈上、本件において、Xが上記措置を執ることができたと解される時期以降における上記営業利益相当の損害のすべてについてその賠償をY1らに請求することはできない」。

◀中田・193頁以下

判例 最判平24.2.24／平24重判〔5〕

事案：　XはYに雇用され、工場内でチタン材のプレス作業に従事していたところ、プレス板に挟まれる事故に遭い、両手指挫滅創の傷害を負った。Xは、訴訟追行を弁護士に委任した上、本件事故がYの安全配慮義務違反によって生じたものであるとして、Yに対して、債務不履行または不法行為に基づく損害賠償（7745万8026円うち弁護士費用700万円）等を求めて訴えを提起した。本件では、使用者の安全配慮義務を理由とする損害賠償請求において弁護士費用の請求まで認められるかが問題となった。

判旨：　「労働者が、就労中の事故等につき、使用者に対し、その安全配慮義務違反を理由とする債務不履行に基づく損害賠償を請求する場合には、不法行為に基づく損害賠償を請求する場合と同様、その労働者において、具体的事案に応じ、損害の発生及びその額のみならず、使用者の安全配慮義務の内容を特定し、かつ、義務違反に該当する事実を主張立証する責任を負う　　。そうすると、使用者の安全配慮義務違反を理由とする債務不履行に基づく損害賠償請求権は、労働者がこれを訴訟上行使するためには弁護士に委任しなければ十分な訴訟活動をすることが困難な類型に属する請求権であるということができる。

　　したがって、労働者が、使用者の安全配慮義務違反を理由とする債務不履行に基づく損害賠償を請求するため訴えを提起することを余儀なくされ、訴訟追行を弁護士に委任した場合には、その弁護士費用は、事案の難易、請求額、認容された額その他諸般の事情を斟酌して相当と認められる額の範囲内のものに限り、上記安全配慮義務違反と相当因果関係に立つ損害というべきである」。

【相当因果関係説の立場からのまとめ】

論文・司法H24

416条1項	債務不履行から通常生ずべき損害（通常損害）については、特に予見可能性を問題にすることなく賠償の範囲に入ることを明らかにしたもの
416条2項	特別の事情によって生じた損害（特別損害）といえども、当事者がその事情を予見すべきであったときは、その事情から通常生ずべき損害については賠償の範囲に入ることを明らかにしたもの ＜予見可能性の判断基準＞ 　→債務不履行時（大判大7.8.27／百選Ⅱ［第8版］〔7〕） 　∵　これから債務不履行をしようという段階でどのような損害が生じるかを予測すべきであったのならば、それを賠償すべきである ＜「当事者」の意義＞ 　→債務者のみ 　∵　特別事情が債務者にとって予見すべきであったと認められれば、それによって発生した損害を債務者に賠償させる方が公平である

四　損害賠償額の算定

1　損害賠償額の算定基準時

論点
◀中田・202頁以下

問題の所在

　損害賠償の範囲が確定されると、次に賠償すべき損害の金銭的評価が必要となるが、本来給付すべき目的物の価格は時とともに変動するものである。例えば、特定物を100万円で売買する契約が締結されたが、売主のミスで焼失してしまった。その後、目的物の価格が一時150万円に値上がりし、現在は140万円に落ち着いているというような場合である。

　そこで、債務不履行により財産的損害が生じた場合、いつの時点の価格で賠償額を算定すべきか、損害賠償額の算定基準時が問題となる。

考え方のすじ道

金銭賠償の原則（417）から、損害賠償請求権の金銭的評価が可能となる時点で損害賠償額を算定すべき
　　↓そこで
①　履行不能の場合には、原則として、履行不能時の時価が基準となる
　　↓もっとも
②　目的物の価格が騰貴しつつあるという特別の事情（416 Ⅱ）がある場合には、債務者が履行不能時において、その特別の事情を予見すべきであったときは、債権者は騰貴した現在の価格で損害賠償を請求することができる
　→債権者が転売目的ではなく自己使用目的でその目的物の売買契約を締結した場合も同様
　∵　債務不履行がなければ、債権者は騰貴した価格のあるその目的物を現に保有しえたはずである
　　　↓ただし
③　債権者が現在の価格まで騰貴する前に目的物を他に処分したであろうと予想された場合には、債権者は騰貴した現在の価格で損害賠償を請求することはできない
　　↓他方
④　目的物の価格が一旦騰貴した後に下落した場合、その騰貴した価格（中間最高価格）により損害賠償を請求するためには、債権者がその騰貴した時に転売等により騰貴価格による利益を確実に取得したであろうと予想されたことが必要である
　→なお、目的物の価格が下落せず現在なお騰貴している場合には、債権者が現在においてこれを他に処分するであろうと予想されたことは必要ではない

アドヴァンス

・　判例の準則
①　履行不能時の目的物の時価。
②　目的物の価格が騰貴しつつあるという特別の事情があり、かつ、履行不能時において、債務者がその特別の事情を予見すべきであった場合は、騰貴した現在の価格（事実審の口頭弁論終結時）。
③　ただし、債権者が現在の価格まで騰貴する前に目的物を他に処分したであろうと予想された場合には、処分予定時を基準とする（②の例外）。
④　また、目的物の価格がいったん騰貴し、その後下落した場合に、騰貴した価格により損害賠償を求めるには、その騰貴した時に転売その他の方法により騰貴価格による利益を確実に取得したであろうと予想されたことが必要である。
　　なお、目的物の価格が現在もなお騰貴している場合には、現在において債権者がこれを他に処分するであろうと予想されたことは必要でない（④の例外）。

判例 大連判大15.5.22（富喜丸事件）

　債務不履行に基づく損害賠償請求における損害賠償額の算定基準時につき、原則として目的物の滅失時の価格を基準とし、特に債権者が騰貴した価額で目的物を処分して利益を確実に取得しえたという特別の事情があり、それを債務者が予見しえた場合に限り、その騰貴価格の賠償を請求することができるとした。

判例 最判昭37.11.16

　上記富喜丸事件判決と同様の判示をした上で、次のように判示した。

　「ただし、債権者が右価格まで騰貴しない前に右目的物を他に処分したであろうと予想された場合はこの限りでなく、また、目的物の価格が一旦騰貴しさらに下落した場合に、その騰貴した価格により損害賠償を求めるためにはその騰貴した時に転売その他の方法により騰貴価格による利益を確実に取得したのであろうと予想されたことが必要であると解するとしても、目的物の価格が現在なお騰貴している場合においてもなお、恰も現在において債権者がこれを他に処分するであろうと予想されたことは必ずしも必要でないと解すべきである。」

判例 最判昭47.4.20／百選Ⅱ［第8版］〔9〕

事案：　YはXに本件建物を賃貸していたが、その後YはXに対し、本件土地建物を売却した。本件売買契約は、代金完済までは従前の賃貸借契約が継続することとして成立した。Xは代金を完済したが、移転登記手続については、Yの催告にもかかわらずY名義のまま放置し、未了であった。そのため、YはXの信義則違反を理由に本件売買契約を解除する旨の意思表示をした上で、本件土地建物をAに売却して移転登記を経由した。そこで、Xは、Yに対し、本件土地建物の所有権移転義務がAへの二重譲渡により履行不能になったとして、損害賠償請求をした。その際、Xは賠償額について、騰貴した現在の価格を基準とした。

判旨：　「債務者が債務の目的物を不法に処分したために債務が履行不能になった後、その目的物の価格が騰貴を続けているという特別の事情があり、かつ、債務者が、債務を履行不能とした際、右のような特別の事情の存在を知っていたかまたはこれを知りえた場合には、債権者は、債務者に対し、その目的物の騰貴した現在の価格を基準として算定した損害額の賠償を請求しうる……。そして、この理は、本件のごとく、買主がその目的物を他に転売して利益を得るためではなくこれを自己の使用に供する目的でなした不動産の売買契約において、売主がその不動産を不法に処分したために売主の買主に対する不動産の所有権移転義務が履行不能となった場合であっても、妥当するものと解すべきである。けだし、このような場合であっても、右不動産の買主は、右のような債務不履行がなければ、騰貴した価格のあるその不動産を現に保有しえたはずであるから、右履行不能の結果右買主の受ける損害額は、その不動産の騰貴した現在の価格を基準として算定するのが相当であるからである。」

【判例の準則による賠償額の算定基準時と中間最高価格の事例】

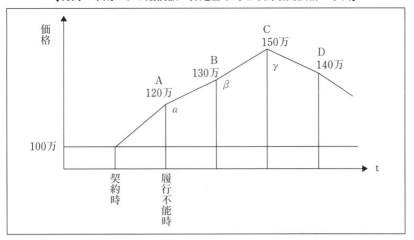

原則：履行不能時Aを基準にαが損害
例外：現在C時点の場合、価格騰貴について債務者が予見すべきであったと認められればCを基準にγが損害
さらに修正①：B時点で転売予定だったときは
　　　　　　　→Bを基準にβが損害
　　　　　②：現在D時点のときは（中間最高価格の問題）
　　　　　　　→（価格騰貴＋C時点での転売）を予見可能であればCを基準としてγが損害

【損害賠償額の算定基準時（判例の整理）】

原則	履行不能の場合（＊）には、原則として、履行不能時の時価が基準となる（最判昭37.11.16）
目的物の価格が騰貴している場合	＜履行不能時に債務者が騰貴事実を予見すべきであった場合＞ 債権者は騰貴した現在（事実審の口頭弁論終結時）の価格で損害賠償を請求することができる（最判昭37.11.16） ∵　債務不履行がなければ、債権者は騰貴した価格のあるその目的物を現に保有しえたはずである →債権者が転売目的ではなく自己使用目的でその目的物の売買契約を締結した場合も同様（最判昭47.4.20／百選Ⅱ［第8版］〔9〕） ＜債権者が騰貴前に目的物を他に処分したと予想される場合＞ 債権者は騰貴した現在の価格で損害賠償を請求できない（最判昭37.11.16）
目的物の価格が一旦騰貴した後に下落した場合	＜騰貴した時に転売等により騰貴価格による利益を確実に取得したと予想される場合＞ 債権者は騰貴した価格（中間最高価格）で損害賠償を請求できる（最判昭37.11.16）

＊　履行遅滞の場合、判例の立場は一貫しておらず、債権者が履行遅滞を理由に解除した事案においては、解除時の時価が基準となるとするもの（最判昭28.12.18／百選Ⅱ［第8版］〔8〕）がある一方、履行期の時価が基準となるとするもの（最判昭36.4.28）や、解除後に債権者が第三者と代替取引をした時点の時価が基準となるとするもの（大判大5.10.27、大判大7.11.14）もある。

2　中間利息の控除（417の2）

(1)　意義

　　将来において生じると予測される不利益に対して損害賠償義務を負う場合、損害賠償の方法の1つとして、予測される将来の不利益を現在の価額に換算して一度に支払う一時金方式がある。一時金方式は、本来ならば将来に支払われるべき金銭を一括して受け取る方式であるため、債権者は受け取った金銭を運用することが可能となり、これによって得た利得は不当利得とな

るはずである。そこで、この不当利得の調整として行われるのが、中間利息の控除（417の2）である。

中間利息の計算には、「その損害賠償の請求権が生じた時点」における法定利率（⇒19頁）を用いる（417の2Ⅰ）。

→417条の2は、722条1項により、不法行為による損害賠償にも準用される

(2) 「利益」及び「費用」の具体例

「将来において取得すべき利益」（417の2Ⅰ・722Ⅰ）としては、例えば、安全配慮義務違反によって発生した事故により生じた人身侵害に基づく逸失利益等が挙げられる。

「将来において負担すべき費用」（417の2Ⅱ・722Ⅰ）としては、例えば、安全配慮義務違反によって発生した事故により、将来生じる介護・看護費用等が挙げられる。

(3) 法定利率の基準時

法定利率の基準時は「その損害賠償の請求権が生じた時点」であり、債務不履行に基づく損害賠償請求権の場合は債務不履行の時点、不法行為に基づく損害賠償請求権の場合は不法行為の時点である（417の2・722Ⅰ）。

なお、債務不履行に基づく損害賠償請求権の場合、中間利息の控除に用いる法定利率と遅延利息（遅延損害金）の算定に用いる法定利率とが異なる場合が生じうる。

∵ 債務不履行に基づく損害賠償請求権の場合、中間利息の控除に用いる法定利率は債務不履行時（417の2）のものである一方、債務不履行に基づく損害賠償債務は期限の定めのない債務であるため、遅延利息（遅延損害金）の算定に用いる法定利率は損害賠償請求時（412Ⅲ、419Ⅰ本文）のものとなるため

これに対し、不法行為に基づく損害賠償請求の場合、損害賠償請求権は不法行為時に発生すると同時に履行遅滞に陥るため、原則として、中間利息の控除に用いる法定利率も、遅延利息（遅延損害金）の算定に用いる法定利率もともに不法行為時のものとなる。

3 損害賠償額の減額事由

(1) 損益相殺

(a) 意義

◀内田Ⅲ・196頁
中田・213頁

損益相殺とは、賠償権利者が損害を被ったのと同時に、同一の原因によって利益を受けた場合、損害から利益を差し引いて、その残額をもって賠償すべき損害額とすることをいう。例えば、売買契約で、売主が目的物の引渡しをしないので、買主が契約を解除した場合に、解除時の目的物の価格を賠償請求できるが、解除により代金を支払わなくてすんだわけであるから、その代金分を差し引いて差額のみを損害賠償請求できるにすぎないことになる。

→債権者・債務者の公平を図るものであり、民法に規定はないが、当然のこととして認められている（大判昭5.7.26）

(b) 具体例

ア 損益相殺の対象となるもの

① 債務不履行により、債権者も自己の債務または履行費用を免れた場合、その債務または履行費用。例えば、建物の建設請負契約が、注文者の責めに帰すべき事由により履行できない場合、請負人は、契約を解除して、得られなかった報酬相当額を損害賠償として請求することができるが、仕事を免れたことによって支出せずに済んだ

材料費等のコストがそこから排除される。
　　② 生命侵害による逸失利益の賠償において、生存していたらかかっ
　　　 たであろう生活費。
　イ　損益相殺の対象とならないもの
　　　債権者が受けた利益が、不履行のあった債務関係と別個の法律関係に
　　基づくものである場合には、損益相殺の対象とならない。
　　① 損害保険金（最判昭50.1.31）、生命保険金（最判昭39.9.25）
　　∵ 保険金は、既に払い込んだ保険料の対価である
　　② 債務を免れたために他の契約によって受けた賃金・報酬
　　③ 見舞金

(2)　過失相殺（418）（**cf.** 722Ⅱ）　　　　　　　　　　　　◀内田Ⅲ・195頁
　(a)　意義
　　　債務の不履行又はこれによる損害の発生若しくは拡大に関し債権者にも
　　過失があったときに、裁判所が、損害賠償の責任及び賠償額を決定するに
　　際して、債権者の過失を斟酌する制度。
　　→たとえ債務不履行があったとしても、債権者は、自らの過失で招いた
　　　損害まで債務者に転嫁することは許されないという、公平の観点に基
　　　づく制度である（公平と信義則の現れ）。例えば、買主が商品の引渡
　　　場所について紛らわしい指定をしたため、売主が引渡場所を間違え期
　　　日に商品を引き渡せなかった。債務者たる売主としては、紛らわしい
　　　場所の指定がされた場合には買主に確認をして確かめるべきであり、
　　　それを怠った帰責事由があり債務不履行責任を免れないが、紛らわし
　　　い指定をした債権者たる買主もいけないので、全額の損害賠償は請求
　　　できない。
　　cf.　不法行為の場合（722Ⅱ）とは異なり、債権者に過失があれば必ず
　　　　斟酌され（必要的）、また、債務者の責任自体を免責することもできる
　(b)　損害軽減義務
　　　債務不履行が生じた場合において、債権者は損害の発生及び拡大を最小
　　限にするために積極的な措置（損害軽減措置）を執らなければならないと
　　いう信義則上の義務を、損害軽減義務という。
　　　判例（最判平21.1.19／百選Ⅱ［第8版］〔6〕）は、損害軽減措置を怠
　　ったことを過失相殺（418）の問題としてではなく、「通常生ずべき損害」（416
　　Ⅰ）の範囲を定めるに当たって考慮している。　⇒47頁

4　金銭債務の特則（419）　　　　　　　　　　　　　　　　◀内田Ⅲ・180頁
(1)　要件に関する特則　　　　　　　　　　　　　　　　　　　中田・216頁
　　① 債権者は、損害の証明をすることを要しない（419Ⅱ）。
　　② 債務者は、不可抗力をもって抗弁とすることができない（419Ⅲ）。
　　→すなわち、債務者は履行を遅滞したことが不可抗力によるものであるこ
　　　とを証明したとしても、責任を免れることはできない
(2)　効果に関する特則
　　　賠償額は原則として債務者が遅滞の責任を負った最初の時点における法定
　　利率による（419Ⅰ本文）が、約定利率が法定利率より高い場合には約定利
　　率による（419Ⅰただし書）。
　　→債権者はそれ以上の損害が生じたことを立証しても、賠償を請求するこ
　　　とはできない（最判昭48.10.11）

【419条の特殊性】

	原　則	金銭債務の特則（419）
要件	債務者は免責事由を立証すれば、債務不履行責任を免れる	債務者は、履行遅滞が不可抗力によることを証明しても、責任を免れることができない（419 Ⅲ） ∵　金銭は相当の利息を払えば容易に入手できるから、履行不能が考えられない
	債務者の債務不履行責任を追及するには、債権者は損害の発生・額を立証する必要がある	債権者は損害の発生を証明する必要がない（419 Ⅱ） ∵　金銭債権については損害の証明が困難であるばかりでなく、金銭はそれにより通常一定の利殖をなすことができるから、当然に利息分の損害が生じている →債権者は412条の要件（履行遅滞）だけを立証すればよい
効果	債権者は発生した損害の具体的金額を立証すれば、その金額を損害賠償額として請求できる	損害賠償の額は、債務者が遅滞の責任を負った最初の時点における法定利率（404）によることを原則とし（419 Ⅰ本文）、これより高い約定利率が定められている場合は、約定利率による（419 Ⅰただし書） ∵①　損害があまりに多様なので、裁判所に過重な負担をかけないため ②　無過失責任であることとのバランス →損害の立証なしに賠償がとれる →法定利率以上の損害が発生したことを立証しても、法定利率以上の賠償を受けることはできない（最判昭48.10.11） →法の定めた例外：647条、669条、665条、671条

5　損害賠償額の予定（420）

(1) 意義

　当事者があらかじめ債務不履行の場合の損害賠償の額を約定すること。

　例えば、工場の機械の納品について、期日を4月1日とし、「遅滞すれば1日につき一万円支払う」という約定をした場合がこれに当たる。

　なお、当事者間に違約金の定めがある場合は、損害賠償額の予定であると推定される（420 Ⅲ）。

(2) 趣旨

　①　損害額の立証の手間を省く。

　②　履行を間接的に強制する（予想される損害額よりも多めの額を約定した場合）。

　③　債務者のリスク計算を容易にする。

(3) 効果

　債権者は、債務不履行の事実さえ証明すれば、損害の発生、損害額の立証をなすことなく、予定賠償額を請求しうる（大判大11.7.26）。

　裁判所は、実際の損害が予定賠償額よりも過大であったり、過小であったりした場合でも、予定賠償額を増減することができない。

　もっとも、予定賠償額が過大であった場合等に、信義則（1 Ⅱ）や公序良俗（90）を理由として、その損害賠償額の予定条項を無効としたり、予定賠償額を減額したりすることは認められる。また、金銭消費貸借であれば、利息制限法の制限を受ける。

　なお、賠償額の予定があっても、強制履行の請求もできるし、解除もできる（420 Ⅱ）。

☞ **One Point** ▶損害賠償額の予定

　履行遅滞に関する損害賠償額の予定があっても、履行不能が生ずれば、予定された賠償額とは無関係に416条で損害賠償額が決まることに注意しましょう。

(4)　過失相殺との関係

　損害賠償の予定がある場合でも、過失相殺を行うことは許されるとするのが判例（最判平6.4.21）・通説である。例えば、建物請負契約で、仕事の完成が1日遅れたら50万円支払う旨の損害賠償の予定がなされたが、請負人は予定通りに仕事を完成させることができず、1週間遅れた。これは仕事が遅れたのには、注文者の設計が現地の状況に合致しておらず、その修正のために時間を要したことも原因となっていた。この場合、注文者が350万円の損害賠償を請求したのに対して、請負人は、過失相殺による減額を主張できる。

　　∵　損害賠償額の予定は、単に損害の発生とその金額の立証を不要にするにすぎず、過失相殺を排除する趣旨ではないと考えられる

(5)　金銭でないものによる損害賠償の予定

　当事者が金銭でないものを損害の賠償に充てるべき旨を予定した場合、420条が準用される（421）。

五　賠償者の代位

1　意義

　債権者が損害賠償として物又は権利の価額賠償の全部を受けたときは、債務者はその物又は権利につき当然債権者に代位することができる。

2　趣旨

　債権者がその物または権利について賠償を受けていながら、なおその物又は権利を保有することを認めたのでは、二重の利得を認めることになり公平に反する。

　　ex. 1　受寄物が第三者により盗取された場合に、受寄者が寄託者に対して目的物の価額の全部を賠償したときは、目的物の所有権は受寄者に移転する

　　ex. 2　受寄物が第三者の不法行為により滅失した場合に、受寄者が寄託者に対して目的物の価額の全部を賠償したときは、所有権侵害を理由とする損害賠償請求権は受寄者に移転する

　＊　賠償者の代位により、物又は権利は法律上当然に賠償者に移転するのであり、譲渡行為や対抗要件を要しない。

　Q：この間、友人Aから預かっていた高級時計を別の友人Bが壊してしまいました。そこで仕方なくAに代金を全額弁償したのですが、この弁償した代金はこのまま泣き寝入りしなくてはならないのでしょうか。

　A：AのBに対する損害賠償請求権は当然にあなたに移転しますので、あなたはBにその弁償した金額を請求するとよいでしょう。

六　代償請求権

　代償請求権とは、債務者が、その債務の履行不能となったのと同一の原因により債務の目的物の代償である権利又は利益を取得したときは、債権者は、その受けた損害の額の限度において、債務者に対し、その権利の移転又はその利益の償還を請求することができる権利のことをいう（422の2）。

◀内田Ⅲ・202頁
中田・226頁

　　→債務は目的物があるものであることを要する（目的物がないものは含まれない）

　　ex. 1　特定物債権の目的物を第三者が故意・過失により破壊した場合

　　　　→債務者は引渡義務を免れるが、第三者に対して損害賠償請求権を取

得したときは、債権者はその損害の限度で債務者に対してその移転を請求できる

ex.2　建物賃貸借において、隣家からの延焼により建物が焼失した場合

→賃借人が火災保険金を受け取ったときには、賃貸人はその損害の限度でこれを移転することを請求できる（最判昭41.12.23／百選Ⅱ［第8版］〔10〕）

それでは、債務者に帰責事由があり、債権者が債務不履行に基づく損害賠償請求権を有する場合であっても、代償請求権が認められるか。

この点について、代償請求権は、債務不履行について債務者に帰責事由がない場合にのみ認めれば足りるとする見解もある。

∵　債務者に帰責事由があれば、債権者は損害賠償請求権を取得するので、あえて代償請求権を債権者に認める必要はない

もっとも、通説は、債務者に帰責事由がある場合であっても、債権者に代償請求権が認められると解している。

∵①　422条の2は、債務者の帰責事由の有無について何ら規定していない

②　債権者としては、債務者に対して損害賠償請求権を主張するよりも、対象が確定している代償請求権を行使した方が有利な場合もある

3-4　受領遅滞

学習の指針

一　はじめに
二　要件
三　効果

債務を履行するためには債権者の受領が必要となる場合が多いですが、債務者が債務の本旨に従った弁済の提供をしたにもかかわらず、債権者が受領を拒んだり、あるいは受領できなかった場合、民法は、債務者の負担を軽減し、債権者との利害を調整するため、受領遅滞という制度を設けています。

受領遅滞は短答式試験のみならず、論文式試験でも問われ得る重要な学習分野の1つですので、じっくりと学習を進めていきましょう。

一　はじめに

1　意義

受領遅滞とは、債務の履行につき受領その他債権者の協力を必要とする場合において、債務者が弁済の提供をしたにもかかわらず、債権者が債務の履行を受けることを拒んだり（受領拒絶）、又は債務の履行を受けることができないため（受領不能）、履行が遅延している状態のことをいう。

```
（債権者）    代金債権     （債務者）
 売主A    ───────────→   買主B
（債務者）   目的物引渡請求権  （債権者）
         ←───────────
```

例えば、自動車のディーラーAが引渡しのために買主Bの自宅まで約束の自動車を運んでいったところ、買主Bは正当な理由もないのに車に種々の文句をつけて引き取ろうとしない場合などである。

2　趣旨

原則として、債務は弁済があるまで消滅しない（473参照　⇒216頁以下）。そのため、受領遅滞が生じると、債務は消滅しないまま存続し続けることになる。しかし、これでは債務者に不測の損害が生じるおそれがあるため、債務の

◀内田Ⅲ・107頁以下
中田・231頁

本旨に従った弁済の提供をした債務者と受領しなかった債権者との間の利害調整を図る目的で、413条が設けられている。

> ### ☞ One Point ▶受領遅滞の法的性質
>
> 　平成29年改正前民法413条は、「債権者が債務の履行を受けることを拒み、又は受けることができないときは、その債権者は、履行の提供があった時から遅滞の責任を負う」としか規定していなかったため、受領遅滞の法的性質について、債務不履行責任説と法定責任説の2つの学説が対立していました。この論点は、債務者が債権者の受領遅滞を理由に損害賠償請求や契約解除ができるかという問題と関連して論じられるのが一般的でした。
>
> 　債務不履行責任説は、債権者と債務者は給付の実現に向けて互いに協力すべき関係にあることを根拠に、債権者は一般的に弁済を受領する義務（受領義務）を負うとする見解（債権者も受領に関しては債務者として扱う見解）であり、受領遅滞は、債権者の受領義務の不履行であると考えます。この見解では、債務者は債権者の受領遅滞を理由に損害賠償請求や契約解除をすることができると考えることになります。
>
> 　他方、法定責任説は、債権者は受領に関して権利を有するのみであり、一般的に義務を負うわけではないと考える見解であり、受領遅滞は誠実な債務者を救済し、当事者間の利害を調節するため、債権者に特別な法定の責任を負わせたものであると考えます。この見解では、原則として、債務者は債権者の受領遅滞を理由に損害賠償請求や契約解除はできないと考えることになります。もっとも、法定責任説においても、特約や契約の解釈、慣習、信義則（1Ⅱ）により、具体的な契約において受領義務が生じる場合があるとされています。
>
> 　平成29年改正により、受領遅滞の要件・効果が明確化されたものの、両説の対立は、受領遅滞の法的性質の議論として今後も解釈に委ねられています。

二　要件

◀内田Ⅲ・110頁
中田・234頁

　受領遅滞の要件は、次の2つである。
　①　債務者が債務の本旨に従った履行の提供（弁済の提供）をしたこと
　②　債権者が債務の履行を受けることを拒み（受領拒絶）、又は受けることができないこと（受領不能）

1　債務者が債務の本旨に従った履行の提供（弁済の提供）をしたこと

(1)　受領遅滞が認められるためには、原則として、債務者が債務の本旨に従った履行の提供（弁済の提供）をしたことが必要である。
　　＊　「履行の提供」（413Ⅰ）と「弁済の提供」（492、493）の意味は同じである。
　　→債務の本旨に従っていない履行の提供がされた場合、債権者はこれを受領しなかったとしても、受領遅滞には陥らない
　　もっとも、債務者が履行の提供に着手する前に、債権者の受領拒絶や受領不能が生じていた場合には、信義則上、履行の提供が不要とされることがある。　⇒248頁以下
(2)　履行の提供は履行が可能であることを前提とするから、履行が不能であると評価される場合には、受領遅滞ではなく履行不能として処理される。

2　受領拒絶・受領不能

(1)　「受領」とは、物理的な引取り（受取り）のことをいう。
　　受領拒絶・受領不能は、債務の履行につき受領その他債権者の協力が必要であることを前提とするものである。したがって、不作為債務については、受領遅滞は考えられない。
(2)　受領拒絶・受領不能について、債権者の帰責事由は不要である。

☞ **One Point** ▶受領不能と履行不能

履行不能の場合、債務不履行又は危険負担の問題となり、受領不能の問題とはなりません。しかし、履行不能か受領不能かの判断が難しい場合もあります。例えば、使用者の経営する工場が焼失したため、労働者の就業を受け入れられなくなった場合、労働者の履行不能とすべきか、使用者の受領不能とすべきか、労働者の報酬請求の可否をめぐり問題となります。

これについては、給付が不能となった原因が、債権者・債務者いずれの支配に属する範囲内の事由に基づくかを基準として、債務者側に属するときは履行不能、債権者側に属するときは受領不能と考える「領域説」が有力とされています。領域説によると、給付が不能となった原因が労働者側にある場合、労働者の履行不能となり、債務不履行（415、542）又は危険負担の問題となります。他方、給付が不能となった原因が使用者側にある場合は、使用者の受領不能となり、413条の2第2項より、使用者の責めに帰すべき事由による履行不能とみなされるため、労働者からの報酬支払請求を拒むことができなくなる（536Ⅱ本文）という結論になります。

三 効果

1 受領遅滞と弁済の提供との関係

受領遅滞は、「履行の提供をした時から」（413Ⅰ）生じるため、原則として弁済の提供（492）が先行する。そこで、以下では、弁済の提供の効果と受領遅滞の効果を整理する。

◀内田Ⅲ・110頁
　中田・235頁以下

2 弁済の提供の効果　⇒250頁

弁済の提供の効果は、債務者が債務を履行しないことによって生ずべき責任を免れることである（492）。具体的には、①債権者から損害賠償・遅延利息（遅延損害金）・違約金を請求されない、②契約を解除されない、③債権に設定されていた担保権を実行されない、④約定利息が発生しないという効果が生じる。

また、双務契約の場合には、債権者の同時履行の抗弁権（533）が消滅するという効果も生じる。

3 受領遅滞の効果

① 特定物の引渡債務を負う債務者は善管注意義務（400）を負っているが、受領遅滞により、自己の財産に対するのと同一の注意義務へと軽減される（413Ⅰ）。

② 受領遅滞により、その履行の費用が増加したときは、その増加額は、債権者の負担となる（増加費用の負担、413Ⅱ）。

③ 債権者が受領遅滞中に、行の提供があった時以後に当事者双方の責めに帰すことができない事由により履行不能となったとき（受領遅滞中の履行不能）は、その履行不能は、債権者の責めに帰すべき事由によるものであるとみなされる（413の2Ⅱ）。

　→債権者は履行不能による損害賠償を請求できず（415Ⅰただし書）、契約の解除もできず（543）、反対給付の履行を拒絶することもできない（危険の移転、536Ⅱ本文）

　→売買契約についても同様の規定（567Ⅱ）が設けられており、買主は、上記に加え、追完請求・代金減額請求もすることができない（この規定は他の有償契約にも準用される。559参照）

④ 弁済の提供後に債権者がその受領を拒んだとき（494Ⅰ①）、又は債権者が弁済を受領できないとき（同Ⅰ②）、債務者に供託権が発生する。

　→債務者は、債務の目的物を供託することにより債権を消滅させることができる

【弁済の提供の効果・受領遅滞の効果の整理】

弁済の提供の効果	① 履行遅滞責任を免れる（492） ・ 債権者から損害賠償・遅延利息（遅延損害金）・違約金を請求されない ・ 契約を解除されない ・ 債権に設定されていた担保権を実行されない ・ 約定利息が発生しない ② 債権者の同時履行の抗弁権（533）が消滅する
受領遅滞の効果	① 債務者の善管注意義務（400）が自己の財産に対するのと同一の注意義務へと軽減される（413Ⅰ） ② 増加費用は債権者の負担となる（413Ⅱ） ③ 受領遅滞中の履行不能の場合、その履行不能は債権者の責めに帰すべき事由によるものであるとみなされる（413の2Ⅱ） ・ 債権者は履行不能による損害賠償を請求できない（415Ⅰただし書） ・ 債権者は契約を解除できない（543） ・ 債権者は反対給付の履行を拒絶できない（危険の移転、536Ⅱ本文） ・ 売買契約の場合、買主は、上記に加え、追完請求・代金減額請求もできない（567Ⅱ） ④ 債務者に供託権（494Ⅰ）が発生する

4　債務者からの損害賠償請求・契約解除の可否

　双務契約の場合、債務を受領しないような一方の債務者は、自らの債務も履行しないのが通常であるから、他方の債務者は債務不履行を理由に損害賠償請求や契約の解除をすればよい。しかし、一方の債務者が先履行義務を負う場合や、債権者が既に自らの債務の履行を済ませているような場合には、債務者は通常の債務不履行責任を追及することができない。そこで、債務者は、受領遅滞の効果として、損害賠償請求や契約の解除ができないかが問題となる。

　契約関係にある当事者は信義則（1Ⅱ）に服するが、だからといって、債務者の損害賠償請求や契約の解除の前提となる受領義務を、契約内容から離れて一般的に認めることは困難である。

　また、改正民法は、改正前民法413条の「債権者は……遅滞の責任を負う」という一般的な表現を改め、上記のとおり、受領遅滞の効果を個別具体的に規定する一方、債務者からの損害賠償請求や契約の解除についての規定を置かなかった。このような改正民法の下では、債権者に一般的な受領義務を認め、受領遅滞の効果として、損害賠償請求や契約の解除を認めることは困難であると解されている。

　もっとも、個々の契約関係においては、契約又は信義則に基づき、債権者に受領義務その他債務の履行に協力する義務が課せられる場合がある。このような場合において、債権者が受領義務その他の協力義務に違反したときは、債務者は、債務不履行の一般準則に従い、債権者に対して、損害賠償請求や契約の解除をすることができる。

　判例では、請負契約について、債権者の受領義務違反を理由とする債務者からの契約の解除を否定した例（最判昭40.12.3）がある一方、継続的な鉱石売買契約において、信義則に照らして、債権者（買主）の受領義務を認めたものがある（最判昭46.12.16／百選Ⅱ［第8版］〔55〕）。

論点

◀中田・238頁以下

判例 最判昭40.12.3

事案：　鉄工所であるＸは、Ｙから注文を受けて膨張タンクを製作したが、Ｙに当該膨張タンクの引取りを求めたところ、Ｙはこれに応じない意思を明らかにした。そこで、Ｘは請負契約の解除を主張し、Ｙに対して損害賠償を請求した。

判旨：　「債務者の債務不履行と債権者の受領遅滞とは、その性質が異なるのであるから、一般に後者に前者と全く同一の効果を認めることは民法の予想していないところというべきである。……されば、特段の事由の認められない本件においてＹの受領遅滞を理由としてＸは契約を解除することができない」。

判例 最判昭46.12.16／百選Ⅱ[第8版]〔55〕

事案：　昭和32年4月、ＸＹ間において、Ｘが同年末までに産出する硫黄鉱石全量をＹに売却する旨の契約が締結された。その後、契約は昭和33年末まで更新されたが、同年6月、Ｙは市況の変化を理由に出荷の停止を要求し、以後一切の受領を拒絶したため、Ｘは、Ｙに対して、代金支払及び損害賠償を請求した。

判旨：　本件「売買契約においては、Ｘが右契約期間を通じて採掘する鉱石の全量が売買されるべきものと定められており、ＸはＹに対し右鉱石を継続的に供給すべきものなのであるから、信義則に照らして考察するときは、Ｘは、右約旨に基づいて、その採掘した鉱石全部を順次Ｙに出荷すべく、Ｙはこれを引き取り、かつ、その代金を支払うべき法律関係が存在していたものと解するのが相当である。したがって、Ｙには、Ｘが採掘し、提供した鉱石を引き取るべき義務があったものというべきであり、Ｙの前示引取の拒絶は、債務不履行の効果を生ずるものといわなければならない。」

短答式試験
の過去問を解いてみよう

1　履行の強制を求めることも、損害賠償の請求もできない場合がある。［司H19－17］

2　小麦100キログラムの売買契約で、代金の前払を受けた売主が物品を引き渡さないとき、買主は、売主の費用で同種、同量及び同等の小麦を第三者に調達させることを裁判所に請求することができる。［司H24－18＝予H24－7］

×　物や金銭の引渡債務（与える債務）については、直接強制によるのが効率的であり、代替執行（414Ⅰ、民執171）は認められない。
⇒3－2　二（p.32）

3　登記義務者に対し所有権移転登記手続を命ずる判決が確定した場合、その判決の執行は間接強制によらなければならない。［司H28－18］

×　414条1項本文、民事執行法177条参照。判決によって、債務者は、登記申請に係る意思表示をしたものとみなされ、具体的な執行方法は不要である。
⇒3－2　二（p.33）

4　履行の強制を求めるとともに、損害賠償を請求できる場合がある。［司H19－17］

○　414条2項参照
⇒3－2　四（p.33）

5　不動産売買契約において、移転登記と引渡しをする約定の期日前に、売主が目的物不動産を第三者に売却して当該第三者への所有権移転登記がされた場合、買主は履行不能を理由として直ちに契約を解除することができる。［司H21－17］

○　不動産を二重譲渡した売主の負担する債務は、移転登記の完了した時点で履行不能に確定する（最判昭35.4.21参照）ため、買主は直ちに契約を解除することができる（542Ⅰ①）。
⇒3－3－1　二（p.37）

6　AとBは、Aが所有する骨董品甲をBに100万円で売却する旨の売買契約の締結をしたが、その前日に甲が焼失していたときは、当該売買契約は効力を生じない。［司R2－15改］

×　412条の2第2項は、契約に基づく債務の履行が原始的不能であっても、契約が有効のままであることを前提とする規定とされている。よって、AB間の売買契約は有効であり、その効力を生じる。
⇒3－3－1　二（p.37）

7 AとBは、Aが所有する骨董品甲をBに100万円で売却する旨の売買契約の締結をした。その後、Bが代金100万円を支払ったが、引渡期日前に、AがBに対して甲を引き渡すつもりは全くないと告げ、Bの働きかけにもかかわらず翻意しないときは、Bは、引渡期日の到来を待つことなく、Aに対し、債務の履行に代わる損害の賠償を請求することができる。[司R2－15改]

○ 415条2項2号参照。Aの履行拒絶の意思はその後に翻されることが見込まれない程に確定的なものであるといえ、Aは「債務の履行を拒絶する意思を明確に表示した」といえる。
⇒3－3－1 二 (p.37)

8 債務者は、損害賠償義務を免れるために、履行不能が自己の責めに帰することができない事由によるものであることを主張立証しなければならない。[司H21－17]

○ 415条1項ただし書参照
⇒3－3－2 二 (p.39)

9 国の公務員である運転者Aが公務遂行中に道路交通法上の通常の注意義務に違反して自動車事故を起こし、同乗していた国の公務員Bが負傷した場合、国は、Bに対し、安全配慮義務違反を理由とする債務不履行に基づく損害賠償債務を負う。[司R2－20]

× 最判昭58.5.27は、運転者が道路交通法その他の法令に基づいて当然に負うべきものとされる通常の注意義務は、安全配慮義務の内容に含まれるものではないとしている。
⇒3－3－2 四 (p.42)

10 元請企業は、下請企業に雇用されている労働者に対しても、特別な社会的接触の関係に入ったものとして、信義則上、安全配慮義務違反を理由とする債務不履行に基づく損害賠償債務を負うことがある。[司R2－20]

○ 最判平3.4.11参照
⇒3－3－2 四 (p.43)

11 安全配慮義務違反を理由とする債務不履行に基づく損害賠償債務は、損害発生の時から履行遅滞に陥る。[司R2－20]

× 最判昭55.12.18参照。かかる債務は、期限の定めのない債務であり、債権者からの履行の請求を受けた時から履行遅滞に陥る（412Ⅲ）。
⇒3－3－2 四 (p.43)

12 雇用契約上の安全配慮義務違反により死亡した者の遺族が債務不履行に基づく損害賠償を請求する場合には、遺族固有の慰謝料を請求することはできない。[司R2－20]

○ 最判昭55.12.18参照
⇒3－3－2 四 (p.43)

13 安全配慮義務違反を理由とする債務不履行に基づく損害賠償を請求する訴訟においては、原告は、安全配慮義務の内容を特定し、義務違反に該当する事実を主張立証する責任を負う。[司R2－20]

○ 最判昭56.2.16参照
⇒3－3－2 四 (p.44)

14 不動産の売買における売主の債務不履行において、特別の事情によって生じる損害については、債務者は、その債務の成立時に当該特別の事情を予見すべきであった場合に限り、賠償責任を負う。[司H23－17改]

× 判例（大判大7.8.27／百選Ⅱ［第8版］〔7〕）は、416条2項の予見可能性の判断時期は債務不履行時と解している。
⇒3－3－3 三 (p.46)

15　将来において負担すべき費用についての損害賠償の額を定める場合、その費用を負担すべき時までの利息相当額を法定利率により控除することはできない。［司R 2 − 21］

16　生命保険契約を締結していた被保険者が、医師の過失による医療事故によって死亡し、被保険者の相続人が当該生命保険契約により死亡保険金の給付を受けた場合において、その相続人が医師に対して債務不履行を理由に損害賠償を請求したときは、賠償されるべき損害額から当該保険金額が控除される。［司H 23 − 17］

17　消費貸借の約定利率が法定利率を超える場合、借主が返済を遅滞したときにおける損害賠償の額は、約定利率により計算される額であり、貸主は、約定利率により計算される額を超える損害が生じていることを立証しても、その賠償を借主に請求することはできない。［司H 27 − 15 ＝予H 27 − 8］

18　当事者が債務不履行について損害賠償の額を予定した場合には、裁判所は、実際の損害額を考慮してこれを増額することができるのみであり、これを減額することはできない。［司H 25 − 22］

19　履行不能を生じさせたのと同一の原因によって、債務者が履行の目的物の代償と考えられる利益を取得した場合、債権者は、履行不能により受けた損害を限度として、債務者に対し、その利益の償還を請求することができる。［司H 21 − 17］

× 　将来において負担すべき費用についての損害賠償の額を定める場合において、その費用を負担すべき時までの利息相当額を控除するときは、その損害賠償の請求権が生じた時点における法定利率により、これを行う（417の2Ⅱ）。
⇒3−3−3　四 (p.51)

× 　最判昭39.9.25参照。生命保険金は、保険料の対価で不法行為の原因と関係なく支払われるから、損益相殺の対象とならず、損害額から控除すべきでないとされる。
⇒3−3−3　四 (p.53)

○ 　419条1項参照。判例（最判昭48.10.11）は、債権者が約定利率又は法定利率以上の損害が生じたことを立証しても、その賠償を請求することはできないとする。
⇒3−3−3　四 (p.53)

× 　損害賠償額の予定がされた場合でも、過大な賠償額の予定等がされているときは、90条を理由として裁判所が当該予定条項を無効とし、又は、予定賠償額を減額することが認められている。
⇒3−3−3　四 (p.54)

○ 　422条の2参照
⇒3−3−3　六 (p.55)

20　特注品の椅子の製造を請け負った請負人が、目的物を完成させて注文者に届けた場合には、注文者がこれを受領しないときでも、請負人は、特段の事由がない限り当該請負契約を解除することができない。［司Ｈ23－17］

○　最判昭40.12.3参照。請負契約において、注文者が目的物の引取りを遅滞（413）していても、特段の事情が認められない限り、債務者である請負人は右請負契約を解除することはできない。
⇒3－4　三（p.60）

4 責任財産の保全

●4-1 責任財産の保全総説　●4-2 債権者代位権　●4-3 詐害行為取消権

これから学ばれる方へ

　Aさんが、Bさんに1,000万円のお金を貸したとします。この場合、Aさんは、Bさんに対して1,000万円の貸金返還請求権を有しています。もし、Bさんが十分な財産があるにもかかわらず、期限が来ても支払おうとしないときには、Aさんは強制執行手続によって1,000万円を返してもらうことができます。

　では、Bさんの財産には、Cさんに対する2,000万円の債権と、Bさん所有の土地しかめぼしいものがなかったとします。この場合に、BさんはCさんに請求しようとしないため債権が時効で消滅しそうになっていて、しかも、Bさんがその土地をDさんに贈与してしまったらどうなるでしょうか。このままでは、Aさんは強制執行しても1,000万円を返してもらえないことになってしまいます。Aさんとしては、Cさんに対して「早く2,000万円支払え」、またDさんに対して「土地をBさんのもとに返せ」と言いたいはずです。

　そこで、民法はこのようなAさんを保護するために、Cさんに対して「早く2,000万円支払え」、またDさんに対して「土地をBさんのもとに返せ」と言える制度を設けているのです。前者を債権者代位権、後者を詐害行為取消権といいます。

4-1 責任財産の保全総説

<table>
<tr><td>
一　はじめに
二　責任財産の保全の
　　制度趣旨
</td><td>
学習の指針
債務者が債務を履行しない場合に債権者が自己の債権を実現する方法としては、担保権の実行と債務者の一般財産に対する強制執行という2つの方法
</td></tr>
</table>

があります。そして担保をもたない一般債権者の場合は強制執行を行うことになりますが、債権の満足を得るためには債務者の財産をあらかじめ確保し強制執行の準備を行うことが必要です。これを責任財産の保全といいますが、民法上、責任財産の保全のための制度として、債権者が債務者に代わって債務者の権利を行使する債権者代位権と、債権者が債務者のした行為の取消しを裁判所に求める詐害行為取消権が用意されています。これらは債務者の私的自治（財産管理の自由）の例外であるといえます。

この分野は、以降の債権者代位権、詐害行為取消権を学習する上での前提となるものです。責任財産の保全の制度趣旨をしっかりおさえ、私的自治の原則の例外として認められるものだということを忘れないようにしましょう。

一　はじめに

債権の保全とは、債務者が債務を履行しない場合に、強制執行の準備として債務者の責任財産（強制執行の引当てになる債務者の財産。一般財産ともいう）を確保することをいう。

民法上、債務者の責任財産を保全する制度として、①債権者代位権（423）と、②詐害行為取消権（424）が認められている。

債権者代位権は、債務者がその財産減少をいわば消極的に放置している場合に、債権者が債務者に代わってこれを防ぐ行為をなしうるものであり、詐害行為取消権は、債務者が積極的にその財産を減少させる行為をした場合に、債権者がその行為を取り消すことを認めるものである。

二　責任財産の保全の制度趣旨

債権者は、債務者が債務を履行しない場合、確定判決などの債務名義を取得し、これに基づいて債務者の一般財産から債権を回収することになる。各債権者にとって、債務者の一般財産は最終的・究極的な引当て（担保）であるため、債務者の一般財産は債権者の共同の担保といわれる。また、債務者はその一般財産をもって債権者に責任を負うという意味で、債務者の一般財産は「責任財産」ともいわれる。

債務者の責任財産が各債権者の債権額の合計を超えない場合、各債権者は、その債権の発生の前後や種別にかかわらず、相互に優先することなく、各自の債権額の割合に応じて平等に弁済を受けるにすぎない（債権者平等の原則）。つまり、各債権者は、自己の債権を完全に回収することができない。

そこで、債権者としては、自己の債権の満足を図るために、当該債権を被担保債権として、債務者の特定の財産に約定担保物権（抵当権など）を設定することができる。

→これにより、債務者の一般財産から特定の財産を切り出し、それから優先弁済を得ることが可能となる

また、債務者以外の者の財産を引当てにするという方法もある。

→第三者の一般財産を引当てにする保証（人的担保）や、第三者の特定の財産を引当てにする物上保証がこれに当たる

　上記のような担保手段をもたない債権者としても、自己の債権をできるだけ多く回収したいところであるが、債務者は、自己の財産を自由に管理・処分できるのが原則である。しかし、債務者が自己の債務を弁済できないような状態に陥っている場合にまで、債務者の財産管理に介入できないのは不都合である。

　そこで、民法は、債務者の責任財産を保全するために、例外的に、債権者が債務者の財産管理に介入することを認めている。それが、これから詳しく説明する債権者代位権（423 ～ 423 の 7）と、詐害行為取消権（424 ～ 426）である。

4-2　債権者代位権

4-2-1　債権者代位権総説

| 一　意義 |
| 二　目的・機能 |

学習の指針

　債権者代位権とは、債務者がその財産減少を消極的に放置し、債権者が債権の満足を受けえないおそれがある場合に、債権者が債務者に属する権利を代わって行使しうる権利をいい、消極的に債務者の財産管理に関与することを認める責任財産保全のための制度です（423）。

一　意義

　債権者代位権とは、債権者が自己の債権（被保全債権）を保全するために、債務者に属する権利（被代位権利）を、自己の名で債務者に代わって行使する権利（423 Ⅰ）をいう。

◀中田・243頁

二　目的・機能

　債権者代位権には、次の 3 つの目的・機能があると解されている。

① 責任財産の保全という目的
② 簡易の優先弁済機能
③ その他の目的・機能

◀内田Ⅲ・335頁
　中田・243頁

1　①責任財産の保全という目的

　債権者代位権は、資力のない債務者の責任財産の減少を防止する制度である。

→債権者代位権は、これを行使することにより債務者の責任財産を維持し、強制執行の準備をするという目的を有する

2 ②簡易の優先弁済機能

　債権者は、被代位権利が金銭債権である場合、相手方に対し、その支払を自己に対してすることを求めることができる（423の3前段）。そして、相手方から直接金銭の支払を受けた債権者は、債務者に対してその金銭の返還債務を負う（本来、受領した金銭は債務者に帰属するものであるから、債務者は債権者に対して不当利得に基づく返還請求権を有する）ところ、これと債務者に対する被保

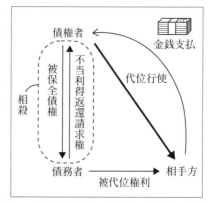

全債権とを相殺（505）することにより、被保全債権につき事実上の優先弁済を受けることができる（簡易の優先弁済機能）。

3 ③その他の目的・機能

　423条の7は、責任財産の保全という目的ではなく、登記・登録請求権という特定の債権を保全するという目的で、債権者代位権を規定している（債権者代位権の転用）。

　また、債権者代位権は、取消権・解除権・時効援用権といった、強制執行の対象とはならない債務者の権利（形成権）をも代位行使できるという機能を有している。

4-2-2　債権者代位権の要件

◀中田・247頁以下
◀ 論文・予備R2

学習の指針

```
一　要件総説
二　被保全債権に関する要
　件
三　債務者に関する要件
四　被代位権利に関する要
　件
```

学習の指針
　これから説明する債権者代位権の要件は、覚えることも多く大変ですが、短答式試験で頻繁に出題される分野の1つですので、非常に重要です。また、論文式試験でも前提知識として問われることがありますので、繰り返し学習して正しく理解するようにしましょう。

一　要件総説

◀内田Ⅲ・337頁

1　被保全債権に関する要件
　①　被保全債権が存在していること（423Ⅰ本文）
　②　被保全債権の履行期が到来していること（423Ⅱ本文）

2　債務者に関する要件
　③　保全の必要性があること（無資力要件、423Ⅰ本文）
　④　債務者が被代位権利を行使していないこと

3　被代位権利に関する要件
　⑤　被代位権利が存在していること（423Ⅰ本文）
　⑥　被代位権利が一身専属権・差押えを禁じられた権利ではないこと（423Ⅰただし書）

二　被保全債権に関する要件

1　①被保全債権が存在していること（423Ⅰ本文）

◀内田Ⅲ・337頁以下
中田・248頁

(1)　被保全債権は、原則として金銭債権でなければならない。

∵　債権者代位権は債務者の責任財産を保全するのが目的である以上、被保全債権は金銭債権であることが当然の前提であり、非金銭債権では、その特定の給付（物の引渡しや役務の提供など）は債務者の一般財産とは無関係である

もっとも、担保権付きの金銭債権でもよい（最判昭33.7.15）。

→この場合、担保権により確保される額の残額が被保全債権となる

＊　なお、非金銭債権であっても、理論的には被保全債権となりうると解する見解も有力に主張されている。

∵　非金銭債権であっても、債務不履行により損害賠償請求権に転化し、債務者の責任財産からの満足を得る対象となる

(2)　被保全債権は、債権者代位権を行使する時に存在していればよく、被代位権利の成立前に存在している必要はない（最判昭33.7.15）。

→詐害行為取消権とは異なる　⇒81頁参照

(3)　被保全債権が強制執行により実現することのできないものであるときは、被代位権利を行使することができない（423Ⅲ）。

∵　債権者代位権は強制執行の準備を目的とする制度である

(4)　単なる期待権（推定相続人が実際に相続人になった場合に取得する権利）は、被保全債権たり得ない（最判昭30.12.26）。

また、離婚に伴う財産分与請求権（768）も、協議や審判等によって具体的な内容が形成されるまでは、被保全債権たり得ない（最判昭55.7.11）。

∵　財産分与請求権は、協議や審判等によって具体的な内容が形成されるまでは、権利の範囲及び内容が不確定・不明確である

2　②被保全債権の履行期が到来していること（423Ⅱ本文）

(1)　原則

被保全債権の履行期が到来していない間は、債権者代位権を行使することができない。

∵　履行期の到来前では被保全債権の履行を請求できないはずの債権者に債権者代位権の行使を認めるのは、債務者の財産管理に対する不当な干渉といえる

(2)　例外（423Ⅱただし書）

保存行為（債務者の財産の現状を維持・保全する行為）は、被保全債権の履行期が到来する前であっても行うことができる。

∵　保存行為は急を要する場合が多く、また債務者に不利益を与えない

ex.　時効の完成猶予、未登記の権利の保存登記

三　債務者に関する要件

1　③保全の必要性があること（無資力要件、423Ⅰ本文）

◀内田Ⅲ・339頁
中田・247頁、253頁

債権者代位権を行使するためには、「自己の債権を保全するため必要があるとき」でなければならない。これを保全の必要性という。保全の必要性とは、債権者代位権を行使しなければ債務者の責任財産が減少し、自己の債権の完全な弁済を得られなくなること、すなわち債務者が債務超過（無資力）であることを意味する。

∵　債務者に弁済のための資力が十分にある場合には、債務者の財産管理への干渉を認める必要はない

→債務者が無資力であることの主張・立証責任は、債権者が負う（最判昭

40.10.12）

2　④債務者が被代位権利を行使していないこと

明文の規定はないものの、債務者が既に被代位権利を行使している場合には、その行使の方法や結果の良否にかかわらず、債権者は債権者代位権を行使することができない（最判昭28.12.14）。

∵　債権者代位権は、無資力の債務者がその権利を行使しないために責任財産が減少することを防ぐ制度である

四　被代位権利に関する要件

1　⑤被代位権利が存在していること（423 I 本文）

債権者代位権は、債権の引当てとなる責任財産の保全を目的とする制度であるから、債務者に属する共同担保の保全に適する権利は、原則として、すべて代位行使の対象となる。

ex.　損害賠償請求権、登記請求権、取消権、解除権、相殺権、第三者のためにする契約における受益の意思表示（537 II）、債権者代位権など

2　⑥被代位権利が一身専属権・差押えを禁じられた権利ではないこと（423 I ただし書）

(1)　債務者の一身に専属する権利（一身専属権）

ここにいう「債務者の一身に専属する権利」とは、権利を行使するか否かが権利者の個人的意思に委ねられるべき権利（行使上の一身専属権）をいい、債権者代位権の対象とはならない。その趣旨は、債務者の人格に対する不当な干渉を排除する点にある。

(a)　親族法上の地位に関わる権利

親族法上の地位に関わる権利については、債務者の自由意思を尊重すべきであり、債権者としても共同担保として期待すべきではないため、一身専属権に当たり、代位行使の対象外とされている。

ex.　婚姻・養子縁組の取消権（743、803）、離婚・離縁の請求権（770、814）、夫婦間の契約取消権（754）、嫡出否認権（775）、認知請求権（787）、扶養請求権（877）

(b)　離婚に伴う財産分与請求権　⇒『親族・相続』

離婚に伴う財産分与請求権（768）は、協議や審判等によって具体的な金額が確定するまでは、代位行使することはできない（なお、最判昭55.7.11は被保全債権にならない旨判示している点に注意を要する）。

(c)　人格権侵害（名誉毀損）を理由とする慰謝料請求権

慰謝料請求権については、被害者が精神的苦痛を加害者に賠償させるかどうかは被害者自身の意思による自律的判断に委ねられるべきであるから、原則として、行使上の一身専属権に当たり、代位行使の対象とならない。

もっとも、被害者がその行使の意思を表示しただけでなく、具体的な金額の慰謝料請求権が当事者間において客観的に確定したときは、もはや行使上の一身専属権に当たると解すべき理由はないから、代位行使の対象となる（最判昭58.10.6参照）。

(d)　遺留分侵害額請求権（1046）　⇒『親族・相続』

改正前民法下の判例（最判平13.11.22／百選III［第2版］〔93〕）は、「遺留分権利者が、これを第三者に譲渡するなど、権利行使の確定的意思を有することを外部に表明したと認められる特段の事情がある場合を除き、債権者代位の目的とすることができない」としており、この判例法理は改正民法下でも妥当すると解されている。

◀ 内田III・341頁
中田・250頁

◀ 中田・251頁
論文・予備R2

(e)　その他の権利

　　契約の申込み・承諾は、契約自由の原則から、代位行使の対象とならないと解するのが通説である。また、債権譲渡の通知（467Ⅰ）も、467条1項の趣旨（⇒175頁参照）の潜脱を防止するため、代位行使の対象とならない（大判昭5.10.10）。

　　他方、消滅時効の援用権は、債務者の意思よりも債権者の利益を重視し、代位行使の対象となると解されている（最判昭43.9.26参照）。

(2)　差押えを禁じられた権利

　ex.　給料債権の4分の3に相当する部分（民執152参照）

　∵　差押えを禁止した法の趣旨により責任財産を構成しない

☞ **One Point**▶行使上の一身専属権と帰属上の一身専属権

　行使上の一身専属権と似た概念として、帰属上の一身専属権と呼ばれる権利があります。これは、特定の権利主体だけが享有できる権利であり、譲渡又は相続の対象とはならないとされます（896ただし書）。　⇒ **親族・相続**

　身分上の権利（親権など）の多くは、行使上の一身専属権であるとともに帰属上の一身専属権であるとされていますが、両者は必ずしも一致するものではありません。例えば、慰謝料請求権は、具体的な金額の請求権が当事者間で客観的に確定するまでは行使上の一身専属権ですが（最判昭58.10.6）、帰属上の一身専属権ではない（最大判昭42.11.1／百選Ⅲ［初版］〔60〕）とされています。

4-2-3　債権者代位権の行使方法・内容

一　行使方法・範囲	学習の指針
二　相手方の抗弁	

　この節では、債権者代位権の要件が具備され、債権者代位権を行使できるようになった場合、その具体的な行使の方法やその範囲、及び代位権行使の相手方の抗弁について見ていきます。ここで述べられている内容も短答式試験でよく問われるところです。

一　行使方法・範囲

1　行使方法

(1)　裁判上の請求の要否

　債権者代位権は、詐害行為取消権と異なり、裁判上でも裁判外でも行使することができる。

　→詐害行為取消権は、裁判上でしか行使することができない（424Ⅰ本文）

　裁判上で債権者代位権を行使する場合（代位訴訟）においては、債権者代位権を行使した債権者が原告、代位権行使の相手方（第三債務者）が被告となる。

　債権者は、自己の名において、債務者の権利を代位行使する。すなわち、債権者は、債務者の代理人として被代位権利を行使するという関係には立たない。

　∵　債権者代位権は、債権者固有の権利である

　→債権者と債務者との間には、一種の法定委任関係が生じ、債権者は善管注意義務を負う（644参照）

(2)　債権者の請求内容

　債権者代位権を行使するに当たっては、債権者は相手方に対して、「相手

◀内田Ⅲ・343頁以下
　中田・254頁以下

方は債務者に対して給付をせよ」との請求をするのが原則である。

　　もっとも、被代位権利が金銭の支払又は動産の引渡しを目的とする場合、債権者は、相手方に対し、直接自己にその支払又は引渡しをせよと請求することができる（直接請求権、423の3前段。なお、大判昭10.3.12・最判昭29.9.24参照）。

　　∵　債権者が債権者代位権を行使しても、債務者が金銭や動産の受領を拒否すると、債権者代位権の目的を達成することができない
　　→この場合、相手方が債権者に対して金銭の支払又は動産の引渡しをしたときは、被代位権利は消滅する（423の3後段）

　　そして、既に説明したとおり、相手方から直接金銭の支払を受けた債権者は、債務者に対してその金銭の返還債務を負うところ、これと債務者に対する被保全債権とを相殺（505）することにより、被保全債権につき事実上の優先弁済を受けることができる（簡易の優先弁済機能）。

2　行使の範囲

　　債権者は、被代位権利を行使する場合において、被代位権利の目的が可分であるとき（金銭債権など）は、自己の債権の額の限度においてのみ、被代位権利を行使することができる（423の2、最判昭44.6.24／百選Ⅱ［第8版］〔11〕参照）。

　　∵　債権者による債務者の財産管理への介入は抑制的であるべきであり、債権者としても自己の債権の額さえ確保できれば良い
　　→被保全債権が金銭債権であっても、被代位権利が金銭債権ではない場合（被代位権利の目的が不可分である場合）には、被保全債権の額にかかわらず、その被代位権利を行使することができる

二　相手方の抗弁

　　債権者が自己の名において代位行使する被代位権利は、あくまで債務者の権利である。そのため、相手方は、債務者自らが権利行使する場合に比べて不利な地位に置かれるべきではない。そこで、相手方は、債務者に対して主張することができる抗弁をもって、債権者に対抗することができる（423の4、大判昭11.3.23参照）。

　　→相手方は、債権者に対して、自らが債務者に対して主張できる抗弁（解除、相殺、同時履行の抗弁、権利の消滅など）をもって対抗できる

　　他方、423条の4は、相手方が債権者に対して有する固有の抗弁を主張することはできないことも含意していると解されている。

　　また、債権者についても同様であり、債権者は、債務者自身が提出しうる攻撃防御方法しか主張することができず、債権者が相手方に対して有する固有の抗弁を主張することはできない（最判昭54.3.16）。

◀内田Ⅲ・343頁
　中田・256頁

☞ One Point ▶虚偽表示と債権者代位権

　　B（債務者）に対して金銭債権を有するA（債権者）が、BとC（相手方）との間で締結された甲土地の売買契約に基づく、BのCに対する所有権移転登記請求権を代位行使したとします。Cは、当該売買契約は虚偽表示により無効（94Ⅰ）である旨をAに対して主張できますが、Aは、自身が虚偽表示につき「善意の第三者」（94Ⅱ）であることをCに対して主張できるでしょうか。

　　この点については、上記の本文で説明したとおり、債権者は、債務者自身が提出しうる攻撃防御方法しか主張することができません。したがって、Bが94条2項の「第三者」に当たらない以上、Aも「第三者」に当たらず、自身が「善意の第三者」であることをCに対して主張できないと解されています。

それでは、甲土地がC→B→Aと譲渡されたものの、いまだに登記がCにある場合はどうでしょうか。Aは、後述する423条の7の規定により、CからBに登記を移転するよう請求できますが、その際、上記と同様に、Aは自身が「善意の第三者」であることをCに対して主張できないのでしょうか。

通説は、このような場合、Aは「善意の第三者」としての地位を主張できるものと解しています。なぜなら、このように解さないと、Aは94条2項で保護されるにもかかわらず、Aが登記を取得する手段がなくなってしまうからです。

4-2-4 債権者代位権の効果

学習の指針

この節では、債権者代位権の効果について学習します。本文で説明する効果のうち、「代位訴訟の判決の効力」に関する記述は、民事訴訟法の学習を進めていないと良く分からないと思いますので、まだ民事訴訟法を学習していないという場合、とりあえず423条の6の文言を暗記だけして、先に進んでしまいましょう。

◀内田Ⅲ・346頁以下
　中田・257頁以下

- **効果**
  - ① 債務者の処分権限の存続
  - ② 被代位権利の時効の完成猶予・更新
  - ③ 債務者への効果帰属
  - ④ 費用償還請求権
  - ⑤ 代位訴訟の判決の効力

1 **①債務者の処分権限の存続**

債権者が被代位権利を行使した場合であっても、債務者は、被代位権利について、自ら取立てその他の処分（第三者に被代位権利を譲渡するなど）をすることを妨げられない（423の5前段）。

∵ 債権者が被代位権利の代位行使に着手した後であっても、債務者が自ら被代位権利を行使すれば責任財産は保全されるはずであり、それにもかかわらず債務者の処分権限を制限するのは、債務者の財産管理への過剰な介入である

相手方も、被代位権利について、債務者に対して履行をすることを妨げられない（423の5後段）。

したがって、債権者が被代位権利を代位行使した場合であっても、債務者は、相手方に対して被代位権利の履行請求が可能であり、相手方も、債務者に対して履行することができる。これにより、被代位権利は消滅する。

→ただし、被代位権利の目的が金銭・動産である場合、債権者は直接自己に支払・引渡しを求めることができ、相手方が債権者に対してその支払・引渡しをすると被代位権利は消滅する（423の3）から、支払・引渡し以後、債務者は自ら取立てその他の処分をすることができなくなる

2 **②被代位権利の時効の完成猶予・更新**

債権者代位権の行使により、被代位権利の時効は完成猶予（147Ⅰ①、150Ⅰ）・更新（147Ⅱ）されうる。

→裁判外の行使は「催告」（150Ⅰ）となり、裁判上の行使は「裁判上の請求」（147Ⅰ①）となる

他方、被保全債権の時効は完成猶予・更新されない。

3 ③債務者への効果帰属

債権者が債務者に代位して債務者の権利を行使した効果は、直接債務者に帰属する。

ex. 被代位権利が不動産の所有権移転登記請求権である場合、当該不動産の登記名義は、相手方から直接債務者に移転する

被代位権利の目的が金銭の支払又は動産の引渡しの場合（423の3）も同様であり、債権者は、受領した金銭や動産を債務者に引き渡さなければならない。

もっとも、繰り返し説明しているとおり、被代位権利の目的が金銭である場合、債権者は、受領した金銭の返還債務と被保全債権とを相殺（505）することにより、被保全債権につき事実上の優先弁済を受けることができる（簡易の優先弁済機能）。

→なお、被代位権利の目的が動産である場合、債権者は、上記のように相殺することはできない

∵ 動産の返還債務と被保全債権（原則として金銭債権 ⇒69頁）は「同種の目的」（505Ⅰ）ではない

4 ④費用償還請求権

債権者は、債権者代位権の行使に要した費用の償還請求権を有する。

→費用償還請求権は、債務者の責任財産という共同担保の保全のために要した共益費用として、一般先取特権により担保される（306①、307）

＊ なお、費用償還請求権の法的根拠については、法が債務者の財産管理権の行使を債権者に許容したことによって債権者・債務者間に「一種の法定委任関係」が生じ、その「一種の法定委任関係」に基づく費用償還請求権（650Ⅰ）と解する見解や、事務管理に基づく費用償還請求権（702）と解する見解がある。

5 ⑤代位訴訟の判決の効力

代位訴訟の判決の効力は、勝訴・敗訴を問わず、債務者にも及ぶ（法定訴訟担当、民訴115Ⅰ②）。

∵ 代位訴訟を提起する債権者もまた債務者のために訴訟を管理する権限がある

→債務者に訴訟に関与する機会を保障（手続保障）すべく、債権者は、被代位権利の行使に係る訴えを提起したときは、遅滞なく、債務者に対し、訴訟告知をしなければならない（423の6）

4-2-5　債権者代位権の転用

<table>
<tr><td>一　はじめに
二　転用の具体的場面</td><td>**学習の指針**</td></tr>
</table>

本来、債権者代位権の目的は、債務者の責任財産を保全する点にあるため、被保全債権は金銭債権であるのが原則です。しかし、金銭債権ではなく、ある特定の債権の保全のために債権者代位権が用いられる場面があります。これを「債権者代位権の転用」といいます。民法は、423条の7が「債権者代位権の転用」の一場面を規定していますが、それ以外は解釈に委ねられているため、この節で説明していきます。

一　はじめに

　債権者代位権は、これを行使することにより債務者の責任財産を維持し、強制執行の準備をするという目的を有する。したがって、債権者代位権によって保全される債権は、金銭債権であることが当然の前提となる。

　もっとも、金銭債権ではなく、ある特定の債権を保全する（特定の債権の実現を準備する）という目的のために、債権者代位権を利用すべき場合がある。これを「債権者代位権の転用」といい、判例も債権者代位権の転用を認めてきた。

　債権者代位権の転用の場面では、債務者の責任財産の保全が問題となっているわけではないため、債務者の資力がどのような状態であっても関係がない。したがって、債務者の無資力要件は不要であると解されている（最判昭50.3.6／百選Ⅱ［第8版］〔12〕）。

　平成29年民法（債権関係）改正によって新設された423条の7は、登記・登録請求権という特定の債権を被保全債権とする場合について、債権者代位権の行使を認める規定である。その他の転用の具体的場面については、これまでと同様に解釈に委ねられている。

二　転用の具体的場面

1　登記・登録請求権（423の7）

　登記又は登録をしなければ権利の得喪及び変更を第三者に対抗することができない財産を譲り受けた者は、その譲渡人が第三者に対して有する登記手続又は登録手続をすべきことを請求する権利を行使しないときは、その権利を行使することができる（423の7前段、大判明43.7.6／百選Ⅱ［第7版］〔14〕参照）。

　例えば、甲土地がA→B→Cの順に譲渡されたものの、登記名義がいまだAのままである場合、Cは、BのAに対する所有権移転登記請求権を代位行使することができる。この場合、Cの被保全債権は、CのBに対する所有権移転登記請求権という特定の債権であり、Bが無資力である必要はない。

　　→423条の7後段は、423条の4（相手方の抗弁）・423条の5（債務者の処分権限）・423条の6（代位訴訟を提起した場合の訴訟告知）の規定を準用する一方、債権者代位権の転用という性質上、423条の2（代位行使の範囲）・423条の3（直接請求権）の規定は準用されていない

2　妨害排除請求権の代位行使（不動産賃借権の保全）

　例えば、AがBから、B所有に係る甲土地を賃借したものの、Cが甲土地を不法に占有しているとする。この場合、AはBとの間の賃貸借契約（601）に基づく不動産賃借権を有しているが、債権の相対性から、第三者Cに対してこれを主張することはできない。

論点

◀内田Ⅲ・351頁
　中田・263頁

論点

◀内田Ⅲ・351頁以下
　中田・264頁以下

論点

◀内田Ⅲ・353頁

　そこで、Aは、AのBに対する不動産賃借権という特定の債権を保全するために、BのCに対する所有権に基づく妨害排除請求権を代位行使し、Cに対して甲土地の明渡しを求めることができる（大判昭4.12.16）。この場合も、Bが無資力である必要はない。

　　→なお、Aが不動産賃借権の対抗要件（605、借地借家10Ⅰ・31）を備えている場合には、605条の4に基づき、不動産賃借権に基づく妨害排除請求（妨害の停止・返還請求）が認められる以上、上記のような代位行使が問題となるのは、Aが不動産賃借権の対抗要件を備えていない場合ということになる

3　債権譲渡通知請求権の代位行使

　Aの甲に対する債権が、A→B→Cと譲渡されたが、甲に対して債権譲渡の通知がなされないという事案において、判例（大判大8.6.26）は、CはBに代位して、Aに対し、Bへの譲渡を甲に通知すべき旨を請求することができるとした。

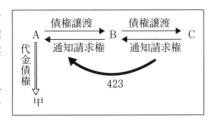

＊　この判例理論を、債権譲渡の通知は、譲受人が譲渡人に代わってすることができないとする判例理論（大判昭5.10.10）と混同してはならない。
　　⇒71頁

4　建物買取請求権の代位行使

　土地の賃貸借契約などの借地権設定契約が期間満了により終了した場合、土地賃借人は、土地所有者（賃貸人）に対し、地上建物の買取りを請求することができる（借地借家13Ⅰ）。また、第三者が賃借権の目的である土地上の建物を取得した場合において、土地所有者（賃貸人）が土地賃借権の譲渡・転貸を承諾しないとき、第三者は、土地所有者（賃貸人）に対し、地上建物の買取りを請求することができる（借地借家14）。これらを**建物買取請求権**という（その法的性質は形成権である）。

　例えば、AがBから、B所有に係る甲土地を賃借し、Aが甲土地上に乙建物を建築した後、乙建物をCに賃貸して引き渡したとする。AB間の賃貸借契約が期間満了により終了した場合、Bから甲土地の明渡しを求められたCは、たとえ乙建物の賃借権について対抗要件（借地借家31参照）を備えていたとしても、これを土地所有者Bに対抗できない。そこで、Cとしては、自己の建物賃借権という特定の債権を保全するため、Aの有する建物買取請求権（借地借家13Ⅰ）を代位行使することができるかが問題となる。

　この点について、建物買取請求権の代位行使により、乙建物の所有権がAからBに移転し、対抗要件を備えた建物賃借権を有するCは、これを新所有者Bに対抗できる結果、Cの建物賃借権は保全されるとして、建物買取請求権の代位行使を認める見解もある。

　しかし、判例（最判昭38.4.23）は、以下のとおり、**建物買取請求権の代位行使を否定している。**

> **判例　最判昭38.4.23**
> 事案：　借地人Aが地主Yの承諾なしに借地上の建物と借地権をBに譲渡し、Bから建物を借り受けた借家人Xが、Bの建物買取請求権の代位行使を主張した。

判旨：　「債権者が民法423条により債務者の権利を代位行使するには、そ
　　　　の権利の行使により債務者が利益を享受し、その利益によって債権者
　　　　の権利が保全されるという関係が存在することを要するものと解され
　　　　る。しかるに、本件において、Ｘが債務者である訴外Ｂの有する本件
　　　　建物の買取請求権を代位行使することにより保全しようとする債権
　　　　は、右建物に関する賃借権であるところ、右代位行使により訴外Ｂが
　　　　受けるべき利益は、建物の代金債権、すなわち金銭債権に過ぎないの
　　　　であり（買取請求権行使の結果、建物の所有権を失うことは、訴外Ｂ
　　　　にとって不利益であり、利益ではない）、右金銭債権によりＸの賃借
　　　　権が保全されるものでないことは明らかである。されば、Ｘは本件建
　　　　物の買取請求権を代位行使することをえないものとした原審の判断
　　　　は、結局、正当である」。

5　金銭債権を被保全債権とする債権者代位権の転用

論点

◀内田Ⅲ・354頁
　中田・269頁

問題の所在

　Ａ及びＢは、その共有する土地をＣに譲渡し、代金の支払と引換えに登記名義
を移転する旨の契約を締結した。Ａは、Ｃから代金の支払を受けようと考えてい
るが、Ｂが登記手続への協力を拒むため、Ｃは同時履行の抗弁権（533）を主張
して代金を支払おうとしない。
　そこで、Ａは、Ｃに対する代金債権を保全するため、ＣのＢに対する登記請求
権を代位行使し、Ｃの同時履行の抗弁権を消滅させることができるか。Ａの被保
全債権は、Ｃに対する代金債権という金銭債権であるため、債務者Ｃが無資力で
なければ代位行使できないのではないかが問題となる。

考え方のすじ道

被保全債権が金銭債権である場合、債権者代位権を行使するには債務者の無資力
要件（423Ⅰ）が必要となるのが原則である
　　　↓本件では
被保全債権が代金債権という金銭債権である以上、債務者Ｃが無資力でなけれ
ば、ＣのＢに対する登記請求権を代位行使できないとも思える
　　　↓しかし
債務者の無資力要件が必要となる趣旨は、債務者の責任財産を保全しなければ自
己の債権の完全な弁済を得られなくなるという場合に限り、債務者の財産管理へ
の干渉を認めるべきであるという点にある
　　　↓そうであるところ
本件における債権者代位権の行使の目的は、債務者の同時履行の抗弁権を失わせ
ることで自己の代金債権の行使を可能にするという点にあり、債務者の責任財産
を保全することで自己の債権の満足を図るという点にはない
　　　↓したがって
他の債権者代位権の転用の事例と同様、債務者の無資力要件は不要であると解す
る
　　　↓よって
Ａは、Ｃに対する代金債権を保全するため、債務者Ｃが無資力でなくても、Ｃの
同時履行の抗弁権を消滅させるため、その前提として、ＣのＢに対する登記請求
権を代位行使することができる

アドヴァンス

判例　最判昭50.3.6／百選Ⅱ［第8版］〔12〕

事案：　BはAに土地を売却し、
その代金の一部を受け取っ
た後に死亡し、CDがBを
相続した。CはAから残代
金の支払を受けることを望
んだが、DはAへの移転登
記義務の履行を拒否した。

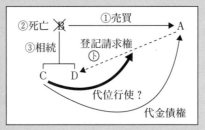

　　　　Aは移転登記を含めて土地の提供が完全にあるまでは代金を支払わ
ない（533）と主張したが、Dに対して登記請求権を行使しようと
しなかった。
　　　　そこで、CはAに対する残代金請求権を被保全債権として、Aの
Dに対する登記請求権の代位行使を請求した。

判旨：　「被相続人が生前に土地を売却し、買主に対する所有権移転登記義
務を負担していた場合に、数人の共同相続人がその義務を相続した
ときは、買主は、共同相続人の全員が登記義務の履行を提供しない
かぎり、代金全額の支払いを拒絶することができるものと解すべく、
したがって、共同相続人の一人が右登記義務の履行を拒絶している
ときは、買主は、登記義務の履行を提供して自己の相続した代金債
権の弁済を求める他の相続人に対しても代金支払を拒絶することが
できるものと解すべきである。そして、この場合、相続人は、右同時
履行の抗弁権を失わせて買主に対する自己の代金債権を保全するた
め、債務者たる買主の資力の有無を問わず、民法423条1項本文に
より、買主に代位して、登記に応じない相続人に対する買主の所有
権移転登記手続請求権を行使することができるものと解するのが相
当である」として、Aの無資力を要件とせずに、代位行使を認めた。

＊　本件の被保全債権は、Aに対する代金請求権という金銭債権であるが、本
件の事案を債権者代位権の転用の一場面として位置付けるのが一般である。
　　すなわち、債権者代位権の本来型と転用型を、被保全債権が金銭債権か
否かで区別するのではなく、制度本来の目的である共同担保・責任財産の
保全のために代位権が行使されたものか、他の目的のために行使されたか
で区別し、本件は責任財産保全の目的でなされたものではないから、転用
型とされるのである。このように考えると、本件判決は、転用型であれば
無資力要件を不要とする従来の判例の延長線上に位置付けられるといえる。

＊　なお、判例（最判昭49.11.29／百選Ⅱ［第8版］〔13〕）は、交通事故で死亡
した被害者の遺族が、加害者の締結していた任意保険について、加害者に代位
し、保険会社に対して保険金の支払を求めたという事案において、被保全債権
である「交通事故による損害賠償債権も金銭債権にほかならない」ことを理由に、
保険金請求権を代位行使するには、債務者（加害者）の無資力要件が必要とな
る旨判示した。
　　この判例の結論に対しては、保険金請求権と損害賠償請求権は密接不可分で
あり、保険金請求権は被害者に対する賠償に充てられるべきものであって、加害
者が自由に処分できるものではない以上、無資力要件を不要とすべきであるなど
として反対するものが多い。

現在では、保険約款の改正により、被害者の保険会社に対する直接請求権が認められており、この問題は解決されている。

4-3 詐害行為取消権

4-3-1 詐害行為取消権総説

一 意義	学習の指針
二 目的・機能	この節では、詐害行為取消権とはどのような制度か、その目的・機能は何かという総説的なことを学習します。

一 意義

債権者は、債務者が債権者を害することを知ってした行為の取消しを裁判所に請求することができる（424 I 本文）。これを、詐害行為取消権という。

◀内田Ⅲ・357頁
中田・280頁

二 目的・機能

詐害行為取消権には、次の3つの目的・機能があると解されている。
① 責任財産の保全という目的
② 簡易の優先弁済機能
③ 債権者間の平等を保つ機能

1 ①責任財産の保全という目的

詐害行為取消権は、資力のない債務者が積極的に自己の財産を減少させる行為をした場合に、その行為を取り消し、逸出財産を回復することで責任財産の保全を図り、後に続く強制執行の準備をするという目的を有する。

例えば、債権者Aが債務者Bに対して1000万円の金銭債権を有しており、Bには1000万円相当の甲土地以外にめぼしい財産がなかったとする。この場合において、Bが甲土地をC（受益者）に200万円という廉価で売却したとすると、この売買契約は、Bの責任財産を減少させ、Aを害することになる。

このような事例では、責任財産を保全するための制度である債権者代位権（423以下）では不十分である。なぜなら、Aが自己の債権の満足を図るには甲土地をBの下に戻す必要があるが、Bは、Cに対して甲土地を取り戻す権利を有していない以上、代位行使の対象となる被代位権利が存在しないからである。

そこで、Aとしては、B及びCがAを害することを知っていたときには、詐害行為取消権を行使してBC間の売買契約を取り消し、Cから逸出財産である甲土地を取り戻すことで責任財産の保全を図ることができる。

2　②簡易の優先弁済機能

　債権者（取消債権者）が詐害行為を取り消して財産の返還を請求する場合において、その返還の請求が金銭の支払を求めるものであるとき、取消債権者は、直接その金銭を自己に支払うよう求めることができる（424の9Ⅰ前段）。そして、直接金銭の支払を受けた債権者は、債務者に対してその金銭の返還債務を負う（本来、受領した金銭は債務者に帰属するものであるから、債務者は債権者に対して不当利得に基づく返還請求権を有する）ところ、これと債務者に対する被保全債権とを相殺（505Ⅰ本文）することにより、被保全債権につき事実上の優先弁済を受けることができる（簡易の優先弁済機能）。

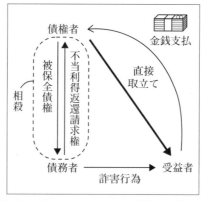

3　③債権者間の平等を保つ機能

　特定の債権者に対する弁済・代物弁済や担保の供与など、特定の債権者を利する行為（偏頗行為）が行われた場合、取消債権者は、一定の要件の下でこれを詐害行為として取り消すことができる（424の3参照）。このような場合には、詐害行為取消権は、債権者間の平等を保つ機能を有する。

　なお、詐害行為取消権は、債権者代位権と異なり、受益者・転得者の取引の安全を考慮する必要があるところ、債権者代位権において認められた「転用」を詐害行為取消権においても認めてしまうと、取引の安全がより広く害されるおそれがあるため、詐害行為取消権の「転用」は認められていない。

◀中田・285頁以下
論文・予備R2

4-3-2　詐害行為取消権の要件

| 学習の指針 |
| 一　要件総説
二　債権者側の要件
三　債務者側の要件
四　受益者・転得者側の要件 |

　この節では、詐害行為取消権の要件について詳しく説明します。ここで説明される事項は、短答式試験・論文式試験のいずれにおいても非常に重要です。全体像を把握するために最初は素早く読み、その後、じっくりと理解を深めながら読み進めていきましょう。特に、改正民法において新たに設けられた特則（424の2、424の3、424の4）については正確に理解しましょう。

一　要件総説

1　債権者側の要件

① 被保全債権が金銭債権であること
② 被保全債権が詐害行為の前の原因に基づいて生じたものであること（424Ⅲ）
③ 被保全債権が強制執行により実現できるものであること（424Ⅳ）

2　債務者側の要件

④ 保全の必要性があること（無資力要件）
⑤ 財産権を目的とする行為であること（424Ⅱ）

⑥　「債務者が債権者を害することを知ってした行為」であること（424Ⅰ本文）

→特則（424の2、424の3、424の4）が設けられている

3　受益者・転得者側の要件

⑦　受益者・転得者の悪意（424Ⅰただし書、424の5柱書、424の5①②）

二　債権者側の要件

1　①被保全債権が金銭債権であること

◀内田Ⅲ・361頁以下
　中田・285頁以下

(1)　被保全債権は、金銭債権であることが必要である。

∵　詐害行為取消権は、債務者の責任財産の保全を目的とするもの

→特定物債権（特定物の引渡しを目的とする債権）のような非金銭債権であっても、債務不履行により損害賠償債権（金銭債権）に転化していれば、被保全債権となりうる　⇒93頁（不動産の二重譲渡と詐害行為取消権）

(2)　**被保全債権に担保権が付着している場合**

被保全債権に、債務者の提供した抵当権などの物的担保が付着している場合には、被保全債権額がその担保価値を超える部分（物的担保からの回収で不足する部分）についてのみ、詐害行為取消権を行使することができる（大判昭7.6.3）。

債務者以外の第三者（物上保証人）が抵当権などの物的担保を提供した場合（大判昭20.8.30）や、保証人などの人的担保が付着している場合（大判大7.9.26）には、被保全債権の全額について、詐害行為取消権を行使することができる。

∵　物上保証人や保証人が債務者に対して求償することになった場合、その引当てとなるのは債務者の責任財産である

2　②被保全債権が詐害行為の前の原因に基づいて生じたものであること（424Ⅲ）

(1)　**債権の発生**

詐害行為取消請求をするには、被保全債権が発生していることが必要である。

もっとも、債権者代位権の場合と異なり、被保全債権の履行期が到来している必要はない（大判大9.12.27）。

∵　詐害行為によって債権者が不利益を受けることに変わりはない

(2)　**詐害行為との先後関係**

被保全債権は、「詐害行為の前の原因」に基づいて生じたものでなければならない（424Ⅲ）。

∵①　「詐害行為の前の原因」に基づいて生じた債権の債権者は、詐害行為前の債務者の責任財産を引当てとして取引しているため、詐害行為の取消しによる責任財産の保全につき保護に値する利益を有する

→詐害行為の後の原因に基づいて生じた債権の債権者は、詐害行為によって既に減少した債務者の責任財産を引当てとして取引している以上、責任財産の保全につき保護に値しない

②　自己の債権の発生原因が生じる前の時点における債務者の行為にまで介入するのは、債務者の財産管理への不当な干渉である

(a)　**具体例**

ア　被保全債権の発生原因が詐害行為よりも前にあるのであれば、たとえ被保全債権それ自体が詐害行為の後に発生した場合であっても、取消債権者はその債権を被保全債権として、詐害行為取消権を行使することが

できる。

　例えば、Aが債務者Bの委託を受けて、債権者CのBに対する貸金債権について保証したところ、後日、Bが受益者Dに唯一の財産である甲土地を贈与した場合において、AがCに対して保証債務を履行し、Bに対して求償権（459）を取得したというケースを想定する。

　このケースにおいてAが取得したBに対する求償権は、Bの詐害行為である甲土地の贈与よりも後に生じたものであるが、甲土地の贈与よりも前の時点で締結された保証委託契約に基づいて生じたものである。したがって、Aは、この求償権を被保全債権として、Bの詐害行為である甲土地の贈与の取消しを請求することができる。

　イ　なお、「詐害行為の前の原因」に基づいて生じた債権が詐害行為後に譲渡された場合であっても、その債権の譲受人は、詐害行為取消権を行使することができる（大判大12.7.10）。

　∵　債権は、主体の変更によりその同一性を失わない

　ウ　また、詐害行為前に既に発生していた債権について、詐害行為後に、その債権を目的とする準消費貸借契約（588）が締結された場合であっても、新債権を被保全債権とする詐害行為取消請求をすることができる（最判昭50.7.17）。

　∵　既存債権と新債権との同一性が維持されている

(b)　対抗要件具備行為と詐害行為取消権

　AがBに対して唯一の財産である甲土地を贈与した後、CがAとの間で金銭消費貸借契約を締結し、これに基づくCのAに対する貸金債権が発生した場合において、AからBへ甲土地の所有権移転登記がされたというケースを想定する。

　このケースにおいて、Cの被保全債権である貸金債権は、Aの詐害行為より後の原因に基づいて生じている以上、Cは、Aの甲土地の贈与を詐害行為取消請求の対象とすることができない。

　そこで、Cは、AからBへの対抗要件具備行為を詐害行為として取り消すことができるかが問題となる。

　判例は、対抗要件具備行為そのものを詐害行為取消請求の対象とすることはできないとしている（不動産譲渡の場合の登記につき、最判昭55.1.24参照。債権譲渡の場合の譲渡通知につき、最判平10.6.12／百選Ⅱ［第8版］〔17〕参照）。

　∵　①　詐害行為取消請求の対象となるのは、債務者の財産の減少を目的とする行為そのものであり、対抗要件具備行為は、財産の減少を目的とする不動産や債権の譲渡行為とはもとより別個の行為である

　　②　対抗要件具備行為は、単にその時から初めて権利の移転を第三者に対抗し得る効果を生じさせるにすぎず、対抗要件具備の時点で不動産や債権の譲渡行為がされたこととなったり、その効果が生じたりするわけではない

　　③　不動産や債権の譲渡行為自体が詐害行為を構成しない場合には、これについてされた対抗要件具備行為のみを切り離して詐害行為として取り扱い、これに対する詐害行為取消権の行使を認めることは相当ではない

3　③被保全債権が強制執行により実現できるものであること（424Ⅳ）

　債権者は、その債権が強制執行により実現することのできないものであるときは、詐害行為取消請求をすることができない（424Ⅳ）。

　∵　詐害行為取消権は、債務者の責任財産を保全し、強制執行の準備を目的

（！）論点

とするもの

→不執行の合意のある債権や、夫婦の同居義務（752）等は被保全債権とならない

三　債務者側の要件

1　④保全の必要性があること（無資力要件）

(1) 意義

債務者の行為を取り消さなければ自己の債権について完全な満足を受けられないおそれがあること（債務者の無資力）が必要となる。

∵　債務者の資力が十分にある場合は、債務者の財産管理への干渉を認める必要はない

→無資力の状態で詐害行為をした場合のみならず、詐害行為によって無資力となった場合も含まれる

◀内田Ⅲ・365頁以下
中田・289頁以下

(2) 無資力の判断の基準時

債務者の無資力は、詐害行為時と取消権行使時（厳密には事実審の口頭弁論終結時）の双方の時点で必要となる（大判大15.11.13）。

∵　詐害行為時に無資力であっても、取消権が行使されるまでの時点で資力が回復していれば、債務者の行為を取り消して責任財産を保全する必要はない

債権者は、詐害行為時に債務者が無資力であったことについて、主張・立証責任を負う。他方、詐害行為後に債務者の資力が回復したことについては、被告である受益者・転得者が抗弁として主張・立証責任を負う（大判大5.5.1）。

2　⑤財産権を目的とする行為であること（424Ⅱ）

(1) 原則

「財産権を目的としない行為」（424Ⅱ）は、詐害行為取消権の対象とならない。

∵　詐害行為取消権は、債務者の責任財産を保全することにより、債権者を財産上保護しようとするもの

→婚姻・養子縁組・離婚といった身分行為は、個人の意思を尊重すべきであり、「財産権を目的としない行為」に当たるため、詐害行為取消権の対象とならない

もっとも、身分行為であっても、財産の管理・処分の性質を有している以下の行為については、詐害行為取消権の対象となるかどうかについて争いがある。

(2) 離婚に伴う財産分与

判例（最判平12.3.9／百選Ⅲ［第2版］〔19〕）は、「離婚に伴う財産分与は、民法768条3項の規定の趣旨に反して不相当に過大であり、財産分与に仮託してされた財産処分であると認めるに足りるような特段の事情のない限り、詐害行為とはならない」とした上で、「特段の事情があるときは、不相当に過大な部分について、その限度において詐害行為として取り消される」としている。

◀中田・292頁

論文・予備Ｈ30

→離婚に伴う財産分与としての慰謝料を支払う旨の合意は、新たに創設的に債務を負担するものとはいえないから、詐害行為とはならないが、当該配偶者が負担すべき損害賠償額を超えた金額の慰謝料を支払う旨の合意は、その損害賠償額を超えた部分については、慰謝料支払の名を借りた金銭の贈与契約ないし対価を欠いた新たな債務負担行為というべきであるから、詐害行為取消権行使の対象となり得る

(3) 相続放棄

　判例（最判昭49.9.20）は、相続放棄は「詐害行為取消権行使の対象とならない」としている。

　∵①　詐害行為取消権行使の対象となる行為は、積極的に債務者の財産を減少させる行為であることを要し、消極的にその増加を妨げるにすぎないものを包含しないところ、相続放棄は、既得財産を積極的に減少させる行為というよりは、むしろ消極的にその増加を妨げる行為にすぎない

　　②　相続放棄のような身分行為については、他人の意思によってこれを強制すべきでないが、もし相続の放棄を詐害行為として取り消しうるものとすれば、相続人に対し相続の承認を強制することと同じ結果となり、不当である

(4) 遺産分割協議

　判例（最判平11.6.11／百選Ⅲ［第2版］〔69〕）は、「遺産分割協議は、詐害行為取消権行使の対象となり得る」としている。

　∵　遺産分割協議は、共同相続人の共有となった相続財産について、各相続人の単独所有とすること等によってその帰属を確定させるものであり、その性質上、財産権を目的とする法律行為ということができる

3　⑥「債務者が債権者を害することを知ってした行為」であること（424Ⅰ本文）

◀内田Ⅲ・365頁以下
中田・289頁以下
◀論文・司法H23

　詐害行為取消請求の対象となるのは、「債務者が債権者を害することを知ってした行為」（424Ⅰ本文）である。この要件は、客観的要件（債権者を害する行為＝詐害行為）と、主観的要件（債務者が債権者を害することを知っていたこと＝詐害意思）に分けて説明される。

　そして、一般的に、「債務者が債権者を害することを知ってした行為」に当たるかどうかの判断は、客観的要件と主観的要件を相関的に判断して行われる。

　→客観的に詐害性が強い行為（財産減少行為）については主観的に無資力の認識で足りるが、客観的に詐害性が弱い行為（債務の弁済など）については主観的に通謀・害意まで必要となる

(1) 客観的要件（詐害行為）

　(a)　債務者の行為

　　詐害行為取消請求の対象となる「行為」について、例示的に列挙すると、以下のようなものが含まれる。

　　①　法律行為（契約、債務の免除などの単独行為）

　　②　弁済・代物弁済

　　③　時効の更新事由である債務の承認（152）

　　④　法定追認の効果を生じる行為（125各号参照）

　　⑤　会社の設立・会社分割（最判平24.10.12／平24重判〔6〕）

　　⑥　訴訟上の和解・相殺、請求の放棄・認諾

　　⑦　無効の行為（虚偽表示）（大判昭6.9.16参照）

　　→なお、「行為」は債務者のものでなければならず、債務者以外の第三者の行為は詐害行為取消請求の対象とならない

　　他方、事実行為や債務者の不作為は「行為」に含まれない。詐害行為取消権は取り消すことによりその「行為」の法的効力を失わせる制度だからである。

　　また、前述のとおり、対抗要件具備行為も「行為」に含まれない（⇒82頁）。

　　さらに、贈与・遺贈を拒絶する行為も、債務者の責任財産の減少をもた

らさない以上、「行為」に含まれない。

　　(b)　債権者を「害する」こと

　　　　債権者を「害する」とは、債務者の行為の結果、債務者の責任財産が減少し、債権者が十分な満足を得ることができなくなること（無資力となること）をいう。

　　　　→債務者の行為によって責任財産が減少しても、債権者に対する債務を十分に弁済できる資力があるのであれば、詐害行為にはならない

　(2)　主観的要件（詐害意思）

　　　詐害行為取消請求の対象となるには、債務者の「債務者が債権者を害することを知ってしたこと」（詐害意思）が必要となる。

　　　「債権者を害することを知って」とは、一般の債権者を害することを認識して、という意味であり、特定の債権者を害することまで認識している必要はない。

　　　また、必ずしも「債権者を害すること」を意図し、又は欲したことまでは必要ではない（最判昭35.4.26）。

4　詐害行為の類型

　　詐害行為の基本的な類型である財産減少行為（贈与や債務の免除、低廉な価格での財産処分（いわゆる廉価売却）など）は、詐害行為取消権の一般的な要件を規定する424条によって処理される。財産減少行為は、一般的に詐害性が強い類型であるため、主観的要件（詐害意思）としては、債務者の認識（債権者を害することを知ってしたこと）で足りる。

　　一方、詐害行為の類型のうち、相当の対価を得てした財産の処分行為（424の2）、特定の債権者に対する担保の供与等（424の3）、過大な代物弁済等（424の4）は、財産減少行為よりも詐害性が強くないため、それぞれ特則が設けられている。これらの行為が詐害行為取消請求の対象となるためには、424条の一般的な要件に加えて、各々の特則が定めた要件の全てを満たす必要がある。

　(1)　相当の対価を得てした財産の処分行為（424の2）

　　　債務者が、その有する財産（不動産に限らない）を処分した場合において、受益者から相当の対価を取得しているときは、債権者は、次に掲げる要件のいずれにも該当する場合に限り、その行為について、詐害行為取消請求をすることができる（424の2柱書）。

　　　①　その行為が、不動産の金銭への換価その他の当該処分による財産の種類の変更により、債務者において隠匿、無償の供与その他の債権者を害することとなる処分（隠匿等の処分）をするおそれを「現に」（具体的に）生じさせるものであること（同①）

　　　②　債務者が、その行為の当時、対価として取得した金銭その他の財産について、「隠匿等の処分をする意思」を有していたこと（同②）

　　　　　→一般的な要件である詐害意思（424Ⅰ本文）に加え、処分の対価等を隠匿するなどして債権者の権利実現を妨げる意思を有している必要がある

　　　③　受益者が、その行為の当時、債務者が隠匿等の処分をする意思を有していたことを知っていたこと（同③）

　　　相当の対価を得てした財産の処分行為は、これらの要件を全て満たさない限り、詐害行為取消請求の対象とならない。

　　　∵　原則的に詐害行為取消しの対象になるとすると、取引の相手方が詐害行為取消しを恐れて萎縮する結果、経済的危機にある債務者から再建の機会を奪うおそれがある

　　　もっとも、不動産が金銭に換わること等によって消費・隠匿等がしやすく

なるため、これらの要件の全てを満たす場合には、例外的に詐害行為取消請
求の対象となる。

(2) **特定の債権者に対する担保の供与等の特則（424の3）**

(a) **偏頗行為としての取消しの要件（Ⅰ）**

詐害行為の類型のうち、最も詐害性が弱いのが、特定の債権者に対する
弁済である。

本来、債務の弁済は債務者の義務であるし、特定の債権者に弁済して責
任財産が減少しても、それと同額の債務が消滅する以上、差引額に変化は
ない。また、経済的危機にある債務者が特別の関係のある特定の債権者に
弁済して再建のための支援を得ようとするのを安易に禁止すべきでないし、
仮に詐害行為取消しを認めても、出遅れたはずの取消債権者が事実上の優
先弁済を受けてしまえば、債権者平等の原則は確保できない。

そこで、弁済やその他の「債務の消滅に関する行為」（代物弁済・相殺・
更改）及び「既存の債務についての担保の供与」（抵当権の設定など）に
ついては、次に掲げる要件のいずれにも該当する場合に限り、詐害行為取
消請求をすることができる（424の3Ⅰ柱書）。特定の債権者に対する「既
存の債務についての担保の供与又は債務の消滅に関する行為」を、偏頗行
為という。

① その行為が、債務者が支払不能（債務者が、支払能力を欠くために、
その債務のうち弁済期にあるものにつき、一般的かつ継続的に弁済す
ることができない状態をいう）の時に行われたものであること（同Ⅰ①）

∵ 支払不能に陥る前の時点では、弁済等は債務者にとっては義務
の履行であり、債権者にとっては権利の行使であるため、債権者
間の平等を確保する必要はない

→債務者は、一般的な要件である無資力（424Ⅰ本文）に加え、支
払不能であることを要する

② その行為が、債務者と受益者とが通謀して他の債権者を害する意図
（害意）をもって行われたものであること（424の3Ⅰ②）

(b) **非義務行為である場合（Ⅱ）**

偏頗行為が「債務者の義務に属せず、又はその時期が債務者の義務に属
しないものである場合」（424の3Ⅱ柱書）、例えば、特約によらずに義務
なく担保権を設定する行為や期限前弁済については、424条の3第1項の
規定にかかわらず、次に掲げる要件のいずれにも該当するときは、詐害行
為取消請求をすることができる。

① その行為が、債務者が支払不能になる前30日以内に行われたもの
であること（424の3Ⅱ①）

∵ 債務者が近々支払不能になると察知した債権者が、支払不能に
なる前の債務者に期限前弁済をさせることによって詐害行為取消
請求を免れようとするのを封じるため

② その行為が、債務者と受益者とが通謀して他の債権者を害する意図
をもって行われたものであること（同②）

なお、弁済期が到来した後の代物弁済（過大な代物弁済を除く）は、弁
済と異なり債務者の義務ではないことから、非義務行為に含めて考える
（424条の3第2項の適用を認める）見解もある。

しかし、代物弁済は、弁済と同一の効力をもつものであり、弁済の方法
が債務者の義務に属しないだけであること、弁済に相当する行為への債権
者の干渉を抑制すべきであることから、非義務行為には含まれないと解す
べきである。

→弁済期が到来した後の代物弁済（過大な代物弁済を除く）は、「債務の消滅に関する行為」（偏頗行為）として、424条の3第1項による詐害行為取消請求の対象となる

(c) 新たな借入れとそのための担保設定行為（同時交換的行為）

債務者が担保を提供して新たに借入れを行うこと（同時交換的行為）は、424条の3の対象とならない。

∵① 同時交換的行為は、既存の債務に対する担保の供与と異なり、当初から担保権者として登場する債権者に担保を提供するものであるから、既存の債権者間の債権者平等を害することはない

② 同時交換的行為を認めて新たに資金を提供した債権者を保護することにより、経済的危機にある債務者に再建の機会を与えるべきである

→相当の対価で財産を処分して資金調達をするのと実質的に同じであるため、424条の2による詐害行為取消請求の対象となる

(3) 過大な代物弁済等の特則（424の4）

「債務者がした債務の消滅に関する行為であって、受益者の受けた給付の価額がその行為によって消滅した債務の額より過大であるもの」（過大な代物弁済や、廉価売却によって取得した代金債権と金銭債務を相殺する場合など）について、詐害行為取消権の一般的な要件（424）を満たすときは、その消滅した債務の額に相当する部分以外の部分について、詐害行為取消請求をすることができる（一部取消し、424の4）。

ex. 債務者Aが2000万円の貸金債務を債権者Bに対して負っている場合において、Aが唯一の財産である甲土地（5000万円相当）をBに代物弁済したときは、Aの他の債権者Cは、3000万円分について取り消すことができる

→甲土地は不可分であるため、「受益者がその財産の返還をすることが困難であるとき」（424の6 I）に当たり、Cとしては、価額償還請求をすることになる

なお、偏頗行為としての取消しの要件（424の3 I）を満たす場合には、当該代物弁済が過大かどうかにかかわらず、代物弁済全体を取り消すことができる。

四 受益者・転得者側の要件

1 受益者に対する詐害行為取消請求の場合

◀中田・297頁

受益者に対する詐害行為取消請求が認められるためには、受益者の悪意が必要である（424 Iただし書）。

→受益者が詐害行為時において債権者を害することを知らなかったときは、詐害行為取消請求をすることができない（424 Iただし書）

∵ 受益者の取引の安全を確保する趣旨

もっとも、転得者に対する詐害行為取消請求の場合と異なり（424の5参照）、受益者は債務者の取引の相手方であるから、受益者側が、自己の善意（債務者の行為が債権者を害することを知らなかったこと）を主張・立証しなければならない（最判昭37.3.6）。

ただし、①相当の対価を得てした財産の処分行為（同時交換的行為も含む。424の2参照）における受益者の認識（受益者が、その行為の当時、債務者が隠匿等の処分をする意思を有していたことを知っていたこと（424の2③））や、②偏頗行為における受益者の債務者との「通謀」及び「他の債権者を害する意図」（424の3 I②、同 II②）は、債権者側が主張・立証責任を負う。

2　転得者に対する詐害行為取消請求の場合

転得者に対する詐害行為取消請求が認められるためには、次の要件が必要である。

① 受益者に対して詐害行為取消請求ができること（424の5柱書）

　　→転得者が悪意であっても、受益者が善意であるときは、詐害行為取消請求をすることができない（424Ⅰただし書）

　　∵　転得者が悪意であれば、たとえ受益者が善意でも取消権行使が認められるとすると、財産を奪われた転得者が善意の受益者に責任追及をするおそれがあり、受益者の取引の安全が害される

なお、受益者の悪意は、債権者側ではなく、転得者側が受益者の善意の主張・立証責任を負う。

② 転得者の悪意（424の5①②）

「受益者から転得した者」が被告である場合には、その転得者が、転得の当時、債務者がした行為が債権者を害することを知っていたときに限り、詐害行為取消請求をすることができる（424の5①）。

　　▸転得者の悪意は、「債務者がした行為が債権者を害することを知っていたこと」であり、「受益者が悪意であることを知っていたこと」ではない

また、「他の転得者から転得した者」が被告である場合には、その転得者及びその前に転得した全ての転得者（中間転得者）が、それぞれの転得の当時、債務者がした行為が債権者を害することを知っていたときに限り、詐害行為取消請求をすることができる（424の5②）。

　　→要するに、全員の悪意が必要であり、いったん善意者を通過したときは、詐害行為取消請求をすることができない

　　∵　善意者の保護及び取引の安全の確保

そして、受益者に対する詐害行為取消請求の場合と異なり、転得者は債務者の取引の相手方ではないから、債権者側が、転得者の悪意（及び中間転得者の悪意）を主張・立証しなければならない。

☞ One Point ▶転得者の悪意の内容

　相当の対価を得てした財産の処分行為の特則（424の2）では、債務者が隠匿等の処分をする意思を有していたことが、詐害行為取消しの要件として必要とされています（424の2②）。また、偏頗行為の特則（424の3）では、債務者と受益者とが通謀して他の債権者を害する意図を有していたことが、同様に必要とされています（424の3Ⅰ②）。これらは、詐害性の要素となるものであるため、これらについては転得者の悪意の内容に含まれると解されています。

　一方、相当の対価を得てした財産の処分行為の特則（424の2）では、債務者が隠匿等の処分をする意思を有していたことについての受益者の悪意も、詐害行為取消しの要件として必要とされています（424の2③）。しかし、転得者の悪意（424の5①②）は、「受益者が悪意であることを知っていたこと」ではないため、上記の受益者の悪意については、転得者の悪意の内容には含まれないと解されています。

【受益者・転得者の善意・悪意と請求の内容】

受益者	転得者	請求の内容
善意	善意	受益者・転得者のいずれに対しても請求不可
善意	悪意	受益者・転得者のいずれに対しても請求不可
悪意	善意	受益者に対してのみ請求可（価額償還） 転得者に対しては請求不可
悪意	悪意	受益者・転得者のいずれに対しても請求可 （受益者に対しては価額償還、転得者に対しては 現物返還）

4-3-3　詐害行為取消権の行使方法等・期間制限

| 一　行使方法等 |
| 二　期間制限 |

学習の指針

　この節では、詐害行為取消権の要件が具備され、詐害行為取消権を行使できるようになった場合、その具体的な行使方法や内容、及び詐害行為取消権の期間制限について見ていきます。ここで述べられている内容も重要ですので、しっかりと理解するようにしましょう。

一　行使方法等

1　行使方法

　債権者は、詐害行為の取消しを「裁判所に請求」して行う（424 I 本文）。

　詐害行為取消権は、債権者代位権と異なり、必ず裁判上の行使によらなければならない。具体的には、債権者は自己の名において、訴え（反訴を含む）を提起して詐害行為取消権を行使しなければならない。

　∵①　詐害行為取消権は、他人のした行為を取り消すという重大な効果を有し、第三者にも影響が及ぶので、その要件充足の有無を裁判所に判断させる必要がある

　　②　取消権行使の効果は、判決主文で明確にしておくことが適当である

　→抗弁によって行使することはできない（最判昭39.6.12）

2　内容

　詐害行為取消権は、①債務者がした行為の取消し（形成訴訟）と、②逸出財産をその行為前の原状に回復させるもの（給付訴訟）である（424の6、大連判明44.3.24／百選Ⅱ［第8版］〔14〕参照）。

　詐害行為取消訴訟において、①②の双方を請求するか、①のみを請求するかは、取消債権者の自由に委ねられている。

　→取消債権者が逸出財産の返還を求める場合には、①②が請求されるが、債務者のした行為が債務の免除や未履行の贈与契約などのように逸出財産の返還を伴わない場合には、①のみが請求される

(1)　受益者に対する詐害行為取消訴訟

　受益者に対する詐害行為取消訴訟の相手方は、「受益者」（424の7 I ①）である。

　例えば、債権者Aが受益者Cに対し、債務者Bの贈与によって逸出した甲不動産の返還を求める場合、Cを被告として、Bのした贈与の取消しと甲の返還を請求する（424の6 I 前段）。

　また、Cが転得者Dに対して既に甲を譲渡していた場合など、甲の返還を

◀中田・310頁以下

することが困難であるときは、AはCに対し、甲の価額償還を請求すること
ができる（同Ⅰ後段）。ここにいう「価額」とは、甲の客観的な価格を意味す
る（CのDに対する甲の譲渡の対価ではない）。なお、このように、転得者D
が存在する場合であっても、AはDを被告とすることなく、Cのみを被告と
することも可能である。

　　→価額償還における価額の算定基準時は、原則として詐害行為取消訴訟の
　　　事実審口頭弁論終結時である（最判昭50.12.1）

(2)　**転得者に対する詐害行為取消訴訟**

　　転得者に対する詐害行為取消訴訟の相手方は、「その詐害行為取消請求の
相手方である転得者」（424の7Ⅰ②）である。

　　例えば、債権者Aが転得者Dに対し、債務者Bの贈与によって逸出した甲
不動産の返還を求める場合、Dを被告として、Bのした贈与の取消しと甲の
返還を請求する（424の6Ⅱ前段）。この場合、詐害行為取消しの対象となる
のはBの行為であって、受益者C・転得者D間の行為ではないことに注意す
る必要がある。

　　また、Dが第三者Eに対して既に甲を譲渡していた場合など、甲の返還を
することが困難であるときは、AはDに対し、甲の価額償還を請求すること
ができる（同Ⅱ後段）。ここにいう「価額」とは、甲の客観的な価格を意味す
る（DのEに対する甲の譲渡の対価ではない）。

(3)　**債務者に対する訴訟告知義務**

　　上記のとおり、債務者は被告とならない（債務者には被告適格はない）。

　　∵　424条の7第1項反対解釈

　　→債務者を被告として詐害行為取消訴訟を提起しても、不適法却下される

　　もっとも、詐害行為取消請求を認容する確定判決の効力は、債務者にも及
ぶ（425参照）。そのため、債務者に対する手続保障を確保するべく、債権者
は、詐害行為取消訴訟を提起したときは、遅滞なく、債務者に対し、訴訟告
知（民訴53参照）をしなければならない（424の7Ⅱ）。

二　期間制限

1　426条の出訴期間

　　詐害行為取消訴訟は、①「債務者が債権者を害することを知って行為をした
ことを債権者が知った時」から2年を経過したとき、又は②「行為の時」から
10年を経過したときは、提起することができない（426）。

　　詐害行為取消権は、債務者の責任財産を保全するために、もともと瑕疵のな
い債務者の行為を取り消すという制度であり、第三者に影響するところが大き
い。そこで、426条は、法律関係の早期確定の必要から、比較的短い出訴期間
を定めた。

　　これらの期間制限は、消滅時効ではなく、いずれも出訴期間である。したが
って、消滅時効の完成猶予・更新に関する規定は適用されない。

　　→この起算点は、被告が受益者・転得者のいずれであっても異ならない（大
　　　判大4.12.10）

　　なお、①「債務者が債権者を害することを知って行為をしたことを債権者が
知った時」（426前段）の要件について、客観的に詐害行為が存在することを債
権者が知った場合には、特段の事情がない限り、債務者の詐害意思をも知った
ものと推定される（最判昭47.4.13）。

2　被保全債権の消滅時効

　　債権者は、被保全債権が時効消滅すると、詐害行為取消権を行使することが
できない。受益者は、被保全債権の消滅時効を援用することができる（最判平

10.6.22）。

　また、債権者が詐害行為取消訴訟を提起したとしても、被保全債権について消滅時効の完成猶予・更新の効果は生じない（最判昭37.10.12参照）

∵　被保全債権自体は訴訟物ではなく、「裁判上の請求」（147Ⅰ①）に当たらない

4-3-4　詐害行為取消権の効果

一　認容判決の効力が及ぶ者の範囲	学習の指針
二　取り消すことができる範囲 三　取消後の返還等の相手方 四　取消後の受益者の権利等 五　取消後の転得者の権利	この節では、詐害行為取消権の効果について詳しく説明します。重要な条文や論点をいくつも含んでいますので、しっかりと理解できるまで繰り返し学習するようにしましょう。

一　認容判決の効力が及ぶ者の範囲

　詐害行為取消請求を認容する確定判決は、債務者及びその全ての債権者に対してもその効力を有する（425）。また、訴訟当事者である取消債権者や被告となった受益者・転得者にも効力が及ぶ。認容判決の効力が及ぶ者の範囲を整理すると、以下のようになる。

◀中田・315頁

①　取消債権者（訴訟当事者、民訴115Ⅰ①）

②　被告となった受益者・転得者（訴訟当事者、民訴115Ⅰ①）

　→被告とならなかった受益者・転得者であっても、債務者の債権者（下記④）であれば、425条により効力が及ぶ

③　債務者（425）

　→取消債権者は、代位債権者と異なり、法定訴訟担当（民訴115Ⅰ②参照）ではないため、敗訴判決の効力は債務者には及ばない

④　債務者の全ての債権者（425）

　→詐害行為時又は判決確定時より後に債権者となった者も含まれる

　→受益者・転得者の債権者には効力が及ばない

　他方、受益者や転得者であっても、訴訟当事者や債務者の債権者でなければ、効力は及ばない。例えば、転得者を被告とする詐害行為取消訴訟の認容判決の効力は、当該転得者の前者（受益者や当該転得者より前の転得者）には及ばない（ただし、当該前者が債務者の債権者であれば効力は及ぶ）。

　→当該転得者が債務者に現物返還・価額償還をしても、当該転得者はその前者に反対給付の返還を求めたり、その前者に対して有していた債権の回復等を求めたりすることはできない

二　取り消すことができる範囲

1　目的物が可分である場合

◀中田・316頁

　債権者は、詐害行為取消請求をする場合において、債務者がした行為の目的が可分であるとき（金銭を贈与した場合など）は、自己の債権の額の限度においてのみ、その行為の取消しを請求することができる（一部取消し、424の8Ⅰ）。

∵　詐害行為取消権は取引の安全に与える影響が大きく、取消債権者としても自己の債権額さえ確保できれば満足であることから、取消しの範囲は責

任財産の保全のために必要かつ十分な範囲に限られる

→債権者が受益者又は転得者に対して価額償還請求をする場合（424の6Ⅰ後段、同Ⅱ後段）も同様（424の8Ⅱ）

取消しの範囲の基準となる被保全債権額には、遅延損害金も含まれる（最判平8.2.8）。

2 目的物が不可分である場合

(1) 原則

424条の8第1項の反対解釈から、債務者がした行為の目的物が不可分である場合（不動産を贈与した場合など）、債権者は、自己の債権額にかかわらず、当該行為の全部を詐害行為として取り消すことができる（最判昭30.10.11等）。

(2) 例外

(a) 債務者Aが自己の所有する甲土地につき、債権者Bのために抵当権を設定した場合において、AがBに対して甲土地を代物弁済として譲渡し、Bが抵当権設定登記を抹消したというケースを想定する。

このケースにおいて、上記の原則のとおり、Aの代物弁済全体の取消しを認め、抵当権設定登記が抹消された甲土地をAに原状回復（現物返還）してしまうと、Aの一般財産が以前よりも増加することになり（Aは抵当権の付着していない甲土地、すなわち甲土地の価額から抵当権の被担保債権額を控除した額よりも多額の財産を取り戻すことになる）、その結果、Aを不当に優遇することとなる。

そこで、判例（最大判昭36.7.19／百選Ⅱ［第8版］〔15〕参照）は、詐害行為取消権は「債権者の共同担保を保全するため、債務者の一般財産減少行為を取り消し、これを返還させることを目的とするものであるから、右の取消は債務者の詐害行為により減少された財産の範囲にとどまるものと解すべきである」とし、目的物が不可分である場合であっても、取消債権者は、一部取消しの限度において、価額償還を請求するほかない旨判示している。

(b) もっとも、当該代物弁済が偏頗行為としての取消しの要件（424の3Ⅰ）を満たす場合（過大な代物弁済等の特則（424の4）が適用される場合を除く）には、代物弁済全体を取り消すことができる。

→取消債権者は、甲土地をAの一般財産として回復することができ、Bが甲土地をAに返還したときは、BのAに対する債権が復活し、抹消されていた抵当権設定登記も復活する（425の3）

三 取消後の返還等の相手方

1 現物返還債務・価額償還債務の発生

詐害行為取消請求を認容する判決の確定により、被告となった受益者・転得者に現物返還債務又は価額償還債務が発生する。この債務は、詐害行為取消判決の確定により受領時に遡って生ずる（最判平30.12.14／令元重判〔6〕）。

∵ 詐害行為取消判決の確定より前に遡って生じないとすれば、受益者はそれまでの運用利益の全部を得ることができることとなり、相当ではない

そして、この債務は期限の定めのない債務であり、「履行の請求を受けた時」（412Ⅲ）に履行遅滞に陥るところ、詐害行為取消判決の確定前にされた履行の請求も「履行の請求」（412Ⅲ）に当たる（最判平30.12.14／令元重判〔6〕）。

→取消債権者が訴状をもって、受益者に対しその受領した金員の支払を請求した場合、現物返還債務（受領金支払債務）の遅延損害金の起算日は、訴状送達の日（履行請求時）の翌日となる

論点

◀中田・317頁

論文・予備H30

A
ランク

◀中田・319頁以下

2 返還等の相手方

詐害行為取消権は、詐害行為を取り消し、逸出財産を回復することで責任財産の保全を図り、後に続く強制執行の準備をするという目的を有する。そのため、逸出財産の返還や価額償還は、債務者に対してなされるべきであるというのが一般論である。

もっとも、下記「(2) 金銭・動産の場合」では、取消債権者が直接、自己に対して支払・引渡しを請求することができる（424の9）。

(1) 不動産の場合

(a) 逸出財産が不動産の場合には、一般論のとおり、その登記が債務者の下に戻る（不動産の占有が戻されるわけではない）。

具体的には、債務者の詐害行為に基づいてされた受益者の登記の抹消を請求することができる（債務者から受益者への移転登記がされた場合は、抹消に代えて、債務者への移転登記を求めることもできる）。また、登記が転得者の下にある場合、債権者は転得者に対して、抹消登記ではなく債務者への移転登記を求めることもできる（最判昭40.9.17）。

→取消債権者は、不動産については、直接自己への引渡しや所有権移転登記を請求することができない（424の9反対解釈、最判昭53.10.5／百選Ⅱ［第8版］〔16〕）

∵ 債務者の責任財産を戻した上で、これを差し押さえて強制執行を行うことが、「全ての債権者に対してもその効力を有する」という425条の趣旨に合致する

(b) 不動産の二重譲渡と詐害行為取消権

Aが唯一の財産である自己所有の甲土地をBに売却した後、Cにも売却し、Cへの甲土地の所有権移転登記手続を完了したという場合、Bは、Cに対して甲土地の所有権の取得を対抗することができず（177）、AのBに対する債務も履行不能となり、BはAに対して損害賠償請求権（415）を有するにとどまるはずである。

問題の所在

では、Bは、詐害行為取消権を行使して、ＡＣ間の売買契約を取り消した上で、ＡからＣに移転した甲土地の所有権移転登記を求めることができるか。ここでは、大別して2つの問題に分けられる。
① 特定物債権（特定物の引渡しを目的とする債権）を有する者であっても詐害行為取消権を行使することは可能か
② ①が可能だとした場合、Bは、ＡからＣに移転した甲土地の所有権移転登記を求めることができるか

考え方のすじ道

上記①について
詐害行為取消権は、債務者の責任財産の保全を目的とする制度であるから、被保全債権は金銭債権でなければならない
　　　↓そして
ＡＣ間の甲土地の売買契約が締結された時点では、ＢがＡに対して有する権利は、甲土地の引渡しを目的とする特定物債権であるから、Bは詐害行為取消権を行使できないとも思える
　　　↓しかし
特定物債権も、究極において損害賠償債権に変じうるのであるから、債務者の一般財産により担保されなければならないことは、金銭債権と同様である
　　　↓そこで

特定物債権者であっても、詐害行為取消権を行使する時点までに特定物債権の内容が損害賠償債権に転化していれば、これを被保全債権として詐害行為取消権を行使することができると解する
　　　　↓そして
ＢがＡに対して有する甲土地の引渡請求権は、Ｃの登記の具備により社会通念上履行不能（415Ⅰ・同Ⅱ①）となり、損害賠償債権に転化しているため、Ｂはこの損害賠償債権を被保全債権として、ＡＣ間の売買契約を取り消すことができる
　　　　↓なお
対抗要件を具備していないＢによるＡＣ間の売買契約の取消しを認めると、177条の趣旨に反するとも思えるが、詐害行為取消権を行使するためには債務者の無資力要件が必要であるなど、424条と177条はともに要件・効果を異にする制度であるから、177条の趣旨には反しないと解する

上記②について
Ｂは、ＡＣ間の売買契約を取り消し、ＡからＣへの所有権移転登記の抹消を求めることができる（424の6Ⅰ）
　　　　↓では
Ｂは、Ｃに対し、直接自己へ甲土地の所有権移転登記をするよう請求できるか
　　　　↓この点
424条の9の反対解釈により、Ｂは、Ｃに対し、直接自己へ甲土地の所有権移転登記をするよう請求することはできない
　　　　↓実質的にも
これを認めると、総債権者の共同担保の保全を目的とするという詐害行為取消権の制度趣旨に沿わないばかりか、不動産の二重譲渡の場合には登記の先後でその優劣を決するという177条の趣旨に抵触する
　　　　↓では
Ｃへの所有権移転登記の抹消により、Ａの下に所有権移転登記が戻った後、改めてＢがＡに対し、特定物債権者として、ＡＢ間の売買契約に基づき、甲土地の所有権移転登記を求めることはできるか
　　　　↓この点
Ｂは、特定物債権が損害賠償債権に転化したことを前提として、詐害行為取消権を行使したはずであるから、再び特定物債権者として、甲土地の所有権移転登記を求めることはできないと解する
→Ｂは、Ａの下に戻った甲土地に対して強制執行をし、自己の債権（損害賠償債権）の満足を図るほかない

アドヴァンス

判例　最判昭53.10.5／百選Ⅱ[第8版][16]

事案：　Ｘは、Ｙ1が本件土地建物を買い取るための資金を提供した。その際、本件土地建物の所有権はやがてＸに移転すること、Ｘへの所有権移転登記はＹ1とＸが協議して行うか、又はＹ1の死亡時に行うこととする旨の特約が、ＸＹ1の間で結ばれた。しかし、Ｙ1は自己の養子であるＹ2に対して本件土地建物を贈与した上、Ｙ2への所有権移転登記を了した。
　　　そこで、Ｘは、Ｙ1・Ｙ2を被告として本件贈与は詐害行為であるとし、その取消しを求めるとともに、Ｘへの所有権移転登記を求めた。
判旨：　「特定物引渡請求権（以下、特定物債権と略称する。）は、窮極において損害賠償債権に変じうるのであるから、債務者の一般財産により担保されなければならないことは、金銭債権と同様であり、その目的物を債務者が処分することにより無資力となった場合には、該特定物債権者は右処分行為を詐害行為として取り消すことができる」。

しかし、詐害行為取消権は、「窮極的には債務者の一般財産による価値的満足を受けるため、総債権者の共同担保の保全を目的とするものであるから、このような制度の趣旨に照らし、特定物債権者は目的物自体を自己の債権の弁済に充てることはできない」。

(2) 金銭・動産の場合

(a) 債権者が受益者・転得者に対して財産の返還を請求する場合（424の6Ⅰ前段、同Ⅱ前段）において、その返還の請求が金銭の支払又は動産の引渡しを求めるものであるときは、債権者は、受益者に対しては金銭の支払又は動産の引渡しを、転得者に対しては動産の引渡しを、直接自己に対してすることを求めることができる（直接取立権、424の9Ⅰ前段）。

∵ 債権者が詐害行為を取り消しても債務者が金銭・動産の受領を拒否すると、債務者の責任財産の保全という詐害行為取消権の目的を達成することができない

→この場合、受益者・転得者が債権者に対して金銭の支払又は動産の引渡しをしたときは、債務者に対してその支払又は引渡しをすることを要しない（424の9Ⅰ後段）

そして、受益者・転得者から直接金銭の支払を受けた債権者は、債務者に対してその金銭の返還債務を負うところ、これと債務者に対する被保全債権とを相殺（505Ⅰ本文）することにより、被保全債権につき事実上の優先弁済を受けることができる（簡易の優先弁済機能）。

なお、債権者が受益者・転得者に対して価額償還請求をする場合（424の6Ⅰ後段、同Ⅱ後段）も、424条の9第1項と同様である（424の9Ⅱ）。

(b) **他の債権者による分配請求の可否**

取消債権者が受益者等に対して直接自己への金銭の支払又は価額償還を請求し、その支払又は償還を受けた場合、他の債権者は、取消債権者に対して分配請求をすることができるか。

ex. 債権者A・Bが債務者Cに対してそれぞれ100万円の貸金債権を有する場合において、Cが受益者Dに80万円を贈与したところ、Aがこれを詐害行為として取り消した上で、Dに直接自己への支払を求め、これを受け取ったとき、BがAに対して40万円の分配を請求できるか

判例（最判昭37.10.9）は、他の債権者に分配する特段の法律上の手続がないことを理由に、他の債権者による分配請求を否定している。

(c) **受益者でもある債権者による按分額の支払拒絶の可否**

取消債権者が受益者等に対して直接自己への金銭の支払又は価額償還を請求したところ、その受益者等が債務者の債権者である場合、その債権者は自己の債権に対応する按分額の支払を拒絶することができるか。

ex. 債権者A・Bが債務者Cに対してそれぞれ100万円の貸金債権を有する場合において、CがBに80万円を贈与したところ、Aがこれを詐害行為として取り消した上で、Bに直接自己への支払を求めたとき、BがAに対して40万円の支払を拒絶できるか

判例（最判昭46.11.19／百選Ⅱ［第7版］〔19〕）は、受益者が自己の債権に対応する按分額の支払を拒絶できるとするときは、いちはやく自己の債権につき弁済を受けた受益者を保護し、総債権者の利益を無視することになるとし、詐害行為取消権の趣旨に反することを理由に、受益者でもある債権者による按分額の支払拒絶を否定している。

四 取消後の受益者の権利等

1 債務者の受けた反対給付に関する受益者の権利（425の2）

詐害行為取消しの効果は、債務者にも及ぶ（425）。そこで、債務者と受益者との利益衡量の観点から、受益者の債務者に対する反対給付返還請求権・価額償還請求権が認められている。

◀中田・326頁

(1) 債務者がした財産の処分に関する行為（代物弁済などの債務の消滅に関する行為を除く）が取り消されたときは、受益者は、債務者に対し、その財産を取得するためにした反対給付の返還を請求することができる（425の2前段）。

> **ex.** 債務者Aが自己の所有する甲動産（200万円相当）を受益者Bに50万円で売却したが、Aの債権者Cがかかる売買契約の取消しと、甲動産の自己への引渡しを求めて詐害行為取消訴訟を提起した場合において、Cの請求を認容する判決が確定したとき、Bは、甲動産をCに引き渡さなければならない（424の9Ⅰ前段）が、Aに対して支払った50万円の返還を請求することができる

(2) また、債務者がその反対給付の返還をすることが困難であるときは、受益者は、価額償還を請求することができる（425の2後段）。

> **ex.** 債務者Aが自己の所有する甲動産（200万円相当）と受益者Bの乙動産（50万円相当）とを交換した後、Aが乙動産を売却するなどして、既に乙動産を所有していない場合において、Aの債権者Cによりかかる交換契約が詐害行為として取り消されたとき、Bは、Aに対して乙動産の価額である50万円の償還を請求することができる

(3) ここで、受益者は同時履行の抗弁を主張できるか、425条の2の文言上明らかでなく問題となる。例えば、上記(1)の**ex.**において、Bは、Aが50万円をBに返還するまで、Cの請求を拒むことができるか。

この点については、受益者の同時履行の抗弁は認められず、受益者の現物返還債務・価額償還債務の履行が先履行であると解されている。

> ∵① 受益者の同時履行の抗弁を認めると詐害行為取消権の実効性が著しく損なわれる
>
> ② 425条の3の規定との整合性（425条の3は文言上、受益者の債務者に対する現物返還・価額償還が先履行であることが明らか）
>
> ③ 詐害行為取消権の責任財産の保全という目的及び債権者の債権回収機能の尊重

2 受益者の債権の回復（425の3）

債務者がした債務の消滅に関する行為が取り消された場合（過大な代物弁済等の特則（424の4）の規定により取り消された場合を除く）において、受益者が債務者から受けた給付を返還し、又はその価額を償還したときは、受益者の債務者に対する債権は、これによって原状に復する（425の3）。

> **ex.** 債務者Aが自己の所有する甲土地を受益者Bに代物弁済し、BのAに対する貸金債権が消滅したところ、Aの債権者Cによってかかる代物弁済の全部が取り消された場合、BがAに甲土地を返還したときは、BのAに対する貸金債権が復活する
>
> →BのAに対する甲土地の返還債務の履行が先履行である（「したときは」という文言）

なお、過大な代物弁済等の特則に関する424条の4の規定で取り消された場合が除外されているのは、次の理由による。

すなわち、424条の4の規定による取消しの場合、過大な部分のみが取り消される。そのため、受益者が取り消された過大な部分の価額を償還したとして

も、当該代物弁済によって消滅した債務の額に相当する部分の価額を償還したことにはならないため、受益者の債務者に対する債権が回復することはないのである。

五　取消後の転得者の権利

◀中田・328頁

　転得者に対する債権者の詐害行為取消請求によって債務者の行為が取り消された場合についても、受益者の権利等に関する425条の2及び425条の3と同様の見地から、受益者と転得者との利益衡量を図る必要がある。もっとも、転得者を被告とする詐害行為取消判決の効力は、当該転得者の前者（受益者や当該転得者より前の転得者）には及ばない。そのため、以下のような技術的な規定が設けられている。

　すなわち、債務者がした行為が転得者に対する詐害行為取消請求によって取り消されたときは、その転得者は、取り消された行為の内容に応じて、次の権利を行使することができる（425の4柱書本文）。なお、転得者の現物返還債務・価額償還債務の履行が先履行であることは、前2条と同様である。

① 財産処分行為（債務消滅行為を除く）が取り消された場合（425の2）

→その行為が受益者に対する詐害行為取消請求によって取り消されたとすれば425条の2により生ずべき受益者の債務者に対する反対給付返還請求権又は価額償還請求権（425の4①）

ex. 債務者Aが自己の所有する甲動産（200万円相当）を受益者Bに50万円で売却し、Bが転得者Cに120万円で転売したが、Aの債権者DがAB間の売買契約の取消と、甲動産の自己への引渡しを求めてCに詐害行為取消訴訟を提起した場合において、Dの請求を認容する判決が確定したとき、Cは、甲動産をDに引き渡さなければならないが、Aに対して50万円の返還を請求することができる

② 債務消滅行為（過大な代物弁済等の特則（424の4）の規定により取り消された場合を除く）が取り消された場合（425の3）

→その行為が受益者に対する詐害行為取消請求によって取り消されたとすれば425条の3により回復すべき受益者の債務者に対する債権（425の4②）

　ただし、転得者に過剰な利益を与えることを防ぐために、その転得者がその前者から財産を取得するためにした反対給付又はその前者から財産を取得することによって消滅した債権の価額が限度とされている（425の4柱書ただし書）。

ex. 債務者Aが自己の所有する甲動産（200万円相当）を受益者Bに100万円で売却し、Bが転得者Cに80万円で転売した場合、Cが甲動産をDに引き渡したとき、CはAに対して80万円の限度でその返還を請求できるにとどまる

　なお、転得者は、その前者に対して債務不履行責任を追及することはできない。

∵ 詐害行為取消判決の効力は当該転得者の前者には及ばない（425参照）から、転得者とその前者との間の契約は依然として有効に存在しているところ、その前者が転得者に移転した権利に契約不適合があったわけではない

1　債権者代位権を行使するためには、被保全債権が代位行使される債権よりも先に成立している必要はない。［司H 28－19］

○　最判昭33.7.15参照
⇒4－2－2　二（p.69）

2　離婚に伴う財産分与請求権については、協議又は審判その他の手続によって具体的内容が形成されるまでは、これを保全するために債権者代位権を行使することはできない。［予R元－13］

○　最判昭55.7.11参照
⇒4－2－2　二（p.69）

3　債権者は、自己の債権の履行期が到来していなくても、保存行為については、債務者に代位して債務者の権利を行使することができる。［司H 29－17］

○　423条2項ただし書参照
⇒4－2－2　二（p.69）

4　AのBに対する100万円の債権を被保全債権として、BのCに対する50万円の債権につきAがCに対して債権者代位訴訟を提起したときには、Aは、請求原因において、Bの無資力を主張・立証する必要はない。［司H 28－19］

×　債務者が無資力であることの主張・立証責任は、債権者が負う（最判昭40.10.12）。
⇒4－2－2　三（p.69）

5　債務者が既に自ら権利を行使している場合には、その行使の方法又は結果の良否にかかわらず、債権者は、その権利について債権者代位権を行使できない。［司H 28－19］

○　最判昭28.12.14参照
⇒4－2－2　三（p.70）

6　詐欺による取消権は、債権者代位権の目的とはならない。［予H 28－9］

×　詐欺による取消権は、一身専属権（423Ⅰただし書）には当たらず、債権者代位権の目的となる。
⇒4－2－2　四（p.70）

7　夫婦間の契約取消権は、夫婦の一方の債権者による債権者代位権の目的となる。［予H 28－9］

×　夫婦間の契約取消権（754）といった親族法上の地位に関わる権利は、債務者の自由意思を尊重すべきであるから、一身専属権（423Ⅰただし書）に当たり、債権者代位権の目的とはならない。
⇒4－2－2　四（p.70）

8　認知請求権は、認知されていない子の債権者による債権者代位権の目的となる。［予H28－9］

× 認知請求権（787）といった親族法上の地位に関わる権利は、債務者の自由意思を尊重すべきであるから、一身専属権（423Ⅰただし書）に当たり、債権者代位権の目的とはならない。
⇒4－2－2　四（p.70）

9　Cに名誉を侵害されたBがCに対して慰謝料の支払を求めて交渉した後、Cが一定額の慰謝料の支払を約する合意が成立したときは、Bの債権者AがBに代位してCに対して慰謝料の支払を求めることができる。［司H21－18］

○ 判例（最判昭58.10.6）は、具体的な金額の慰謝料請求権が当事者間において客観的に確定したときは、債権者代位の目的とすることができるとしている。
⇒4－2－2　四（p.70）

10　被相続人の遺言ですべての遺産を相続した法定相続人Cに対して、他の法定相続人Bが遺留分侵害額請求権を行使しないためこれが時効消滅する危険があるときは、Bの債権者Aは遺留分侵害額請求権を代位して行使することができる。［司H21－18改］

× 最判平13.11.22／百選Ⅲ［第2版］〔93〕参照。遺留分侵害額請求権は、遺留分権利者が権利行使の確定的意思を有することを外部に表明したと認められる特段の事情がある場合を除き、債権者代位の目的とすることができないと解されている。
⇒4－2－2　四（p.70）

11　債務者の権利を代位行使する債権者は、債務者の代理人としてではなく、自己の名で当該権利を行使するものであり、自己の財産におけるのと同一の注意をもって権利を行使すれば足りる。［司H24－19＝予H24－8］

× 債権者は、債務者の代理人としてではなく、自己の名において、債務者の権利を代位行使する。もっとも、債権者と債務者との間には、一種の法定委任関係が生じ、債権者は善管注意義務を負う（644参照）。
⇒4－2－3　一（p.71）

12　債務者に代位して登記の移転を求める場合には、債権者は、第三債務者から直接自己へ登記を移転すべき旨の請求をすることはできない。［司H28－19］

○ 423条の3前段（直接請求権）は、被代位権利の目的が金銭・動産の場合について規定している。
⇒4－2－3　一（p.72）

13　債権者が、債務者に対する金銭債権に基づき、債務者の第三債務者に対する
　　金銭債権を代位行使する場合、債権者は、自己の債務者に対する債権額の範囲
　　においてのみ、債務者の第三債務者に対する金銭債権を行使することができる。
　　[司H27-16]

○　423条の2、最判昭
　44.6.24／百選Ⅱ[第
　8版][11]参照
　⇒4-2-3　一　(p.72)

14　AとBがCに対していずれも150万円の金銭債権を有している場合において、
　　CがDに対し100万円の金銭債権を有しているときは、Aは、自己の債権を保全
　　するため、50万円の限度でCのDに対する債権を代位行使することができる。[司
　　H29-17]

×　被代位権利は「可分」
　である金銭債権である
　から、債権者Aは「自己
　の債権の額」である
　150万円の限度、すな
　わちCのDに対する
　100万円の金銭債権を
　代位行使できる(423
　の2)。この場合、他の
　債権額との割合に応じ
　て代位行使する旨の規
　定はない。
　⇒4-2-3　一　(p.72)

15　金銭債権の債権者Aが、債務者Bの第三債務者Cに対する甲動産の引渡請求
　　権を代位行使する場合、Aは、Cに対し、Aの債権額にかかわらず、Aに甲動産
　　を引き渡すことを求めることができる。[司H29-17]

○　被保全債権が金銭債
　権であっても、被代位
　権利の目的が不可分で
　ある場合には、被保全
　債権の額にかかわらず、
　被代位権利を行使でき
　る(423の2参照)。そ
　して、被代位権利が動
　産の引渡しを目的とす
　る場合、債権者は、相手
　方に対して、直接自己に
　引き渡すよう請求でき
　る(423の3前段)。
　⇒4-2-3　一　(p.72)

16　債権者Aが債務者Bに代位して、Bの有する債権を行使した場合において、第
　　三債務者CがBに対して同時履行の抗弁を主張することができるときであっても、
　　Cは、Aに対しては、同時履行の抗弁を主張することはできない。[司H28-19]

×　相手方(第三債務者)
　は、債務者に対して主
　張できる抗弁をもって
　債権者に対抗すること
　ができる(423の4)。
　⇒4-2-3　二　(p.72)

17　債権者Aが債務者Bの第三債務者Cに対する債権を代位行使する場合におい
　　て、CがBに対する債権を自働債権とする相殺の抗弁を提出したときは、Aは、
　　BがCに対して主張することができる再抗弁事由のほか、Aの独自の事情に基づ
　　く再抗弁も提出することができる。[司H29-17]

×　債権者は、債務者自
　身が提出しうる攻撃防
　御方法しか主張できず、
　債権者が相手方に対し
　て有する固有の抗弁を
　主張することはできな
　い(最判昭54.3.16)。
　⇒4-2-3　二　(p.72)

18　AのBに対する債権がBの所有地の賃借権である場合、Aは、Bが無資力でなければ、その土地の不法占拠者Cに対する物権的請求権を代位行使することができない。[司H21－18]

× 最判昭50.3.6／百選Ⅱ[第8版]〔12〕参照。債権者代位権の転用の場合、無資力は要件とならない。

⇒4－2－5　一　(p.75)

19　AがBのCに対する債権の譲渡を受けた場合、AはBに代位して債権譲渡の通知をCに対してすることができる。[司H21－18]

× 大判昭5.10.10参照
⇒4－2－5　二　(p.76)

20　建物賃借人は、その賃借権を保全するために、建物の賃貸人である借地権者が土地賃貸人に対して有する建物買取請求権を代位行使することができる。[司H19－18]

× 最判昭38.4.23参照
⇒4－2－5　二　(p.76)

21　債務者と受益者との間の不動産売買契約が債権者の債権の発生原因より前にされた場合であっても、その所有権移転登記が債権者の債権発生後になされたときは、当該売買契約は、詐害行為取消権行使の対象となり得る。[司H19－19改]

× 424条3項参照。被保全債権の発生原因よりも前に詐害行為がなされた場合には、債権者は詐害行為取消請求をすることができない。

⇒4－3－2　二　(p.81)

22　債務者が自己の第三者に対する債権を譲渡した場合において、債務者がこれについてした確定日付のある債権譲渡の通知は、詐害行為取消権行使の対象とならない。[司H30－17＝予H30－7]

○ 最判平10.6.12／百選Ⅱ[第8版]〔17〕参照

⇒4－3－2　二　(p.82)

23　法律行為の時に債権者を害する状態であれば、その後の事情によって債権者を害さないこととなっているとしても、詐害行為取消権を行使することができる。[司20－16]

× 詐害行為取消権は、債務者が詐害行為時及び取消権行使時（事実審の口頭弁論終結時）の双方において無資力でなければ行使することができない（大判大15.11.13）。

⇒4－3－2　三　(p.83)

24　AがBに対して融資をしていたところ、Bがその所有する建物をBの妻Cに贈与し、その旨の所有権移転登記手続をしたことから、Aが詐害行為取消訴訟を提起した。Aは、BC間の贈与契約の当時Bが無資力であったことを主張・立証すれば足り、詐害行為取消訴訟の口頭弁論終結時までにBの資力が回復したことは、Cが主張・立証しなければならない。[司H27－17＝予H27－9改]

○ 詐害行為時の債務者の無資力については債権者が主張・立証責任を負うが、詐害行為取消訴訟の口頭弁論終結時までに債務者の資力が回復したことについては受益者（又は転得者）が主張・立証責任を負う（大判大5.5.1）。

⇒4－3－2　三　(p.83)

25 離婚に伴う財産分与は詐害行為取消権行使の対象となることはないが、離婚に伴う慰謝料支払の合意は詐害行為取消権行使の対象となることがある。[司H19－19]

× 判例（最判平12.3.9／百選Ⅲ［第2版］〔19〕）は、「特段の事情」があれば、例外的に詐害行為取消権の対象となるとしている。また、離婚に伴う慰謝料支払の合意について、「慰謝料支払の名を借りた金銭の贈与契約ないし対価を欠いた新たな債務負担行為」といえる場合であれば、詐害行為取消権行使の対象となり得るとしている。
⇒4－3－2 三 (p.83)

26 相続人の債権者は、相続人が無資力であるにもかかわらず相続放棄をした場合には、詐害行為取消権を行使することができる。[司H23－18＝予H23－7]

× 相続放棄は、消極的に責任財産の増加を妨げるにすぎないこと、身分行為は他人の意思で強制すべきではないことから、詐害行為取消権の対象とならない（最判昭49.9.20）。
⇒4－3－2 三 (p.84)

27 共同相続人間で成立した遺産分割協議は、詐害行為取消権の対象とならない。[司H26－17＝予H26－7]

× 最判平11.6.11／百選Ⅲ［第2版］〔69〕参照。遺産分割協議は、相続財産の帰属を確定させる性質上、財産権を目的とする法律行為であるからである。
⇒4－3－2 三 (p.84)

28 贈与が虚偽表示に該当することを知らない転得者との関係において、当該贈与を詐害行為取消権の対象とすることはできない。[司H30－17＝予H30－7]

× 転得者が債務者の行為が虚偽表示であることは知らないが、詐害の事実を知っているときには、当該行為を詐害行為取消権の対象とすることができる（大判昭6.9.16参照）。
⇒4－3－2 三 (p.84)

29 詐害行為取消権が成立するためには、債務者が債権者を害することを意図して行為をする必要がある。[司H26－17＝予H26－7改]

× 詐害行為の成立には、必ずしも害することを意図しもしくは欲してこれをしたことを要しない（最判昭35.4.26）。
⇒4－3－2 三 (p.85)

30　AがBに対して融資をしていたところ、Bがその所有する建物をBの妻Cに贈与し、その旨の所有権移転登記手続をしたことから、Aが詐害行為取消訴訟を提起した。Aは、ＢＣ間の贈与契約が債権者であるAを害すること及びそのことをB及びCが知っていたことを主張・立証しなければならない。［司H27－17＝予H27－9改］

× 債権者が受益者に対して詐害行為取消請求をする場合には、受益者の側が自己の善意について主張・立証する責任を負う（424Ⅰただし書、最判昭37.3.6参照）。
⇒4－3－2　四（p.87）

31　受益者が債権者を害すべき事実を知らない場合には、転得者がこれを知っていたとしても、債権者は、転得者に対し詐害行為取消権を行使することはできない。［司H23－18＝予H23－7］

○ 転得者に対する詐害行為取消権の行使が認められるためには、受益者に対して詐害行為取消請求ができること（受益者の悪意、424の5柱書）が必要である。
⇒4－3－2　四（p.88）

32　詐害行為取消権は、訴訟において行使しなければならないが、訴えによる必要はなく、抗弁によって行使することもできる。［司H26－17＝予H26－7］

× 詐害行為取消権は、訴え（反訴を含む）を提起して行使しなければならず、抗弁によって行使することはできない（424Ⅰ本文、最判昭39.6.12参照）。
⇒4－3－3　一（p.89）

33　不動産が債務者から受益者へ、受益者から転得者へと順次譲渡された場合において、債権者が、債務者の一般財産を回復させるため、受益者を被告として、債務者と受益者との間の譲渡行為を詐害行為として取り消すときは、価額の償還を請求しなければならない。［司H19－19改］

○ 424の6Ⅰ参照。被告とされた受益者の下に目的物が存在しない場合には、受益者がその財産を返還することは困難であるから、債権者は、価額の償還を請求するほかない。
⇒4－3－3　一（p.89）

34　Aは、その債権者を害することを知りながら、所有する骨董品甲をBに贈与し、その際、Bも甲の贈与がAの債権者を害することを知っていた。Bが、甲の贈与がAの債権者を害することを知っていたDに甲を売却し、引き渡した場合、Aの債権者Cは、Dに対し、ＢＤ間の甲の売買の取消しを請求することができる。［司R2－16＝予R2－7改］

× 転得者に対する詐害行為取消請求によって取り消すことができるのは、「債務者がした行為」（424の6Ⅱ前段）であり、受益者がした行為ではない。
⇒4－3－3　一（p.90）

35　Aは、その債権者を害することを知りながら、所有する骨董品甲をBに贈与し、その際、Bも甲の贈与がAの債権者を害することを知っていた。Aの債権者Cが詐害行為取消訴訟を提起する場合、Aを被告としなければならない。〔司R2−16＝予R2−7改〕

36　Aは、その債権者を害することを知りながら、所有する骨董品甲をBに贈与し、その際、Bも甲の贈与がAの債権者を害することを知っていた。Aの債権者Cによる詐害行為取消請求を認容する確定判決の効力は、Aの全ての債権者に対してもその効力を有する。〔司R2−16＝予R2−7改〕

37　Aは、その債権者を害することを知りながら、所有する骨董品甲をBに贈与し、その際、Bも甲の贈与がAの債権者を害することを知っていた。Bが、甲の贈与がAの債権者を害することを知っていたDに甲を売却し、引き渡した場合において、Aの債権者CのDに対する詐害行為取消請求を認容する判決が確定したときは、Dは、Bに対し、代金の返還を請求することができる。〔司R2−16＝予R2−7改〕

38　詐害行為取消権の対象となる贈与の目的物が不可分なものであるときは、その価額が債権額を超過する場合であっても、贈与の全部について取り消すことができる。〔司H30−17＝予H30−7〕

39　不動産の引渡請求権者は、債務者が目的不動産を第三者に対して贈与し、所有権移転登記をして無資力になった場合は、当該贈与契約を詐害行為として取り消すことができ、当該第三者に対し、直接自己への所有権移転登記を求めることができる。〔司H19−19〕

× 詐害行為取消訴訟の被告は、受益者（424の7①）又は転得者（同I②）のいずれかであり、債務者は被告とならない。
⇒4−3−3 − (p.90)

○ 425条参照
⇒4−3−4 − (p.91)

× 詐害行為取消請求を認容する確定判決は、当該訴えの当事者（債権者及び受益者又は転得者）のほか、「債務者及びその全ての債権者」に対してもその効力を有する（425）。しかし、転得者に対する詐害行為取消請求を認容する確定判決の効力は、当該転得者の前者（受益者又は当該転得者より前の転得者）には及ばない。
⇒4−3−4 − (p.91)

○ 最判昭30.10.11参照
⇒4−3−4 二 (p.92)

× 不動産の引渡請求権のような特定物債権も窮極において損害賠償債権に変じうるから、詐害行為取消権の行使は認められる。しかし、債権者取消権は総債権者の共同担保の保全を目的とするものであるから、特定物債権者は目的物自体を自己の債権の弁済に充てることはできない（424の9反対解釈、最判昭53.10.5／百選II〔第8版〕〔16〕）。
⇒4−3−4 三 (p.93)

40　弁済を受けたことにつき詐害行為取消権を行使された者は、自己の債権に係る
　　按分額の支払を拒むことができる。［司Ｈ18－5］

×　判例（最判昭46.11.
　19／百選Ⅱ［第7版］
　〔19〕)は、弁済を受けた
　ことにつき詐害行為取
　消権を行使された者は、
　自己の債権に係る按分
　額の支払を拒むことが
　できないとしている。
　⇒4－3－4　三 (p.95)

これから学ばれる方へ

　今までみてきたように、債権・債務関係は債権者・債務者がともに1人の場合が通常ですが、実際上、債権者・債務者が1人ではなく、一方又は双方が複数存在する場合も存在します。この債権・債務関係の一方又は双方が複数いる場合を多数当事者の債権・債務関係といいます。

　例えば、ABCの3人が共同してDから600万円を借りたというような場合、債務者はABC3人存在します。この場合、Dは債務者のうちの1人に貸金全額600万円の返還請求ができるのでしょうか。それとも1人に対しては3分の1の200万円しか請求できないのでしょうか。また、DがAに対して債務を免除した場合、BやCに対しても債務の免除の効力が生じるのでしょうか。同じような問題は複数の者が1個の物を共同購入したような場合にも発生します。

　また、例えば、AがBからお金を貸してくれと頼まれたような場合、Aの債権確保の手段としてCが保証をするという方法が用いられることがよくあります。この場合、Aがいきなり保証人であるCに履行の請求をしてきたら、CはAにお金を払わなければならないのでしょうか。また、AB間の契約が無効であったり、AのBに対する債権がDに譲渡されたような場合、保証人Cはどのような影響を受けるのでしょうか。

　このように多数当事者の債権・債務関係については、債権の履行はどのようになされるのか、1人の債務者に生じた事由は他の者にどのような影響を及ぼすのか等、様々な問題が生じてきます。

　そこで、民法は、このような当事者が複数の債権・債務関係について、分割債権・債務関係、不可分債権・債務関係、連帯債権・債務関係、保証債務関係に分類して規定を設けています。

LEC東京リーガルマインド　C-Book民法Ⅲ〈債権総論〉改訂新版

5-1　多数当事者の債権・債務関係総説

```
┌─────────────────────────────────┬──────────────────────────┐
│ 一　はじめに                    │ 学習の指針              │
│ 二　考察の視点                  │                          │
```

学習の指針

　　多数当事者の債権・債務関係とは、1個の同一の給付を目的とする債権又は債務が多数の者に帰属している関係をいいます。民法上、①分割債権・債務（427）、②不可分債権・債務（428～431）、③連帯債権・債務（432～445）、④保証債務（446～465）に分類されます。これらの多数当事者の債権・債務関係について理解するためには、まずそれがどのような社会的実態に対応しているかを典型的な事例とともに理解しておく必要があります。

　　多数当事者の債権・債務関係は、①対外的効力の問題、②当事者の1人について生じた事由の他の者に対する効力の問題、③内部関係の問題（求償及び分与の問題）の3つの視点から検討すると理解しやすいので、これからは、この3つの視点に基づいて検討を加えていきます。

一　はじめに

◀内田Ⅲ・455頁
　中田・500頁以下

1　意義・種類

　　多数当事者の債権・債務関係とは、1個の同一の給付を目的とする債権又は債務が多数の者に帰属している関係をいう。民法上は以下の4つに分類されている。

　　①　分割債権・債務（427）

　　②　不可分債権・債務（428～431）

　　③　連帯債権・債務（432～445）

　　④　保証債務（446～465）　⇒129頁以下

2　なぜこれらの概念が必要か

　　これらの多数当事者の債権・債務関係について理解するためには、まずそれがどのような社会的実態に対応しているかを理解しておく必要がある。

　　不可分債務・連帯債務は結果的に担保の機能を果たしているが、もともとこのような法概念が必要になったのは、保証のような債権回収の目的からではなく、1つの債権・債務の一方当事者が複数になる場合を処理する必要があったからである。典型的には以下のような事例を考えることができる。

(1)　具体例①

　　被相続人甲について共同相続が生じ、ABCの3人が相続人となった。甲がDに対して負っていた100万円の債務は、どのように相続されるか。

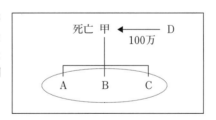

(2)　具体例②

　　大学の友人同士で共同事業を始めたEFGの3人が、銀行から連名で1,000万円を借りて事業資金とし、また、都心のマンションの一室を事務所として賃借した。このとき、消費貸借上の債務や不動産賃貸借上の賃料債務は3人にど

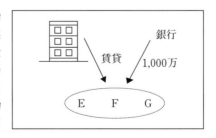

のように帰属するか。

　このように、2人以上の者が債権者又は債務者になることは種々の理由から生ずる。上の事例のような共同相続の場合（具体例①）や、組合をめぐる法律関係（具体例②）等が典型例である。これらにおいては、いくつかの共同所有関係と共同債権・債務関係とが一体となって存在するわけである。

　また、共同債権・債務関係は、共同所有関係と表裏をなして発生したり存在することが多い。1つの法律行為から共同所有関係と共同債権・債務関係とが発生する場合としては、3人で1冊の本や一筆の土地を買う場合に目的物の共有と代金債務の共同関係とが発生する場合等がある。共同所有関係にある財産に関して債権・債務関係が発生する場合としては、共有家屋を賃貸した場合の賃料債権や修繕義務、共有家屋を請負人に修繕させた場合の請負代金債務等がある。

　これらの場合に民法の定めるどの型の債権・債務関係にあたると解すべきかが重要な問題であることは、共有において組合財産・共同相続財産等につき問題になるのと同様である。つまり、多数人の結合（団体）には種々の段階のものがあるが、それらの団体に属する債権・債務もこれに応じた種々のものがあるはずであり、それらをどう扱うかが問題になる。

二　考察の視点

　多数当事者の債権・債務関係は、次の3つの視点から検討すると理解しやすい。そこで、以下の各章では、この3つの視点に基づいて検討を加える。

◀中田・501頁

1　対外的効力の問題

　これは、債権者が複数である場合において、債務者に対しどのように履行の請求をすることができるか、また、債務者が複数である場合において、債権者に対しどのように債務を履行しなければならないか、といった債権者・債務者間の問題である。

2　当事者の1人について生じた事由の他の者に対する効力の問題

　これは、数人の債権者又は債務者のうちの1人について、弁済、履行の請求、更改・相殺・混同等の事由が生じた場合に、それらの事由が他の債権者又は債務者にどのように影響するか、という問題である（それらの事由が他の債権者や債務者に影響を及ぼすことを「絶対的効力」、影響を及ぼさないことを「相対的効力」という）。

3　内部関係の問題（求償及び分与の問題）

　これは、数人の債権者のうちの1人が弁済を受けた場合において、これを他の債権者に対しどのように分与すべきか、また、数人の債務者のうちの1人が弁済した場合において、他の債務者に対しどのように求償しうるか、という問題である。

5-2 分割債権・債務、不可分債権・債務

5-2-1 分割債権・債務

学習の指針

　1つの債権・債務について相続等により複数の当事者が生じた場合、民法の原則は、分割可能である限り債権も債務も頭割りで分割される、となっています。これを分割債権・債務といいます。民法の基礎にある個人主義の現れといえるでしょう。

　分割債権・債務が成立する場合には、①分割されたそれぞれの債権・債務は相互に全く独立したものとして取り扱われ（対外的効力）、②債権者・債務者の1人について生じた事由はすべて相対効しかもたず（当事者の1人について生じた事由の他の者に対する効力）、③別段の定めのない限り、内部関係においてもその割合は平等とされます（内部関係）。

　判例上、分割債権・債務とされた具体例はチェックしておきましょう。

一　はじめに

1　意義

　1つの債権・債務について相続等により複数の当事者が生じた場合、民法の原則は、分割可能である限り債権も債務も頭割りで分割される、というものである（427）。これを分割債権・債務という。これは、物の共同所有において民法が共有物分割による個人所有への解体を促進する方向での制度設計をしていたのと同様、民法の基礎にある個人主義の現れということができる。

2　具体例

　被相続人甲について共同相続が生じＡＢＣの3人が相続人となった場合、甲がDに対して負っていた300万円の債務は、相続人ＡＢＣの間で相続分に従って分割される。つまり、共同相続人であるＡＢＣは300万円について分割された100万円ずつの債務を負担することになる。これが分割債務関係である。

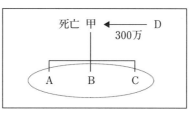

　また、ＥＦＧの3人が共同所有している自動車をHに売却したとする。このとき、売主側であるＥＦＧは売買代金債権を有するわけであるが、仮にこの車が300万円で売れた場合には、ＥＦＧそれぞれが100万円に分割された売買代金債権を取得する。これが分割債権関係である。

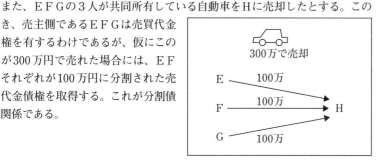

二　分割債権・債務の成立（発生原因）

　1個の可分給付につき複数の債権者又は債務者がいる関係は、別段の意思表

B ランク

◀内田Ⅲ・457頁
　中田・508頁、519頁

B ランク

◀内田Ⅲ・457頁以下
　中田・508頁、519頁

示・法律の定め（719Ⅰ等）・特段の慣習等がない限り分割債権・債務関係とされる（427、分割主義の原則）。

∵ 民法の個人主義の見地

* 分割債務になるとすると、各債務者の無資力に関するリスクは債権者が負担することになるため、債権者にとって酷な結果になることが多い。

例えば、Aがある土地をBCDの3人に3,000万円で売却した場合、BCDの代金債務が分割債務であるとすると、Aは、BCDの3人に対してそれぞれ1,000万円ずつしか請求できない。もし、Bが無資力になったとしても、AはBが負担すべき1,000万円をCDに請求することはできない。これは、Aに酷である。

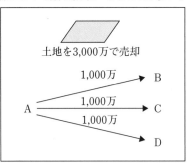

土地を3,000万で売却

1,000万 → B
A → 1,000万 → C
1,000万 → D

そのため、427条をなるべく制限的に解釈し、たとえ明示の意思表示がなくても、不可分債務・連帯債務と認定すべき場合があると解されている。

1 要件

別段の意思表示のないこと（427）。

→民法は分割債権・債務関係を原則としている。428条・430条の不可分債権・債務の要件、432条・436条の連帯債権・債務の要件を満たす場合には分割債権・債務関係は生じない

2 判例で分割債権・債務とされた具体例

分割債権・債務の原則から、判例上も分割債権・債務と認定される場合が多い。

(1) 分割債権とされた例

① 共同相続財産に属する債権（大判大9.12.22）

② 共同で金銭を貸し付けた場合の貸金債権（大判大7.6.21）

③ 共有物に対して第三者が不法行為をした場合の損害賠償請求権（最判昭51.9.7）

(2) 分割債務とされた例

① 共同相続財産に属する金銭債務（最判昭34.6.19／百選Ⅲ［第2版］〔62〕）

② 数名が共同で買った物の代金債務（大判大4.9.21）

三 分割債権・債務の効力

1 対外的効力

分割債権・債務が成立する場合には、分割されたそれぞれの債権・債務は相互に全く独立したものとして取り扱われる。つまり、各債権者は自己の債権のみを単独で行使することができるし、各債務者は自己の債務だけを弁済すればよいことになる。

→分割の割合は、別段の意思表示のないときは原則として平等である（427）

ex. ABCの3人がXに対して300万円の債権を有するときには（あるいは債務を負うときには）、これが分割債権（債務）になると、ABCのそれぞれが100万円ずつ請求できる（あるいは債務を負う）

◀中田・510頁、520頁

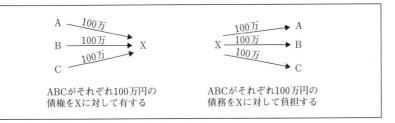

ABCがそれぞれ100万円の
債権をXに対して有する

ABCがそれぞれ100万円の
債務をXに対して負担する

2 当事者の1人について生じた事由の他の者に対する効力

分割債権・債務関係では債権者・債務者の1人について生じた事由はすべて
相対効しかもたない。

ex. 前述の例で、債権者XがAに対して100万円の債務の免除をしても、B
Cの100万円の債務には何の影響も及ぼさない

3 内部関係

427条は、対外関係を規定したものであって、分割債権者又は分割債務者相
互の内部関係を定めたものではない。ただ、別段の定めのない限り、内部関係
においてもその割合は平等と解される。他の債権者の分を受領したり他の債務
者の分を支払うのは、委任（643）か事務管理（697）、場合によっては不当利
得（703、704）・不法行為（709）の問題になる。すなわち、結局は、他の債権
者の分まで受領してしまった債権者はこれを他の債権者に分与するべきだし、
他の債務者の分を支払った債務者は、これを他の債務者に対して求償できると
いうべきである。

5-2-2 不可分債権・債務

一 はじめに 二 不可分債権・債務の 成立（発生原因） 三 不可分債権の効力 四 不可分債務の効力	**学習の指針** 不可分債権とは、多数人が1個の不可分給付を目的とする債権を有する場合をいいます。不可分債務とは、多数人が1個の不可分給付を目的とする債務を負担する場合をいいます。

不可分債権・不可分債務の効力について、前述のように、①対外的効力、②当事者の1人について生じた事由
の他の者に対する効力、③内部関係に分けて整理しておきましょう。

不可分債権・債務は主に短答式試験で出題される事項ですが、論文式問題
を解く上での前提知識として要求されることもあるので、条文を中心にしっ
かり学習しておきましょう。

一 はじめに

1 意義

不可分債権・債務とは、複数人が1
個の不可分な給付を目的とする債権又
は債務を有する場合をいう。

2 具体例

乙がその所有する不動産をDに売却
した後、死亡し、乙を共同相続したA
BCが負っている引渡債務のように、

◀内田Ⅲ・473頁
中田・515頁、551頁

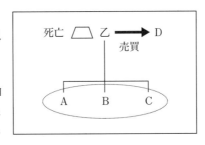

不可分の目的物を給付する債務を複数の人が負う場合を**不可分債務**という。

　反対に、ＡＢＣの3人が共同して一軒の家屋をＤから買い、Ｄに対して家屋の引渡しを請求する権利のように、不可分給付を請求する債権を複数の人が有する場合を**不可分債権**という。

二　不可分債権・債務の成立（発生原因）

◀内田Ⅲ・473頁以下
　中田・516頁、551頁

給付の目的物が性質上不可分であることが必要である（428・430）。

→具体的にいかなる場合が性質上不可分にあたるかは、当該給付を目的とする債権関係を分割・非分割のいずれに取り扱うのが適切かの問題であるから、単に物理的・自然的性状のみによるのではなく、取引の実際ないし取引上の通念を標準としつつ決すべきである

ex.① 競業をしない債務、講演をする債務等「為す債務」の多くは、事実上の不可分債務

② 共有物を売却した場合の目的物引渡義務（大判大12.2.23）

③ 共同相続人の所有権移転登記義務

④ 共同賃借人の賃料債務

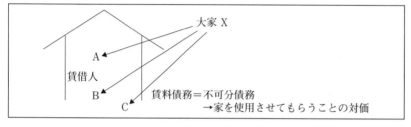

→数人が不可分的に利益を受けている以上、それに対する対価としての給付（賃料）は不可分債務となる（大判大11.11.24）

同じく、共同賃借人の賃貸借終了後における目的物返還義務も不可分債務となる。

三　不可分債権の効力

◀内田Ⅲ・474頁
　中田・517頁

1　対外的効力

各債権者は単独で債務者に債権の全額の履行を請求することができ、また、債務者は債権者のうちの1人に対して債務の全額を弁済することができる（428・432）。

例えば、ＡがＢ等と共同で一棟の家屋をＹに使わせていた場合、使用貸借の終了を原因とする家屋明渡請求権は、性質上不可分の給付を求める権利とみるべきであるから、Ａは単独でＢら貸主全員のために家屋全部の明渡しを請求することができる（最判昭42.8.25）。

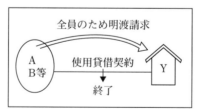

2　当事者の1人について生じた事由の他の者に対する効力

(1)　絶対的効力が生じる場合

(a)　履行の請求

不可分債権者は各々単独で、「全ての債権者のために」、債務者に対して全部又は一部の履行を請求することができる（428・432前段）。そして、その履行の請求の効果は、全ての不可分債権者に及ぶ。

(b)　弁済その他債権者に満足を与える事由及びこれに関連する事由

債務者は、「全ての債権者のために」、各不可分債権者に対して弁済する

ことができる（428・432後段）。弁済には、絶対的効力が認められる。また、弁済と同様に債権の満足をもたらす代物弁済・供託・相殺（428・434）も同様に、絶対的効力が認められる。さらに、弁済の提供や受領遅滞についても同様に解されている。

(2) 相対的効力しか生じない場合

以上に挙げた以外の事由、すなわち、不可分債権者の１人と債務者との間の混同・更改・免除は、連帯債権と異なり、債権の目的が性質上不可分であることから、相対的効力しか生じない。具体的には、以下のように処理する。

(a) 混同の場合

不可分債権者の１人につき債務者との間で混同が生じた場合でも、混同は相対的効力しか有しないから、他の不可分債権者は混同が生じた不可分債権者（債務者）に対して全部の履行を請求することができる（428・435の２本文）。この場合、履行を受けた不可分債権者は、混同が生じた不可分債権者に対して利益の分与をする。

(b) 更改・免除の場合

不可分債権者の１人と債務者との間で更改又は免除があった場合でも、他の不可分債権者は、債務の全部の履行を請求することができる（429前段）。この場合、履行を受けた他の不可分債権者は、更改又は免除をした不可分債権者が「その権利を失わなければ分与されるべき利益」を債務者に償還しなければならない（429後段）。

ex. ＡＢＣが共同でＤから自動車を購入した場合において、ＡがＤの自動車引渡債務を免除したり、Ｄとの間で自動車のかわりに現金300万円を給付するとの更改契約を締結した場合でも、他の債権者ＢＣは、なおＤに対して本来の債権の全部の履行（自動車の引渡し）を請求できる（429前段）。ただし、この場合、ＢＣは自動車の引渡しを受けたときは、Ａが本来ならばもっていた分与されるべき利益（内部持分が平等ならば、自動車の価額の３分の１）を債務者Ｄに償還しなければならない（429後段）。

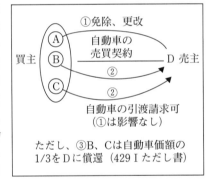

3 内部関係

民法に明文の規定はないが、弁済を受けた債権者が他の債権者に持分の割合に応じて分与すべきとされている（その割合は、各場合の事情に応じて決すべきものであるが、特別の事情がない限り平等と推定すべきである）。

四　不可分債務の効力

◀内田Ⅲ・474頁
中田・554頁

1 対外的効力

債権者と不可分債務者との関係については、連帯債務の規定が準用されるので、債権者は各不可分債務者に対して同時又は順次に、全部の履行を請求することができる（430・436）。なお、不可分な給付を目的とする債務であるから（430）、「一部」（436）の履行請求はできない。

2 当事者の１人について生じた事由の他の者に対する効力

(1) 原則

不可分債務には連帯債務の規定（436以下）が準用されるため、不可分債務者の１人について生じた事由は、原則として、他の不可分債務者に効力を

及ぼさない（相対的効力の原則、430・441本文）。

(2)　例外

　弁済及びこれと同視されるべき事由（代物弁済・供託）や、これに関連する事由（弁済の提供・受領遅滞）、更改（438）、相殺（439）についてのみ、絶対的効力が生じる。

3　内部関係

　他の不可分債務者に対して、内部的な負担割合に応じて求償できる（430・442～445）。

4　分割債務と不可分債務の相違

　分割債務と不可分債務は、1人に全額を請求することができるか、という点で異なる。

　すなわち、債権者は、不可分債務の場合はそれを負っている各不可分債務者に対して全額の請求をすることができるが、分割債務の場合は債務者各自に分割された金額を請求できるだけである。この点で、分割債務は債権者保護の見地から問題があるとされている。

5-3　連帯債権・債務

5-3-1　連帯債権

一　はじめに 二　連帯債権の成立（発生原因） 三　連帯債権の効力

学習の指針

　ここでは、連帯債権の成立（発生原因）・効果を見ていきます。連帯債権は、主に短答式試験で問われる事項ですので、意義・要件・効果を整理しておけば十分でしょう。

一　はじめに

　連帯債権とは、債権の目的がその性質上可分である場合において、複数の債権者がいるとき、各債権者が独立して、全ての債権者のために全部又は一部の履行を請求することができ、債務者は、全ての債権者のために債権者の誰に対してでも履行することができるという債権である（432～435の2）。

二　連帯債権の成立（発生原因）

　連帯債権は、①性質上可分な債権である場合において、②「法令の規定」又は「当事者の意思表示」によって成立する。

　「法令の規定」によって成立する連帯債権の具体例としては、①債権者代位権で金銭債権を代位行使する場合における代位債権者の直接請求権（423の3）と債務者の権利（423の5）、②詐害行為取消権における取消債権者の直接取立権（424の9）と債務者の返還請求権が挙げられる。

　また、「当事者の意思表示」によって成立する連帯債権の具体例としては、共有建物の賃貸借における全ての賃貸人と賃借人の合意により、賃料債権を連帯債権とする場合が挙げられる。

三 連帯債権の効力

1 対外的効力

連帯債権者は、「全ての債権者のために」、全部又は一部の履行を請求できる。また、債務者は、どの連帯債権者に履行しても、全ての債権者との関係で履行したことになる（432）。

> **ex.** 連帯債権者ＡＢが債務者Ｃに対して100万円の連帯債権を有している場合、Ａが単独でＣに対し、100万円全額の支払を求めることも可能であり、また、50万円のみの支払を求めることも可能である（Ｃが支払った範囲でＡＢの債権が消滅する）

2 連帯債権者の1人について生じた事由の効力

(1) 相対的効力の原則（435の2）

履行の請求等（432）、更改・免除（433）、相殺（434）、混同（435）を除き、連帯債権者の1人の行為又は1人について生じた事由は、他の連帯債権者に対してその効力を生じない（相対的効力の原則、435の2本文）。ただし、他の連帯債権者の1人及び債務者が別段の意思を表示したときは、当該他の連帯債権者に対する効力は、その意思に従う（同ただし書）。

(2) 絶対的効力が生じる場合

(a) 弁済その他債権者に満足を与える事由及びこれに関連する事由

債務者は、「全ての債権者のために」、弁済をすることができる（432）。そのため、債務者が連帯債権者のうちの誰か1人に弁済すれば、連帯債権は全ての連帯債権者との関係で消滅する。

> **ex.** 連帯債権者ＡＢが債務者Ｃに対して100万円の連帯債権を有する場合において、ＣがＡに対してのみ100万円を弁済したとき、ＣはＢとの関係でも債務を免れる

代物弁済・供託は、弁済と同様に債権の満足をもたらすから、絶対的効力がある。また、弁済の提供や受領遅滞についても同様に解されている。

(b) 履行の請求

各連帯債権者は、「全ての債権者のために」、履行を請求することができる（432）。そのため、その履行の請求の効力は、全ての連帯債権者との関係で生じる。

> **ex.** 連帯債権者ＡＢが債務者Ｃに対して連帯債権を有している場合において、Ａが履行の請求をすれば、Ｂも履行を請求したことになる

(c) 更改・免除

連帯債権者の1人と債務者との間に更改又は免除があったときは、その連帯債権者がその権利を失わなければ分与されるべき利益に係る部分については、他の連帯債権者は、履行を請求することができない（433）。

> **ex.** 連帯債権者ＡＢが債務者Ｃに対して100万円の連帯債権を有している場合において、ＡがＣに対して債務の免除をしたときは、ＢはＡが免除しなければ分与されるべきであった利益（50万円）について、Ｃに請求することができない

(d) 相殺

債務者が連帯債権者の1人に対して債権を有する場合において、その債務者が相殺を援用したときは、その相殺は、他の連帯債権者に対しても、その効力を生ずる（434）。

> **ex.** 連帯債権者ＡＢが債務者Ｃに対して100万円の連帯債権を有し、ＣがＡに対して100万円の代金債権を有している場合、Ｃが相殺を援用したときは、ＡのみならずＢとの関係でも、連帯債権が消滅する（ＡＢ間で利益の分与がされることになる）

　(e)　混同

　　連帯債権者の1人と債務者との間に混同があったときは、債務者は、弁済をしたものとみなされる（435）。

> **ex.**　連帯債権者ＡＢが債務者Ｃに対して連帯債権を有していた場合において、Ａが死亡してＣがＡを相続したとき、Ｃは弁済したものとみなされる（ＢはＣに対して50万円の分与を請求することになる）

3　内部関係

　　民法上、連帯債権者の内部関係を規律する規定はない。もっとも、連帯債権者の1人が単独で債務者からの履行を受領した場合、その連帯債権者は、他の全ての連帯債権者に対して、内部関係の割合に応じ、受領した給付を分与すべきである。

> ∵　433条が「分与されるべき利益」と規定し、同じく連帯関係を問題にする連帯債務でも求償権が認められている（442 〜 445）

5-3-2　連帯債務

一　はじめに
二　連帯債務の成立（発生原因）
三　連帯債務の効力
四　不真正連帯債務

学習の指針

　連帯債務は、債務者の数に応じた複数の「独立」した債務であり、かつ保証債務と異なり各債務者間に主従の関係はないという独立性の一面がある一方、連帯債務者間には共同目的達成のための主観的な結合関係があるという一面があります。そして、このことから、連帯債務者の1人について生じた事由が一定の範囲内で他の連帯債務者に影響を及ぼすことが認められており、連帯債務者の1人が弁済をした場合、その債務者は他の債務者に対して求償をすることができます。

　連帯債務の効力についても、前述のように、①対外的効力、②当事者の1人について生じた事由の他の者に対する効力、③内部関係に分けて整理しましょう。

　連帯債務は主に短答式試験で出題される事項ですが、論文式試験の前提知識として要求されることもあります。

一　はじめに

1　意義

　　連帯債務とは、数人の債務者が、同一内容の給付について各々独立に全部の給付をなすべき債務を負い、しかもそのうちの1人が給付をすれば他の債務者も債務を免れる多数当事者の債務関係をいう。

　　連帯債務の性質としては、①各債務が独立していること、及び②各債務の間に主従関係がないことが重要である。

◀内田Ⅲ・459頁
　中田・521頁

2 具体的場面

(1) 事案

ＡＢＣの３人がＸから300万円の融資を受け、その弁済について３人が連帯債務者となることをＸと約束した場合（負担部分は各々100万円ずつとする）。

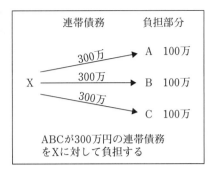

連帯債務　　　　負担部分

X ── 300万 → A　100万
X ── 300万 → B　100万
X ── 300万 → C　100万

ABCが300万円の連帯債務をXに対して負担する

(2) 処理

ＡＢＣは各々独立して300万円全額をＸに弁済する義務を負い、そのうちの１人が300万円を弁済すれば、他の者もＸに対する債務を免れる。

3 連帯債務の特徴

(1) 全部給付義務

連帯債務者は、各自、全部の給付をすべき義務を負う（436）。

(2) 連帯債務者のうちの１人でも債務の弁済をすれば、その弁済された範囲で、他の連帯債務者も債務を免れる。

ex. 連帯債務者ＡＢＣが債権者Ｄに対して300万円の連帯債務を負っている場合において、Ａが単独でＤに200万円を弁済したときは、ＡＢＣはそれぞれ100万円の限度で連帯債務を負う

(3) 連帯債務者の１人について法律行為の無効又は取消しの原因があっても、他の連帯債務者の債務は、その効力を妨げられない（437）。

∵ 連帯債務は別個独立の債務であるから、その成立原因も個別的に扱うのが当事者の意思に適う

(4) 各連帯債務者の債務の態様（額、利率、条件・期限等）が異なっていてもよい。連帯債務者によって債務の額が異なる場合のことを、**不等額連帯**という。

ex. 連帯債務者ＡＢＣが債権者Ｄに対して300万円の連帯債務を負っている場合において、Ａの債務についてのみ利息を付けることも可能である

(5) 連帯債務者の１人の債務についてのみ保証したり（464参照）、抵当権を設定することもできる。

(6) 債権者は、連帯債務者の１人に対する債権のみを第三者に譲渡することもできる（大判昭13.12.22。ただし、転付命令の事案）。

ex. 連帯債務者ＡＢＣが債権者Ｄに対して300万円の連帯債務を負っている場合において、ＤがＡに対する債権のみを第三者Ｅに譲渡することもでき、その結果、Ｄ・ＢＣ間の債務とＥ・Ａ間の債務とが連帯債務の関係に立つ

二 連帯債務の成立（発生原因）

1 当事者の意思表示（契約等）により発生する場合

連帯債務を成立させる意思表示は、契約による場合が一般的であり、債権者と債務者との間で連帯の特約という形でなされる。連帯の特約は黙示的になされてもよいが、特約がなされたか否かが明確でない場合には、契約の解釈によって確定される。判例（大判大4.9.21）は、分割債務が原則であることを重視し、連帯の推定を容易にすべきではないとしている。

→なお、一定の金額の遺贈について共同相続人の連帯債務とするなど、遺言

◀内田Ⅲ・459頁以下
中田・528頁

によっても連帯債務を成立させることは可能

2　法令の規定上当然に発生する場合

この具体例としては、併存的債務引受（470 I）や共同不法行為責任（719）、夫婦の日常家事債務（761）などが挙げられる。

3　連帯債務の共同相続

論点

◀中田・520頁

問題の所在

連帯債務者の１人が死亡した場合に、その負担していた連帯債務は相続人に承継される（896本文）。ではその相続人が複数いる場合、債権者は共同相続人の１人に全額を請求しうるか。たとえば、ＡとＢとが400万円の連帯債務を負担していたが、Ａが死亡したとする。このとき、Ａに相続人として妻Ｃ、子ＤＥがいる場合、各々が400万円全額を負担し、Ｂとともに連帯債務を負担するのか、それとも、

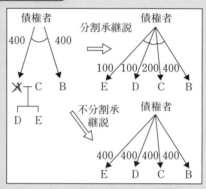

各自の法定相続分に応じて、Ｃが200万円、ＤＥが100万円ずつを分割承継し、その範囲で本来の債務者Ｂとともに連帯債務を負担すると考えるのかが問題となる。

考え方のすじ道

相続財産は、相続人全員の共有に属する（遺産共有、898）ところ、遺産共有の法的性質は、249条以下の共有と異ならないため、249条以下の規定が適用される
　　↓そのため
相続財産中に被相続人の金銭債務その他の可分債務がある場合、当該債務は、共同相続人の準共有（264）となるが、427条以下の規定が264条ただし書の「法令に特別の定め」に当たる
　　↓したがって
当該債務は、法律上当然に分割され、各共同相続人は法定相続分に応じて債務を承継する（当然分割主義、427）
　　↓そして
連帯債務者の１人が死亡した場合においても、連帯債務は通常の金銭債務と同様に可分であるから、各相続人は各相続分に応じて分割されたものを承継し、各自その承継した範囲において、本来の債務者とともに連帯債務者となる（分割承継説）
　　↓この点
仮に、共同相続人全員が連帯債務の全額につき本来の債務者とともに連帯債務者となるとすると、相続という偶然的事情により債権者を不当に利することになり、妥当でない
　　↓よって
債権者は、各相続人に対し、相続分の割合に応じた範囲でのみ請求しうるにすぎない
　　↓あてはめ
債権者は、Ｃに対して200万円、ＤＥに対して各100万円ずつ請求しうるにすぎない

アドヴァンス

A　分割承継説（判例）

相続人は、各相続分に応じて分割された債務を承継し、各自その承継した範囲において、本来の債務者（他の生存連帯債務者）とともに連帯債務者となる。
（理由）

判例　最判昭34.6.19
百選Ⅲ〔第2版〕〔62〕
「連帯債務者の一人が死亡した場合においても、その相続人らは、被相続人の債務の分割されたものを承継し、各自その承継した範囲において、本来の債務者とともに連帯債務者となると解するのが相当である」として、分割承継説に立っている。

① 連帯債務は可分である点で通常の金銭債権と同様である。
② 債権者には、最小限相続財産を確保する途は開かれている（941）ことや、連帯債務者の死亡に備えてあらかじめ対応策を講じておくことも通常は不可能でないことを考えれば、分割承継原則が債権者にとって特に酷だとはいえない。

B　不分割承継説
　共同相続人全員が全部給付義務をそのまま承継し、全額につき本来の債務者とともに連帯債務者となる。
〔理由〕
① 分割承継では、連帯債務のもつ担保的機能が弱められ、また法律関係が複雑になる。
② 遺産債務は本来分割に親しまないものであり、428条の「債権の目的がその性質上不可分である場合」に該当する（可分債務でも分割承継を否定する立場からの理由）。

三　連帯債務の効力

◀内田Ⅲ・461頁以下
　中田・529頁以下

1　対外的効力
(1) 債権者は、連帯債務者の1人又は数人あるいは全員に対して、同時又は順次に請求をすることができる。その際、全部の請求をしてもよいし、一部の請求をしてもよい（436）。
　　∵ 連帯債務はそれぞれ別個独立の債務である
(2)(a) 連帯債務者の1人は、原則として、他の連帯債務者が債権者に対して有する抗弁を援用することはできない。
　　∵ 連帯債務はそれぞれ別個独立の債務である
(b) 例外的に、連帯債務者の1人が債権者に対して債権を有する場合において、当該連帯債務者が相殺を援用しない間は、当該連帯債務者の負担部分の限度において、他の連帯債務者は、債権者に対して履行を拒むことができる（439Ⅱ）。
　　⇒下記「イ　他の連帯債務者が有する反対債権に依拠した履行拒絶」（121頁）

2　連帯債務者の1人について生じた事由の効力
(1) **相対的効力の原則（441本文）**
　連帯債務はそれぞれ別個独立の債務であるから、連帯債務者の1人について生じた事由（下記①～⑤）は、原則として、他の連帯債務者に対してその効力を生じない（441本文）。ただし、債権者及び他の連帯債務者の1人が別段の意思を表示したときは、当該他の連帯債務者に対する効力は、その意思に従う（441ただし書）。
① 消滅時効の完成（166Ⅰ、167）
　改正前民法下では絶対的効力事由とされていたが（改正前439参照）、債権者が資力のある連帯債務者のみならず、資力のない連帯債務者に対しても時効の完成を阻止する措置をとらなければならないのは酷であることから、改正民法下では相対的効力事由へと改められた。
② 免除（519）
　改正前民法下では絶対的効力事由とされていたが（改正前437参照）、債権者が連帯債務者の1人に対して債務の免除をする場合、全ての連帯債務者との関係で債務を免除するという意思を有していないのが通常であると考えられるため、改正民法下では相対的効力事由へと改められた。
　なお、改正民法445条は、債権者に弁済等をした連帯債務者は、債権者から債務の免除を受けた連帯債務者に対し、求償権を行使することができると規定している。本来であれば、免除を受けた連帯債務者は、他

の連帯債務者の弁済等によって「共同の免責を得た」わけではないので、求償を受けることもないはずである（442Ⅰ）。しかし、債権者に弁済等をした連帯債務者に不利益を負わせることは公平に欠けるため、本条が設けられている。

> **ex.** 連帯債務者ＡＢが債権者Ｃに対して500万円の連帯債務を負っている場合において、ＣがＡに対して債務の全部を免除したときは、当該免除の効力はＢには及ばないので、ＣはＢに対して500万円全額の支払を請求することができる
>> →Ｃからの請求に応じて弁済したＢは、Ａに対してその負担部分である250万円を求償できる（445）

③　時効の完成猶予・更新（147〜152、158〜161）
・履行の請求（147Ⅰ①、150）

改正前民法下では絶対的効力事由とされていたが（改正前434参照）、連帯債務者の1人に対して履行の請求がなされても、他の連帯債務者がこれを知らない場合がある。にもかかわらず、他の連帯債務者にまで履行の請求による時効の完成猶予・更新の効果を及ぼすと、不測の損害を負わせることになるため、改正民法下では相対的効力事由へと改められた。

> →請求による付遅滞効（412ⅡⅢ）も相対的効力事由である

・債務の承認（152、大判昭2.1.31）、連帯債務者の1人に対する差押え（大判大3.10.19）、仮差押え・仮処分も相対的効力事由である。

④　時効の利益の放棄（146、大判昭6.6.4）

⑤　連帯債務に係る債権のすべてが譲渡された場合における、一部の連帯債務者のみに対する通知（467、大判大8.12.15）

(2) 絶対的効力事由

弁済その他債権者に満足を与える事由（代物弁済・供託）や、弁済の提供・受領遅滞、更改（438）・相殺（439Ⅰ）・混同（440）については、例外的に他の連帯債務者にもその効力を生ずる（絶対的効力）。

(a) 弁済その他債権者に満足を与える事由（代物弁済・供託）、弁済の提供・受領遅滞

一部の連帯債務者が弁済・代物弁済・供託をすれば、その限度で債権が消滅する。これらの事由は債権の満足をもたらすものであるから、絶対的効力事由であると解されている。求償権について規定する442条は、このような理解を前提としていると考えられる。

弁済の提供（493）については、債権者が受領しさえすれば絶対的効力が生じたはずであるのに、債権者が受領しなかったために相対的効力しか生じないとするのは不公平である。そこで、弁済の提供・受領遅滞（413）についても、絶対的効力事由であると解されている。

(b) 更改

連帯債務者の1人と債権者の間に更改があったときは、債権は、全ての債務者との関係で消滅する（438）。

> ∵　当事者間の法律関係の決済を容易にするため、あるいは当事者の意思を推測して、絶対的効力事由とされている
>
> **ex.** 連帯債務者ＡＢが債権者Ｃに対して100万円の連帯債務を負っている場合において、ＡがＣとの間で100万円の支払に代えてＣの肖像画を描く旨の合意（更改）をしたときは、100万円の連帯債務はＡだけでなくＢとの関係でも消滅する（当然のことながら、ＢがＣの肖像画を描く債務を負うことはない）

→負担部分が平等である場合、AはBに対して50万円を求償できる

(c)　相殺

ア　連帯債務者の１人による相殺

連帯債務者の１人が債権者に対して債権を有する場合において、その連帯債務者が相殺を援用したときは、債権は、全ての債務者との関係で消滅する(439Ⅰ)。

∵　相殺は実質的に弁済と同様の効果をもたらす

ex.　連帯債務者ＡＢが債権者Ｃに対して100万円の連帯債務を負っている場合において、ＡがＣに対して100万円の売買代金債権を有しているとき、Ａが相殺すると、Ｃに対する連帯債務はＢとの関係でも消滅する

イ　他の連帯債務者が有する反対債権に依拠した履行拒絶

連帯債務者の１人が債権者に対して債権を有する場合において、当該連帯債務者が相殺を援用しない間は、当該連帯債務者の負担部分の限度において、他の連帯債務者は、債権者に対して履行を拒むことができる(439Ⅱ)。

∵　相殺権を有する連帯債務者の自由を尊重しつつ、求償の循環を避け、無資力者が出現した場合の連帯債務者間の不公平を回避する

ex.　上記のex.において、Ａが相殺を援用しない間、ＢはＡの負担部分である50万円の限度でＣに対する支払を拒むことができる

→Ｂは支払を拒絶できるのみであり、債務の消滅という効果が生じるわけではない

☞ One Point▶ 439条２項の想定する事態

改正前は、履行拒絶ではなく、他の連帯債務者が「相殺を援用することができる」と規定されていました（改正前436）。これは、反対債権を有する連帯債務者本人の財産管理権に対する過剰な介入となることから、改正で改められました。

仮に439条２項がない場合、上記アの例でＢがＸに100万円全額を弁済した後にＡに対して50万円を求償し、それに応じたＡが改めてＸに対し100万円の債権の弁済を請求することになります。これは迂遠な方法であるし、仮にＡが無資力だとＢは求償により満足できず、また、Ｘが無資力だとＡは債権の満足を得られないという点で不都合です。

(d)　混同

連帯債務者の１人と債権者との間に混同があったときは、その連帯債務者は、弁済をしたものとみなされる（440）。連帯債務者の１人が債権者を相続した場合などが、「混同」に当たる。

∵　当事者間の法律関係の決済を容易にするため、絶対的効力事由とされている

3　内部関係

(1)　求償権

連帯債務者の１人が弁済、代物弁済・供託、更改、相殺、混同など、自己の財産をもって共同の免責を得たときは、その連帯債権者は、その免責を得た額が自己の負担部分を超えるかどうかにかかわらず、他の連帯債務者に対し、その免責を得るために支出した財産の額（その財産の額が共同の免責を得た額を超える場合にあっては、その免責を得た額）のうち各自の負担部分に応じた額の求償権を有する（442Ⅰ）。

∵　連帯債務者の１人が弁済等をしたことにより共同の免責を得た場合、

他の連帯債務者も免責の効果を受ける以上、その負担部分に応じて分担することが公平である

ex.　連帯債務者ＡＢＣが債権者Ｄに対して連帯して900万円の給付を目的とする債務を負っており、各自の負担割合が平等である場合において、ＡがＤに900万円を弁済したときは、ＡはＢＣに対してそれぞれ300万円ずつ求償することができ、Ａが900万円ではなく300万円しか弁済しなかったときでも、ＡはＢＣに対してそれぞれ100万円ずつ求償することができる

→ 「自己の財産をもって共同の免責を得たとき」に、免除や消滅時効の完成は含まれない

(a)　成立要件

「自己の財産をもって共同の免責を得た」ことが成立要件である（442Ⅰ）。「自己の財産をもって」とは、「自己の財産を出して」という意味である。具体的には、弁済、代物弁済・供託、更改（大判大7.3.25）、相殺、混同（大判昭11.8.7）などが含まれるが、免除や消滅時効の完成は自己の財産を出したことにならないので、これに含まれない。

(b)　効果

弁済等によって共同の免責を得た連帯債務者は、他の連帯債務者に対し、各自の負担部分につき求償権を有する（442）。

ア　負担部分

負担部分とは、固定した数額ではなく、連帯債務者相互間で内部的に債務を負担し合う割合をいう。例えば、ＡＢが100万円の債務をＸに対して連帯して負っている場合において、仮に負担部分が平等であるならば、各自の負担部分は50万円という金額ではなく、50％という割合である。したがって、履行を遅滞して遅延損害金が加わり110万円の連帯債務になれば、ＡＢは各自55万円を内部的に負担することになる。

負担部分は、以下の手順で決定されるものと解されている。

① 連帯債務者間に合意があればそれに従う。一部の連帯債務者の負担部分をゼロにすることもできる。

② （①で決まらない場合）連帯債務を負担することによって受ける利益の割合が連帯債務者により異なるときは、負担部分もまたその割合に従う。

③ （②でも決まらない場合）平等の割合とする。

求償権は、連帯債務者の1人が自己の負担部分を超えて弁済等をした場合に限って生じるわけではない。すなわち、自己の負担部分に満たない額の弁済をした場合であっても、その弁済により「共同の免責を得た額」のうち各自の負担部分に応じた額について発生する（442Ⅰ）。

∵ 一部の弁済等の場合であっても、負担部分に応じた求償を認めることが連帯債務者相互間の公平に資する上、連帯債務の弁済も促進され、債権者にとっても不都合がない

ex.　連帯債務者ＡＢＣが債権者Ｄに対して600万円の連帯債務を負っている場合（ＡＢＣの負担部分は各自3分の1、各200万円）において、ＡがＤに150万円を支払ったときは、その額はＡの負担部分を超えないものの、ＡはＢＣの負担部分である3分の1に応じた額（各50万円）について、それぞれ求償することができる

なお、代物弁済がされた場合には、「その免責を得るために支出した財産の額」が「共同の免責を得た額を超える場合にあっては、その免責を得た額」に制限される（442Ⅰかっこ書）。

ex. 連帯債務者ＡＢが債権者Ｃに対して300万円の連帯債務を負って
いる場合において、ＡがＣに対して300万円の弁済に代えて500万
円相当の高級自動車で代物弁済したときは、これによりＡＢの連帯
債務が消滅するが、ＡはＢに対して150万円しか求償できない

イ　求償の範囲

求償は、「弁済その他免責があった日以後の法定利息及び避けること
ができなかった費用その他の損害の賠償を包含する」（442Ⅱ）。

「避けることができなかった費用」としては、弁済をするために借入れ
をし、そのために抵当権設定を行うのに要した登記費用（大判昭
14.5.18）がこれに当たる。

また、「その他の損害」としては、強制執行を受けて負担した訴訟費
用（大判大5.9.16,）や執行費用（大判昭9.7.5）がこれに当たる。

(2)　求償権の制限

(a)　事前の通知と事後の通知

連帯債務者は、弁済等によって共同の免責を得る前後において、他の連
帯債務者に通知をしなければ、求償の制限を受けることがある（443）。

事前の通知（443Ⅰ前段）が要求される趣旨は、他の連帯債務者が債権
者に対抗できる事由を有する場合に、これを主張する機会を与える点にあ
る。

事後の通知（443Ⅱ）が要求される趣旨は、他の連帯債務者が二重に弁
済等をすることを防ぐ点にある。

(b)　通知を怠ったことによる求償の制限

ア　事前の通知を怠った場合（443Ⅰ前段）

他の連帯債務者があることを知りながら、連帯債務者の1人が共同の
免責を得ることを他の連帯債務者に通知しないで弁済等によって共同の
免責を得た場合において、他の連帯債務者は、債権者に対抗することが
できる事由を有していたときは、その負担部分について、その事由をも
ってその免責を得た連帯債務者に対抗することができる（443Ⅰ前段）。

ex. 連帯債務者ＡＢＣが債権者Ｄに対して900万円の連帯債務（ＡＢ
Ｃの負担部分は各自3分の1）を負っており、ＡがＢＣの存在を知
っているにもかかわらず、ＢＣに事前の通知をせずにＤに全額弁済
した場合において、ＢがＸに対して100万円の債権を有していると
きは、ＢはＡからの300万円の求償に対して100万円の限度でこれ
を拒むことができる

→弁済等をした連帯債務者が事前の通知を怠った場合であっても、他
の連帯債務者がいることを知らなかった場合には、他の連帯債務者
は求償を拒むことができない

→「債権者に対抗することができる事由」としては、①相殺権、②同
時履行の抗弁権、③履行期の未到来、④自己の債務を発生させた契
約等の無効・取消事由などがある

この場合において、相殺をもってその免責を得た連帯債務者に対抗し
たときは、その連帯債務者は、債権者に対し、相殺によって消滅すべき
であった債務の履行を請求することができる（443Ⅰ後段）。

ex. 上記のex.において、Ａは、Ｘに対し、ＸＢ間の相殺により消滅す
るはずであった100万円の債務の履行を求めることができる

イ　事後の通知を怠った場合（443Ⅱ）

弁済等によって共同の免責を得た連帯債務者（第1弁済者）が、他の
連帯債務者があることを知りながらその免責を得たことを他の連帯債務

者に通知することを怠ったため、他の連帯債務者（第2弁済者）が善意で弁済その他自己の財産をもって免責を得るための行為をしたときは、第2弁済者は、その免責を得るための行為を有効であったものとみなすことができる（443Ⅱ）。

> **ex.** 連帯債務者Aが他の連帯債務者BCの存在を知っているにもかかわらず、弁済（第1弁済）をした後にBCへの事後の通知を怠ったために、BがAの第1弁済を知らずに債権者に弁済（第2弁済）をした場合、BはAからの求償を拒むことができ、逆に、自己の第2弁済が有効であるとみなしてAに求償することができる

「有効であったものとみなすことができる」とは、第1弁済者との関係でのみ第2弁済を有効とみなすという意味である（大判昭7.9.30）。

> ∵　第2弁済者を保護するにはこれで十分である
> →第1弁済者は、第2弁済者以外の連帯債務者に対して求償できる

443条2項が適用される前提として、第2弁済者は、他の連帯債務者に対して事前の通知（443Ⅰ前段）をしたことが必要である。第2弁済者も事前の通知を怠って弁済した場合については、下記ウのとおりである。

ウ　第1弁済者が事後の通知を怠り、第2弁済者も事前の通知を怠って弁済した場合

この場合、判例（最判昭57.12.17／百選Ⅱ［第8版］〔20〕）は、事前の通知を怠った第2弁済者に対し、443条2項により自己の弁済を有効であるとみなすことはできない旨判示している。

> ∵　443条2項は、443条1項を前提とするものであって、同条1項の事前の通知を怠った連帯債務者までを保護する趣旨ではない
> →第1弁済が有効となる結果、第2弁済者は第1弁済者からの求償を拒むことはできず、第2弁済者は、二重に弁済を受けた債権者に対して、不当利得返還請求をすることになる

(3) 償還無資力者がある場合の求償者の保護

連帯債務者の中に償還をする資力のない者があるときは、その償還をすることができない部分は、求償者及び他の資力のある者の間で、各自の負担部分に応じて分割して負担する（444Ⅰ）。

> ∵　連帯債務者中に無資力者がいる場合、弁済者にのみ償還する資力がないことの結果を負わせるのは公平に反する
> **ex.1** 連帯債務者ABCが債権者Dに対して600万円の連帯債務を負っている場合（ABCの負担部分は各自3分の1）において、AがDに600万円全額を支払ったときに、Cが無資力であるために償還できない200万円の部分は、ABとの間で、各自の負担部分に応じて負担する
> →AはBに対して300万円（200万円＋100万円）を求償することができる
> **ex.2** 連帯債務者ABCが債権者Dに対して600万円の連帯債務を負っている場合（ACの負担部分は各自2分の1、Bの負担部分はない）において、AがDに600万円全額を支払ったときに、Cが無資力であるために償還できない300万円の部分はAが負担し、Bに対して求償することはできない

ただし、償還を受けることができないことについて求償者に過失があるとき（求償者が適宜に求償していれば無資力とならなかったとき等）は、他の連帯債務者に対して分担を請求することができない（444Ⅲ）。

> →上記**ex.1**において、AはBに対して200万円しか求償することができな

い（Cの無資力により償還できない200万円の部分は全額Aが負担する）

なお、求償者及び他の資力のある者がいずれも負担部分を有しない者であるときは、その償還をすることができない部分は、求償者及び他の資力のある者の間で、等しい割合で分割して負担する（444Ⅱ）。

ex.　連帯債務者ABCが債権者Dに対して600万円の連帯債務を負っている場合（Cのみが負担部分を有し、ABに負担部分はない）において、AがDに600万円全額を支払ったときに、Cが無資力であるために償還できない600万円の部分は、ABとの間で、等しい割合で分割して負担する

→AはBに対して300万円を求償することができる

(4) 連帯の免除（445）

(a) 連帯の免除とは、債権者と債務者との関係において、債務額を負担部分に該当する額に限り、それ以上は請求しないとする債権者の一方的な意思表示をいう。

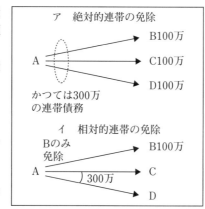

ア　絶対的連帯の免除
A　→ B100万／C100万／D100万
かつては300万の連帯債務

イ　相対的連帯の免除
Bのみ免除
A　→ B100万／C／D
300万

(b) 種類

① 絶対的連帯の免除

総債務者に対して連帯の免除をすること。

→債務は分割債務（427）となり、求償関係もおのずから消滅する

② 相対的連帯の免除

1人又は数人の債務者についてだけ連帯の免除をすること。

→免除を受けた債務者だけが分割債務を負担し、他の者は依然として全額について連帯債務を負担する（求償関係も存続する）

(c) 無資力者がいた場合の相対的連帯の免除後の求償関係

相対的連帯の免除を受けた連帯債務者は求償関係から離脱しない（445）。そのため、求償を受ける連帯債務者の中に無資力者がいた場合の求償関係について規定する444条は、相対的連帯の免除を受けた連帯債務者に対しても適用される。

ex.　連帯債務者ABCが債権者Dに対して600万円の連帯債務を負っている場合（ABCの負担部分は各自3分の1）において、DがCに対して相対的連帯の免除をしたとしても、Cは求償関係から離脱するわけではないから、AがDに600万円全額を支払ったときに、Bが無資力であるために償還できない200万円の部分は、ACとの間で、各自の負担部分に応じて負担する

→AはCに対して300万円（200万円＋100万円）を求償することができる

(5) 求償権者の代位権　⇒234頁以下

連帯債務者の1人が求償権をもつときは、債権者に代位し（499）、その求償権の範囲内で「債権の効力及び担保としてその債権者が有していた一切の権利を行使することができる」（501ⅠⅡ）。

四　不真正連帯債務

1　意義

　不真正連帯債務とは、主観的共同関係がなく、債務者の1人について生じた事由が他の債務者に原則として影響を及ぼさない連帯債務をいう。

> **ex.** 被用者の損害賠償債務と使用者の損害賠償債務（大判昭12.6.30）、共同不法行為者（719）が負担する損害賠償債務（最判昭57.3.4）

　改正民法下では、（真正）連帯債務の絶対的効力事由が限定され、かつ、求償のルールを全ての連帯債務に適用するとしているため、（真正）連帯債務と不真正連帯債務の区別は無用のものと解されている。なお、後述のように、求償権に関する442条1項の適用の可否については争いがある。

2　対外的効力及び1人について生じた事由

　連帯債務と同じ（436以下）。

3　求償権と負担部分

💡**論点**

(1)　判例上、不真正連帯債務の典型と解されている共同不法行為について、連帯債務者相互の間における求償を公平の見地から認め、その負担部分に関しては、過失の割合で定まるという解釈論がほぼ確立している。

(2)　改正前民法下の判例（最判昭63.7.1／百選Ⅱ［第8版］〔97〕）は、「被用者がその使用者の事業の執行につき第三者との共同の不法行為により他人に損害を加えた場合において、右第三者が自己と被用者との過失割合に従って定められるべき自己の負担部分を超えて被害者に損害を賠償したときは、右第三者は、被用者の負担部分について使用者に対し求償することができる」としていた。この点について、改正民法下では、2つの見解が存在する。

A　改正民法442条1項を適用すべきであると解する見解

∵①　改正民法下では、連帯債務に関する規律（436以下）で統一的な処理が可能であるため、従来の連帯債務と不真正連帯債務とを区別する必要がない

②　一部求償を認める方が各債務者の負担を公平にする

③　自己の負担部分を超えなくても求償を認めることで連帯債務の弁済が促進されるから債権者に不利益は生じない

B　改正民法442条1項を適用すべきではないと解する見解

∵　一部しか弁済されていない場合は、他の連帯債務者は、弁済をした連帯債務者からの求償に応じるよりもむしろそれを被害者への賠償に充てることが被害者保護に資するため、上記判例の趣旨が改正民法下も妥当する

5-4　多数当事者間の債権・債務の諸形態

これまで多数当事者間の債権・債務について、様々な形態を検討してきた。そこで、ここでは、諸形態について3つの視点からまとめた図表を掲載する。すべての形態を学んだ後に、復習の素材として利用してほしい。

【多数当事者の債権・債務の分類とその異同】

		対外的効力	1人につき生じた事由	内部関係（求償関係）
分割債権・債務		・各債権・債務は相互に独立 ・分割の割合は別段の意思表示がない限り平等（427）	・影響なし	・別段の意思表示がない限り平等と解される
不可分	債権	・各債権者は単独で全員のために全部の履行を請求でき、債務者はどの債権者に対してでも履行できる（428・432）	・原則として、影響なし（428・435の2） ・例外として、履行の請求（428・432）（＊1）、弁済等（428・432）（＊2）、相殺（428・434）には絶対的効力あり	・連帯債権と同様
	債務	・各債務者に対し全部の履行を請求できる（430・436）	・混同（440）を除き、連帯債務と同様（430）	・連帯債務と同様（430）
連帯	債権	・各債権者は単独で全員のために全部又は一部の履行を請求でき、債務者はどの債権者に対してでも履行できる（432）	・原則として、影響なし（435の2本文） ・例外として、履行の請求、弁済等、更改、免除、相殺、混同には絶対的効力あり（432～435）	・民法上の規定はないが、内部関係に応じて利益を分与 ・分与の割合は、特別の事情がない限り平等と推定される
	債務	・債権者は、1人の債務者又は同時若しくは順次に数人の債務者に対し、全部又は一部の履行を請求できる（436）	・原則として、影響なし（441） ・例外として、弁済等、更改（438）、相殺（439ⅠⅡ）、混同（440）につき絶対的効力が生じる	・共同の免責を得た額が自己の負担部分を超えるか否かにかかわらず、他の連帯債務者に対して負担部分に応じて求償できる（＊3）
保証債務	単純（普通）	保証人に催告・検索の抗弁権あり（452・453）	＜主たる債務者に生じた事由の場合＞ ・原則として、保証人に影響あり（付従性） ・ただし、主たる債務についての時効利益の放棄（大判昭6.6.4）、保証契約成立後の主たる債務の加重（448Ⅱ）などは影響しない	＜委託を受けた保証人の場合＞ ・①債務消滅行為のために支出した財産額（459Ⅰ）、②債務消滅行為以後に生じた法定利息（459Ⅱ・442Ⅱ）、③避けることができなかった費用その他の損害賠償（459Ⅱ・442Ⅱ）について、事後求償権を有する ・ただし、主たる債務の弁済期前に債務消滅行為をした場合には求償権が制限される（459の2）

保証債務	単純（普通）	保証人に催告・検索の抗弁権あり（452・453）	＜保証人に生じた事由の場合＞ ・主たる債務を消滅させる行為（弁済、代物弁済・供託、相殺）のほかは、主たる債務者に影響はない	・事前求償権を有する（460） ＜委託を受けない保証人の場合＞ ・委託を受けない保証人が債務消滅行為をしたときは、「主たる債務者がその当時利益を受けた限度」において求償権を取得する（462 I・459の2 I前段） ・ただし、主たる債務者の意思に反した保証の場合には、「主たる債務者が現に利益を受けている限度においてのみ求償権を有する」（462 II前段） ・事前求償権はない
	連帯	保証人に催告・検索の抗弁権なし（454）	＜主たる債務者に生じた事由の場合＞ ・普通の保証債務と同様	
			＜保証人に生じた事由の場合＞ ・原則として、影響なし（458、441） ・ただし、弁済、代物弁済・供託、更改、相殺、混同については主たる債務者に影響あり（458、438〜440）	

*1 時効の完成猶予（147 I①、150）及び付遅滞（412 II III）の効果が生じる。
*2 弁済のほか、代物弁済・供託、弁済の提供、受領遅滞を指す。
*3 従来、不真正連帯債務として扱われてきた類型について、442条が適用されるかについては争いがある。

【1人について生じた事由のまとめ】（＊1）

	不可分債権（428）	連帯債権（432以下）	不可分債務（430）	連帯債務（436以下）
履行の請求（＊2）	絶対効（428・432）	絶対効（432）	相対効（430・441本文）	相対効（441本文）
弁済等（＊3）	絶対効（428・432）	絶対効（432）	絶対効（＊4）	絶対効（＊4）
更改	相対効（429）	絶対効（433）	絶対効（430・438）	絶対効（438）
免除	相対効（429）	絶対効（433）	相対効（430・441本文）	相対効（441本文）
相殺	絶対効（428・434）	絶対効（434）	絶対効（430・439 I）	絶対効（439 I）
混同	相対効（428・435の2本文）	絶対効（435）	相対効（430・441本文）	絶対効（440）
消滅時効の完成	相対効（428・435の2本文）	相対効（435の2本文）	相対効（430・441本文）	相対効（441本文）

*1 分割債権・債務については、すべて相対的効力事由である。
*2 時効の完成猶予（147 I①、150）及び付遅滞（412 II III）の効果が生じる。
*3 弁済のほか、代物弁済・供託、弁済の提供、受領遅滞を指す。
*4 明文の根拠規定はないものの、債権者を満足させ債務を消滅させるのが債権本来の目的であるから、性質上当然に絶対的効力事由と解されている。

5-5 保証

5-5-1 人的担保総説

一 人的担保の意義
二 人的担保の類型

学習の指針
「保証」は人的担保制度の一類型です。そこで、保証の学習に進む前に、まずは人的担保とは何かを確認しておきましょう。

一 人的担保の意義

人的担保とは、債務者が債務を弁済しない場合に備え、あらかじめ特定の第三者による弁済を確保しておく制度をいう。この制度により、債権者は、債務者の一般財産のみならず、債務者以外の第三者の一般財産からも弁済を受け得ることとなる。

もっとも、人的担保は第三者の一般財産を債権の引当てとするため、第三者が債務超過に陥っているような場合、債権者は確実に債権を回収できるわけではない。

そのため、人的担保は、物的担保（債権者が債務者・第三者の財産上に担保物権を設定し、債務不履行の場合に担保物権に基づいて目的財産から優先的に弁済を受ける制度）と併用されたり、物的担保のために利用できる財産が債務者にない場合に補充的に用いられることが多い。

二 人的担保の類型

人的担保の類型としては、連帯債務（436以下）・不可分債務（430、431）・併存的債務引受（470、471）等も挙げることができるが、最も多く利用されるのが保証（446以下）である。ここでは人的担保の典型といえる保証債務について検討する。

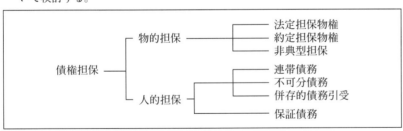

5-5-2　保証の意義・性質

一　意義
二　法的性質
三　保証の類型

学習の指針
　保証債務とは、主たる債務の履行がない場合に、債務者以外の者（保証人）が負担する主たる債務と同一内容の給付を目的とする債務をいいます。

　保証債務の法的性質は非常に重要ですので、正確に理解できるまで学習しましょう。

一　意義

　保証とは、債務者がその債務を履行しない場合に、他の者がその履行をする責任を負うことをいう（446 I）。

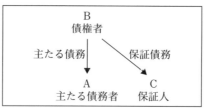

　例えば、A（主たる債務者）が、債権者Bに対して負う債務の弁済をすることができなかった場合に、C（保証人）がAに代わって弁済する、という合意をしておくことである。この場合のAの債務を主たる債務、Cの債務を保証債務という。

◀中田・557頁

二　法的性質

1　別個独立性

　保証債務は、主たる債務とは別個独立の債務である。具体的には、以下のとおりである。

① 保証債務は、主たる債務の発生原因とは別の保証契約により生じる。
② 保証債務は、消滅時効の完成や債務の免除等により、主たる債務とは別に消滅することがある。
③ 保証債務自体について、違約金や損害賠償の予定をすることも可能である（447 II）。
④ 保証債務を主たる債務として、重ねて保証することも可能である（副保証）。

2　付従性

　保証債務は、主たる債務の存在を前提とし、主たる債務に従たる性質を有している。これは、保証債務が主たる債務を担保するものだからである。具体的には、以下のとおりである。

① 保証債務は、主たる債務が成立して初めて成立する（成立に関する付従性）。 ⇒132頁
　　もっとも、保証契約締結時に主たる債務が発生している必要はなく、将来の債務や条件付債務の保証契約も有効である。また、主たる債務は特定されていなくてもよく、将来増減する債務を一定の限度額まで保証する根保証・信用保証も有効である。
② 主たる債務が弁済等により消滅すれば、保証債務もまた消滅する（消滅に関する付従性）。
③ 保証債務は、その目的や態様において主債務よりも重いものであってはならない（448 I、内容に関する付従性）。 ⇒134頁
④ 主たる債務に生じた事由は、原則として、保証債務にも効力が及ぶ（457

◀中田・565頁

Ⅰ参照）。 ⇒139頁以下

⑤ 保証人は、主たる債務者の有する抗弁をもって債権者に対抗したり、債務の履行を拒むことができる（457ⅡⅢ）。 ⇒138頁以下

3 随伴性

保証債務は、主たる債権が移転されるときには、これとともに移転する。これは、主たる債権が移転しても保証債務が移転しないのであれば、主たる債務を担保するという保証債務の意義が失われてしまうためである。

→保証が付された債権が譲渡された場合、その債権譲渡の対抗要件である通知・承諾（467）は、主たる債務者との間で行えば足り、保証人に対して行う必要はない（大判明39.3.3）

これに対して、免責的債務引受により主たる債務者が変更すると、保証人は、承諾をした場合を除き、責任を免れる（472の4Ⅲ・同Ⅰ）。

4 補充性

保証人は、主たる債務者がその債務を履行しない場合に初めて自己の債務を履行する責任を負う（446Ⅰ）。すなわち、保証人は催告の抗弁権（452）と検索の抗弁権（453）を有する。 ⇒137頁以下

☞ One Point ▶給付内容の同一性

保証債務の性質として、給付内容の同一性が挙げられることがあります。これは、保証債務は主たる債務と同一内容の給付を目的とする債務であるということを意味します。

しかし、保証債務の内容は保証契約の解釈によって決すべきであって、給付内容の同一性を要するものではないという見解が有力に主張されています。

三 保証の類型

B ランク

1 個人保証

保証人が自然人である場合の保証をいう。

個人保証においては、主たる債務者と特別な人的関係を有する者（家族・友人など）が義理で債権者と保証契約を締結し、結果として過大な債務を負担してしまう場合が少なくないため、保証人をいかにして保護するかが主たる問題となる。

2 法人保証

主たる債務者から一定の信用保証料を受け取り、保証人となることを業とする法人（ex. 信用保証協会、民間の保証会社等）による保証をいう。

ex. 中小企業が事業資金を借り入れる場合や、個人が住宅購入資金を借り入れる場合

法人保証においては、保証債務を履行した保証人の過大な求償から主たる債務者をいかにして保護するかが主たる問題となる。

5-5-3　保証債務の成立・内容

一　保証債務の成立
二　保証債務の内容

学習の指針
保証債務は、保証人と債権者の保証契約によって成立し、主たる債務者の同意は必要ありません。そして、この保証契約は書面による必要があります（要式契約）。
　保証債務の内容は、保証債務の付従性と保証契約によって定まります。保証人は解除に基づく原状回復義務についても責任を負うか、という論点は有名論点ですので、しっかり理解しておいて下さい。その他の事項も短答式試験で出題されていますので、条文を中心におさえていきましょう。

◀中田・568頁以下

一　保証債務の成立

1　成立要件

保証債務の成立要件は、次の3つである。

① 主たる債務の存在
② 保証契約の成立
③ 保証契約が書面又は電磁的記録によってなされたこと（446ⅡⅢ）

2　①主たる債務の存在

(1) 主たる債務の有効な成立

保証債務は、主たる債務の履行を担保するためのものであるから、主たる債務の存在を前提とする。したがって、主たる債務の発生原因が不成立である場合や、無効・取消しにより遡及的に消滅した場合には、保証債務も成立しない（成立に関する付従性）。

ex. AがBに知人の殺害を依頼し、その報酬として1000万円の債務を負い、Cにその保証人となってもらった場合、AB間の契約は公序良俗違反（90）により無効であるから、成立に関する付従性により、Cの保証債務も無効となる

(2) 主たる債務の発生原因が取り消された場合の特則

主たる債務の発生原因が行為能力の制限を理由として取り消された場合にも、保証債務は消滅する。しかし、行為能力の制限によって取り消すことができる債務を保証した者は、保証契約の時においてその取消しの原因を知っていたときは、主たる債務の不履行の場合又はその債務の取消しの場合においてこれと同一の目的を有する独立の債務を負担したものと推定される（449）。

∵ 行為能力の制限によって取り消される債務であることを知りながら保証人となった者には、主たる債務が取り消されたとしても債権者には損害を被らせないという意思があるものと推定される

ex. 未成年者Aが消費貸借契約を締結して100万円を借り受けた後、行為能力の制限を理由に消費貸借契約を取り消した場合、Aは100万円の不当利得返還義務を負うが、その返還義務の範囲は現存利益に制限される（121の2Ⅲ後段）。しかし、Aが未成年者であることを知りながらAの貸金債務を保証したBは、100万円全額を支払う義務を負うものと推定される

☞ One Point ▶ 449条の適用範囲

　449条の適用は、行為能力の制限を理由とする取消しの場合に限定されています。そのため、主たる債務の発生原因たる契約が債権者による詐欺・強迫（96）を理由として取り消された場合において、保証人がその取消原因を知りながらあえて保証したときであっても、449条は適用されません。その理由としては、①それが当事者の合理的意思と考えられること（主たる債務者が詐欺にかかっていることを知りつつ保証して、取り消されても元の債務を履行しようとする保証人など通常考えられない）、②このような場合にまで449条の適用を認めると、債権者が詐欺・強迫によって取得した債権の履行を確保できることとなり、間接的に詐欺・強迫を奨励する結果となるおそれがあることが挙げられています。

3　②保証契約の成立

(1)　保証契約の締結

　　保証債務は、債権者と保証人との間で保証契約が締結されることにより成立する。すなわち、主たる債務者は保証契約の当事者ではない。

　　なお、保証債務は、遺言によっても成立するものと解されている。

(2)　保証契約と保証委託契約

　(a)　保証人は、主たる債務者の委託を受けて保証することが多い（保証委託契約）。しかし、保証契約は債権者と保証人との間の契約であるから、主たる債務者と保証人との間の内部事情は保証契約の成立に影響を及ぼさず、保証委託契約の有無は、主たる債務者に対する保証人の求償権の範囲や、事前求償権の有無に影響を与えるにすぎない（459以下）。

　　　したがって、保証人となろうとする者は、保証委託契約がなくても、また、主たる債務者の意思に反したとしても（462Ⅱ参照）、保証人となることができる。また、保証委託契約が無効又は取消しにより効力を失っても、保証契約の効力に影響は及ばない。

　(b)　保証人が主たる債務者の詐欺により債権者との間で保証契約を締結した場合は、第三者による詐欺（96Ⅱ）の問題となる。

　　　なお、保証人が、他に連帯保証人が存在すると誤信して連帯保証をした場合であっても、特にその旨を保証契約の内容としたのでなければ、動機の錯誤（95Ⅰ②）の問題として扱われるにすぎない（最判昭32.12.19）。

(3)　保証人の資格

　(a)　保証人となる資格について、一般的な制限はない。

　　　しかし、債権者・債務者間の契約、法律上の規定（301、461、576、650Ⅱ、991等）、裁判所の命令（29Ⅰ、830Ⅳ、953等）により、債務者が保証人を立てる義務を負う場合、その保証人は、①行為能力者であること（450Ⅰ①）、②弁済の資力を有すること（同Ⅰ②）、という2つの要件を備える者（適格保証人）でなければならない（450Ⅰ）。もっとも、債権者が保証人に指名した場合には、これらの要件は問題とならない（450Ⅲ）。

　(b)　保証人が保証契約締結後において、「弁済の資力を有すること」（450Ⅰ②）という要件を欠くに至った場合、債権者は適格保証人を立てることを請求することができる（450Ⅱ）。

　　　ここで、「行為能力者であること」（450Ⅰ①）を欠く場合が除かれているのは、保証人が途中で制限行為能力者となっても、そのことで資力が減少するわけではなく、また、保証債務の履行ができなくなるわけでもない（法定代理人又は保佐人の同意を得た保証人本人が保証債務を履行することも可能）からである。

　(c)　適格保証人を立てられない場合、債務者は、他の担保（物的担保）を供

してこれに代えることができる（451）。

　適格保証人を立てることができず、他の担保も供することができないときは、担保供与義務の不履行であるから、債務者は期限の利益を失う（137③）。また、債権者は、保証人を立てる契約上の義務を伴う契約（主たる債務の発生原因たる契約）を、債務不履行を理由として解除することができる（541）。

4　③保証契約が書面又は電磁的記録によってなされたこと

(1)　書面等による合意

◀中田・568頁
論文・司法H25

　保証契約は、書面でしなければ、その効力を生じない（要式行為、446Ⅱ）。その趣旨は、保証契約の内容を明確に確認し、また、保証意思が外部的に明らかになることを通じて、保証をするに当たっての慎重さを要請する点にある。

　保証契約がその内容を記録した電磁的記録によってされたときは、その保証契約は書面によってされたものとみなされ、その効力を有する（446Ⅲ）。インターネットを用いた電子取引等により保証契約を締結するときは、それにより保証意思が外部的に明らかになっているといえるため、別途書面の作成を求めることなく、書面による保証契約と同視して法的拘束力を認めるものである。

(2)　書面の意義

　「書面」（446Ⅱ）とは、契約書のように、保証契約の当事者たる債権者・保証人双方の意思が示されたものであればよい。そして、書面が要求される446条2項の趣旨からすれば、契約書以外のものであっても、保証人の保証意思が書面上明確に示されたものであればよく、保証人が金融機関に差し入れた保証書なども「書面」に当たると解されている。

二　保証債務の内容

◀内田Ⅲ・416頁
　中田・565頁、576頁

1　はじめに

　保証債務の内容（目的・態様・範囲）は、保証債務の付従性と保証契約によって定まる。

　　→①「付従性」からは、主たる債務が同一性を失わずにその目的・範囲などに変更を生じるときは、保証債務もそれに応じて変更することが導かれ、②「保証契約」からは、保証債務が主たる債務の内容より重いものでない限りは、自由にその内容を定めうることが導かれる

2　保証債務の目的及び態様

　保証債務は、その目的（金銭債務か不代替債務かなど）・態様（条件・期限、利息など）において、主たる債務と同一であるのが原則であり、主たる債務より重いことは許されない。具体的には、以下のとおりである。

　①　保証契約の締結時、保証人の負担が保証債務の目的・態様において主たる債務よりも重いときは、これを主たる債務の限度に減縮する（448Ⅰ）。

　②　保証契約の締結後、主たる債務の目的・態様が加重されたときは、保証人の負担は加重されない（448Ⅱ）。

　　　→主たる債務の目的・態様が軽減されたときは、保証人の負担もそれに応じて軽減される（内容における付従性）

　もっとも、保証人は、その保証債務について、違約金や損害賠償の額を約定することが可能である（447Ⅱ）。この場合には、保証債務の目的・態様が主たる債務よりも重くなっているのではなく、保証債務の履行を確実にすることが意図されているにすぎないからである。

3　保証債務の範囲

　保証債務の範囲は、特約のない限り、主たる債務の他、主たる債務に関する利息・違約金・損害賠償その他主たる債務に従たるものすべてに及ぶ（447 I）。

　以下では、保証債務の範囲につき問題となるものを検討する。

⑴　解除に基づく損害賠償義務

　解除に基づく損害賠償義務（545 III）については、保証人は責任を負わなければならない（447 I）。解除の理論構成は別として、損害賠償債務は本来の債務の延長にあるものとして主たる債務に従たるものと考えられるからである。

☞ One Point ▶ 遡及効のない解除に基づく損害賠償義務

　賃貸借のように解除に遡及効のない場合は、賃借人の目的物返還義務も損害賠償債務も、契約上の債務またはその拡張でしかないので、これについては保証人の責任は及ぶことになります。したがって、解除後の目的物返還義務の不履行による賃料相当額の損害賠償義務は保証人が履行する責任を負います。

⑵　解除に基づく原状回復義務

⚠論点

▸ 問題の所在 ◂

　債権者と主たる債務者の間の契約が解除されると、主たる債務者は原状回復義務を負うが（545 I）、保証人はこの原状回復義務についても責任を負うか。

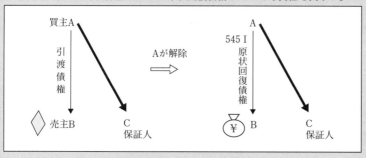

▸ 考え方のすじ道 ◂

解除の効果は契約の遡及的消滅であると解されるところ（直接効果説）、契約の解除による原状回復義務は、主たる債務が消滅した結果生じる別個独立の債務である
　　　↓しかし
保証債務は債権者と保証人との間の契約によって生じるものであるため、契約自由の原則からその効力の及ぶ範囲は、当事者の合理的意思解釈によって決せられるべきである
　　　↓そして
売買契約における売主の保証人は、通常、売主の債務不履行に起因して売主が買主に対して負担する債務について責任を負う趣旨で保証契約を締結するものと考えられる
　　　↓したがって
特約なき限り、主たる債務の契約解除による原状回復義務についても保証人は責任を負うと考える

▸ アドヴァンス ◂

・　**肯定説（判例・通説）**
　特定物の売買における売主の保証人は、特に反対の意思表示のない限り、売主の債務不履行により契約が解除された場合における原状回復義務についても保証の責任を負う。

先取り情報

判例・通説は、解除の効果は契約の遡及的消滅であると解しています（直接効果説）。これは、解除制度の趣旨について、解除権者を双務契約の法的拘束から解放して契約締結前の状態を回復させる点にあると考えているためです。そうすると、原状回復義務（545 I）は、主債務とは別個の不当利得返還債務（703）の特則であって、原状回復まで返還の範囲を広げたものと理解することとなります。
⇒『債権各論』

（理由）
① 446条の「その債務」の意味は当事者の合理的意思解釈によって決せられるところ、債権者は通常保証契約締結の際、主たる債務者の債務不履行によっても損失を被ることはないと期待している。
② 保証人は、通常主たる債務者の債務不履行の場合には、それにより生ずる主たる債務者の義務を保証することによって、債権者に損失を被らせないようにすることを覚悟している。

判例 最大判昭40.6.30／百選Ⅱ【第8版】〔22〕

事案： XはY1との間で、Y1が有する本件畳建具等を代金15万円で買い受ける旨の契約を締結し、XはY1に代金15万円を支払った。Y2はY1のXに対する本件畳建具の引渡債務につき保証したが、上記契約はY1の債務不履行を理由に解除された。そこで、XはY1・Y2に対して、既払代金返還債務の履行を求めた。

判旨： 「売買契約の解除のように遡及効を生じる場合には、その契約の解除による原状回復義務は本来の債務が契約解除によって消滅した結果生ずる別個独立の債務であって、本来の債務に従たるものでもないから、右契約当事者のための保証人は、特約のないかぎり、これが履行の責に任ずべきではないとする判例……があることは、原判決の引用する第1審判決の示すとおりである。しかしながら、特定物の売買における売主のための保証においては、通常、その契約から直接に生じる売主の債務につき保証人が自ら履行の責に任ずるというよりも、むしろ、売主の債務不履行に基因して売主が買主に対し負担することがあるべき債務につき責に任ずる趣旨でなされるものと解するのが相当であるから、保証人は債務不履行により売主が買主に対し負担する損害賠償義務についてはもちろん、特に反対の意思表示のないかぎり、売主の債務不履行により契約が解除された場合における原状回復義務についても保証の責に任ずるものと認めるのを相当とする。」

判例 最判昭47.3.23

事案： 工事代金の前払を受ける請負人のための保証人につき、請負契約が合意解除され、その際請負人が注文主に前払金返還債務を負担することを約した場合に、この前払金返還債務に対して保証責任が及ぶかが問題となった。

判旨： 「右合意解除が請負人の債務不履行に基づくものであり、かつ、右約定の債務が実質的にみて解除権の行使による解除によって負担すべき請負人の前払金返還債務より重いものではないと認められるときは、請負人の保証人は、特段の事情の存しない限り、右約定の債務についても、その責に任ずべきものと解するのを相当とする」として、合意解除に基づく原状回復義務について保証責任を肯定している。

ONE POINT
合意解除から生じる債務については、保証人は責任を負わないのが原則です。なぜなら、保証人に過大な責任を負担させる結果となるおそれがあるからです。しかし、この判例は、合意解除が債務不履行に基づくものであり、保証人に過大な責任を負担させるものでない限り、合意解除から生じる債務についても、保証人はその責任を負う旨判示しています。

(4) 一部保証

　主たる債務の一部についてのみ保証することを**一部保証**という。例えば、主たる債務者が200万円の債務を負っている場合において、保証人がその一部である100万円を保証するというものである。

　この場合において、主たる債務者が120万円を弁済したときに、保証人の負担額がいくらになるのかが問題となる。一部保証は、主たる債務に残額がある限りその額までは保証するものと解釈するのが合理的であるから、この場合において保証人が責任を負う限度額は100万円であり、主たる債務者の弁済によって保証人の負担額は80万円になると解するのが一般的である。

5-5-4　保証債務の効力

<table>
<tr><td>
一　保証人の抗弁権
二　主たる債務者・保証人
　　に生じた事由
三　債権者の情報提供義務
</td><td>

学習の指針

　債権者からの履行請求につき、保証人には、いくつかの抗弁権が認められています。すなわち、保証人は、①保証契約の補充性から、催告の抗弁権・検索の抗弁権（452、453）を有すると
</td></tr>
</table>

ともに、②付従性に基づいて、主たる債務者の抗弁権を行使することができます。

　主たる債務者に生じた事由は、原則として、保証債務の内容を加重するものでない限り、保証人に効力を及ぼします（付従性からの絶対効）。逆に、保証人について生じた事由は、弁済など主たる債務を満足させるもの以外は主たる債務者には何の影響も及ぼしません。論文式問題を解くうえでの前提となる知識ですので、おさえておきましょう。

一　保証人の抗弁権

　保証人は、主たる債務の履行をする責任を負うが（446Ⅰ）、抗弁事由がある場合には債権者からの請求を拒むことができる。抗弁権には、①補充性に基づく抗弁権（保証人固有の抗弁権）と、②付従性に基づく抗弁権（主たる債務者に由来する抗弁権）とがある。

◀内田Ⅲ・418頁、424頁
　中田・581頁以下

1　補充性に基づく抗弁権（保証人固有の抗弁権）

(1)　催告の抗弁権（452）

　債権者が保証人に保証債務の履行を請求した場合、保証人は、まず主たる債務者に催告をすべき旨を請求することができる（452本文）。ただし、主たる債務者が破産手続開始の決定を受けたとき、又は行方不明となっているときは、この限りでない（同ただし書）。

　保証人は、債権者が催告をするまで保証債務の履行を拒むことができる。

　また、催告の抗弁権を行使したにもかかわらず、債権者が催告を怠ったために主たる債務者から全部の弁済を得られなかったときは、保証人は、債権者が直ちに催告をすれば弁済を得ることができた限度において、その義務を免れる（455）。

　もっとも、債権者は、裁判上・裁判外を問わず、主たる債務者に一度催告するだけでよく、その結果にかかわらず再び保証人に請求できるため、実際上この抗弁権を行使する実益は乏しい。

(2)　検索の抗弁権（453）

　催告の抗弁（452）を受けた債権者が主たる債務者に催告をした後であっ

ても、保証人が①主たる債務者に弁済をする資力があり、かつ、②執行が容易であることを証明したときは、債権者は、まず主たる債務者の財産について執行をしなければならない（453）。

① 主たる債務者に弁済をする資力があること
→必ずしも債務全額を完済し得る資力があることを要せず、執行容易な若干の財産を有していれば足りる（大判昭8.6.13）

② 執行が容易であること
→債権者が執行のために格段の時間と費用を要することなく債権を実現し得ることをいう（大判昭8.6.13）

＊ 債務者の住所にある動産・有価証券は執行が容易だが、不動産や外国にある財産の執行は容易とはいえない。

保証人は、債権者が主たる債務者の財産について執行するまで、保証債務の履行を拒むことができる。

また、検索の抗弁権（453）を行使したにもかかわらず、債権者が執行をすることを怠ったために主たる債務者から全部の弁済を得られなかったときは、保証人は、債権者が直ちに執行すれば弁済を得ることができた限度において、その義務を免れる（455）。

もっとも、債権者は一度執行をすればその効果がなくてもよく、後日、主たる債務者の資産状態が回復しても、保証人が再度検索の抗弁権を行使することはできない（大判昭8.6.13）。

2 付従性に基づく抗弁権（主たる債務者に由来する抗弁権）

(1) 主たる債務者の有する抗弁権の援用（457Ⅱ）

保証人は、主たる債務者が主張することができる抗弁（相殺の抗弁、同時履行の抗弁（533）、期限猶予の抗弁など）をもって債権者に対抗することができる（457Ⅱ）。これは、保証債務の付従性に基づくものである。

(2) 主たる債務者の取消権・解除権・相殺権（457Ⅲ）

(a) 取消権・解除権

主たる債務の発生原因に取消原因（行為能力の制限、錯誤、詐欺・強迫）や解除原因（債務不履行等）があるにもかかわらず、主たる債務者が取消権・解除権をしない場合、保証人は取消権者（120）・解除権者ではない以上、主たる債務者の有する取消権・解除権を行使することはできない。しかし、それでは保証人の保護に欠ける。

そこで、主たる債務者が債権者に対する取消権・解除権を行使することによってその債務を免れるべき限度において、保証人は、債権者に対して債務の履行を拒むことができる（457Ⅲ）。

(b) 相殺権

主たる債務者が債権者に対する相殺権を行使することによってその債務を免れるべき限度において、保証人は、債権者に対して債務の履行を拒むことができる（457Ⅲ）。

→保証人が履行を拒絶しても、主たる債務者の債権者に対する反対債権が消滅するわけではない

(3) 主たる債務の時効

(a) 時効の援用

主たる債務の消滅時効が完成した場合において、主たる債務者が消滅時効を援用すると、主たる債務は時効により消滅し、保証債務も付従性によ

り消滅する。

　　そして、保証人は主たる債務の消滅時効の援用権者であるから（145かっこ書参照）、保証人は主たる債務の消滅時効を援用することによっても、保証債務を消滅させることができる。

(b) 時効利益の放棄

ア　主たる債務者による時効利益の放棄

　　主たる債務の消滅時効が完成した後に、主たる債務者が時効利益を放棄した場合であっても、その効力は相対効であるから、保証人には影響を及ぼさない（457 I 参照）。したがって、保証人は、なお主たる債務の消滅時効を援用することができ（大判大5.12.25、大判昭6.6.4参照）、これにより、保証債務を消滅させることができる。

　　主たる債務の消滅時効が完成した後に、主たる債務者が債務を承認（152）した場合も、上記と同様の結論となる。

イ　保証人による時効利益の放棄

　　主たる債務の消滅時効が完成した後に、保証人が時効利益を放棄した場合であっても、主たる債務者にその効力は及ばない以上、主たる債務者は主たる債務の消滅時効を援用することができる。

　　それでは、主たる債務者が消滅時効を援用した後に、改めて、保証人は主たる債務の消滅に伴う保証債務の消滅を主張することができるかが問題となる。

　　この点については、付従性による保証債務の消滅という効果を重視して、保証人の主張を肯定する見解もあるが、保証人の主張は、主たる債務に係る時効利益の放棄という先行行為と矛盾する行為であるから、信義則（1 II）上許されないと解する見解が有力とされている。

(c) 時効の完成猶予・更新

　　主たる債務者に対する履行の請求その他の事由による時効の完成猶予・更新は、保証人に対しても、その効力を生ずる（457 I）。

　∵　保証債務のみが時効消滅してしまうという事態を防止して、債権担保の維持を図る

二　主たる債務者・保証人に生じた事由

1　主たる債務者に生じた事由

(1) 原則

　　主たる債務者に生じた事由は、保証債務の付従性により、原則として、全て保証人に効力が及ぶ。例えば、主たる債務の時効の完成猶予・更新は、保証人に対しても、その効力を生ずる（457 I）。

　　また、主たる債務者に対する債権が第三者に譲渡された場合、保証債務の随伴性により、保証人に対する保証債権もその第三者に移転する。この場合、主たる債務者に対して**債権譲渡の対抗要件**（467）を備えると、保証人に対しても、保証債権の譲渡の対抗要件を備えたこととなる（大判明39.3.3）。

　cf.　保証人に対して債権譲渡の通知をしても、主たる債務者に対する債権譲渡の対抗要件を備えたことにはならない（大判昭9.3.29）

(2) 例外

　　主たる債務者に生じた事由であっても、例外的に、保証人に効力が及ばない場合がある。具体的には、以下のとおりである。

　　①　債権者と主たる債務者との間で、保証契約成立後に主たる債務を加重しても、保証人の負担は加重されない（448 II）。

　　　　→主たる債務が軽減された場合には、保証人の負担も軽減される

◀内田 III・418頁
　中田・566頁、578頁、
　583頁以下

②　主たる債務者が主たる債務について時効利益を放棄しても、その効果は保証人には及ばない（大判昭6.6.4）。

③　主たる債務者が死亡し相続人が限定承認（922）しても、保証人の責任は軽減されない。

∵　限定承認があっても、相続人は主たる債務をそのまま承継し、責任が相続財産の範囲に制限されるにすぎない

2　保証人に生じた事由

(1)　原則

保証人に生じた事由は、主たる債務を消滅させる行為（弁済、代物弁済・供託、相殺）の他は、主たる債務者に効力が及ばない。具体的には、以下のとおりである。

①　保証人が保証債務の一部を弁済しても、主たる債務の残部について時効の更新（152）の効力は生じない。

②　保証人に対して履行の請求をしても、主たる債務について消滅時効の完成猶予の効力は生じない。

③　保証人に対して債権譲渡の通知をしても、主たる債務者に対する債権譲渡の対抗要件を備えたことにはならない（大判昭9.3.29）。

(2)　例外

保証人に生じた事由であっても、例外的に、主たる債務者に効力が及ばない場合がある。具体的には、以下のとおりである。

①　連帯保証の場合において、連帯保証人に更改（438）・相殺（439 Ⅰ）・混同（440）の効力が生じたときは、主たる債務者にもその効力が生じる（458）。

②　保証人が主たる債務を相続したことを知りながら保証債務の弁済をした場合、当該弁済は、特段の事情のない限り、主たる債務者による承認として当該主たる債務の消滅時効が更新される（最判平25.9.13／平25重判〔3〕参照）。

∵　主たる債務者兼保証人の地位にある個人が主たる債務者としての地位と保証人としての地位により異なる行動をすることは想定し難いから、主たる債務を相続したことを知りながらした保証債務の弁済は、主たる債務の承認を表示することを包含する

三　債権者の情報提供義務

B ランク

1　主たる債務の履行状況に関する情報提供義務（458の2）

主たる債務者から委託を受けた保証人（個人・法人を問わない）は、債権者に対し、主たる債務の履行状況に関する情報を提供するよう請求することができる。そして、請求を受けた債権者は、保証人に対し、遅滞なく、主たる債務の元本、利息・違約金・損害賠償その他その債務に従たる全てのものについての不履行の有無、これらの残額及びそのうち弁済期が到来しているものの額に関する情報を提供しなければならない（458の2）。

債権者は、原則として、主たる債務の履行状況に関する情報提供義務を負わない。もっとも、保証人が現時点又は将来的に負う責任の内容を把握するために必要な情報を得る手段として、458条の2が認められている。

→保証人は、主たる債務者の委託を受けて保証をした者に限られる

債権者がこの情報提供義務に違反した場合の効果については、特に明文の規定はないものの、保証契約上の義務違反による損害賠償請求（415）や、保証契約の解除（541以下）の問題として処理される。

2　主たる債務者が期限の利益を喪失した場合における情報提供（458の3）

　主たる債務者が期限の利益を喪失した場合、債権者は、保証人（個人に限る。458の3Ⅲ参照）に対し、期限の利益の喪失を知った時から2か月以内に、その旨を通知しなければならない（458の3Ⅰ）。

　債権者がこの期間内に通知をしなかった場合、債権者は、保証人に対し、主たる債務者の期限の利益を喪失した時からその通知を現にするまでに生じた遅延損害金（期限の利益を喪失しなかったとしても生ずべきものは除く）に係る保証債務の履行を請求することができない（458の3Ⅱ）。

　これらの規定は、保証人の知らない間に主たる債務者が期限の利益を喪失し、主たる債務についての遅延損害金が累積すると、保証人が多額の保証債務を負担する事態となるのを回避するために設けられている。

　もっとも、債権者が上記の通知を怠ったからといって、主たる債務についての期限の利益喪失の効果を保証人に主張できなくなるわけではない。主たる債務者が期限の利益を失えば、通知の有無にかかわらず、保証人も期限の利益を喪失し、保証人は残債務の全額に相当する保証債務についてその履行に応じる義務を負う。

　　→債権者は通知の時以後に生じた遅延損害金に係る保証債務の履行を請求できなくなるのみである

5-5-5　保証人の求償権

一　求償権の性質
二　求償権の範囲
三　債務の消滅行為と通知義務
四　主たる債務者が複数存在する場合の求償権
五　保証人の代位権

学習の指針

　保証人が債権者に弁済した後、主たる債務者に対して弁済した額を支払ってもらう権利を求償権といいますが、この求償権に関連する事項を詳しく説明していきます。やや細かく難易度も決して低くない分野ですが、短答式試験でもよく問われる分野ですし、物上保証人の事前求償権という有名論点も含まれていますので、繰り返し学習することを推奨します。

一　求償権の性質

　保証人による保証債務の弁済は、実質的には主たる債務者のための弁済（他人の債務の弁済）である。そのため、保証人は、主たる債務者に代わって弁済その他自己の財産をもって債務を消滅させる行為（以下「債務の消滅行為」という。）をした場合には、主たる債務者に対する求償権を取得する（459以下）。

　求償権の性質は、委託を受けた保証人の場合（受託保証人、459〜461）と、委託を受けない保証人の場合（無委託保証人、462）とで異なる。

　まず、受託保証人の場合、主たる債務者と保証人との間で締結される保証委託契約は、委任契約（643）である。そのため、受託保証人による保証債務の弁済は、委任事務の処理となるので、保証人の主たる債務者に対する求償権も、委任事務処理の費用償還請求権（649、650）としての性質を有することになる。

　一方、無委託保証人による保証債務の弁済は、事務管理（697）となるので、保証人の主たる債務者に対する求償権も、事務管理の費用償還請求権（702）

としての性質を有することになる。

二　求償権の範囲

1　委託を受けた保証人（受託保証人）の場合

⑴　事後求償権

⒜　原則

◀中田・589頁以下
◀論文・司法H28

　受託保証人が、主たる債務者に代わって弁済などの債務の消滅行為をしたときは、主たる債務者に対する求償権を取得する（459 I）。事後求償権の範囲は、以下のとおりである。

①　債務の消滅行為のために支出した財産の額（ただし、支出した財産の額が債務の消滅行為によって消滅した主たる債務の額を超える場合には、その消滅した額。459 I かっこ書）

②　債務の消滅行為があった日以後の法定利息（459 II・442 II、404 I II）

③　避けることができなかった費用その他の損害の賠償（459 II・442 II）

⒝　弁済期前にした債務の消滅行為についての求償権の制限

　主たる債務の弁済期よりも前に保証人が債務の消滅行為をすることは、委託の趣旨に反するし、それによって主たる債務者の期限の利益が奪われるべきでない。したがって、この場合における保証人の求償権は、次のように制限される（459の2）。

①　求償の範囲は、保証人が債務の消滅行為をした当時、主たる債務者が受けた利益が限度である（459の2 I 前段）。この場合において、主たる債務者が債務の消滅行為の日以前に相殺の原因を有していたことを主張するときは、保証人は、債権者に対し、その相殺によって消滅すべきであった債務の履行を請求することができる（同後段）。

②　求償の範囲には、主たる債務の弁済期以後の法定利息、及び弁済期以後に債務の消滅行為をしたとしても避けることができなかった費用その他の損害の賠償が含まれる（同 II）。

③　求償権は、主たる債務の弁済期以後でなければ行使することができない（同 III）。

　例えば、保証人Cによる弁済の日以前に、主たる債務者Bが債権者Aに対して甲債権を有していたとする。Cによる弁済期前の弁済がなければ、Bは主たる債務と甲債権とを相殺し、300万円のみを支払えば足りたはずである。したがって、200万円（Cの弁済時において、Bが相殺に

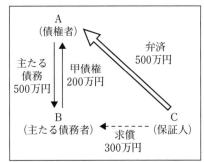

よる消滅を対抗することができた額）については、債務の消滅行為の当時「利益を受けた」とはいえず、求償の範囲から除外され、CはBに対し、300万円の限度で求償権を取得するにとどまる（459の2 I 前段）。

→Cの弁済時から主たる債務の弁済期までの法定利息等は求償の範囲に含まれず（同 II）、CのBに対する求償権は、主たる債務の弁済期以後でなければ行使できない（同 III）

　なお、Cは、Aに対し、甲債権（200万円）に係る債務の履行を請求することができる（同 I 後段）。

(2)　事前求償権
　(a)　意義
　　　受託保証人による保証債務の弁済は、委任事務処理の費用償還請求権（649、650）としての性質を有するため、保証人は、当然にその費用の前払請求（649）ができるとも思える。しかし、常に前払請求をできるとしたのでは、主たる債務者が保証人を設定した意味がなく、前払を受けた保証人が保証債務の履行をしない危険もある。
　　　そこで、委任事務処理に係る費用の前払請求権を制限し、一定の場合にのみ例外的に認める趣旨で、受託保証人による事前求償権の制度（460）が設けられている。事前求償権が例外的に認められる場合は、以下のとおりである。
　　　①　主たる債務者が破産手続開始の決定を受け、かつ、債権者がその破産財団の配当に加入しないとき（460①）。
　　　②　債務が弁済期にあるとき。ただし、保証契約の後に債権者が主たる債務者に許与した期限は、保証人に対抗することができない（同②）。
　　　③　保証人が過失なく債権者に弁済をすべき旨の裁判の言渡しを受けたとき（同③）。
　　　事前求償権の範囲は、求償時における主たる債務の額、既に発生した利息、遅延損害金、免責のために避けることができないと見込まれる費用及び免責のために被ることの確定している損害の賠償の合計である（459Ⅱ・442Ⅱ参照）。
　(b)　主たる債務者の保護
　　　主たる債務者が事前求償に応じたにもかかわらず、保証人が保証債務を履行しない場合、主たる債務者はさらに債権者にも弁済しなければならないという事態に陥る危険がある。そこで、このような危険を防止するために、事前求償に応じる主たる債務者を保護する規定が設けられている。
　　　①　債権者が全部の弁済を受けない間は、主たる債務者は、保証人に担保を供させ、又は保証人に対して自己に免責を得させることを請求することができる（461Ⅰ）。
　　　　　→ここにいう「免責」とは、保証人が債権者に弁済などをして主たる債務者が債権者から免責されることをいう
　　　②　①の場合において、主たる債務者は、供託をし、担保を供し、又は保証人に免責を得させて、その償還の義務を免れることができる（同Ⅱ）。
　　　　　→ここにいう「免責」とは、主たる債務者が債権者と交渉して保証人の保証債務を免除させるなどすることで、保証人が債権者から免責されることをいう
　(c)　事前求償権と事後求償権の関係
　　　両者は別個の権利であり、発生事由・消滅事由・債権の内容が異なる。消滅時効の起算点も異なり、時効はそれぞれ進行する（最判昭60.2.12）。
　　　もっとも、事前求償権を被保全債権とする仮差押えは、事後求償権の消滅時効の完成を猶予させる効力を有する（最判平27.2.17／平27重判〔5〕参照）。
　　　∵　事前求償権は、事後求償権を確保するために認められた権利であり、事前求償権を被保全債権とする仮差押えをすれば、事後求償権についても権利を行使しているのと同等のものとして評価することができる

(d)　物上保証人の事前求償権

◀中田・592頁

論文・予備 H 24

問題の所在

　372条及び351条によれば、物上保証人が求償権を取得するのは、物上保証人が「債務を弁済し、又は……所有権を失ったとき」であるから、この規定を根拠として、主たる債務者から委託を受けた物上保証人（受託物上保証人）の事前求償権を認めることはできない。そこで、受託保証人に事前求償権を認めた460条を、受託物上保証人に類推適用することはできないか。

考え方のすじ道

物上保証人の負担により被担保債権が消滅した場合の物上保証人と主たる債務者との法律関係は、保証人の弁済により主たる債務が消滅した場合の保証人と主たる債務者との法律関係に類似するから、460条の類推適用が認められるようにも思える
　　　　↓しかし
受託保証人に事前求償権が認められたのは、それが保証債務の負担を内容とする委任契約に基づく事務処理費用の前払請求権（649）としての性質を有するからである
　　　　↓他方
物上保証の委託は担保物権の設定行為の委任にすぎず、物上保証人の弁済等によって債務を消滅させることまで委託の趣旨には含まれていないため、前払請求すべき「費用」が生じる余地はない
　　　　↓したがって
物上保証人には、460条の類推適用による事前求償権は認められない

アドヴァンス

A　否定説（最判平2.12.18・通説）

　受託保証人の事前求償権に関する460条の規定を、受託物上保証人に類推適用することはできない。
（理由）
①　物上保証の委託は担保物権の設定行為の委任にすぎず、債務負担行為の委任ではないから、物上保証人が抵当権を設定したとしても、抵当不動産の価額の限度で責任を負担するものにすぎない。したがって、物上保証人が債権者に対して債務の消滅行為をすることまで委任の趣旨には含まれない以上、前払請求すべき「費用」は生じ得ない。
②　抵当不動産の売却代金による被担保債権の消滅の有無及びその範囲は、抵当不動産の売却代金の配当等によって確定するものであるから、求償権の範囲はもちろん、その存在さえもあらかじめ確定することはできない。

B　肯定説

（理由）
　物上保証人と保証人との共通性（具体的には、①物上保証人も他人の債務につき不利益を甘受する立場にある点、②物上保証人も主たる債務者の債務を弁済するについて正当な利益を有する者であり、弁済による代位の際には保証人と同列の扱いを受ける点、③債務を弁済するか、担保権が実行された場合には、物上保証人も事後求償権を取得する点）に鑑みれば、物上保証人の利益は保証人のそれと同様に保護されるべきである。

2　委託を受けない保証人（無委託保証人）の場合

　無委託保証人は、事後求償権のみを有し、事前求償権を有さない。求償の範囲は、主たる債務者の意思に反して保証人となったか否かによって区別される。

(1)　主たる債務者の意思に反しない場合

　この場合、受託保証人が弁済期前に債務の消滅行為をしたときとほぼ同じ求償権を持つ。　⇒142頁
①　求償の範囲は、無委託保証人が債務の消滅行為をした当時、主たる債務者が受けた利益が限度である（462Ⅰ・459の2Ⅰ前段）。この場合に

おいて、主たる債務者が債務の消滅行為の日以前に相殺の原因を有していたことを主張するときは、保証人は、債権者に対し、その相殺によって消滅すべきであった債務の履行を請求することができる（462Ⅰ・459の2Ⅰ後段）。

② 求償の範囲に、主たる債務の**弁済期以後**の法定利息、及び**弁済期以後**に債務の消滅行為をしたとしても避けることができなかった費用その他の損害の賠償は含まれない（459の2Ⅱは準用されていない）。

　　→すなわち、求償の範囲に、債務の消滅行為後の法定利息、費用その他の損害賠償は含まれない

③ 求償権は、主たる債務の**弁済期以後**でなければ行使することができない（462Ⅲ・459の2Ⅲ）。

(2)　主たる債務者の意思に反する場合

この場合、法定利息や費用その他の損害賠償の請求ができないこと、主たる債務の弁済期以後でなければ求償権を行使できないことは、上記(1)**の場合と同様である。**

もっとも、求償の範囲は、**主たる債務者が現に利益を受けている限度**である（462Ⅱ前段）。ここにいう「現に」とは、**求償時**を意味する。

そのため、債務の消滅行為後であっても、求償時までに主たる債務者が対抗事由を有していれば、その対抗事由により対抗することができる額も求償の範囲から除外されることとなる。したがって、債務の消滅行為時を基準とする上記(1)の場合に比べ、求償の範囲が狭まるといえる。この場合、主たる債務者が求償の日以前に相殺の原因を有していたことを主張するときは、保証人は、債権者に対し、その相殺によって消滅すべきであった債務の履行を請求することができる（同Ⅱ後段）。

例えば、主たる債務者Bが債権者Aに対し、保証人Cによる弁済の日以前に甲債権を有しており、弁済の日以後に乙債権を取得したとする。この場合、Cによる弁済がなければ、Bは主たる債務と甲債権・乙債権とを相殺し、200万円のみを支払えば足りたはずである。したがって、300万円（Cの求

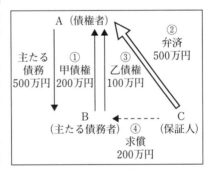

償時において、Bが相殺による消滅を対抗することができた額）については、「現に利益を受けている」とはいえず、求償の範囲から除外され、CはBに対し、200万円の限度で求償権を取得するにとどまる（462Ⅱ前段）。

なお、Cは、Aに対し、甲債権（200万円）・乙債権（100万円）に係る債務の履行を請求することができる（同Ⅱ後段）。

三　債務の消滅行為と通知義務

主たる債務者と保証人の内部関係においては、いずれか一方の者が不利益を受けることのないよう、債務の消滅行為をする者に通知義務が求められる場合がある。

1　保証人による債務の消滅行為

(1)　委託を受けた保証人（受託保証人）の場合

受託保証人が債務の消滅行為をする場合には、主たる債務者に対する事前の通知・事後の通知が必要となる。これらを怠った場合には、次のように求償権が制限される。

◀中田・594頁以下

① 事前の通知を怠った場合、主たる債務者は、債権者に対抗することができた事由（相殺権、同時履行の抗弁権、主たる債務の消滅時効の完成等）をもって、受託保証人に対抗することができる（463 I 前段）。

→主たる債務者が相殺権のあったことをもって対抗した場合、受託保証人は、相殺によって消滅すべきであった債務の履行を債権者に請求することができる（同 I 後段）

＊ 事前の通知は、受託保証人が債権者から履行の請求を受けた場合か、請求を受けずに自発的に債務の消滅行為を行う場合かを問わず、求められる。

② 事後の通知を怠った場合、主たる債務者が善意（先に保証人による債務の消滅行為があったことを知らずに）で債務の消滅行為をしたときは、主たる債務者は、自己の債務の消滅行為を有効であったものとみなすことができる（463 III）。

(2) **委託を受けない保証人（無委託保証人）の場合**

無委託保証人が債務の消滅行為をする場合、主たる債務者に対する事前の通知は不要である。

∵ 無委託保証人については、もともと求償権に制限が設けられている（462 I・459の2 I、462 II）ため、事前の通知義務を課す意義が乏しい

他方、事後の通知の要否については、以下のとおり区別される。

① 主たる債務者の意思に反する無委託保証人が債務の消滅行為をした場合、主たる債務者に対する事後の通知は不要である。

→その後、主たる債務者が債務の消滅行為をした場合、事後の通知が行われたか否かにかかわらず、また、主たる債務者の善意・悪意を問わず、主たる債務者は、自己の債務の消滅行為を有効であったものとみなすことができる（463 III）

② 主たる債務者の意思に反しない無委託保証人が債務の消滅行為をした場合、主たる債務者に対する事後の通知が必要である。

→事後の通知を怠った場合、主たる債務者が善意で債務の消滅行為をしたときは、主たる債務者は、自己の債務の消滅行為を有効であったものとみなすことができる（463 III）

2　主たる債務者による債務の消滅行為

主たる債務者が債務の消滅行為をする場合、保証人に対する事前の通知は不要である。

∵ 主たる債務者から保証人に求償することはありえないため、事前の通知を怠った者の求償権を制限するという事前の通知義務制度の前提を欠く

他方、事後の通知の要否については、以下のとおり区別される。

① 受託保証人がある場合には、事後の通知が必要である。

→事後の通知を怠った場合、受託保証人が善意で更なる債務の消滅行為をしたときは、受託保証人は、自己の債務の消滅行為を有効であったものとみなすことができ、その上で、主たる債務者に求償することができる（463 II）

② 無委託保証人がある場合には、事後の通知は不要である。

∵ この場合、主たる債務者が保証人の存在を知らない可能性があるし、仮に知っていたとしても、委託していない保証人に通知をする義務を課すのは適当でない

【債務の消滅行為と通知義務】

	保証人による債務の消滅行為			主たる債務者による債務の消滅行為
	受託保証人	主たる債務者の意思に反する無委託保証人	主たる債務者の意思に反しない無委託保証人	
事前の通知義務	○ 懈怠した場合 →主たる債務者は、債権者に対抗できた事由をもって受託保証人に対抗可（463Ⅰ前段）	×	×	×
事後の通知義務	○ 懈怠した場合 →主たる債務者は、その後善意で行った自己の債務の消滅行為を有効とみなすことができる（463Ⅲ）	× 主たる債務者が更に債務の消滅行為をした場合 →主たる債務者（善意・悪意を問わない）は、自己の債務の消滅行為を有効とみなすことができる（463Ⅲ）	○ 懈怠した場合 →主たる債務者は、その後善意で行った自己の債務の消滅行為を有効とみなすことができる（463Ⅲ）	受託保証人には○ 懈怠した場合 →受託保証人（*）は、その後善意で行った自己の債務の消滅行為を有効とみなすことができる（463Ⅱ） 無委託保証人には×

○：通知義務あり　×：通知義務なし

＊　463条2項が適用されるためには、受託保証人が主たる債務者への事前の通知をしている必要があるものと解されている（∵事前の通知を怠った受託保証人を保護する必要はない）。

四　主たる債務者が複数存在する場合の求償権

1　主たる債務者全員の保証人となった場合

　　主たる債務が可分債務である場合には、保証人からの求償に応じる義務も各債務者について分割債務となる。

　　主たる債務が不可分債務又は連帯債務である場合には、保証人からの求償に応じる義務も各債務者について不可分債務又は連帯債務となる。

2　数人の主たる債務者のうち1人のための保証人となった場合

(1)　主たる債務が可分債務である場合

　　この場合、保証人は、自分が保証している主たる債務者1人に対して、その負担部分についてのみ求償することができる。

ex.1　債務総額360万円について、債務者ABCがそれぞれ120万円ずつの可分債務を負っている場合において、Aのためだけに保証人となったDが、債権者Eに120万円を弁済した

　→DはAに対し、120万円を求償できる（ABCに対しそれぞれ40万円ずつ求償できるのではない）

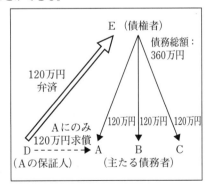

ex.2　上記ex.1において、Aのためだけに保証人となったDが、Eに360万円を弁済した
→360万円のうち120万円は、Aの保証人として履行しているため、Aに対して求償できるが、残額240万円は、BCの債務を第三者として履行（第三者弁済）したこととなるため、この第三者弁済が有効であれば、BCにそれぞれ120万円ずつ求償できる

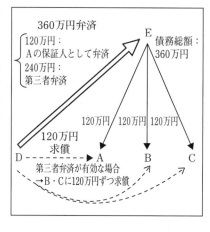

(2)　**主たる債務が不可分債務又は連帯債務である場合**

この場合、保証人は自らが保証していない他の債務者に対して、その負担部分のみについて求償権を有する（464）。これは、求償関係の複雑化及び循環を避けるために設けられた規定である。

ex.　債務者ABCが連帯して債権者Eから180万円を借り受けた場合（ABCの負担部分は各3分の1）において、Aのためだけに保証人となったDが、Eに180万円を弁済した
→Aに対しては180万円全額を求償してもよいし、60万円のみを求償（一部求償）してもよいが、BCに対しては各自の負担部分である60万円についてのみそれぞれ求償が可能

＊　仮に負担部分を有する者がAのみである場合には、負担部分を有しないBCに対し、Dは求償することができない。

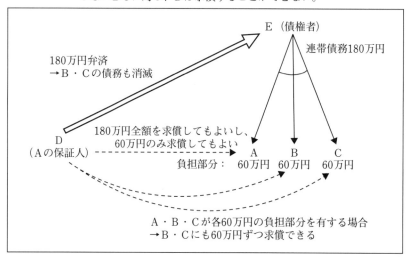

五　保証人の代位権

債権者が主たる債務者に対して、その債務の履行を確保するために他に抵当権や質権などの担保を有していた場合には、弁済をした保証人は、債権者に代位して、その担保権等を行使することができる（499、500、501）。

⇒234頁以下

5-5-6　特殊な保証

一　連帯保証	**学習の指針**

一　連帯保証
二　共同保証
三　根保証
四　「事業に係る債務」についての個人保証に関する特則

学習の指針

ここでは、通常の保証以外の特殊な保証について説明していきます。連帯保証については、論文式試験を解く上でその前提知識として求められることもあり得ますが、それ以外の保証については主に短答式試験で問われ得るものですので、とりあえず大体の内容を把握しておき、試験の直前期に改めて詳しく学習するのが得策です。

一　連帯保証

◀中田・596頁以下

1　意義

連帯保証とは、「主たる債務者と連帯して債務を負担する保証」（458）をいう。

連帯保証が成立するためには、債権者と保証人との間の保証契約において「連帯」である旨の特約が必要であり、通常は、「連帯して」という文言を入れることにより成立する。

*　主たる債務が商行為によって生じたものであるとき、又は保証が商行為であるときは、その保証は当然に連帯保証となる（商511Ⅱ）。

2　単純保証（普通保証）との相違点

① 補充性がない点

連帯保証人は、催告の抗弁権（452）と検索の抗弁権（453）を有しない（454）。

→債権者は、主たる債務者より先に連帯保証人に請求することも可能

cf. 付従性はある（458条は437条を準用していない）

→主たる債務が無効である場合や取り消された場合には、連帯保証債務も発生しない

② 保証人に生じた事由のうち一定のものは、主たる債務者にも効力が及ぶ点

単純保証においては、保証人に生じた事由は原則として主たる債務者に効力を及ぼさない（⇒140頁）。しかし、連帯保証においては、連帯債務の規定が一部準用されており（458）、連帯保証人に生じた事由のうち一定のものが、主たる債務者にも効力を及ぼす場合がある。詳細は後述する。⇒150頁

③ 分別の利益がない点

同一の主たる債務について単純保証人が複数存在する場合（共同保証）、各保証人は平等の割合で分割された額についてのみ保証債務を負担する（分別の利益、456・427）。しかし、連帯保証人が複数存在する場合は、分別の利益が認められず、連帯保証人はそれぞれ保証債務の全額を弁済する義務を負う。　⇒151頁

☞ **One Point** ▶連帯債務との相違点

連帯保証は連帯債務との類似点も多いですが、①書面要件や情報提供義務など、保証人を保護するための制度がある点、②付従性がある点、③負担部分がない点で、連帯債務と異なります。

　一見すると、全員を債務者とする連帯債務の方が債権者にとって有利だと思えますが、連帯保証の方が有利な場合もあり、実務上、連帯保証の方が多く利用されているようです。

　例えば、連帯保証の場合、主たる債務者について時効の完成猶予・更新の効力が生じると、連帯保証人にもその効力が及びます（457Ⅰ参照）。これは、債権者にとって大きなメリットといえます。また、債権者から第三者へ債権譲渡がなされた場合において、連帯債務の場合だと、債務者全員に対して通知するか、又は債務者全員の承諾がなければ他の債務者に対抗することができませんが、連帯保証の場合であれば、主たる債務者に対する通知さえ行えば、連帯保証人に対抗することができます（⇒131頁）。

3　効力

(1)　主たる債務者に生じた事由の効力

　単純保証の場合と同様、保証債務の付従性により、主たる債務者に生じた事由は、原則として全ての連帯保証人にも効力が及ぶ。　⇒139頁

　　ex.　主たる債務者が債務を承認（時効の更新事由、152Ⅰ）した場合には、連帯保証人の保証債務の消滅時効も更新される（457Ⅰ）

(2)　連帯保証人に生じた事由の効力

　(a)　連帯保証人に生じた事由については、連帯債務に関する規定が一部準用されており（458）、主たる債務者にも効力が及ぶ場合がある。

　　まず、458条は、連帯債務における更改（438）、相殺（439Ⅰ）、混同（440）という3つの絶対的効力事由の規定を準用しているため、債権者と連帯保証人との間で、保証債務につき更改・相殺・混同の各事由が生じた場合には、主たる債務者にもその効力が及ぶ。

　　すなわち、連帯保証人と債権者との間に保証債務について更改があったときは、主たる債務も消滅する（458・438）。また、連帯保証人が債権者に対して債権を有する場合において、連帯保証人がその債権と保証債務との相殺を援用したときは、主たる債務も消滅する（458・439Ⅰ）。さらに、連帯保証人と債権者との間に混同があったときは、連帯保証人は、主たる債務を弁済したものとみなされる（458・440）。

　(b)　他方、458条は、連帯債務における相対的効力の原則に関する規定（441）も準用している。そのため、上記の絶対的効力事由（更改、相殺、混同）を除き、連帯保証人について生じた事由は、主たる債務者に効力を及ぼさない。

　　例えば、連帯保証人に対する履行の請求や保証債務の免除がなされても、主たる債務者にその効力は及ばない。

　　もっとも、458条は441条ただし書も準用していることから、債権者と主たる債務者との間で、連帯保証人について生じた事由が主たる債務者にも効力を及ぼす旨の別段の意思表示がなされた場合には、その意思に従う。

(3)　求償関係

　連帯保証人が債務の消滅行為をした場合における求償関係は、単純保証の場合（459以下）と同様である。　⇒141頁以下

二　共同保証

1　意義

　共同保証とは、同一の主たる債務について、数人が保証債務を負担する場合をいう。以下の3つの形態がある。

　　①　単純保証人が複数いる場合（複数の単純保証）

　　　→保証人Aも保証人Bも単純保証人であって、主たる債務者Cとの間に

　　　連帯はなく、ＡＢ間にも連帯がない場合
　②　単純保証人が複数いるが、保証人相互間に「各保証人が全額を弁済すべ
　　　き旨の特約」（465Ⅰ）がある場合（保証連帯）
　　　→保証人Ａも保証人Ｂも単純保証人であって、主たる債務者Ｃとの間に
　　　　連帯はないが、ＡＢ間には連帯がある場合
　③　連帯保証人が複数いる場合（複数の連帯保証）
　　　→保証人Ａも保証人Ｂも連帯保証人であって、それぞれ主たる債務者Ｃ
　　　　との間に連帯があるが、ＡＢ間には連帯がない場合

2　分別の利益

(1)　原則

　　分別の利益とは、保証人が複数存在する場合、各保証人は債権者に対し
て、主たる債務を平等の割合（保証人の頭数）で分割された額についてのみ
保証債務を負担すればよいというものである（456・427）。共同保証人は、
原則として分別の利益を有する。

> **ex.**　主たる債務者Ｂが債権者Ａに対し600万円の債務を負っており、ＣＤ
> 　Ｅの3人が単純保証人となった場合、ＣＤＥはそれぞれ200万円ずつ保
> 　証債務を負担する

(2)　例外

　　もっとも、以下の場合には、分別の利益がない。
　　→この場合、各共同保証人は、保証債務の全額を履行する義務を負う

(a)　保証連帯（上記②）の場合

　　保証連帯は、保証人相互間に「各保証人が全額を弁済すべき旨の特約」
（465Ⅰ）、すなわち、分別の利益を放棄する旨の特約がある場合であるた
め、分別の利益は当然に認められない。

(b)　複数の連帯保証（上記③）の場合

　　連帯保証人は、債権者に対し、主たる債務者と連帯して保証債務の全額
を弁済する義務を負うことを約していることから、保証連帯の場合のよう
な保証人相互間の連帯の特約がなくても、分別の利益はないものと解され
ている（大判明39.12.20、大判大6.4.28、大判大8.11.13等）。

> **ex.1**　主たる債務者Ｂが債権者Ａに対し500万円の債務を負っており、Ｃ
> 　Ｄの2人が連帯保証人となった場合、ＣＤはそれぞれ500万円ずつ保
> 　証債務を負担する
> **ex.2**　主たる債務者Ｂが債権者Ａに対し500万円の債務を負っており、Ｃ
> 　が連帯保証人、Ｄが単純保証人となった場合、Ｃは500万円、Ｄは
> 　250万円の保証債務をそれぞれ負担する
> ＊　主たる債務が不可分債務である場合も、分別の利益はない（465Ⅰ参
> 　照）。

3　共同保証人間の求償権

　　共同保証人の1人が弁済などの債務の消滅行為を行った場合、その保証人は、
主たる債務者に対する求償権（459、459の2、462）とともに、他の共同保証
人に対する求償権も取得する（465）。
　　この共同保証人間の求償権は、連帯債務者間の求償権と異なり、自己の負担
部分を超過する額を弁済した場合にのみ生ずる。

> **∵**　共同保証人は、自己の負担部分については、主たる債務者に対する求償
> 　で満足するべきであり、これを超過する部分のみ共同に負担すべきものと
> 　するのが共同保証の趣旨である
> **cf.**　連帯債務者相互間では、自己の負担部分を超える額の弁済をしなく
> 　ても求償が可能である（442Ⅰ）

そして、共同保証人間の求償権に関する規律（求償権の範囲など）は、以下のとおり、分別の利益の有無によって区別されている。

(1)　分別の利益がある場合

　　共同保証人の1人が全額又は自己の負担部分を超過する額を弁済した場合、他の共同保証人に対する関係では、義務なくしてする弁済という点で、あたかも委託を受けない保証人が弁済した場合に類似するから、無委託保証人の求償権の規定（462）が準用されている（465Ⅱ）。

　　すなわち、自己の負担部分を超過する額について弁済などの債務の消滅行為を行った共同保証人は、債務の消滅行為によって他の共同保証人がその当時（債務の消滅行為時）に利益を受けた限度で求償権を取得する（465Ⅱ・462Ⅰ・459の2Ⅰ）。債務の消滅行為の日以降の法定利息、避けられない費用その他の損害賠償は、求償権の範囲に含まれない（459の2Ⅱは準用されていない）。

(2)　分別の利益がない場合

　　この場合、各共同保証人は、債権者に対し保証債務の全額を履行する義務を負うことは、前述のとおりである。そして、共同保証人の1人が全額又は自己の負担部分を超過する額を弁済した場合は、連帯債務者の1人が弁済した場合と類似することから、連帯債務の場合における求償権の規定（442～444）が準用されている（465Ⅰ）。　⇒121頁以下

(3)　主たる債務者に対する求償権の時効の完成猶予・更新の効力が共同保証人間の求償権にも及ぶか

　　判例（最判平27.11.19／平28重判〔5〕参照）は、主たる債務者に対する求償権について消滅時効の完成猶予・更新事由が生じたとしても、共同保証人間の求償権について消滅時効の完成猶予・更新の効力は及ばないとしている。

　　∵　共同保証人間の求償権は、共同保証人間の負担を最終的に調整し、共同保証人間の公平を確保するためのものであって、保証人が主たる債務者に対して取得した求償権を担保するためのものではない

三　根保証

1　意義

　　根保証（継続的保証）とは、一定の期間に継続的に生じる不特定の債務を担保する保証のことをいう。信用保証（継続的な売買取引・銀行取引等から生ずる不特定の債務の保証）、不動産賃借人の債務の保証、身元保証（雇用における被用者の債務の保証）がその典型である。

　　根保証は、法人根保証（保証人が法人の場合）と個人根保証（保証人が個人である場合）とに大別することができるが、後述するとおり、個人根保証については特則が設けられている。　⇒154頁

2　根保証に関する一般法理

(1)　根保証の成立

　　債権者と保証人との間の根保証契約により成立する。根保証契約も、書面又は電磁的記録によってなされたことが必要である（446ⅡⅢ）。

(2)　被保証債権（主たる債務）の範囲

　　個人根保証の場合を除き、被保証債権（主たる債務）の範囲を定めずに一切の債務を保証する、いわゆる包括根保証（保証期間及び極度額の定めがない根保証）も有効である。

　　cf.　根抵当の場合には、被担保債権の範囲を定めない包括根抵当は許されない（398の2Ⅰ参照）

もっとも、無限定に被保証債権の範囲を広げるべきではなく、合理的な範囲に制限すべきであると解されている。

(3) 極度額

個人根保証の場合を除き、極度額（保証限度額）の定めがない根保証契約も有効である。もっとも、極度額を無限定に広げることで保証人に過大な負担を課すべきではなく、合理的な範囲に制限すべきである（大判大15.12.2）。

(4) 保証人の解約権

(a) 任意解約権

保証期間の定めがない根保証契約において、主たる債務が発生し続ける限り保証人が責任を負わなければならないと解するのは、保証人にとって酷である。

そこで、根保証契約中に保証期間の定めがない場合、保証人は、根保証契約を締結した後、取引の性質からして相当な期間が経過すれば、根保証契約を将来に向かって一方的に解約することができると解されている（任意解約権）。

∵ 根保証契約と同じく継続的な契約関係である賃貸借契約においても、期間の定めがない場合にはその任意解約権が法定されている（617）から、根保証契約の場合にも同様に任意解約権を認めるべきである

(b) 特別解約権

保証期間の定めの有無にかかわらず、主たる債務者の資力の悪化等の著しい事情変更がある場合や、主たる債務者の度重なる債務不履行により信頼関係が破壊されたなど相当の理由がある場合、保証人は、根保証契約を将来に向かって一方的に解約することができる（特別解約権、大判昭9.2.27、最判昭39.12.18／百選Ⅱ［第8版］〔23〕等参照）。

(5) 元本確定前の法律関係に関する諸問題

(a) 元本確定前における保証人への履行請求

元本確定前に主たる債務者が債務不履行に陥ったにもかかわらず、債権者が元本を確定させるまで保証人に対し履行の請求をすることができないとするのは、適切ではない。

そこで、元本確定前においても、債権者は保証人に対して、保証債務の履行を請求することができると解されている。

(b) 元本確定前の被保証債権の譲渡（根保証の随伴性）

元本確定前に被保証債権の1つが第三者へ譲渡された場合、根保証もこれに随伴して移転するかが問題となる。

判例（最判平24.12.14／百選Ⅱ［第8版］〔24〕）は、個人貸金等根保証契約に該当しない一般の根保証契約について、被保証債権が譲渡された場合、根保証もこれに随伴して移転することを肯定した上で、元本確定期日前に譲渡された場合であっても、当該根保証契約の当事者間において被保証債権の譲受人の請求を妨げるような別段の合意がない限り、譲受人は保証人に対し、保証債務の履行を求めることができるとしている。

cf. 元本確定前に根抵当権者から個々の被担保債権を譲り受けた者は、その債権について根抵当権を行使することができない（398の7Ⅰ）

(6) 相続

保証期間及び限度額の定めのない包括根保証については、相続されない（最判昭37.11.9）。

包括根保証でないものについては、相続される。もっとも、個人根保証においては、保証人の死亡が元本確定事由とされているため（465の4Ⅰ③）、

その相続人は、保証人の死亡時に存在し確定した主たる債務についてのみ、保証債務を相続する。

3　個人根保証についての特則（465の2〜465の4）

　根保証における保証人が個人の場合には、法人の場合と異なり、人的無限責任を負うことに伴う経済生活の破綻のおそれがある。そこで、保証人保護の観点から、個人根保証については、465条の2以下に特則が設けられている。

(1)　意義

　個人根保証契約とは、根保証契約（一定の範囲に属する不特定の債務を主たる債務とする保証契約）であって、保証人が個人であるもの（法人でないもの）をいう（465の2Ⅰ）。

　個人貸金等根保証契約とは、個人根保証契約であって、主たる債務の範囲に貸金等債務（金銭の貸渡し又は手形の割引を受けることによって負担する債務）が含まれるものをいう（465の3Ⅰ）。

(2)　極度額

　個人根保証契約の保証人は、「主たる債務の元本、主たる債務に関する利息、違約金、損害賠償その他その債務に従たる全てのもの及びその保証債務について約定された違約金又は損害賠償の額」について、その全部に係る極度額を限度として、その履行をする責任を負う（465の2Ⅰ）。

　個人根保証契約は、極度額を定めなければ、効力を生じない（同Ⅱ）。これは、保証人が責任を負う主たる債務の範囲と金額を限定することで、保証人の予測可能性を確保し、根保証契約締結時にその判断を慎重にさせるためである。

　また、極度額の定めは、書面又は電磁的記録によってなされなければならず（同Ⅲ・446ⅡⅢ）、この要式性を欠く場合には、極度額の定めがないものとして無効となる。

(3)　元本確定期日

(a)　個人貸金等根保証契約の場合

ア　元本確定期日を定める場合

　この場合、元本確定期日は、個人貸金等根保証契約の締結の日から5年以内でなければ、その効力を生じない（465の3Ⅰ）。

　そして、元本確定期日の定め（個人貸金等根保証契約の締結の日から3年以内の日を元本確定期日とする旨の定めを除く）は、個人貸金等根保証契約の書面又は電磁的記録に記載・記録しなければ、その効力を生じない（465の3Ⅳ・446ⅡⅢ）。

イ　元本確定期日の定めがない場合

　この場合、元本確定期日は、個人貸金等根保証契約の締結の日から3年を経過する日とする（465の3Ⅱ）。

　　→極度額の定めがない場合（465の2Ⅱ）と異なり、元本確定期日の定めがない場合であっても、個人貸金等根保証契約が無効となるわけではない

ウ　元本確定期日を変更する場合

　この場合、変更後の元本確定期日は、その「変更をした日」から5年以内でなければ、その効力を生じない（465の3Ⅲ本文）。ただし、元本確定期日の前2か月以内にその変更をする場合において、「変更前の元本確定期日」から5年以内の日を元本確定期日とすることは可能である（同Ⅲただし書）。

　そして、元本確定期日の変更（元本確定期日より前の日を変更後の元本確定期日とする変更を除く）は、個人貸金等根保証契約の書面又は電

磁的記録に記載・記録しなければ、その効力を生じない（同Ⅳ・446ⅡⅢ）。

　(b)　**個人貸金等根保証契約以外の場合**

　　上記(a)で述べた規律は、個人貸金等根保証契約以外の個人根保証契約には適用されない。したがって、個人根保証契約の締結の日から5年を経過する日より後の日を元本確定期日と定めた場合であっても、その元本確定期日は有効であり、元本確定期日の定めがない場合には、元本確定期日は存在しないこととなる。

(4)　**元本確定事由**

　個人根保証契約においては、以下の①～③の事由が生じた場合に、主たる債務の元本が確定する（465の4Ⅰ）。

①　債権者が、保証人の財産について、金銭の支払を目的とする債権についての強制執行又は担保権の実行を申し立てたとき（同Ⅰ①）
　→強制執行又は担保権の実行の手続の開始があったときに限る（同Ⅰ柱書ただし書）

②　保証人が破産手続開始の決定を受けたとき

③　主たる債務者又は保証人が死亡したとき

　また、個人貸金等根保証契約においては、上記の①～③に加え、以下の④⑤の事由が生じた場合にも、主たる債務の元本が確定する（465の4Ⅱ）。

④　債権者が、主たる債務者の財産について、金銭の支払を目的とする債権についての強制執行又は担保権の実行を申し立てたとき（同Ⅱ①）
　→強制執行又は担保権の実行の手続の開始があったときに限る（同Ⅱ柱書ただし書）

⑤　主たる債務者が破産手続開始の決定を受けたとき（同Ⅱ②）

4　不動産賃借人の債務の保証

(1)　**意義**

　不動産賃借人の債務の保証とは、不動産賃貸借契約から発生する継続的な賃料債務及び賃貸目的物の滅失・損傷を理由とする損害賠償債務を保証することをいう。

　不動産賃借人の債務の保証は、不特定の債務を保証するという点で根保証に位置付けられるため、その保証人が個人である場合には、個人根保証契約の規定（465の2以下）が適用される。

(2)　**保証人の解約権**

　保証期間の定めがない場合、相当の期間が経過しただけでは保証契約の解約は認められない（大判昭7.10.11）。

　∵　賃借人の債務の保証の場合には、保証人の予期しない額にわたる損害が生じる危険が少ない

　もっとも、期間の定めのない保証契約を締結後、相当の期間が経過し、かつ、賃借人がしばしば賃借料の支払を怠り、将来においても誠実にその債務を履行する見込みがない場合には、保証人は賃貸人に対する一方的意思表示により保証契約を解約することができる（大判昭8.4.6）。

(3)　**相続**

　保証人の死亡は、個人根保証契約の元本確定事由（465の4Ⅰ③）であるから、保証人が死亡した場合には、これにより確定した主たる債務の元本に係る保証債務が相続される。したがって、死亡した保証人の相続人は、相続開始後に生じた賃借人の債務に係る保証債務を負うことはない。

　→相続人に相続開始後に生じた賃借人の債務に係る保証債務を負担させるには、賃貸人と相続人との間で新たに保証契約を締結する必要がある

☞ One Point ▶法人根保証契約の求償権（465の5）

　法人根保証契約については、先に述べた465条の2から465条の4の特則が適用されることはありません。そのため、法人根保証契約に極度額の定めがなくても、その契約は有効です。しかし、法人根保証契約の求償権を担保するため、個人による保証契約（個人求償保証）が締結されることがあります（法人である保証人が主たる債務者に対して取得する求償権を主たる債務とする保証契約です）。この場合に、法人根保証契約に極度額の定めがないと、最終的に個人が保証する求償権の額も無限に拡大するおそれがあります。そこで、この個人求償保証における個人を保護するために、465条の5第1項は、法人根保証契約において極度額が定められていなければ、その個人求償保証は効力を生じないと規定しています。

　なお、この個人求償保証が根保証契約である場合には、465条の2以下の特則が適用されることになるため、465条の5第1項が対象としている個人求償保証は、単純保証（普通保証）とされています。

　同じように、個人求償保証における個人を保護するための規定として、465条の2第2項が設けられています。なお、求償保証の保証人が法人である場合には、465条の2第1項・2項は適用されません（465の5Ⅲ）。

　465条の5と同様の趣旨の規定として、465の8（公正証書の作成と求償権についての保証の効力）も設けられています。

5　身元保証

(1)　意義

　身元保証とは、被用者の雇入れにより使用者に生じた損害の担保を目的とした保証のことをいう。身元保証契約は、雇用契約（623）とは別個の契約であり、身元保証人と使用者との間で締結される。

　身元保証には、①被用者が使用者に対して負う損害賠償債務を保証するもの（保証としての性質を有する身元保証）と、②被用者に免責事由があり本人は損害賠償債務を負わない場合であっても、身元保証人が損害を担保する旨約するもの（損害担保契約としての性質を有する身元保証）とがあると解されているが、いずれも身元保証法の適用を受ける（身元保証1）。

　また、①については、その保証人が個人である場合には、個人根保証契約に関する規定（465の2以下）も適用される。

(2)　保証期間

　身元保証契約の存続期間について期間を定める場合、5年を超えてはならず、これを超えて定めた場合には5年に短縮される（身元保証2Ⅰ）。契約の更新は可能であるが、その期間は更新の時から5年を超えることができない（同Ⅱ）。

　期間の定めがない場合には、原則として3年であるが、商工業見習者については5年である（同1）。

(3)　使用者の通知義務・身元保証人の解約権

　使用者は、被用者に業務上不適任又は不誠実な行為があって身元保証人の責任を惹起するおそれがあることを知ったとき、及び、被用者の任務又は任地を変更したために身元保証人の責任を加重し又は監督を困難にしたときは、遅滞なく身元保証人に通知しなければならない（身元保証3）。

　そして、身元保証人がかかる通知を受けたとき、及び、かかる事実を知ったときは、将来に向けて契約を解除することができる（同4）。

四　「事業に係る債務」についての個人保証に関する特則

　事業のために負担した貸金債務等を主たる債務とする保証契約や、主たる債務の範囲に事業のために負担する貸金等債務が含まれる根保証契約において、

その保証人が個人である場合には、特に保証人を保護する必要性が高い。そこで、以下の規定が設けられている。

1　公正証書による保証意思の確認

(1)　公正証書の作成が要求される場合

「事業のために負担した貸金等債務を主たる債務とする保証契約」又は「主たる債務の範囲に事業のために負担する貸金等債務が含まれる根保証契約」であって、その保証人になろうとする者が個人である場合には、契約締結の日前の1か月以内に作成された公正証書で保証人になろうとする者が保証債務を履行する意思を表示していなければ、その効力を生じない（465の6 I、同III）。保証意思の確認を厳格にする趣旨である。

そして、その公正証書の作成方式については、公正証書遺言の作成方式（969）と同様、原則として保証人になろうとする者が公証人に保証意思を口頭で伝え、公証人がそれを筆記して読み聞かせ、又は閲覧させる方式が採用されている（465の6 II。なお、保証人になろうとする者が口がきけない者や耳が聞こえない者である場合について、465の7参照）。

(2)　例外

次の場合には、465条の6から465条の8の規定は適用されない。

① 主たる債務者が法人である場合において、その法人の理事、取締役、執行役又はこれらに準ずる者が個人保証人となる場合（経営者保証、465の9①）や、その法人の総株主の議決権の過半数を有する者等が個人保証人となる場合（同②）

② 主たる債務者（法人を除く）と共同して事業を行う者、又は主たる債務者が行う事業に現に従事している主たる債務者の配偶者が個人保証人となる場合（同③）

2　主たる債務者の委託を受ける者に対する情報提供義務（465の10）

主たる債務者が「事業のために負担する債務」の保証・根保証を個人に委託するときは、委託を受ける者に対し、契約締結時に情報を提供しなければならない（465の10 I）。主たる債務者が提供すべき情報は、①財産及び収支の状況、②主たる債務以外に負担している債務の有無並びにその額及び履行状況、③主たる債務の担保として他に提供し、又は提供しようとするものがあるときは、その旨及びその内容である（同I各号参照）。これらの情報は、保証人が保証債務の履行を求められることがあるかどうかを予測するために必要不可欠な事項となっている。

主たる債務者がこれらの情報を提供せず、又は事実と異なる情報を提供したために、委託を受けた者がその事項について誤認をし、それによって保証契約の申込み又はその承諾の意思表示をしてしまった場合において、主たる債務者がその事項に関して情報を提供せず又は事実と異なる情報を提供したことを債権者が知り、又は知ることができたときは、保証人は、保証契約を取り消すことができる（同II）。この規定は、債権者の保証債権を取得する利益と、保証人の予想外の保証債務の履行を回避する利益との調整を図るものである。

Aは、Bに対し、売主をC、買主をBとする売買契約に基づくCの目的物引渡債務を保証することを約し、Bは、売買代金を前払にした。ところが、履行期が到来したにもかかわらず、Cは目的物を引き渡さない。

そのため、BがCの債務不履行を理由として売買契約を解除した場合には、Bは、Aに対し、どのような請求をすることができるか。

[問題点]
・　解除と保証債務

[フローチャート]

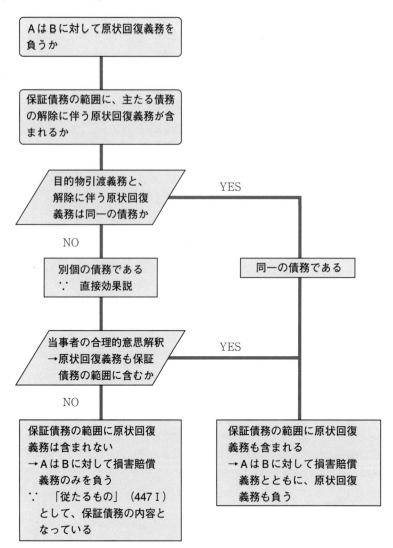

［答案構成］

一　前提として、Bの解除により、Cは、原状回復義務としての売買代金返還義務と損害賠償義務を負う（545Ⅰ、同Ⅲ）

二　損害賠償債務は主たる債務に従たるものと考えられるから、Aが負う保証債務の範囲に損害賠償義務は含まれる（447Ⅰ）。では、原状回復義務も保証債務の範囲に含まれるか

　　　解除の法的性質：直接効果説　∵　解除の趣旨から契約の遡及的消滅と解するのが簡明

　　→原状回復義務は不当利得返還義務が公平の観点から拡大されたものであり、契約上の債務とは別個の債務

　　→保証債務の範囲に原状回復義務は含まれないはず

　　　　　　↓しかし

　　　当事者の合理的意思解釈　∵　保証債務は債権者と保証人との間の契約によって生じている

　　→売買契約における売主の保証人は、通常、売主の債務不履行に起因して売主が買主に対して負担する債務について責任を負う趣旨で保証契約を締結するものと考えられるので、特約なき限り、主債務の契約解除による原状回復義務についても責任を負う

　　　結論：BはAに対して、保証債務の履行として売買代金の返還及び損害賠償金の支払を請求しうる

1　不可分債権者の一人が債務者に対して債務を免除した場合であっても、他の不可分債権者は、債務者に対し、債務の全部の履行を請求することができる。[司H28－17＝予H28－8]

○　429条前段参照
⇒5−2−2　三（p.113）

2　A、B及びCの三人がDに対して連帯して600万円の金銭債権を有する場合（A、B及びCの分与されるべき利益は等しいものとする。）において、Aは、Dに対して600万円全額の請求をするに当たり、B及びCの同意を得ることを要しない。[司R3－18改]

○　各連帯債権者は、全ての債権者のために全部又は一部の履行を請求することができる（432）。その際、他の債権者の同意を得ることを要しない。
⇒5−3−1　三（p.115）

3　A、B及びCの三人がDに対して連帯して600万円の金銭債権を有する場合（A、B及びCの分与されるべき利益は等しいものとする。）において、AのDに対する権利が時効により消滅したが、BのDに対する権利については消滅時効が完成していないとき、Bは、Dに対して600万円の支払を請求することができる。[司R3－18改]

○　履行の請求等（432）、更改・免除（433）、相殺（434）、混同（435）を除き、連帯債権者の1人の行為又は1人について生じた事由は、他の連帯債権者に対してその効力を生じない（相対的効力の原則、435の2本文）。
⇒5−3−1　三（p.115）

4　A、B及びCの三人がDに対して連帯して600万円の金銭債権を有する場合（A、B及びCの分与されるべき利益は等しいものとする。）において、DがAに対して300万円の金銭債権を有しており、DがAに対して相殺を援用したときは、その相殺は200万円の限度で効力を生ずる。[司R3－18改]

×　434条参照。相殺は、弁済と実質的に同じ効果をもたらすため、絶対的効力事由として定められている。この場合、300万円全額について効力を生ずる。
⇒5−3−1　三（p.115）

5　A、B及びCの三人がDに対して連帯して600万円の金銭債権を有する場合（A、B及びCの分与されるべき利益は等しいものとする。）において、CがDを単独で相続したときには、Aは、Cに対して400万円の支払を請求することができる。[司R3－18改]

×　435条参照。CがDを単独で相続（896）した場合には、混同が生じる（520本文）。これにより、DがCに弁済したものとみなされるから、Aは、Cに対して200万円の支払を請求できるにとどまる。
⇒5−3−1　三（p.116）

6　AとBがCに対して連帯債務を負う旨の契約をCとの間で締結した場合において、契約締結の当時Aが意思無能力であったときは、Bは、Aの負担部分について債務を免れる。[司H29－18]

×　437条参照
⇒5−3−2　一（p.117）

7 連帯債務者の一人について弁済期を他の連帯債務者と異にすることはできない。[司H29－18]

× 連帯債務は、債務者の数に応じた数個の独立した債務であるから、各債務ごとに利息・条件・期限の有無などの態様が異なってもよい。
⇒5－3－2 一 (p.117)

8 Aに対し、BCDが等しい負担部分で300万円の連帯債務を負っている場合、Bのために消滅時効が完成しても、C及びDは、Aに対し、300万円の連帯債務を負う。[司H26－18改]

○ 連帯債務者の1人のために時効が完成したときであっても、原則として、他の連帯債務者に対してその効力は生じない（441本文）。
⇒5－3－2 三 (p.119)

9 ABCは、Dに対して、60万円の借入金債務（以下「甲債務」という。）を連帯して負担し、負担部分は均等とする合意をしていた。DがCに対して甲債務を免除する意思表示をした場合において、D及びAが別段の意思を表示していないときは、DがAの債務を免除する意思を有していなかったとしても、Dは、Aに対して60万円の支払を請求することはできない。[司R2－17＝予R2－8改]

× 更改、相殺、混同を除き、連帯債務者の1人について生じた事由は、他の連帯債務者に対してその効力を生じない（相対的効力、441本文）。
⇒5－3－2 三 (p.119)

10 Aに対し、BCDが等しい負担部分で300万円の連帯債務を負っている場合、AがBに対して履行の請求をしても、そのことを知らないC及びDについては、時効の完成猶予の効力を生じない。[司H26－18改]

○ 連帯債務者の1人に対する履行の請求（436）により生じた時効の完成猶予の効力は、原則として、他の連帯債務者には及ばない（441本文）。
⇒5－3－2 三 (p.120)

11 連帯債務者の一人が債務を承認したことによる時効更新の効力は、他の連帯債務者には及ばない。[司H29－18]

○ 更改、相殺、混同を除き、連帯債務者の1人について生じた事由は、他の連帯債務者に対してその効力を生じない（相対的効力、441本文）。
⇒5－3－2 三 (p.120)

12 ABCは、Dに対して、60万円の借入金債務（以下「甲債務」という。）を連帯して負担し、負担部分は均等とする合意をしていた。甲債務と相殺適状にある30万円の乙債務をDがCに対して負担している場合において、Cが乙債務につき相殺を援用しない間に、DがAに60万円の支払を請求したときは、Aは、20万円についてその支払を拒むことができる。[司R2－17＝予R2－8改]

○ 439条2項参照
⇒5－3－2 三 (p.121)

13 ＡＢＣは、Ｄに対して、60万円の借入金債務（以下「甲債務」という。）を連帯して負担し、負担部分は均等とする合意をしていた。Ｂは、甲債務の履行期にＤに対して18万円を支払った場合、Ａ及びＣに求償することはできない。[司Ｒ2－17＝予Ｒ2－8改]

× 442条1項参照。Ｂは、Ａ及びＣに対して各6万円ずつ求償することができる。
⇒5－3－2 三 (p.121)

14 Ａに対し、ＢＣＤが等しい負担部分で300万円の連帯債務を負っている場合、判例によれば、Ｂが60万円を弁済しても、Ｂの負担部分の範囲内であるから、Ｃ及びＤに対して求償することはできない。[司Ｈ26－18改]

× 442条1項参照。Ｂは、Ｃ及びＤに対して各20万円ずつ求償することができる。
⇒5－3－2 三 (p.121)

15 連帯債務者であるＡが債権者Ｂに対する自己の債権をもってする相殺が可能であった場合において、他の連帯債務者ＣはＡがいることを知りながら、Ａに通知しないで債権者Ｂに弁済をしたとき、Ａは、Ｃからの求償を拒むことができる。[司Ｈ24－23改]

○ 443条1項前段参照
⇒5－3－2 三 (p.123)

16 ＡＢＣは、Ｄに対して、60万円の借入金債務（以下「甲債務」という。）を連帯して負担し、負担部分は均等とする合意をしていた。甲債務と相殺適状にある20万円の乙債務をＤがＣに対して負担している場合において、Ａが、Ｃが甲債務の連帯債務者であることを知りながら、Ｃに通知せずにＤに60万円を支払ってＣに求償し、Ｃが乙債務との相殺をもってＡに対抗したときは、Ａは、Ｄに対し、相殺によって消滅すべきであった乙債務20万円の支払を請求することができる。[司Ｒ2－17＝予Ｒ2－8改]

○ 443条1項後段参照
⇒5－3－2 三 (p.123)

17 被害者が共同不法行為者の一人に対して損害賠償債務の履行を請求しても、他の共同不法行為者の損害賠償債務についての消滅時効の完成猶予の効力は生じない。[司Ｈ25－18改]

○ 改正民法下では、従来の連帯債務と不真正連帯債務とを区別する必要はなくなったと解されている。そして、相対的効力の原則（441）により、履行の請求による消滅時効の完成猶予の効力は、他の共同不法行為者に対して生じない。
⇒5－3－2 四 (p.126)

18 主たる債務者の意思に反して連帯保証人となった者が、債権者から保証債務の履行を裁判上請求されたときは、主たる債務について、その消滅時効の完成猶予の効力を生じない。[予Ｈ24－9改]

○ 更改、相殺、混同を除き、連帯保証人について生じた事由は、主たる債務者に対してその効力を生じない（相対的効力、458・441本文）。これは、主たる債務者の意思に反して保証人となったか否かを問わない。
⇒5－4 (p.128)

19 ＡのＢに対する金銭債務について、ＣがＢとの間で保証契約を締結した。ＡのＢに対する債務に関して違約金の定めがなかった場合、ＢＣ間の保証契約において違約金の定めをすることはできない。[司Ｈ26－19改＝予Ｈ26－8改]

× 447条2項参照
⇒5－5－2 二 (p.130)

20　保証が付された債権が譲渡された場合においては、譲渡人から主たる債務者に対して債権譲渡の通知をすれば、保証人に対して通知をしなくても、譲受人は保証人に対して保証債務の履行を請求することができる。[司H30－18＝予H30－8]

○　大判明39.3.3参照
⇒5－5－2　ニ (p.131)

21　AのBに対する金銭債務について、CがBとの間で保証契約を締結した。Aが未成年者であって、その法定代理人の同意を得ないでBに対する債務を負担する行為をした場合において、Cが、保証契約締結の当時、そのことを知っており、その後、Aの行為が取り消されたときには、Cは、Aの負担していた債務と同一の目的を有する独立の債務を負担したものと推定される。[司H26－19改＝予H26－8改]

○　449条参照
⇒5－5－3　一 (p.132)

22　債務者Aが債権者Bに対して負う金銭債務（以下「本件債務」という。）に関し、第三者は、Aの意思に反しても、本件債務を主たる債務とする保証をすることができる。[司R元－19改＝予R元－9改]

○　保証契約は債権者と保証人との間の契約である。したがって、契約当事者ではない債務者の意思に反しても、債務者の負う債務を主たる債務とする保証をすることができる。
⇒5－5－3　一 (p.133)

23　保証人は、債権者が保証人を指名した場合でも、行為能力者であることを要する。[司R元－17＝予R元－7]

×　債務者が保証人を立てる義務を負う場合、保証人は行為能力者であることを要する（450Ⅰ①）。もっとも、債権者が保証人を指名した場合には、行為能力者である必要はない（同Ⅲ）。
⇒5－5－3　一 (p.133)

24　保証契約は、書面又はその内容を記録した電磁的記録によってされなければ、その効力を生じない。[司R元－17＝予R元－7]

○　446条2項・3項参照
⇒5－5－3　一 (p.134)

25　主たる債務につき期限が延長されても、その効力は保証債務には及ばない。[司R元－17＝予R元－7]

×　主たる債務の期限の延長は、債務の内容を加重するものではない（448Ⅱ参照）。したがって、主たる債務につき期限が延長された場合、その効力は保証債務にも及ぶ（内容における付従性）。
⇒5－5－3　ニ (p.134)

26　主たる債務について違約金の定めがない場合、保証人は、債権者との間で、保証債務についてのみ違約金を約定することができない。[司H30－18＝予H30－8]

×　447条2項参照
⇒5－5－3　ニ (p.134)

27　特定物の売買契約が売主の債務不履行により解除され、売主が代金返還義務を負担したときは、売主のための保証人は、反対の特約のない限り、当該代金返還義務について保証の責任を負う。［司H30－18＝予H30－8］

○　最大判昭40.6.30／百選Ⅱ［第8版］〔22〕参照
⇒5－5－3　二（p.136）

28　保証人が催告の抗弁権を行使したにもかかわらず、債権者が催告を怠ったために主たる債務者から全部の弁済を得られなかったときは、保証人は、債権者が直ちに催告をすれば弁済を得ることができた限度において、その義務を免れる。［司R元－17＝予R元－7］

○　455条参照
⇒5－5－4　一（p.137）

29　主たる債務者が債権者に対し反対債権を有している場合であっても、保証人は、債権者から保証債務の履行を請求されたときは、保証債務を履行しなければならない。［司H30－18＝予H30－8］

×　457条2項・3項参照
⇒5－5－4　一（p.138）

30　AのBに対する金銭債務について、CがBとの間で保証契約を締結した。判例によれば、AのBに対する債務につき消滅時効が完成した場合において、Aが時効の利益を放棄したときには、Cは、もはや時効の援用をすることができない。［司H26－19改＝予H26－8改］

×　主たる債務者が時効の利益を放棄しても、保証人には影響を及ぼさない（大判大5.12.25）。
⇒5－5－4　一（p.139）

31　保証人に対する履行の請求による時効の完成猶予は、主たる債務者に対しても効力を生ずる。［司H20－18改］

×　保証人について生じた事由は、原則として、主たる債務者に影響を及ぼさない。
⇒5－5－4　二（p.140）

32　個人であるAがBのCに対する債務を保証する場合において、Bがその有していた期限の利益を喪失したとき、Cは、Aに対し、その旨を通知しなければならない。［司R3－19改］

○　458条の3第1項参照
⇒5－5－4　三（p.141）

33　主たる債務者の委託を受けて保証をした者は、主たる債務が弁済期にあるときは、自ら弁済をする前であっても主たる債務者に対して求償権を行使することできる。［司H20－18］

○　460条2号本文参照
⇒5－5－5　二（p.143）

34　連帯債務者の一人から委託を受け、その者のために保証人となった者が、債権者に対して保証債務の全額を弁済したときは、この保証人は、その連帯債務者に対し、その者の負担部分についてのみ求償権を有する。［予H24－9］

×　464条にかかわらず、委託をした連帯債務者に対しては、保証人は全額の求償をすることができる。
⇒5－5－5　四（p.148）

35　AのBに対する1000万円の貸金債権（以下「甲債権」という。）につき、Cが保証した。CのAに対する債務が連帯保証債務になるのは、AC間で連帯保証契約が締結されるのに加えて、BC間で連帯の特約がされた場合である。［予R3－8改］

×　連帯保証が成立するためには、債権者・連帯保証人間で連帯保証契約が締結されることで足り、主たる債務者・連帯保証人間で連帯の特約がされることは不要である（458参照）。
⇒5－5－6　一（p.149）

36　AのBに対する1000万円の貸金債権（以下「甲債権」という。）につき、Cが
　　保証した。Cの保証債務が連帯保証債務であり、Dも甲債権について連帯保証を
　　していた場合には、CとDが負う連帯保証債務の額は各500万円となる。［予R3
　　－8改］

37　AのBに対する1000万円の貸金債権（以下「甲債権」という。）につき、Cが
　　保証した。CがAを単独相続した場合には、Cの保証債務は消滅する。［予R3－
　　8改］

38　AのBに対する1000万円の貸金債権（以下「甲債権」という。）につき、Cが
　　保証した。Cの保証債務が連帯保証債務であり、AがCに対してその履行を求め
　　て訴えを提起した場合には、Bとの関係でも、時効の完成が猶予される。［予R3
　　－8改］

39　個人貸金等根保証契約においては、元本の確定期日を定めた場合であっても、
　　極度額を定めなければ、その効力を生じない。［司H22－18改］

40　金銭消費貸借上の債務を主たる債務とする法人間の根保証契約において、極
　　度額の定めがないときは、その根保証契約は効力を生じない。［司H20－18］

41　継続的売買契約により生じる代金債務を主たる債務とする個人根保証契約がさ
　　れた場合、主たる債務の元本、主たる債務に関する利息、違約金、損害賠償その
　　他その債務に従たる全てのもの及びその保証債務について約定された違約金又は
　　損害賠償の額について、極度額を定めなければ、個人根保証契約の効力は生じな
　　い。［司H18－28改］

42　個人貸金等根保証契約は、主たる債務の元本の確定すべき期日の定めがない
　　場合、その効力を生じない。［司R元－17＝予R元－7改］

× 　連帯保証人が複数い
　る場合、分別の利益
　（456）は認められず、
　連帯保証人それぞれが
　保証債務全額を弁済す
　る義務を負う（大判大
　6.4.28）。
⇒5－5－6 　－（p.149）

○ 　458条・440条参照
⇒5－5－6 　－（p.150）

× 　更改、相殺、混同を
　除き、連帯保証人につ
　いて生じた事由は、主
　たる債務者に対してそ
　の効力を生じない（相
　対的効力、458・441
　本文）。
⇒5－5－6 　－（p.150）

○ 　465条の2第2項参
　照
⇒5－5－6 　三（p.154）

× 　保証人が法人である
　場合、極度額を定めな
　くても、その根保証契
　約は有効である（465
　の2ⅠⅡ参照）。
⇒5－5－6 　三（p.154）

○ 　465条の2第1項・2
　項参照
⇒5－5－6 　三（p.154）

× 　元本確定期日の定め
　がない個人貸金等根保
　証契約は、その契約締
　結の日から3年を経過
　する日を元本確定期日
　とする契約が成立する
　（465の3Ⅱ）。
⇒5－5－6 　三（p.154）

43 個人であるＡがＢのＣに対する債務を保証する場合において、Ｂの債務がＢの事業のために負担した貸金債務であるとき、ＡＣ間の保証契約は、Ａが保証債務を履行する意思を保証契約の締結後速やかに公正証書で表示することにより、その効力を生ずる。［司Ｒ３－19改］

× 本肢の保証契約の締結に先立ち、その締結の日前1か月以内に作成された公正証書で保証人となろうとする者が保証債務を履行する意思を表示していなければ、その効力を生じない（465の6Ⅰ）。
⇒5-5-6 四 (p.157)

44 個人であるＡが、Ｂの委託を受けて、Ｂの事業に係る債務を保証しようとする場合、Ｂは、保証契約の締結に当たり、Ａに対し、Ｂの財産及び収支の状況について情報を提供しなければならない。［司Ｒ３－19改］

○ 465条の10第1項参照
⇒5-5-6 四 (p.157)

これから学ばれる方へ

　例えば、現在あなたが20万円のパソコンを欲しがっているとしましょう。しかし、おこづかいも底をつき、お金が全くない状態だとしたらすぐにはパソコンが買えないことは当然のことです。この場合もし、3か月後にA君に貸した30万円が返ってくる予定があるとしたらどうでしょう。3か月間まてば返ってきた30万円でパソコンを買うことはできますが、どうしても今すぐに欲しい場合何か手段はないのでしょうか。

　法律的にいえば、現在あなたはA君に対して30万円の金銭債権という財産権をもっていることになりますが、このA君に対する30万円の金銭債権を誰かに売却して現金にすることができれば、3か月後までまたずにパソコンを買うことができるでしょう。折りしも、B君があらわれて「25万円でA君に対する30万円の金銭債権を売ってくれ」といい、あなたが「いいよ。じゃあ、その事をA君に伝えとくね」と言った場合、あなたは5万円分損しますが25万円の現金を手にし、すぐにでもパソコンショップに行けることになるのです。一方、B君は3か月後にA君から30万円の債権を回収すれば、5万円分得をすることになります。

　このように、契約によって債権を　移転することを債権譲渡といいます。上の例でいえば、あなたのA君に対する30万円の金銭債権は、B君に移転したことになるのです。

　債権譲渡は取引経済の発展した現代において、多様な目的を達成するための手段として重要な機能を有しています。

6-1　債権譲渡

6-1-1　債権譲渡総説

Ｂランク

・　**債権譲渡総説**

1　意義

債権譲渡とは、債権の同一性を保ちながら債権を移転させることを目的とする契約をいう。

◀内田Ⅲ・231頁

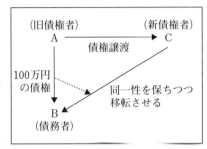

(旧債権者)　　　　(新債権者)
A ───債権譲渡──▶ C
100万円の債権　↘　同一性を保ちつつ移転させる
B
(債務者)

債権は、契約以外にも様々な原因によって移転する。例えば、①法律の規定による場合（損害賠償による代位（422）、弁済による代位（499））、②裁判所の命令（転付命令、民執159）による場合、③一般承継による場合（相続、会社の合併等）などである。以上と異なり、契約によって移転するものが債権譲渡である。

2　法的性質

(1)　債権譲渡は、債権の譲渡人と譲受人との間の合意により成立する諾成・不要式の契約である。

→債務者の同意は不要であり、また書面の作成も要件ではない

また、債権譲渡は、債権の処分行為としての性質を有する。

(2)　債権譲渡は債権の同一性を保ちながら債権が移転する契約であり、従前の債権が消滅する更改（債権者の交替による更改、513③）とは異なる。

→債権に付随する利息債権・違約金債権・保証債権・担保権などの権利や、同時履行の抗弁権などの抗弁権も、当然に譲受人に移転する（随伴性）

(3)　債権譲渡の原因となった行為の無効・取消し・解除は、債権譲渡の効力に当然に影響する（有因関係）。

ex.　債権譲渡を含む契約の解除により、債権は当然に譲渡人に復帰する（大判昭3.12.19）

3　要件

①　譲渡人と譲受人の間で債権譲渡契約が有効に成立すること

②　債権が譲渡可能なものであり、かつ有効な債権として存在すること

→将来発生する債権であってもよい（466の6Ⅰ）

→譲渡の目的となる債権は特定されていることが必要である

③　譲渡人が当該債権について処分権を有すること

4　現代社会における債権譲渡

◀内田Ⅲ・235頁

(1)　**債権譲渡の機能**

現代社会において、債権譲渡は、①債権回収手段、②換価手段、③担保手段、④取立手段、⑤債権流動化手段として行われている。

(2)　**①債権回収手段**

例えば、AがBに対して弁済期の到来した貸金債権を有しているが、Bは返済できるだけの金銭を持っておらず、Cに対する債権のみを有しているという場合、Aとしては、債務名義（確定判決など）を取得して、BのCに対する債権を差し押さえるという方法も考えられるが、Cに対する債権をBからAに譲渡させて、Cから債務の履行を受けるという方法の方が、より容易

に債権を回収することができる。

(3) ②換価手段

例えば、AがBに対して売買代金債権を有しており、これを直ちに現金化したいが、その弁済期が1か月後である場合、Aとしては、Bに対する売買代金債権をCに売却することによって、直ちに現金を得ることが可能となる。

なお、債権の譲受人Cは、その債権を券面額で購入するのではなく、弁済期までの期間やBの資力等を考慮し、一定の割合を差し引いた額で購入するのが通常である。

(4) ③担保手段

例えば、AがCから新たな融資を受けたいが、AにはBに対する将来の報酬債権以外に特にめぼしい財産がないという場合、Aとしては、Bに対する将来の報酬債権を担保としてCに譲渡し、新たな融資を受けることができる。

(5) ④取立手段

例えば、Bに対する債権を有しているAが、債権の取立てのみを目的として、Cにその債権を譲渡する場合がある。通常、債権の取立てを自己に代わって他人が行う場合には、第三者に取立ての代理権を与えればよいが、代理人として行うよりも本人として行う方が容易に債権の取立てを行うことが可能な場合には、債権譲渡という形式をとることがある。

(6) ⑤債権流動化手段

例えば、Aが保有する一定の範囲の債権を、Aの一般財産から切り離してBに移転し、これを裏付けとして市場から資金を調達する場合がある。このように、一定の範囲の債権群を利用して資金を調達することを債権の流動化といい、債権譲渡は債権流動化の手段として用いられる。

6-1-2 債権の譲渡性

一 債権の自由譲渡性 二 債権譲渡の制限	**学習の指針**

まず、債権は自由に譲渡できるのが原則であることをしっかりとおさえておきましょう。

その上で、自由譲渡性の例外について、その類型と具体例をおさえておきましょう。

一 債権の自由譲渡性

466条1項本文は、債権譲渡自由の原則（債権の自由譲渡性）を規定している。つまり、債権を譲渡するのに債務者の承諾は不要であり、譲渡人と譲受人との合意で譲渡が成立する。

なお、将来債権（賃料債権、診療報酬債権など）も、譲渡することができる（466の6Ⅱ）。 ⇒195頁以下

◀内田Ⅲ・243頁
中田・626頁

二 債権譲渡の制限

債権譲渡は常に自由になしうるのではなく、例外として以下に述べるような一定の制限がある。これらの制限は物権にはないものである。

◀中田・627頁

1　債権の性質上の制限（466Ⅰただし書）

(1)　債権者を異にすることにより給付内容が全く異なる場合

> **ex.**　特定人の肖像を描かせる債権、家庭教師に勉強を教えてもらう債権

(2)　特定の債権者に給付することに重要な意義を有する債権（ただし債務者の承諾により譲渡可）

> **ex.**　賃借人の債権（612Ⅰ）、雇主の債権（625Ⅰ）、委任者の債権（判例）

(3)　特定の債権者との間に決済されるべき特殊の事由がある債権

> **ex.**　交互計算（商529）に組み入れられた債権（大判昭11.3.11）

2　法律上の制限（881等）

扶養請求権（881）、恩給請求権（恩給11Ⅰ）、災害補償を受ける権利（労基83Ⅱ他）、社会保険における保険給付を受ける権利（健康保険法他）、年金受給権（国民年金法）等

*　差押禁止債権（民執152）は、債権者の意思に基づかずに処分しえないというだけだから、譲渡が禁止されるわけではないというのが通説だが、債権者の生活保障を目的とするものだから譲渡禁止債権だとする反対説もある。

3　当事者（債権者と債務者）の譲渡制限特約（466Ⅱ）

6-1-3　譲渡制限特約

	学習の指針
一　はじめに 二　譲渡制限特約の効力 三　預貯金債権の特則 　　（466の5）	債権は自由に譲渡することができるのが原則ですが、当事者間で譲渡を制限する旨の特約を定めることもできます。この取決めを、譲渡制限特約といいます。

譲渡制限特約に関する分野は、短答式試験・論文式試験ともに出題可能性のある非常に重要なところなので、正確な理解が必要です。また、預貯金債権の特則についても、知識として正確に身に付けておく必要があります。

一　はじめに

債権は、自由に譲渡することができる（466Ⅰ本文）。

しかし、債務者にとっては、債権者を当初の者に固定することによって、①譲渡に伴う事務手続の煩雑化を回避する利益、②過誤払を回避する利益、③債権者に対する相殺の機会を確保する利益などが得られるため、これらの利益の保護が要請される。そこで、民法は、譲渡制限特約（当事者が債権の譲渡を禁止し、又は制限する旨の意思表示）を認めている（466Ⅱ）。

他方、債権者にとっては、債権譲渡は重要な資金調達手段であるから、これを積極的に活用したいところであるし、債権の譲受人の利益（取引の安全）も保護すべきである。

そのため、民法は、債務者のために譲渡制限特約を認めつつ、譲渡制限特約に反する債権譲渡も有効であると規定している（466Ⅱ）。

二　譲渡制限特約の効力

1　譲渡制限特約に反する債権譲渡の効力

(1)　原則（466Ⅱ）

譲渡制限特約に反する債権譲渡も有効である（466Ⅱ）。

すなわち、債権は譲渡人から譲受人へ有効に移転し、譲受人が債権者にな

◀内田Ⅲ・244頁
中田・628頁

◀中田・630頁以下

る。その際、譲受人が譲渡制限特約について悪意又は善意・重過失であったとしても、債権譲渡は有効である以上、譲受人が債権者となり、譲渡人はもはや債権者ではなくなる。

(2)　債務者保護のための規定

(a)　譲受人等が譲渡制限特約について悪意又は善意・重過失である場合

この場合でも、上記のとおり、債権譲渡それ自体は有効である。

しかし、債務者を保護するために、譲受人その他の第三者（譲受人等）が譲渡制限特約について悪意又は善意・重過失である場合、債務者は、以下の対抗手段をとることができる。

① 債務者は、「譲受人その他の第三者」（譲受人等）への履行を拒むことができる（466Ⅲ）
→「譲受人その他の第三者」（譲受人等）とは、債権の譲受人のほか、債権の譲渡担保権者や質権者などを指す

② 債務者は、「譲渡人に対する弁済その他の債務を消滅させる事由」を譲受人等に対抗することができる（466Ⅲ）
→「その他の債務を消滅させる事由」は、債務者から譲渡人に対して行う、債務を消滅させる事由（供託・相殺など）に限定され、譲渡人による免除や、譲渡人とともにする更改・代物弁済などはこれに含まれない

したがって、債務者としては、譲受人等が譲渡制限特約について悪意又は善意・重過失である場合には、譲受人から履行の請求を受けても拒絶できる上、もはや債権者ではないはずの譲渡人に弁済することができ、これを譲受人等に対抗することができることになる。

(b)　供託権（466の2Ⅰ）

上記のとおり、譲渡制限特約に反する債権譲渡がされた場合でも、その債権譲渡は有効であり、債権者となる者は譲受人である（466Ⅱ参照）。このように、債権者が確定されている以上、債務者が債権者不確知を理由とする供託（494Ⅱ）をすることはできない。

もっとも、譲受人が譲渡制限特約について悪意又は善意・重過失であった場合には、債務者は譲受人からの履行の請求を拒むことができ（466Ⅲ）、譲渡人に弁済できるが、譲受人が譲渡制限特約について悪意又は善意・重過失であることを債務者が判断をするのは必ずしも容易ではないので、債務者としては弁済の相手方の判断に迷う場合があり得る。

そこで、466条の2第1項は、債務者は「債権の全額に相当する金銭を債務の履行地……の供託所に供託することができる」と規定している。

供託した債務者は、遅滞なく、譲渡人及び譲受人に供託の通知をしなければならない（466の2Ⅱ）。この規定は、供託の通知に関する495条3項と同趣旨で設けられたものであり、債権者が有する供託金還付請求権の消滅時効の起算点を決する点で意義を有する。

なお、供託された金銭は、債権者である譲受人に限り、その還付を請求することができる（466の2Ⅲ）。
→譲渡人の債権者は、供託金還付請求権を差し押さえることができない

(3)　譲受人保護のための規定

(a)　催告権（466Ⅳ）

債務者が、譲受人に対しては譲渡制限特約について悪意又は善意・重過失であることを理由にその履行の請求を拒むと同時に、譲渡人に対しては債権譲渡によりもはや債権者ではないことを理由に履行を拒絶し得るとすると、結局双方に支払わないという事態が生じかねない。

そこで、このような不都合を解消するため、債務者が債務を履行しない場合において、譲受人が相当の期間を定めて譲渡人への履行の催告をし、その期間内に履行がないときは、債務者は、466条3項の履行の拒絶や譲渡人に対する債務消滅事由の対抗をすることができなくなる（466Ⅳ）。

　　→譲受人は、債務者に対し、履行の請求や強制執行ができるようになる

(b)　供託請求権（466の3）

　　(a)の催告権（466Ⅳ）は、「譲渡人への履行の催告」をするものであるが、譲渡人について破産手続開始の決定があった場合に、債務者が譲渡人に弁済してしまうと、譲受人には金銭が渡らなくなり、債権の回収が見込めなくなるリスクが生じる。

　　そこで、譲渡制限特約が付された金銭の給付を目的とする債権が譲渡された場合において、譲渡人について破産手続開始の決定があったときは、譲受人は、譲渡制限特約について悪意又は善意・重過失であっても、債務者にその債権の全額に相当する金銭を債務の履行地の供託所に供託させることができる（供託請求権、466の3前段）。この規定により、譲受人が負う債権回収のリスクを除去し、もって資金調達の円滑化を図ることが可能となる。

　　そして、供託金をめぐる権利関係の複雑化を避けるため、上記のとおり、譲受人は譲渡制限特約について悪意又は善意・重過失であってもよい。

　　ただし、譲受人は、債権の全額を譲り受けた者であって、その債権の譲渡について第三者対抗要件（467Ⅱ）を具備した者でなければならない（同前段かっこ書）。

2　譲渡制限特約付きの債権の差押え（466の4）

　　466条3項の規定は、譲渡制限特約が付された債権に対する強制執行をした差押債権者に対しては、適用されない（466の4Ⅰ）。

　　∵　差押禁止債権は民事執行法により法定されているから、当事者の合意によって差押禁止債権と同等のものを作出することは認められない

　　ただし、差押債権者が、譲渡制限特約について悪意又は善意・重過失の譲受人等の債権者である場合、債務者は、この差押債権者に対して、譲渡制限特約を対抗することができる（466の4Ⅱ）。

　　∵　かかる差押債権者に、執行債権者（悪意又は善意・重過失の譲受人等）が有する権利以上の権利を認めるべきではない

☞ One Point ▶ 差押え・転付命令の競合

　　債権について差押え・転付命令を得ると、債権譲渡がなされたのと同様の効果が生じるため、差押え・転付命令が競合する場合には、債権の二重譲渡（後述）があった場合と同様に処理されるものと理解されています。

三　預貯金債権の特則（466の5）

◀中田・637頁

1　預貯金債権に係る譲渡制限特約の効力

　　預貯金債権にも466条2項が適用されれば、頻繁に入出金が行われて金額が増減することが予定されている預貯金債権をめぐる法律関係が譲渡によって複雑化し、払戻しに支障が生じて金融システムの円滑な運用に支障が生じかねない。

　　そのため、預貯金債権について当事者がした譲渡制限特約は、466条2項の規定にかかわらず、その譲渡制限の意思表示がされたことを知り、又は重大な過失によって知らなかった譲受人等に対抗することができる（466の5Ⅰ）。

　→悪意又は善意・重過失の譲受人との関係では、当該譲渡は無効であり、債
　　権者は譲渡人のままということになる

　もっとも、譲渡制限特約により差押えを封じるべきではないから、譲渡制限
特約付きの預貯金債権に対する強制執行をした差押債権者に対しては、譲渡制
限特約を対抗することができない（466の5Ⅱ）。

2　譲渡制限特約付きの預貯金債権の譲渡後における債務者の承諾

論点

問題の所在

　譲渡制限特約付きの預貯金債権
が、同特約について悪意又は善意・
重過失である譲受人に譲渡された後
に、債務者（銀行）が債権譲渡を承
諾した場合、債権譲渡の効力をどの
ように解すべきか。

　例えば、Aが、B銀行に対して有
する譲渡制限特約付きの預貯金債権
を、同特約について悪意のCに譲渡
したが、事後的に債務者であるB銀
行がその債権譲渡を承諾した場合、
AC間の債権譲渡は、譲渡時に遡っ
て有効となるのか、それとも、承諾
時から将来的に有効になるのか。

　また、B銀行による承諾よりも前
に、Aの債権者Dが当該債権を差し
押さえていた場合はどうか。

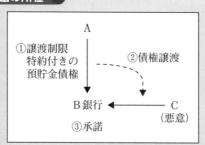

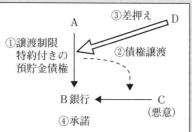

考え方のすじ道

預貯金債権の場合、その譲渡制限特約について悪意の譲受人との関係では、当該
債権譲渡は無効である（466の5Ⅰ）
　　　　↓しかし
無効と解されるのは、債務者の利益を保護するためである
　　　　↓とすれば
債務者が承諾した場合には、当該債権譲渡を無効と解する必要はない
　　　　↓そこで
債務者の承諾がある場合には、116条本文を類推適用して無効行為の追完を認め
るべきである
　　　　↓なぜなら
預貯金債権に譲渡制限特約が付された場合、債権者は当該債権の処分権限を有し
ておらず、無権代理人の行為と類似のものとみることができ、無権代理行為の追
認（116）と同様の法理によることが考えられるからである
　　　　↓したがって
債務者の承諾によって、債権譲渡は譲渡時に遡って有効になる（116本文類推適
用）
　　　　↓ただし
この場合であっても、承諾前に利害関係をもった第三者の権利を害することは許
されない（116ただし書類推適用）

判例 最判平9.6.5／百選Ⅱ [第8版]〔25〕

事案： AはBに対する債権をX
に譲渡したが、本件債権に
は譲渡禁止特約（平成29
年改正民法下における譲渡
制限特約）が付されており、
譲渡当時、Xは、特約につ
き悪意又は少なくとも重過

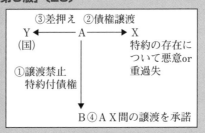

失であった。その後、Y（国）が本件債権を差し押さえ、その後に
債権譲渡につきBから承諾を受けたXとYとが債権の帰属をめぐっ
て争った。

判旨： 譲渡禁止特約付き債権について、「譲受人が右特約の存在を知り、
又は重大な過失により右特約の存在を知らないでこれを譲り受けた
場合でも、その後、債務者が右債権の譲渡について承諾を与えたと
きは、右債権譲渡は譲渡の時にさかのぼって有効となるが、民法
116条の法意に照らし、第三者の権利を害することはできない」。

☞ One Point ▶ 預貯金債権以外の債権の場合

　上記債務者の承諾に関する議論は、譲渡制限特約に反する債権譲渡が無効であ
る預貯金債権（466の5Ⅰ）についてのみ妥当する議論であり、譲渡制限特約に反
する債権譲渡も有効である預貯金債権以外の債権（466Ⅱ）については妥当しませ
ん。

　例えば、上記判例（最判平9.6.5／百選Ⅱ[第8版]〔25〕）の事案が、預貯金債
権ではなく売買代金債権についての事案であれば、Xが債権を有効に取得し、Yよ
りも先に対抗要件（債務者Bの承諾）を備えているため、XはYに優先することに
なります。

6-1-4 債権譲渡の対抗要件

学習の指針

　債権譲渡の効果を債務者や第三者に対抗するためには、債務者に対する通知又は債務者の承諾が必要となります（467 I）。このように通知・承諾が債務者に対してのみならず第三者に対する対抗要件とされるのは、債務者に債権譲渡の事実を認識させ、債務者をして債権の帰属を第三者に公示しようとする点にあります。

　本節の内容は、短答式試験・論文式試験のいずれにおいても出題可能性のある非常に重要な分野です。特に、債権の二重譲渡において第三者が確定日付ある通知・承諾をともに具備している場合の処理に関しては十分な理解が不可欠です。判例・通説である到達時説をしっかりとおさえたうえで、①各譲受人・債務者間の関係（全額請求の可否）、②各譲受人相互の関係（分配請求の可否）について、判例を中心にしっかりと理解・表現できるようにしておきましょう。

一　はじめに

1　債権譲渡の効果を債務者や第三者に対抗するためには、債務者に対する通知又は債務者の承諾が必要である（467 I）。

◀内田III・232頁
　中田・647頁

2　債務者に対する対抗要件

　「物」の譲渡（物権変動）の場合には、第三者に対する対抗要件のみが要求されるが（177、178）、債権譲渡の場合には、債務者に対しても対抗要件（467 I）が必要とされている。

　∵　債権譲渡は譲渡人と譲受人の間の契約のみによって行われ、債務者はこれに関与しないから、債務者に債権譲渡があったことを知らせないと、債務者が元の債権者に支払った後で、譲受人から更に支払を請求され、二重払いの危険が生じかねない

　ここにいう「対抗」とは、物権変動における対抗（177、178参照）とは異なり、譲受人が債権者であることを主張することを意味する。

3　第三者に対する対抗要件

　債権譲渡であっても、債権を二重に譲渡することは可能であり、譲渡人の債権者が譲渡を知らずに債権を差し押さえることも考えられる。そのため、物権変動と同様に、第三者に対する対抗要件を備えることも必要である。民法は、「債務者以外の第三者」に債権譲渡を「対抗」するためには、「確定日付のある証書」による「通知」又は「承諾」を要するとした（467 II）。

　ここにいう「対抗」とは、物権変動における対抗（177、178参照）と同じ意味であり、その債権について両立し得ない権利関係に立つ者の間でいずれが優先するかを決めることを意味する。

　→第三者に対する対抗要件において、一方が優先した場合には、その優先した譲受人が唯一の債権者となり、劣後した譲受人は債権の譲受けそのものを否定されることになる

　また、「第三者」とは、譲渡された債権そのものについて両立し得ない法律上の利益を有する者に限られる（大判大4.3.27）。

【467条2項「第三者」の例】

判例上「第三者」に当たるとされた者	① 債権の二重譲受人 ② 債権上の質権者 ③ その債権を差し押さえた、譲渡人の債権者 ④ その債権の譲渡人が破産した場合における破産債権者
判例上「第三者」に当たらないとされた者	① 債権譲渡が無効である場合の無権利者 ② 譲渡債権の保証人 ③ 債権譲渡によって間接的に影響を受ける、債務者の単なる債権者 **ex1.** 甲の乙に対する債権を丙が譲り受けて、これを自働債権として自己の乙に対する債務と相殺した場合に、この受働債権を相殺後に差し押さえた乙の債権者丁 **ex2.** 甲が乙に対する債権を自己の丙に対する債務の代物弁済として譲渡した場合に、その代物弁済によって消滅した丙の甲に対する債権を丙から譲り受けた丁

4 対抗要件を不要とする特約

債権譲渡の対抗要件に関する467条2項が強行規定であることに異論はない。

では、467条1項は強行規定か。債権者・債務者間で対抗要件を不要とする特約を結ぶことは可能かが問題となる。

この点について、判例（大判大10.2.9）は、467条1項も強行規定であり、対抗要件を不要とする特約は無効であるとする立場に立っている。

∵① 特約を有効とすれば、債務者が二重弁済の危険を負う

② 通知・承諾は単に債務者に譲渡の事実を知らせるだけのものではなく、債務者に譲渡の事実について認識を与えて第三者に公示しようとするものであり、その債務者の認識を奪う特約は第三者保護の見地から認めるべきではない

他方、467条1項は任意規定であり、対抗要件を不要とする特約は有効であるとする立場もある。

∵ 467条1項は債務者の保護を目的とするものであり、債務者において自らが保護されるべき規定を排除する意思を有しているならば、それを妨げる理由はない

二 債務者に対する対抗要件（467Ⅰ）

債務者に対する対抗要件としては、債務者に対する通知と債務者による承諾がある（467Ⅰ）。

◀中田・649頁以下

1 通知

通知とは、債権譲渡の事実を債務者に知らせることをいう。

通知は譲渡人からなされるべきであり、譲受人からの通知は無効である。

∵ 譲受人からの通知を認めると、実際には譲り受けていないのに「私は債権を譲り受けた」と嘘をついて債務者に通知する危険がある

☞ One Point ▶ 通知請求権

　このように通知の主体を譲渡人に限定する趣旨が詐称譲受人からの虚偽の通知の防止という点にあるため、譲受人は債権者代位権（423）を行使して通知することもできないと解されています（大判昭5.10.10）。

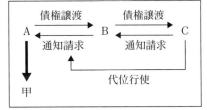

　ただし、譲受人保護の観点から、譲渡人には通知義務が課せられ、譲受人は譲渡人に対して通知するよう請求することができます。例えば、Aの甲に対する債権がBCと順次譲渡された場合、Cは、BがAに対して有する通知請求権を代位行使（423）することができると考えられています（大判大8.6.26）。

＊1　通知の法的性質は観念の通知であるが、意思表示に関する規定を類推してよい。具体的には、①通知は到達によって効力を生じ（97Ⅰ）、債務者がこれを現実に認識したか否かを問わず（大判明45.3.13）、②代理の規定の適用により、譲渡人は代理人によって通知することができる（最判昭46.3.25）。

＊2　通知の時期は譲渡と同時でなく後でもよいが、その効力は通知の時から発生し、遡及することはない。また、譲渡以前にあらかじめ通知しても、譲渡されるか否かが不明確であり、これを対抗要件として有効とすると債務者に不利益となるため、譲渡前の通知は無効であると考えられている（通説）。ただ、将来債権を譲渡した場合は、債権自体が成立する前の通知でも有効である（467Ⅰかっこ書）。

2　承諾

　承諾とは、債務者が債権譲渡の事実について認識したことを表明することをいう。

　債務者のする承諾は、譲渡人・譲受人のいずれに対してなしてもよい（大判大6.10.2、通説）

＊　承諾の法的性質も、通知と同様、観念の通知と考えられているが、意思表示に関する規定を類推してよい。例えば、代理人による承諾も可能である。

☞ One Point ▶ 承諾の時期

　承諾の時期に関しては、通知と同様、譲渡と同時でなく事後でもよいとされています。

　そして、通知の場合と異なり、譲渡前の承諾は、譲渡債権と譲受人が特定されている場合には、債務者との関係でも対抗要件として有効であると解されています（最判昭28.5.29）。承諾は債務者自身がなすものであり、これを有効と認めても債務者に不利益とはならないからです。

3　効果

　通知・承諾がない間は、債務者は譲受人から請求されても、弁済を拒むことができる。

　この通知・承諾は、確定日付のないものであってもよいが、後に他の譲受人について確定証書ある通知がなされれば、債務者との関係でもこれが優先する（大連判大8.3.28）。

三　第三者に対する対抗要件（467Ⅱ）

1　はじめに

(1)　意義

　　債務者以外の第三者に対する対抗要件は、物権変動における対抗要件（177、178）と同じく、公示の要請に基づく。債権取引の安全を図る目的で設けられたもので、債権が譲渡されても対抗要件を備えないと、その後にその債権について利害関係に入った第三者に対抗できないとした。

(2)　467条2項が確定日付のある証書を要求した趣旨（467条1項と2項の関係）

◀内田Ⅲ・266頁以下
　中田・667頁以下

! 論点

問題の所在

　　467条1項は、債務者に対する通知又は債務者からの承諾が債務者その他の「第三者」への対抗要件になるとしている。他方、467条2項は「確定日付のある証書」による通知・承諾をもって債務者以外の「第三者」への対抗要件としている。そこで、467条1項と2項の関係が問題となる。

考え方のすじ道

467条1項は、債権譲渡につき、債務者に対する譲渡の通知・債務者の承諾をもって、債務者のみならず債務者以外の第三者に対する関係においても対抗要件としている
↓これは
当該債権の債務者の債権譲渡の有無についての認識を通じ、債権の帰属を債務者によって第三者に公示させようとしたものである
↓そして
同条2項が、通知又は承諾が第三者に対する対抗要件たりうるためには、確定日付のある証書をもってすることを必要としている趣旨
→旧債権者が債権を二重譲渡し、債務者と通謀して譲渡の通知又はその承諾のあった日時を遡らせる等の作為により、債務者を通じた表示を信頼した第三者の権利を害することを可及的に防止することにある

アドヴァンス

判例　最判昭49.3.7／百選Ⅱ[第8版]〔29〕

事案：　昭和44年2月13日頃、XはAから、Aが東京都下水道局長に対して有する本件債権を譲り受け、Aはこの債権譲渡の通知として、下水道局長宛の債権譲渡書と題する書面に公証人から同月14日付の印章の押印を受け、同日午後3時頃下水道局に持参してその職員に交付した。さらに、Aは同日午後6時までの受付印のある内容証明郵便をもって重ねて下水道局長に本件債権譲渡の通知をした。他方、YはAに対して有する金銭債権の執行を保全するため、同月14日東京地方裁判所から本件債権に対する仮差押命令を得、この仮差押命令は同日午後4時5分頃、第三債務者たる下水道局長に送達された。XはYの仮差押命令の執行の排除を求めて第三者異議の訴えを提起した。

判旨：　「思うに、民法467条1項が、債権譲渡につき、債務者の承諾と並んで債務者に対する譲渡の通知をもって、債務者のみならず債務者以外の第三者に対する関係においても対抗要件としたのは、債権を譲り受けようとする第三者は、先ず債務者に対し債権の存否ないしはその帰属を確かめ、債務者は、当該債権が既に譲渡されていたとしても、譲渡の通知を受けないか又はその承諾をしていないかぎ

り、第三者に対し債権の帰属に変動のないことを表示するのが通常であり、第三者はかかる債務者の表示を信頼してその債権を譲り受けることがあるという事情の存することによるものである。このように、民法の規定する債権譲渡についての対抗要件制度は、当該債権の債務者の債権譲渡の有無についての認識を通じ、右債務者によってそれが第三者に表示されうるものであることを根幹として成立しているものというべきである。そして、同条２項が、右通知又は承諾が第三者に対する対抗要件たり得るためには、確定日付ある証書をもってすることを必要としている趣旨は、債務者が第三者に対し債権譲渡のないことを表示したため、第三者がこれに信頼してその債権を譲り受けたのちに譲渡人たる旧債権者が、債権を他に二重に譲渡し債務者と通謀して譲渡の通知又はその承諾のあった日時を遡らしめる等作為して、右第三者の権利を害するに至ることを可及的に防止することにあるものと解すべきであるから、前示のように同条１項所定の債権譲渡についての対抗要件制度の構造になんらの変更を加えるものではないのである。」

☞ One Point ▶ 確定日付

　確定日付とは、それが存在する場合に、その日に、又はその日までに証書が作成されていたという証拠力が与えられるものをいいます（民法施行４）。確定日付のある証書の具体例としては、郵便局の内容証明郵便、公証人の作成する公正証書などが挙げられます。

　本文で述べたとおり、通知・承諾が要求される趣旨が債務者に債権譲渡の事実を認識させることで公示機能を図る点にあるとすれば、通知の場合は、それが債務者に到達して初めて意味をもつことになります。

　そうだとすれば、確定日付は通知の到達時を示すものでなければならないはずです。単に、確定日付のある通知を債務者に発信すればよいわけではないと考えられます。

　しかし、通知の到達時を確定日付で証明することは、実際上困難です。そのため、通知書に確定日付が付されていれば、これとは別に、通知の到達時を確定日付で証明する必要はないと考えられています（大連判大3.12.22）。

2　問題となる場合

(1)　二重譲受人がともに確定日付のある通知を具備している場合

(a)　優劣の基準

論点

▰ 問題の所在 ▰

　債権がＡからＣとＤに二重に譲渡され、両譲受人がともに確定日付のある通知・承諾を得た場合、どのようにしてＣＤ間の優劣を決するべきか。

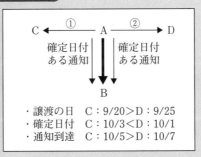

・譲渡の日　　Ｃ：9/20＞Ｄ：9/25
・確定日付　　Ｃ：10/3＜Ｄ：10/1
・通知到達　　Ｃ：10/5＞Ｄ：10/7

考え方のすじ道

467条１項が通知・承諾を要求する趣旨は、債務者に債権譲渡の事実を認識させ、その債務者の認識を通じて債権の帰属を第三者に公示させようとした点にある
　　　↓そうだとすれば
第三者に対する対抗要件を備えたといえるためには、債務者が債権譲渡の事実を認識しうるような状態、すなわち通知の到達が必要である
　　　↓この点
同条２項が確定日付のある証書を要求しているのは、譲渡人と債務者とが通謀して譲渡の通知・承諾の日時を遡らせて第三者が権利を害されることを可及的に防止する趣旨であり、それ自体に公示機能があるわけではない
　　　　↓したがって
対抗要件の取得時は通知の到達時（到達時説、判例・通説）
　　　　↓そうだとすれば
本事例においては、通知が先に債務者Ｂのもとに到達しているＣが優先し、Ｃは、Ｂに対して債務の履行を請求できる

アドヴァンス

A　到達時説（判例・通説）

　二重譲渡等において確定日付のある通知・承諾が２つ以上あるときは、通知が債務者に到達した日時又は債務者の承諾の日時の先後によって優劣を決する。

（理由）
① 467条１項が通知・承諾を要求する趣旨は、債務者に債権譲渡の事実を認識させ、その債務者の認識を通じて債権の帰属を第三者に公示させようとした点にあるから、債権が二重に譲渡された場合における譲受人相互間の優劣は、確定日付のある通知が債務者に到達した日時又は確定日付のある債務者の承諾の日時の先後によって決すべきである。
② 467条２項が確定日付のある証書を要求する趣旨は、譲渡人と債務者とが通謀して譲渡の通知・承諾の日時を遡らせて第三者の権利が害されることを可及的に防止する趣旨であり、それ自体に公示機能はない。

（批判）
　到達に確定日付を要することまで要求していないため、当事者が通謀により到達時を遡らせることはなお可能であり、２項の目的を達成することはできない。

（反論）
　少なくとも確定日付より前に到達したと主張することはできないから、その限りで当事者の通謀による先行到達の主張を防止しうる。

B　確定日付説

　確定日付の先後によって、優劣を決すべきである。

（理由）
① 467条２項の趣旨は、当事者の通謀により譲渡の日時を遡らせることができないようにしたものである。この趣旨にかんがみれば、確定日付の日時の先後により画一的に優劣を決すべきである。
② 債権を譲り受けようとする者は、債務者への問い合わせにより債権の存否を確かめるのではなく、譲渡人を信用して譲り受けるのが実情である。
③ 到達時説をとると、通謀により容易に到達時を遡及させることが可能となり、法的安定性が害される。

（批判）
　通知に確定日付が付された後長期間経過後に発信された場合でも、その間に登場した第二譲受人は第一譲受人に常に劣後することになり（いったん確定日付ある証書によって絶対的効力を生じたはずの債権譲渡が、その後到達した通知の確定日付が先行していたことによって覆滅されることになる）、法的安定性を害する。

判例 **最判昭49.3.7／百選Ⅱ[第8版][29]**

事案：⇒178頁参照

判旨：「民法467条の対抗要件制度の構造に鑑みれば、債権が二重に譲渡された場合、譲受人相互の間の優劣は、通知又は承諾に付された確定日付の先後によって定めるべきではなく、確定日付のある通知が債務者に到達した日時又は確定日付のある債務者の承諾の日時の先後によって決すべきであり、また、確定日付は通知又は承諾そのものにつき必要であると解すべきである。そして、右の理は、債権の譲受人と同一債権に対し仮差押命令の執行をした者との間の優劣を決する場合においてもなんら異なるものではない。」

👉 One Point ▶判例・通説における467条2項の意義

到達時説は、467条2項の趣旨を、譲渡人（右図A）・債務者（同B）の通謀によって、譲渡の通知・承諾の日時を遡らせて第三者の権利を害することを「可及的に防止する」ためのものと解していますが、この「可及的に防止する」とは、「できる限り防止する」という意味です。

例えば、Ⅰ図の場合は、第2譲渡の確定日付は4月6日であるため、ABの通謀により第2譲渡の通知到達時を、Cに対する通知の到達時よりも早い4月2日に遡らせることはできず、通謀を防止できます。

しかし、Ⅱ図の場合は、第2譲渡の確定日付が4月2日であるため、ABが第2譲渡の通知到達時をCに対する通知の到達時よりも早い4月3日に遡らせることが可能となってしまい、通謀によりCを害することを防ぐことはできません。

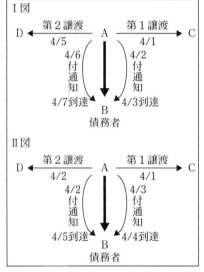

(b) 確定日付のある通知が同時に到達した場合（到達の先後不明の場合も含む）

   ア 譲受人と債務者の関係

問題の所在

AのBに対する100万円の債権がCとDに二重に譲渡されたが、いずれの譲渡についてもAからBに確定日付のある通知がなされ、それがBのもとに同時に到達したという場合、CDは①Bに履行請求できるか、②履行請求できるとした場合、100万円全額の請求が可能なのか、それともCD間で100万円の債権が分割され、50万円の限度で請求が可能なのか。

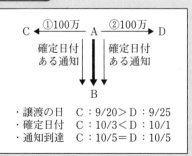

確定日付のある2つの通知が同時に債務者のもとに到達した場合において、到達時説（判例・通説）に立つと、両者の優劣を決することができない。この場合、各譲受人は債務者に対していかなる地位に立つかが問題となる。

考え方のすじ道

①について
到達時説に立つと、ＣＤ間に優劣はない
　　　　　↓そうすると
ＣＤいずれも債務者Ｂに対して、債権者たることを主張し得ないとも思える
　　　　　↓しかし
債務者は、本来債務を負担しているにもかかわらず、誰にも弁済しなくてもよいことになるのは妥当でない
　　　　　↓よって
各譲受人は、いずれも債務者に請求することができると解すべきである

②について
ＣＤの有する債権は一種の連帯債権と見ることができる
　　　　　↓よって
両者とも全額請求が可能である
　　　　　↓そして
いずれか一方が全額弁済を受けた場合には、債権は目的を達して消滅し、その後はＣＤ間の内部問題として解決されるべきである
＊　分配請求の可否について　⇒183頁以下

アドヴァンス

① 各譲受人は履行を請求できるか
A　各譲受人は、債務者に対して弁済を請求することができるとする説（判例・通説）
（理由）
　① もし各譲受人とも債務者に弁済の請求をなしえないとすると、債務者は譲受人のいずれに対しても弁済の責めを免れることになり、不合理である。
　② 譲受人の優劣を決定する基準として、他の要因（発信の時の先後により、これも同じときは譲渡の先後による）も決定的な基準にはなりえない。
B　各譲受人は、債務者に対しても債権を主張できない、あるいは債務者は弁済を拒みうるとする説
（理由）
　現行法上、優劣を決しえない。
（批判）
　債務者は本来債務を負担しているにもかかわらず、誰にも債務を支払わないでもよいということになり、妥当でない。

② 全額請求の可否
A　全額請求説（判例・通説）
　譲受人は各人が全額の請求をすることができ、債務者は譲受人のいずれかに全額を支払えば免責される。
（批判）
　複数の債権者が存する場合には分割債権が原則であり、1人の全額での単独の受領権限は積極的理由がなければ認められないはずである。
B　分割請求説（分割債権説）
　各譲受人間の債権を分割債権とし、1人の全額請求を否定する。
（批判）
　何ら非のない債務者に面倒な分割弁済を課すことは妥当でない。

判例 最判昭55.1.11

債権が二重に譲渡され、確定日付のある各譲渡通知が同時に債務者に到達したときは、各譲受人は、債務者に対し譲受債権全額の弁済を請求することができ、譲受人の1人から弁済の請求を受けた債務者は、他の譲受人に対する弁済その他の債務消滅事由が存在しない限り、弁済の責めを免れることができない、としてＡ説に立った。

イ　確定日付のある通知が同時に到達した場合における各譲受人間の内部
関係

◀内田Ⅲ・270頁
中田・671頁

!論点

問題の所在

　債権が二重譲渡されたが、両者とも確定日付のある通知・承諾を具備し、かつそれが同時到達した場合には、各譲受人は債務者に譲受債権全額の弁済を請求できる（判例・通説）。そして、債務者が譲受人の1人に債権全額を弁済すれば、それにより債権は消滅し、債務者は免責されるから、他の譲受人は弁済を請求することはできない。

　そこで、弁済を受けられなかった譲受人は、弁済を受けた譲受人に対して分配請求をすることができるかが問題となる。

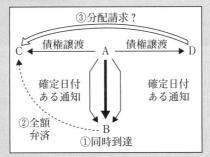

考え方のすじ道

譲受人相互間に優先劣後の関係を生じない場合は、各譲受人が対等の立場にあるのであるから、分配請求ができないという結論は不公平である
　　　　↓この点
各譲受人が全額請求できるとする根拠は、債権を一種の連帯債権として考える点にある
　　　　↓そうだとすれば
その求償権を根拠として、分配請求を認めるべきである

アドヴァンス

＊　他の譲受人が弁済を受けた譲受人に対して分配を請求した事案に関する判例は、現在のところ存在していないが、通知の到達の先後が不明であるために債務者が供託をしたという事案について、次のように判示した判例がある。

判例　**最判平5.3.30／百選Ⅱ[第8版]〔30〕**
事案：　C（国）は、A会社に対する租税債権徴収のため、A会社がB組合に対して有する運送代金債権を差し押さえ、B組合に通知した。他方、A会社は右債権をD会社に譲渡しており、B組合に対して確定日付のある通知がなされたが、Cの差押通知といずれが先に到達したかは不明であった。そこで、B組合が債権者不確知を理由に供託したため、CがDを相手方として右供託金還付請求権の取立権を有することの確認を求めた。

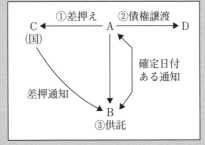

判旨：　「債権差押の通知と確定日付のある右債権譲渡の通知の第三債務者への到達の先後関係が不明であるために、第三債務者が債権者を確知することができないことを原因として右債権額に相当する金員を供託した場合において、被差押債権額と譲受債権額の合計額が右供託金額を超過するときは、差押債権者と債権譲受人は、公平の原則に照らし、被差押債権額と譲受債権額に応じて供託金額を按分した額の供託金還付請求権をそれぞれ分割取得するものと解するのが相当である」とした。

* この判決は、①到達の先後不明は同時到達と同様に扱うこと、②被差押債権額と譲受債権額の合計額が供託金額を超過するときには、被差押債権額と譲受債権額で供託金額を按分した額の供託金還付請求権を取得すること、の2点を判示したものである。

(2) 二重譲受人双方ともに確定日付のない通知を具備した場合

◀内田Ⅲ・275頁
中田・673頁

/論点

問題の所在

債権が二重に譲渡されたが、各譲受人がともに確定日付のない通知しか具備していない場合、各譲受人は債務者に対していかなる請求ができるか。例えば、AのBに対する債権がCDに二重に譲渡されたが、CDともに確定日付のない通知しか具備していなかったという場合、Cあるいは

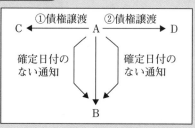

Dは、Bに対していかなる請求をなしうるか。各譲受人は、第三者に対する対抗要件（467Ⅱ）は備えていないが、債務者に対する対抗要件（467Ⅰ）は備えていることから問題となる。

考え方のすじ道

通知・承諾が確定日付のないものである場合、各譲受人は互いに優先権を主張できない（467Ⅱ）
　　　　↓しかし
これは譲受人相互間における優先関係の問題であり、債務者に対する対抗要件とは無関係である
　　　　↓そして
債務者との関係では、確定日付がなくても対抗要件として認められる（467Ⅰ）
以上、いずれかの譲受人から弁済の請求があれば、債務者はこれを拒めないと解する
　　　　↓よって
各譲受人はそれぞれ債務者に請求でき、債務者がいずれかの譲受人に弁済すれば、それにより債務者は免責され、後は譲受人相互間の分配請求の問題として処すべきである

アドヴァンス

A　債務者はいずれの請求も拒めないとする見解
　債務者はいずれの譲受人からの請求も拒めず、その請求に応じて弁済すれば有効である。
（理由）
　債務者への対抗要件は満たされている（467Ⅰ）以上、債務者に対する請求を否定すべき理由はない。
B　債務者はいずれの請求も拒めるとする見解
　債務者は、いずれの譲受人からの請求も拒めるが、いずれかの譲受人に弁済すれば、その弁済は有効であり、債務者は免責される。
（理由）
　確定日付のある証書によらない通知・承諾も債務者に対しては対抗力をもつが、それが二重に行われるときは、いずれの対抗力も優先的なものではなくなる（他の譲受人への弁済を拒否して自分へだけ弁済すべき旨を主張しえなくなる）とみるのが妥当である。

(3)　確定日付のある通知・承諾とない通知・承諾が存在する場合

例えば、AのBに対する債権が
CDに二重に譲渡され、第2譲受
人Dは確定日付のある通知・承諾
を具備しているが、第1譲受人C
は確定日付のない単なる通知・承
諾を具備しているにすぎないとい
う場合、第三者対抗要件を具備し
ているのはDのみである。

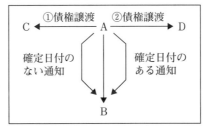

この場合、債務者Bは、Cへの弁済を拒否することができ（大判昭
7.6.28）、Dに弁済しなければならない（大連判大8.3.28）。このように467条
1項の債務者に対する対抗要件は、現実に弁済を受ける前に他の者が2項の
第三者対抗要件を具備するときは、債務者に対する関係でも機能しなくなる
のである。

(4)　二重譲受人双方ともに何らの通知もされていない場合

AのBに対する債権がCDに二重に譲渡され、ともに何らの通知もされて
いない場合、Bは、譲渡人たるAのみを債権者として対応すればよい（467
Ⅰ）。

ただし、この場合であっても、債務者の側から積極的に譲渡の事実を認め
て譲受人に弁済することは許される（大判明38.10.7）。そのため、BがC又
はDに弁済することは妨げられない。

☞ One Point ▶ 債権譲渡と差押えの競合

債権が差し押さえられた場合、差押えを受けた債権の債務者には裁判所から通知
されます（債権差押命令）。では、債権差押命令と債権譲渡の対抗要件である通知
とが競合する場合、その優劣はどのように付けられるのでしょうか。

例えば、AがBに対して甲債権を有しており、Cがその甲債権を差し押さえた
が、甲債権がその差押えよりも前にDに対して譲渡されていた場合において、債権
差押命令と債権譲渡の通知がともにBに到達したときは、その優劣はどう決すれば
よいのでしょうか。

この点について、判例（最判昭58.10.4）は、差押債権者と債権譲受人との間の
優劣は、債権差押命令の債務者への送達日時と、債務者への債権譲渡通知の到達
日時の先後によって決すべきであるとして、債権の二重譲渡事例における到達時説
と同様の結論を採っています。

四　債権の劣後譲受人に対する弁済と478条

【問題の所在】

債権が二重譲渡された場合におい
て、債務者が対抗要件で劣後する譲
受人に対して弁済した場合、債務者
は478条により保護されうるか。例
えば、AのBに対する債権がCDに
二重に譲渡され、ともに確定日付の
ある通知がBになされたが、その通
知の到達はDの方が先であったとい
う場合、到達時説によるとDが優先
することになる。にもかかわらず、
BがDではなくCに弁済した場合、CはDに劣後する以上、BのCに対する弁済
は無効となるはずである。そこで、Cを「受領権者……以外の者であって取引上

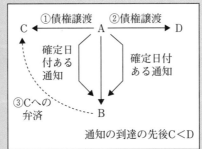

A ランク

/! 論点

◀内田Ⅲ・276頁
中田・674頁

の社会通念に照らして受領権者としての外観を有するもの」（表見受領権者）とみて、478条によりBを免責することができないか。債権の劣後譲受人が表見受領権者といえるかが問題となる。

考え方のすじ道

劣後譲受人を表見受領権者と認めると、債権譲渡の対抗要件を定めた467条の趣旨を没却するようにも思える
　↓しかし
478条によって弁済者を保護することは、債権譲受人の優劣関係を覆すものではない
　↓また
弁済後に不当利得による処理も可能である
　↓
劣後譲受人を表見受領権者と認めても467条の趣旨に反するとはいえない
　↓よって
弁済をした債務者が善意・無過失であれば債務者は478条より保護される
　↓もっとも
467条2項が劣後譲受人は対抗要件を先に具備した優先譲受人に対抗しえない旨定めている以上、478条により保護されるためには、優先譲受人の債権譲受行為又は対抗要件に瑕疵があるためその効力を生じないと誤信してもやむを得ない事情があるなど、劣後譲受人を真の債権者であると信ずるにつき相当な理由があることが必要である

アドヴァンス

A　表見受領権者に該当するとする見解（判例、多数説）
　劣後譲受人は、表見受領権者に該当する。
（理由）
　債権の二重譲受人間の優劣を決定する対抗要件制度（467Ⅱ）と、債権者でない者に弁済した債務者を保護する478条とは別次元の問題であり、前者の規定によって後者の規定が常に排斥されるわけではない。
B　原則として表見受領権者に該当しないとする見解
　債権の劣後譲受人は原則として表見受領権者にあたらず、劣後譲受人が表見受領権者に該当するのは対抗要件具備の手続に瑕疵があるなどして「対抗要件の公示内容に反する」処理が生じた場合のような例外的場合に限られる。
（理由）
　譲渡通知の到達の先後関係が何の問題もなく債務者に認識できるような場合には、劣後譲受人は真の権利者らしくみえる外観をもちえないから、表見受領権者に該当するのは例外的事情がある場合に限るべきである。
＊　A説をとったとしても、通知到達の先後関係が明白であるような場合には、478条の善意・無過失の要件は容易には認められない。よって、両説は、478条の適用自体で絞りをかける（B説）か、478条の適用を広く認めたうえで、善意・無過失の要件で絞りをかける（A説）かの差異があるにとどまり、実際上はあまり差はないといえる。

判例 最判昭61.4.11／百選Ⅱ〔第8版〕〔33〕

事案： Cは、AのBに対する債権を譲り受け、その通知は6月28日に到達した。その後、8月8日、AはCの債務不履行を理由に右債権譲渡を解除し、その旨Bに通知したが、この解除はAの誤解に基づくものであったため、Aは9月1日に、Bに対して右解除を撤回す

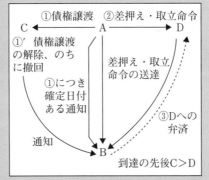

① 債権譲渡　② 差押え・取立命令
C ← A → D
①′ 債権譲渡
の解除、のち
に撤回
差押え・取立
命令の送達
①につき
確定日付
ある通知
③Dへの
弁済
通知
B
到達の先後C＞D

る旨の通知をした。他方、DはAに対する債権に基づき、AのBに対する本件債権について差押え・取立命令を得、11月1日にBに対してその旨の通知がなされた。このため、Bは、AC間の解除の有効性を信じ、また裁判所の判断に誤りはないものと考えて、Dに対して弁済した。そこで、Cが自己の優先性を主張して、Bに対して債務の弁済を請求した事案。

判旨： 二重に譲渡された債権の「債務者が、民法467条2項所定の対抗要件を具備した他の譲受人より後にこれを具備した譲受人に対してした弁済についても、同法478条の規定の適用があるものと解すべきである」として、A説を採用したが、「債務者において、劣後譲受人が真正の債権者であると信じてした弁済につき過失がなかったというためには、優先譲受人の債権譲受行為または対抗要件に瑕疵があるためその効力を生じないと誤信してもやむを得ない事情があるなど**劣後譲受人を真の債権者であると信ずるにつき相当な理由があることが必要である**」とした上で、Bにはこのような相当な理由がないため、478条によっては保護されないとした。

6-1-5 抗弁の承継

| 一　はじめに |
| 二　抗弁放棄の意思表示 |
| 三　債権譲渡と第三者保護規定 |
| 四　債権譲渡と相殺 |

学習の指針

466条1項本文において規定される債権の自由譲渡性により、債権者は自身が有する債権を様々な用途に用いることができます。他方、債務者は債権譲渡に関与しないため、債権譲渡によってその地位が不当に侵害されることのないように保護される必要があります。ここでは、債務者が譲渡人に対して有していた抗弁がどのように処理されるのか、債権譲渡が行われた場合にも債務者からの相殺の主張は可能なのかといった点を見ていきます。平成29年民法改正により大きく変更された分野ですし、内容的にも非常に重要ですので、短答式試験・論文式試験双方で出題される可能性が大いにあります。しっかりと理解するようにしましょう。

一　はじめに

1　総説

(1) 債権譲渡は債権の同一性を保ちながら債権が移転する契約であり、従前の債権が消滅する更改（債権者の交替による更改、513③）とは異なる。

そのため、債権に付随する従たる権利（利息債権・違約金債権・保証人に対する権利・担保物権など）や、各種の抗弁（⇒下記「**2　承継される抗弁の具体例**」参照）も、当然に譲受人に移転する（随伴性）。

このうち、抗弁について、468条1項は、「債務者は、対抗要件具備時までに譲渡人に対して生じた事由をもって譲受人に対抗することができる」と規定している。

ここにいう「対抗要件具備時」とは、467条1項による譲渡人の通知又は債務者の承諾がされた時、すなわち、債務者対抗要件が備えられた時である（466の6Ⅲ参照）。

また、「譲渡人に対して生じた事由」とは、既発生の抗弁や抗弁権の発生原因にとどまらず、抗弁事由発生の基礎となる事実まで広く含むと解されている。具体例については、後述する。

(2) 上記のように、債権譲渡において、抗弁の承継が認められる理由は、以下の点にある。

① 抗弁は、譲渡人に付着しているものではなく、譲渡される債権自体に付着しているものである。そして、債権譲渡は、債権の同一性を保ちながら債権を移転させることを目的とする契約であるから、債権が譲渡されれば、譲渡人に対抗することができた抗弁は、譲受人に引き継がれることになる。

② 債権譲渡は、債権の譲渡人と譲受人との間の合意のみにより成立し、債務者の関与なしに行われるものであるから、債務者が債権譲渡によって不利益を受けることがないようにする必要がある。

(3) なお、譲渡された債権が譲渡制限特約付きの債権である場合には、上で説明した468条1項の基準時は、次のように修正され、債務者の保護が強化されている。

すなわち、譲受人等が譲渡制限特約について悪意又は善意・重過失であり、かつ債務者が債務を履行しない場合、抗弁の基準時は「対抗要件具備時」で

◀ 中田・653頁

論文・司法R2

はなく、譲受人等が催告をした後「相当の期間を経過した時」(466Ⅳ) に伸長される。

　また、譲渡制限特約が付された金銭の給付を目的とする債権が譲渡された場合において、譲渡人につき破産開始手続の決定があったときは、抗弁の基準時は「対抗要件具備時」ではなく、「466条の3の規定により同条の譲受人から供託の請求を受けた時」(466の3) に伸長される。

2　承継される抗弁の具体例

　右の図において、BはAから債権譲渡の通知を受けるまでの間に取得したAに対する抗弁を全てCに対抗することができる。承継する抗弁としては、以下に挙げるようなものがある。

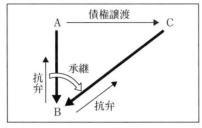

(1)　譲渡債権の不成立

　譲渡された債権の発生原因である契約が無効であって、当事者間に債権債務関係が発生していない場合、債務者は当然にこれを譲受人に対抗することができる。

　ただし、その債権の無効原因が虚偽表示 (94Ⅰ) である場合に、当該無効の抗弁が認められるかについては争いがある。　⇒190頁

(2)　取消し・解除などによる債権の消滅

　譲渡された債権の発生原因である契約に取消事由等がある場合、債務者は譲渡人に対してその契約の取消しや解除を主張し、これによる債権の消滅を譲受人に主張しうるにすぎない。すなわち、譲渡人に対する取消権・解除権そのものを譲受人に対抗できるというわけではない。なぜなら、譲受人は取消事由等のある契約の当事者ではないからである。

☞ One Point ▶ 取消し・解除による債権の消滅

　468条1項を反対解釈すれば、対抗要件具備後に譲渡人に対して生じた事由は、譲受人に対抗することができないということになります。では、①譲渡された債権について取消事由があったが、対抗要件具備時までに取り消されていなかった場合、債務者は譲渡人に取消権を行使して債務の消滅を対抗できるでしょうか。また、②売買代金債権が譲渡されたが、その対抗要件具備後に譲渡人の目的物引渡債務の不履行があったという場合、債務者は解除による債権の消滅を譲受人に主張できるのでしょうか。

　本文のとおり、「譲渡人に対して生じた事由」(468Ⅰ) とは、抗弁事由発生の基礎となる事実まで広く含む概念であると解されています。したがって、①取消権の場合、対抗要件具備時に債務者が取消権を行使していなくても、契約の時点で取消事由が既に存在している以上、対抗要件具備時に抗弁事由発生の基礎があるといえるため、債務者は取消しによる債務の消滅を譲受人に対抗できます。また、②解除権の場合、双務契約から生じた債権の一方が譲渡されたときは、たとえ対抗要件具備後に債務不履行が生じたとしても、双務契約は将来の債務不履行によって契約が解除される可能性がある以上、既に抗弁事由発生の基礎があるといえるため、債務者は解除権の行使による債務の消滅をもって譲受人に対抗できます。

---

(3)　弁済による債権の全部又は一部の消滅の抗弁
(4)　同時履行の抗弁 (533)・限定承認 (922) の抗弁
(5)　相殺 (505) の抗弁
　　⇒下記「四　債権譲渡と相殺」参照

二 抗弁放棄の意思表示

◀中田・665頁

1 総説

債務者は、対抗要件具備時までに譲渡人に対して生じた事由を譲受人に対抗することができる（468Ⅰ）。

もっとも、債権回収手段や換価手段など様々な用途に用いられる債権譲渡において、この規定がその取引の支障となる可能性がある。そこで、債権譲渡の取引実務では、債務者自身が債権者に対して有する抗弁を予め放棄する旨の意思表示を利用することが想定され、その有効性や効力が問題となる。

2 抗弁放棄の意思表示の有効性

抗弁を主張するか否かは債務者の自由であるため、自身の意思表示により抗弁を放棄するか否かも債務者の自由である。

もっとも、債務者が抗弁を放棄する場合には、その放棄される抗弁の範囲が債務者にとって識別可能な程度に特定されていなければならない。

また、抗弁放棄の意思表示と90条との関係が問題となる。例えば、賭博債権が譲渡され、債務者が公序良俗違反の抗弁を放棄する旨の意思表示をした場合であっても、賭博行為の禁止の要請が取引安全の保護の要請を上回る以上、債務者は譲受人に対して公序良俗違反による無効（90）を主張することができる（最判平9.11.11参照）。

3 抗弁放棄の意思表示の効力

債務者が抗弁を放棄する旨の意思表示をすることにより、譲受人は抗弁事由のない債権を譲り受けたことになる。

しかし、債務者の意思表示により第三者を害することはできないため、抗弁放棄の意思表示は、物上保証人や第三取得者といった第三者にはその効力を及ぼさない。

例えば、抵当権で担保されていた債権が債務者の弁済により消滅し、付従性によってその抵当権も消滅した場合において、債務者が抗弁放棄の意思表示をしたとしても、物上保証人にはその効力は及ばない。

→抗弁放棄の意思表示前に抵当不動産を取得した者は、債務者による抗弁放棄の意思表示にかかわらず、譲受人に対して抵当権の不存在又は消滅を主張することができる（最判平4.11.6／百選Ⅱ［第7版］〔30〕参照）

三 債権譲渡と第三者保護規定

◀中田・654頁以下

1 通謀虚偽表示

問題の所在

土地の売主Aは買主Bに対して有している3000万円の売買代金債権をCに譲渡し、その旨の通知をした。

その後、AB間の売買契約が虚偽表示に基づくものであったことが判明した。

Cは、Bに対して売買代金の支払を請求することができるか。

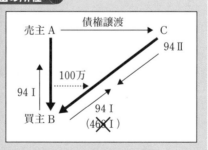

考え方のすじ道

ＡＢ間の売買契約は虚偽表示により無効（94Ⅰ）であり、Ｂは売買代金の支払義務を負わないということは、対抗要件具備時までにＡに対して生じた事由（468Ⅰ）であるから、Ｂは、Ｃに対して、虚偽表示による売買契約の無効を主張することができるとも思える
　　　↓他方
売買代金債権を善意で譲り受けたＣは、94条2項の「善意の第三者」に該当するため、ＢはＣに対して虚偽表示による売買契約の無効を主張することができない
　　　↓そこで
468条1項と94条2項の関係が問題となる
　　　↓この点
468条1項の趣旨は、債権譲渡が債務者の関与なしに譲渡人と譲受人との間の合意のみによって成立するものであるから、債務者が債権譲渡によって不利益を受けることがないように保護する点にある
　　　↓そうだとすると
虚偽表示に基づいて自ら虚偽の債務を負った債務者の帰責性は大きく、468条1項によって保護する必要はない
　　　↓したがって
Ｃには94条2項が適用される結果、ＢはＣに対して虚偽表示による売買契約の無効を主張することができず、Ｃは、Ｂに対して売買代金の支払を請求することができる

アドヴァンス

判例　大判大3.11.20
　譲受人は「善意の第三者」（94Ⅱ）として保護され、債務者は譲受人に対して虚偽表示による無効を対抗しえないとした。

☞One Point▶心裡留保・錯誤取消し・詐欺取消しの場合

　上記において述べたことは、心裡留保による無効（93Ⅰ）や錯誤取消し（95Ⅰ）、詐欺取消し（96Ⅰ）においても同様に問題となります。心裡留保による無効については、虚偽表示の場合と同様に考えてよいでしょう。
　では、詐欺取消しの場合について考えてみましょう。詐欺により意思表示を行った債務者は、被害者である一方で落ち度もあるといえ、取引の安全を犠牲にしてまで保護するには値しないと考えれば、債権の譲受人を「第三者」（96Ⅲ）として保護し、468条1項の適用を否定して、債務者による詐欺取消しの主張を封じるべきであると解することになるでしょう。
　他方、落ち度はあるにせよ、詐欺の被害者として保護すべきであるとして、譲受人が債務者から抗弁の対抗を受ける原則を貫くべきであると考えれば、468条1項の適用を肯定して、債務者による詐欺取消しの主張を認めることになります。

2 解除

問題の所在

　売主Aは買主Bとの間で売買契約を締結し、Bに対する売買代金債権をCに譲渡した上で、その旨をBに通知した。その後、Aが目的物を第三者に二重譲渡し、債務不履行に陥ったため、Bが売買契約を解除したとする。この場合、BはCに対し、解除による債権の消滅を主張することができるか。

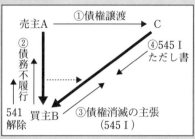

(1) Bの解除原因は、Cに対する通知後に生じているので、「対抗要件具備時までに譲渡人に対して生じた事由」（468 I）に当たらず、債権消滅の抗弁を主張できないのではないか。

(2) 「対抗要件具備時までに譲渡人に対して生じた事由」に当たるとしても、Cは解除前に債権譲渡を受けているので、545条1項ただし書の「第三者」として保護されないかが問題となる。

考え方のすじ道

(1)について

「対抗要件具備時までに譲渡人に対して生じた事由」（468 I）とは、抗弁事由そのもののみならず、抗弁事由発生の基礎となる事実まで広く含むものと解すべきである

　↓なぜなら

こう解するのが文言上素直であるし、債権譲渡に関与しない債務者が債権譲渡によって不利益を受けるべきではないという468条1項の趣旨に合致するからである

　↓そして

譲渡された債権が双務契約から生じた場合には、将来の債務不履行の一般的な可能性があれば抗弁事由発生の基礎となる事実が存在するといえる

　↓よって

対抗要件具備時までに将来の債務不履行の一般的な可能性が生じていれば、Bは解除による債権の消滅をCに対して対抗することができる

(2)について

解除前に債権を譲り受けた者は、解除前の「第三者」として、545条1項ただし書により保護されるとも思える

　↓しかし

「第三者」とは、解除された契約から生じた法律効果を基礎として、解除までに新たな利害関係を取得した者であって、解除によって消滅する債権そのものの譲受人は含まれない

　↓よって

Cは、545条1項ただし書の「第三者」として保護されないと解する

アドヴァンス

(1)について

A　肯定説

　（理由）

　① 468条1項の文言

　② 債務者保護という468条1項の趣旨

B　限定肯定説

　請負報酬請求権などのように、仕事完成義務を残すような契約から生じる債権であることを知って譲り受けた者のみが、解除をもって対抗される。

　（理由）

　肯定説に立てば、468条1項が双務契約では事実上骨抜きになり、債権譲渡の取引

の安全が害される

(2)について

> **判例** **大判明42.5.14**
> 　契約によって発生した債権を譲り受けた者は、545条1項ただし書の「第三者」にあたらないとした。その際、ここにいう「第三者」とは、解除された契約から生じた法律効果を基礎として、解除までに新たな権利を取得した者をいう旨判示した。

四　債権譲渡と相殺

◀中田・656頁以下

1　はじめに

(1)　譲渡された債権の債務者が譲渡人に対して債権を有しており、債務者が相殺をしたい場合、債権譲渡と相殺の関係が問題となる。

　債権譲渡によって、それに関与しない債務者が不当にその地位を侵害されることのないように保護すべきであるとすれば、抗弁の承継（468Ⅰ）と同様に、債権譲渡前に債務者が相殺できた場合には、債権譲渡の後であっても、相殺に対する債務者の期待を保護すべきである。

(2)　そこで、債権譲渡の後であっても、譲渡人に対して有する反対債権が以下のいずれかに該当する場合には、債務者は、その反対債権による相殺をもって譲受人に対抗することができる。

①　「対抗要件具備時」（債務者対抗要件具備時、467Ⅰ参照）より前に取得した譲渡人に対する債権（469Ⅰ）

②　「対抗要件具備時」より後に取得した譲渡人に対する債権であっても、対抗要件具備時より前の原因に基づいて生じた債権（469Ⅱ①）

③　「対抗要件具備時」より後に取得した譲渡人に対する債権であっても、上記②のほか、譲受人の取得した債権の発生原因である契約に基づいて生じた債権（469Ⅱ②）

→上記②③のいずれかに該当する場合であっても、債務者対抗要件具備時より後に他人から取得した債権による相殺をもって譲受人に対抗することはできない（469Ⅱ柱書ただし書）

∵　譲受人が債務者対抗要件を具備した時よりも前の時点において、債務者の相殺への期待を認めることができない

＊　なお、譲渡された債権が譲渡制限特約付きの債権である場合には、抗弁の承継の場合と同様、債務者の債権取得の基準時が「対抗要件具備時」ではなく466条4項の「相当の期間を経過した時」等に修正され、債務者の保護が強化されている。

2　「対抗要件具備時」（債務者対抗要件具備時）より前に取得した譲渡人に対する債権（469Ⅰ）による相殺

　債権の譲渡人Aが譲受人Cに債権を譲渡した場合において、債務者Bがその債権譲渡の債務者対抗要件具備時よりも前にAに対する債権を取得していたときは、Bはその債権による相殺をもって、Cに対抗することができる（469Ⅰ）。

→Bは、Aに対する債権が債務者対抗要件具備時より前に取得したものである限り、その債権の弁済期が到来して相殺適状に達しさえすれば、債務者対抗要件具備時より後においても相殺することができる（無制限説、最判昭50.12.8／百選Ⅱ［第8版］〔28〕参照）。

3　「対抗要件具備時」（債務者対抗要件具備時）より後に取得した債権を自働債権とする相殺（469Ⅱ）

(1)　原則

債権の譲渡人Aが譲受人Cに債権を譲渡した場合において、債務者Bがその債権譲渡の債務者対抗要件具備時よりも後にAに対する債権を取得したときは、Bはその債権による相殺をもって、Cに対抗することができない（469Ⅰ反対解釈）。

しかし、債務者保護の必要性の観点から、469条2項は2つの例外を定めている。

(2)　対抗要件具備時より前の原因に基づいて生じた債権（469Ⅱ①）

(a)　債務者は、対抗要件具備時より後に取得した譲渡人に対する債権であっても、それが対抗要件具備時より「前の原因」に基づいて生じたものであるときは、譲受人に対して相殺を対抗することができる（469Ⅱ①）。

これは、対抗要件具備時より前に反対債権の発生原因が存在するのであれば、債務者の相殺に対する期待は保護されるべきであることを理由とする。

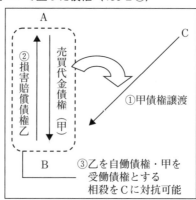

ex.　AはBに対して甲債権（売買代金債権）を有していたところ、甲債権をCに譲渡し、その旨の通知をBにした後、AB間の売買契約の契約不適合により、BがAに対して乙債権（損害賠償債権）を取得した場合、Bは、乙債権を自働債権とする甲債権との相殺をCに対抗することができる

(b)　469条2項1号にいう「前の原因」は、譲渡された債権を発生させた原因である契約と同一のものである必要はない。

また、469条2項1号は「前の原因」とだけ定め、469条2項2号のように「債権の発生原因である契約」といった限定を加えていない。そのため、469条2項1号の「前の原因」とは、契約に限らず、不法行為や不当利得をも含むものと解されている。

ex.　AがCに債権を譲渡し、Cから履行請求を受けたBは、対抗要件具備時より前になされたAによる不法行為に基づく損害賠償請求権を自働債権として、Cに相殺を対抗できる

(3)　譲受人の取得した債権の発生原因である契約に基づいて生じた債権（469Ⅱ②）

469条2項1号と異なり、譲渡された債権を発生させた原因である契約と同一のものである必要がある。ここでは、将来債権の譲渡がなされた場合が想定されている。

ex.　AはBに対する将来の甲債権（請負報酬債権）をCに譲渡し、その旨の通知をBにした後、AB間で請負契約が締結されたが、その請負契約の契約不適合により、BがAに対して乙債権（損害賠償債権）を取得した場合、Bは、乙債権を自働債権とする甲債権との相殺をCに対抗することができる

◀中田・658頁
◀論文・司法R2
◀中田・659頁
◀論文・司法R2

6-1-6　将来債権譲渡

| 一　はじめに
二　将来債権譲渡の有効性
三　将来債権譲渡と譲渡制
　　限特約
四　将来債権譲渡の対抗要件 | **学習の指針**
　将来債権譲渡については、短答式・論文式試験のいずれにおいても問われ得る重要な分野ですので、繰り返し学習して理解を深めるようにしましょう。なお、動産・債権譲渡特例法については、主に短答式試験の対策として理解 |

しておく必要があります。

一　はじめに

　債権の譲渡は、その意思表示の時に債権が現に発生していることを要しない（466の6Ⅰ）。このように、民法は、将来発生すべき債権を譲渡すること（将来債権譲渡）も有効であることを明文で定めている（最判平11.1.29／百選Ⅱ［第8版］〔26〕参照）。

　将来債権譲渡がされた場合、譲受人は、その発生した債権を当然に取得する（466の6Ⅱ）。これは、譲渡人である債務者が将来発生すべき債権を、譲受人である債権者があらかじめ譲り受けておけば、債権が発生した時点で債権者がそこから回収でき、将来債権譲渡が担保としての機能を果たすことができるという需要に応えるものである。

　なお、一般的に、将来債権譲渡は、将来発生すべき複数の債権を包括的に譲渡すること（集合債権譲渡）を意味する。

ex.　AがBに対して、将来2年間分の賃料債権を譲渡した場合、特段の事情がない限り、毎月発生するAの賃料債権をBに譲渡したこととなる
　　→この場合、当該賃料債権が発生するたびに、Bは当然に当該賃料債権を取得する（466の6Ⅱ）

◀中田・638頁

二　将来債権譲渡の有効性

　466条の6第1項は、将来債権譲渡が無効となる余地を否定するものではない。

　判例（最判平11.1.29／百選Ⅱ［第8版］〔26〕）は、①譲渡の目的とされる債権が特定されており、②債権譲渡契約が公序良俗に反しない場合には、債権譲渡契約は有効であるが、契約内容等諸般の事情を総合的に考慮し、特段の事情が認められる場合には、契約が公序良俗に反するなどとして効力が否定されることがあるとしている。

論点

◀中田・641頁以下

論文・司法R元

判例　**最判平11.1.29／百選Ⅱ［第8版］〔26〕**

事案：　昭和57年11月16日、医師Aは、Yリース会社との間で、YのAに対する債権回収のため、同年12月から8年3か月の間にBから支払を受けるべき診療報酬債権をYに譲渡する契約を締結した。これについて、Bに対して確定日付のある証書による通知がされた。
　　　　一方、X（国）は、国税滞納処分としてAの平成元年7月1日から平成2年6月30日までの間にBから支払を受けるべき診療報酬債権を差し押さえた。これについて、差押通知書がBに送達された。Bは、差押えにかかる債権部分について供託した。

　　　　Xは、Yに対し、供託金還付請求権の取立権をXが有することの確認を求めて提訴した。本件では、長期にわたる将来債権譲渡の有効性が問題となった。

判旨：　「将来の一定期間内に発生し、又は弁済期が到来すべき幾つかの債権を譲渡の目的とする場合には、適宜の方法により右期間の始期と終期を明確にするなどして譲渡の目的とされる債権が特定されるべきである。……将来発生すべき債権を目的とする債権譲渡契約にあっては、契約当事者は、譲渡の目的とされる債権の発生の基礎を成す事情をしんしゃくし、右事情の下における債権発生の可能性の程度を考慮した上、右債権が見込みどおり発生しなかった場合に譲受人に生ずる不利益については譲渡人の契約上の責任の追及により清算することとして、契約を締結するものと見るべきであるから、右契約の締結時において右債権発生の可能性が低かったことは、右契約の効力を当然に左右するものではないと解するのが相当である。」

　　　　もっとも、「契約締結時における譲渡人の資産状況、右当時における譲渡人の営業等の推移に関する見込み、契約内容、契約が締結された経緯等を総合的に考慮し、将来の一定期間内に発生すべき債権を目的とする債権譲渡契約について、右期間の長さ等の契約内容が譲渡人の営業活動等に対して社会通念に照らし相当とされる範囲を著しく逸脱する制限を加え、又は他の債権者に不当な不利益を与えるものであると見られるなどの特段の事情の認められる場合には、右契約は公序良俗に反するなどとして、その効力の全部又は一部が否定されることがあるものというべきである。」

☞ One Point ▶譲渡された将来債権の不発生と契約上の責任の追及

　上記判例（最判平11.1.29／百選Ⅱ［第8版］〔26〕）は、将来債権譲渡にあたっては、「債権発生の可能性の程度を考慮した上、右債権が見込みどおり発生しなかった場合に譲受人に生ずる不利益については譲渡人の契約上の責任の追及により清算することとして、契約を締結するものと見るべきである」と判示しています。これは、譲渡された将来債権が見込みどおり発生しなかった場合、譲受人としては、譲渡契約の債務不履行に基づく損害賠償を請求したり、譲渡契約を解除したりすることができることを当然に含むものと解されます。

　しかし、将来債権の譲渡契約では、その契約締結の時点で既に将来債権が譲受人に移転している以上、本来、将来において債権を取得できないリスクは譲受人が負担すべきであると考えられます。

　そのため、譲渡された将来債権が見込みどおり発生しなかった場合において、譲受人が譲渡人に契約上の責任を追及することができるのは、その譲渡契約において債権を取得できないリスクを譲渡人が負担することとされていて、当該債権の価値を譲渡人が保証していたような場合に限られるものと考えられます。言い換えれば、将来債権譲渡が有効であるからといって、当然に譲受人が譲渡人に対して契約上の責任を追及できるわけではないということです。

三　将来債権譲渡と譲渡制限特約

　　将来債権譲渡がなされた時点では、譲渡された債権に譲渡制限特約が付されていなかったが、その後に譲渡人と債務者との間で譲渡制限特約が締結されたような場合、譲受人の債権取得に係る利益と、譲渡制限特約により債権者を固定する債務者の利益との調整が必要になる。

　　この点、債務者対抗要件（467Ⅰ）が具備される時までに譲渡制限特約が締結された場合、その譲渡された将来債権の譲受人等は、その譲渡制限特約について悪意であったものとみなされる（466の6Ⅲ）。

　　→その結果、債務者は、譲受人等に対し、466条3項所定の対抗手段（債務の履行拒絶、譲渡人に対する債務消滅事由の対抗）をとることが可能となる

　　他方、債務者対抗要件が具備された後に譲渡制限特約が締結された場合には、その譲渡された将来債権の譲受人等に対し、債務者は466条3項所定の対抗手段をとることは許されない（466の6Ⅲ反対解釈）。

　　→譲受人等の主観的態様のいかんを問わない

四　将来債権譲渡の対抗要件

1　民法上の対抗要件

◀中田・645頁以下、680頁以下

　　467条1項は「債権の譲渡（現に発生していない債権の譲渡を含む。）」と規定しており、将来債権譲渡の対抗要件は、債権譲渡の対抗要件の規律（467）が適用される。

☞ One Point ▶ 譲渡担保としての債権譲渡の類型と対抗要件具備の有無

　譲渡担保としての債権譲渡には、以下の2つの類型があります。
① 取立権限留保型集合債権譲渡
　　譲渡合意時に、将来発生する予定の債権についても一括して譲渡して対抗要件を具備して、譲渡人（担保設定者）が債務不履行に陥らない限りは譲渡人が債権を回収してよいが、譲渡人が債務不履行に陥った場合は、譲受人（担保権者）が取立権限を得るもの。
② 予約型（停止条件型）集合債権譲渡
　　譲渡合意時では、対抗要件を満たさず、譲渡の予約（又は停止条件付譲渡）の形をとるもの。
　①の類型において、判例（最判平13.11.22／百選Ⅰ［第8版］〔100〕）は、集合債権は譲渡担保契約により確定的に移転しているとして、譲渡担保契約後の通知に対抗要件としての効力を認めています。
　一方、②の類型において、判例（最判平13.11.27）は、債権の譲渡予約につき確定日付のある通知又は承諾がされたとしても、債務者は債権の帰属が将来変更される可能性を了知するだけで、債権の帰属に変更が生じた事実を認識するものではないことを理由に、当該予約についてされた通知又は承諾に対抗要件としての効力は認められない旨判示しています。

2　特別法上の対抗要件

(1)　動産・債権譲渡特例法

　　民法上の第三者対抗要件を具備するためには、確定日付のある通知又は承諾（467Ⅱ）が必要であるが、これを具備することは実務上困難なことが多い。第1に、債権を譲渡したという事実により譲渡人の信用に疑いが生じうるため、譲渡人が自己の取引先である債務者に債権譲渡の事実を知られたくないという場合がある。第2に、債務者が多数存在する場合において、各々の債務者に内容証明郵便を出して対抗要件を具備することは、譲渡人にとって多

大な負担となりうる。

　そこで、大量の債権について包括的に対抗要件を具備することができるように、「動産及び債権の譲渡の対抗要件に関する民法の特例等に関する法律」（以下「動産・債権譲渡特例法」という）が整備された。

(2)　動産・債権譲渡特例法の適用範囲

(a)　適用範囲

　動産・債権譲渡特例法の対象となるための要件は、①譲渡人が法人であることと、②譲渡債権が法人のもつ金銭債権であることのみである（動産・債権譲渡特例4Ⅰ）。法人が金銭債権を譲渡する場合に、民法上の対抗要件具備方式によるか、動産・債権譲渡特例法上の対抗要件具備方式によるかは、法人の自由である。

(b)　債務者対抗要件と第三者対抗要件の分離

　民法では、確定日付のある通知又は承諾により、債務者及び債務者以外の第三者の双方に対抗することが可能となる（467Ⅱ）。一方、動産・債権譲渡特例法では、債務者対抗要件と債務者以外の第三者対抗要件が分離されている。

　債務者以外の第三者対抗要件は、債権譲渡登記ファイルに対する債権譲渡登記である。登記がなされれば、債務者以外の第三者については、467条2項の確定日付のある通知があったものとみなされる（動産・債権譲渡特例4Ⅰ）。この場合、登記の日付が確定日付となる（同4Ⅰ）。

　　→譲渡債権の債務者は必要的登記事項ではないため、債務者が特定していない将来債権譲渡についても、債権譲渡登記による対抗要件具備が可能

　一方、債務者対抗要件は、譲渡人又は譲受人が債務者に登記事項証明書を交付して通知すること、又は債務者が承諾することである（同4Ⅱ）。登記事項証明書を交付することによって、譲受人が虚偽の通知をすることを防ぐことができるため、譲受人による通知も可能とされている点で、民法とは異なる。

　動産・債権譲渡特例法上では、債権譲渡登記により第三者対抗要件を具備しても、債務者対抗要件が具備されるわけではないため、これを備えない限り、譲受人は債務者に対して自己が債権者であると主張することができない。

　　→債権者から別途同一の債権を譲り受けた者が債務者対抗要件を具備していた場合において、債務者がその譲受人に弁済すれば、債務は消滅する

6-1-7 有価証券の譲渡

一	はじめに
二	譲渡の方式
三	債務者の地位
四	その他の規律

学習の指針

有価証券に関する規定（520の2〜520の20）は、平成29年民法改正で新たに設けられました。民法における有価証券の概念や規定を理解するにあたり、まずは全体像を理解しましょう。

なお、民法と手形法との関係については、民法が有価証券の総則規定を置く一般法であり、手形法が特別法という関係に立っています。

一 はじめに

◀中田・694頁

有価証券とは、一般的に「財産的価値のある私権を表章する証券」を意味するものと解されている。

民法は、以下の4種類の有価証券に関する規定を置いている。

① **指図証券**（520の2〜12）

権利者を指名する記載がされている有価証券で、証券において記載されている権利者又はその者が指示する者（指図人）に対して給付すべき旨の記載があるもの。

証券には、権利者が「A又はその指図人」という記載がある。

ex. 倉荷証券（倉庫業者が寄託者に交付する寄託物返還請求権を表章する証券、商606本文）

② **記名式所持人払証券**（520の13〜18）

権利者を指名する記載がされている有価証券で、証券の所持人に対して弁済すべき旨の記載があるもの。

証券には、権利者が「A又はその所持人」という記載がある。

ex. 持参人払式小切手（「持参人へお支払いください」という記載がある小切手、小切手5）

③ **その他の記名証券**（520の19）

権利者を指名する記載がされている有価証券で、指図証券及び記名式所持人払証券以外のもの。

証券には、権利者が「A」という記載がある（Aが証券上の記載によって指示する者や、証券の所持人を権利者としていない）。

ex. 裏書禁止倉荷証券（商606ただし書）、裏書禁止手形（小切手11Ⅱ）

④ **無記名証券**（520の20）

権利者を指名する記載がない有価証券。

証券には特定の権利者を指名する記載がなく、所持人が権利者になる。

ex. 鉄道の乗車券、図書券

二 譲渡の方式

1 総説

ここでは、指図証券の規定を説明した上で、指図証券以外の有価証券における規定を説明する。また、必要に応じて手形法の規定を紹介する。

指図証券の譲渡は、裏書と証券の交付によらなければ、効力を生じない（520の2）。

譲渡によって、債務者対抗要件と第三者対抗要件も具備される。

2　裏書

裏書とは、指図証券の譲渡を目的とする証券的行為をいう。裏書の方式は、指図証券の性質に応じて手形法の規定が準用される（520の3）。手形法では、裏書の方法として、以下の方法が規定されている（手形77Ⅰ①、13Ⅰ）。

① 記名式裏書

裏書人の署名のほか、裏書文句と被裏書人の名称を記載した裏書のことをいう。

② 白地式裏書

被裏書人の名称を記載しないでする裏書のことをいう。

3　権利の推定

指図証券の所持人が裏書の連続によりその権利を証明するときは、その所持人は、証券上の権利を適法に有するものと推定される（520の4）。

「裏書の連続」とは、証券の記載上、受取人から最後の被裏書人に至るまで各裏書の記載が間断なく続いていることをいう。

4　善意取得

本来の所持人が指図証券の占有を失った場合、裏書が連続する所持人から裏書によって善意・無重過失で当該指図証券を取得した者は、裏書が無効であったとしても、その証券上の権利を取得する（520の5）。

5　指図証券以外の有価証券における規定

(1)　記名式所持人払証券及び無記名証券

記名式所持人払証券については、指図証券と同様の規定がある（520の13〜15）。

無記名証券については、記名式所持人払証券の規定が準用される（520の20）。

(2)　その他の記名証券

権利の譲渡については、債権譲渡の方式に従い、かつ、その効力をもってのみ、譲渡できる（520の19Ⅰ）。そのため、合意によって譲渡され（466Ⅰ）、譲渡人の債務者に対する通知、又は債務者の承諾が対抗要件になる（467）。

三　債務者の地位

1　抗弁の制限

指図証券の債務者は、「その証券に記載した事項」及び「その証券の性質から当然に生ずる結果」を除き、証券の譲渡前の債権者にできた事由をもって善意の譲受人に対抗することができない（520の6）。

例えば、譲渡の前に、譲渡前の債権者と債務者が支払猶予の合意をしていても、その合意につき譲受人が善意であれば、債務者は支払猶予を対抗できない。

2　弁済

(1)　弁済の場所

債務者は、指図証券の権利者の現在の住所を把握できると限らない。そのため、指図債権の弁済すべき場所は、「債務者の現在の住所」とされる（520の8）。

本条は、原則として債権者の住所を弁済の場所と定める484条1項の特則である。

(2)　履行遅滞

債務者は、証券の提示を受けるまで誰が権利者であるか分からない。そのため、債務者が履行遅滞に陥るのは、所持人が「証券を提示してその履行の請求をした時」からである（520の9）。履行期の定めがあったとしても同様

である。

　本条は、履行期の定めがあるときは、債務者は期限到来時から履行遅滞責任を負うとする412条1項の特則である。

(3) 債務者の調査の権利

　指図証券の債務者は、証券の所持人並びにその署名及び押印の真偽を調査する権利を有するが、その義務を負わない（520の10本文）。

　「署名及び押印」は、所持人の署名及び押印に限られず、証書にある全ての署名及び押印と解される。

　「調査する権利を有するが、その義務を負わない」とは、調査のために必要な期間は債務者が弁済を拒絶しても履行遅滞にならず、調査をせずに真実の権利者でない者に弁済しても、その弁済は有効という意味である。

　ただし、債務者に悪意又は重大な過失があるときは、弁済は無効である（520の10ただし書）。

3　指図証券以外の有価証券における規定

(1) 記名式所持人払証券及び無記名証券

　記名式所持人払証券については、指図証券の譲渡における債務者の抗弁の制限（520の6）と同様の規定があり（520の16）、弁済についても指図証券の規定が準用される（520の18）。

　無記名証券については、記名式所持人払証券の規定が準用される（520の20）。

(2) その他の記名証券

　債務者の地位に関する規定（520の6、520の8〜520の10）は適用されない。

四　その他の規律

1　質入れ

　指図証券を質権の目的とする場合（質入れ）、520条の2〜6までの規定を準用し、指図証券の譲渡の場合と同様の扱いがなされる（520の7）。

　記名式所持人払証券を質権の目的とする場合も同様である（520の17）。

2　公示催告手続、指図証券喪失の場合の権利行使方法

　全ての種類の有価証券に共通する制度として、証券を喪失した場合に、証券上の権利を失権させる公示催告手続が設けられている（520の11、520の18、520の19Ⅱ、520の20）。公示催告手続とは、公示催告によって当該公示催告に係る権利につき失権の効力を生じさせるための一連の手続をいう（非訟事件手続100）。具体的には、裁判所が掲示板に掲示し、かつ官報に掲載する方法で行われる。

　また、指図証券喪失の場合の権利行使方法については、520条の12がこれを規定している。

6-2　債務引受

<table>
<tr><td>一　はじめに
二　併存的債務引受・免責
　的債務引受
三　履行引受</td><td>**学習の指針**
　ここでは、債務引受について学習し
ていきます。債権ではなく債務を移転
させるものです。平成29年民法改正
により、併存的債務引受・免責的債務
引受が明文化されました。重要度とし</td></tr>
</table>

ては、債権譲渡と比べると劣りますが、短答式試験では頻出の分野なので、
それぞれの意義や要件・効果をおさえておきましょう。

一　はじめに

1　意義

　債務引受とは、債務の同一性を保ちながら債務を移転させることを目的とす
る契約をいう。例えば、子どもの借金を親が肩代わりする場合や、抵当権が設
定された不動産を購入する際に買主が被担保債務を引き受ける場合などであ
る。

　平成29年民法改正により、明文化されるに至った（470 ～ 472の4）。

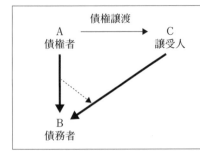
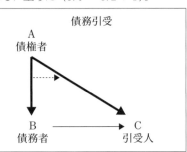

2　債務引受の種類

　債務引受には、①併存的債務引受（470・471）と、②免責的債務引受（472
～ 472の4）の2種類がある。また、債務引受ではないが、債務の履行を引き
受けるものとして、履行引受というものもある。

　以下、順次説明する。

二　併存的債務引受・免責的債務引受

1　併存的債務引受

(1)　意義

　併存的債務引受（重畳的債務引受）とは、債務の引受人が、「債務者と連
帯して、債務者が債権者に対して負担する債務と同一の内容の債務を負担す
る」ことである（470 I）。

　例えば、AがBに対して不法行為に基づく損害賠償債務を負っている場合
に、Aの親であるCがその損害賠償債務をAとともに負担する場合などであ
る。

(2)　要件

(a)　併存的債務引受は、債権者と引受人となる者との契約によってすること
　ができる（470 II）。

　　→併存的債務引受の機能は保証に類似することから、債務者の意思に反

◀内田III・289頁
中田・702頁

◀中田・705頁以下

してもなしうる

(b) 次に、併存的債務引受は、債務者と引受人となる者との契約によっても
することができる（470Ⅲ前段）。

　→この場合、第三者のためにする契約（537）に準じ、債権者が引受人
　に対する「承諾」（受益の意思表示に相当する）をした時に、その効
　力を生ずる（470Ⅲ後段、470Ⅳ）

(c) なお、併存的債務引受は、債権者・債務者・引受人となる者の三者によ
る三面契約によっても当然になし得る。

(3) **効果**

(a) 債務者と引受人との間に連帯債務関係が生じる（470Ⅰ）

　→債務者・引受人に生じた事由が他の者に及ぼす影響や、債務者・引受
　人のいずれかが弁済した場合における求償関係といった問題について
　は、特別の合意がない限り、連帯債務に関する規定（436以下）が準
　用される

(b) **引受人の抗弁**

引受人は、併存的債務引受により負担した自己の債務について、その効
力が生じた時に債務者が主張することができた抗弁をもって債権者に対抗
することができる（471Ⅰ）。

　∵　引受人の負担する債務は債務者の債務と同一である

また、債務者が債権者に対して取消権又は解除権を有するときは、引受
人は、「これらの権利の行使によって債務者がその債務を免れるべき限度」
において、債権者に対して債務の履行を拒むことができる（471Ⅱ）。

　∵　債務者が取消権又は解除権を行使しない間、引受人が履行を強いら
　れるのは不当である

　→併存的債務引受がなされた場合の債務者と引受人との間には連帯債務
　関係が生じるから（470Ⅰ）、引受人は、債務者の負担部分の限度にお
　いて、債権者に対して債務の履行を拒むことができる

　＊　なお、471条2項には明文で述べられていないが、債務者が債権者
　に対して相殺権を有するときは、引受人は、債務者の負担部分の限度
　において、債権者に対して債務の履行を拒むことができる（439Ⅱ参
　照）。

　∵　債務者と引受人との間には連帯債務関係が生じる（470Ⅰ）

2　免責的債務引受

(1) **意義**

免責的債務引受とは、「債務者が債権者に対して負担する債務と同一内容
の債務」を引受人が負担し、債務者が「自己の債務を免れる」ことである（472
Ⅰ）。

例えば、AがBに対して消費貸借契約に基づく貸金返還債務を負っている
場合に、CがAの債務を肩代わりし、Aが債務を免れる場合である。

(2) **要件**

(a) 免責的債務引受は、債権者と引受人となる者との契約によってすること
ができる（472Ⅱ前段）。

　→債務者の意思に反してもなしうる

　∵　債権者・引受人間の併存的債務引受と債権者による免除によって
　　同じ状況を作り出せる以上、債務者の意思は無意味

　→債権者が免責的債務引受を締結した旨を債務者に通知した時に、その
　効力を生ずる（472Ⅱ後段）

　∵　債務者が認識しないうちに契約関係から離脱させられるのを防止

する

(b)　次に、免責的債務引受は、**債務者と引受人となる者との契約によっても**することができるが、この場合には債権者が引受人となる者に対して**承諾**することが必要である（472Ⅲ）。

　　→債務者・引受人は、債権者への通知のみで免責的債務引受をすることはできない

　　∵　債務者の変更によってその資力や責任財産にも変更が生じるため、債権者に予期せぬ不利益が生じることを防止する

　　なお、ここでの債権者による「承諾」は、併存的債務引受の場合と異なり、受益の意思表示に相当するものではない。

　　∵　免責的債務引受は債権者を利する契約ではないため、第三者のためにする契約には当たらない

(c)　なお、免責的債務引受は、債権者・債務者・引受人となる者の三者による三面契約によっても当然になし得る。

(3)　**効果**

(a)　**債務の免責及び債務負担**

　　免責的債務引受により、債務者は自己の債務を免れ、引受人は債務者が負っていた債務と同一の内容の債務を負担する（472Ⅰ）。

(b)　**引受人の抗弁**

　　引受人は、免責的債務引受の効力が生じた時に、債務者が主張することができた抗弁（同時履行の抗弁権など）をもって債権者に対抗することができる（472の2Ⅰ）。

　　∵　引受人の負担する債務は債務者の負っていた債務と同一の内容である以上、抗弁権も承継する

　　債務者が債権者に対して取消権又は解除権を有するときは、引受人は、「免責的債務引受がなければこれらの権利の行使によって債務者がその債務を免れることができた限度」において、債務の履行を拒むことができる（472の2Ⅱ）。

　　∵　引受人が負担する債務は、あくまで債務者の負っていた債務と同一の内容の債務にすぎず、取消権や解除権のような契約の効力に影響を与える権限は、契約当事者たる債務者に留保されている

　　→債務者が相殺権を有していたとしても、引受人は債務の履行を拒むことができない

　　∵　免責的債務引受がなされた場合の債務者と引受人との間には連帯債務関係は生じない以上、439条2項の適用もない

(c)　**求償権の不存在**

　　免責的債務引受の引受人は、債務者に対して求償することはできない（472の3）。

　　∵　引受人は自らの意思で債務者の債務を自己の債務として引き受ける以上、債務者の債務を最終的に自らが負担するという意思であると考えられる上、債務から解放されたと考える債務者の期待を保護する必要がある

(d)　**担保権の移転**

ア　債権者は、債務者が免れる債務の担保として設定された担保権を引受人が負担する債務に移すことができる（472の4Ⅰ本文）。

　　∵　引受人の債務は債務者の債務と同一の内容であり、債務者が誰であるか以外に債権債務関係に変更はない以上、債権者の担保権設定に対する期待を保護する必要がある

ただし、引受人以外の者が担保権を設定していた場合には、その者の承諾を得なければならない（472の4Ⅰただし書）。

　∵　債務者の変更によってその資力や責任財産にも変更が生じることから、担保権設定者に不測の損害が生じることを防止する必要がある

　ex.　免責的債務引受がされた債務について物上保証人や抵当不動産の第三取得者がいる場合において、当該物上保証人や第三取得者が引受人でない場合には、当該物上保証人・第三取得者の承諾を得なければ当該担保権を移転することができない

　イ　担保権の移転は、あらかじめ又は同時に引受人に対する意思表示によってしなければならない（472の4Ⅱ）。

　　∵　担保権の移転の有無について不確定な状態が続くのを回避するため

　ウ　移転すべき担保が保証人であった場合も、上記アイと同様の手続で移転することができる（472の4Ⅲ）。ただし、当該保証人が引受人でない場合には、当該保証人の承諾を得なければならないところ、その承諾は書面（又はその内容を記録した電磁的記録）でしなければ効力を生じない（同ⅣⅤ）。

　　∵　保証契約の要式行為性（446ⅡⅢ）と平仄を合わせたもの

三　履行引受

1　意義

　履行引受とは、債務者は依然として元のままであるが、債務の履行の引受人が、債務者に代わって弁済する義務を債務者に対して負う場合をいう。例えば、AがBに対して100万円の債権を有しており、BもCに対して100万円の債権を有しているという場合に、CがAのBに対する債権をBの代わりに弁済することをBC間で合意することをいう。CがAに対して第三者弁済をすれば、CはBに対して求償債権を取得し、これとBのCに対する債権を相殺することによって決済されることになるのである。

　→債権者は引受人に対して弁済せよと請求できるわけではなく、元の債務者に請求できるだけである

2　要件

　履行引受の場合、債権者・引受人間で債権関係が発生するわけではなく、引受人は債権者に対し、第三者として弁済することになる。よって、474条の要件を満たす必要がある。この場合、第三者弁済であるから、「第三者のためにする契約」構成は必要ではない。

3　効果

　引受人・債務者間に履行引受についての債権関係が発生する。すなわち、引受人は、債権者に第三者弁済等により債務者を免責させる義務を債務者に対して負う（債権者は引受人に対して直接何らの権利も取得しない）。

　→引受人が履行しない場合は、債務者は引受人に対して履行を請求し、強制執行・損害賠償請求もできる

【債務引受・履行引受の整理】

	併存的債務引受	免責的債務引受	履行引受
意義	債務の引受人が、「債務者と連帯して、債務者が債権者に対して負担する債務と同一の内容の債務を負担する」こと（470Ⅰ）	「債務者が債権者に対して負担する債務と同一内容の債務」を引受人が負担し、債務者が「自己の債務を免れる」こと（472Ⅰ）	債務者は依然として元のままであるが、債務の履行の引受人が、債務者に代わって弁済する義務を債務者に対して負うこと
債権者と引受人となる者との契約	○（470Ⅱ） →債務者の意思に反してもなしうる	○（472Ⅱ前段） →債務者の意思に反してもなしうる ＊　債権者が債務者に通知した時に効力を生ずる（472Ⅱ後段）	×
債務者と引受人となる者との契約	○（470Ⅲ前段） ＊　債権者が引受人に対して承諾した時に効力を生ずる（470Ⅲ後段、470Ⅳ）	○（472Ⅲ） ＊　債権者が引受人に対して承諾することが必要（472Ⅲ）	○
三面契約	○	○	×
債務者・引受人間の関係	連帯債務関係が発生する（470Ⅰ）	債務者：債務の免責（472Ⅰ） 引受人：債務の負担（472Ⅰ）	履行引受についての債権・債務関係が発生する →債権者は引受人に履行請求できない
引受人の債務者に対する求償権	○	×	○

6-3　契約上の地位の移転

学習の指針

一　はじめに
二　要件
三　効果

　ここでは、契約上の地位の移転について学習していきます。債権譲渡や債務引受と異なり、契約上の地位そのものを移転させるものです。平成29年民法改正により明文化されました。短答式試験で出題される可能性がある分野ですので、意義や要件・効果をおさえておきましょう。

一　はじめに

　契約上の地位の移転とは、契約の当事者の地位を移転させることを目的とする契約をいう

　ex.　売買契約における売主・買主の地位、賃貸借契約における賃貸人・賃借人の地位そのものを移転する場合

　債権譲渡と異なり、契約によって

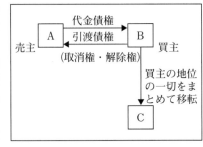

発生した個々の債権や債務（売買代金債権、目的物引渡債務等）のみならず、契約上の権利義務関係の一切を包括的に移転するものである。したがって、後述するとおり、債権・債務のみならず、取消権や解除権・抗弁権等もすべて移転する。

二　要件

1　契約の存在

当事者間に契約が存在していることが当然の前提となる。そして、その契約は移転可能なものでなければならない。

→契約上の地位の移転は債権債務の移転を伴うので、債権譲渡・債務引受が認められない場合にはできない

2　当事者の合意

(1)　当事者の一方と第三者の合意による場合

契約の当事者の一方が第三者との間で契約上の地位の移転をした場合には、その契約の相手方がその譲渡を承諾したときに、その効力を生ずる（539の2）。

∵　元の当事者が契約関係から離脱するという点で免責的債務引受と同様であるから、契約の相手方に不測の損害が生じないようにする必要がある

もっとも、賃貸人の地位の譲渡については、賃貸借契約の当事者の一方である賃貸人と第三者との間の合意のみですることができ、他方当事者である賃借人の承諾は不要である（605の3前段）。

∵　賃貸人の賃借物を使用させる債務は所有者であれば誰でも履行でき、賃借人を害しない

(2)　三面契約による場合

契約上の地位の移転は、契約当事者の双方及び第三者の全員による三面契約によっても当然になし得る。

三　効果

契約上の地位の移転を受けた第三者が新たな当事者となり、譲渡人は契約関係から離脱する。

そして、契約から発生する債権債務（将来発生する債権債務や、付随的な債権債務も含む）のほか、取消権・解除権も契約上の地位の移転に基づいて第三者に移転する。

cf.　単なる債権の譲受人や債務の引受人では、契約の取消権・解除権を行使できない

　AはBに対して貸金債権を有していた。Aはこの貸金債権をCとDに二重に譲渡し、いずれの譲渡についてもBに確定日付ある通知をした。確定日付はCへのもののほうが先であったが、通知の到達はDへのもののほうが先だった場合、CはBに対して貸金債権を行使できるか論ぜよ。また、通知の到達が同時だった場合はどうか。

[問題点]

1　債権譲渡と第三者対抗要件
2　通知が同時に到達した場合の処理

[フローチャート]

設問前段

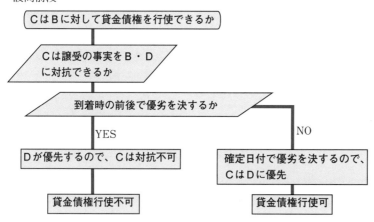

設問後段

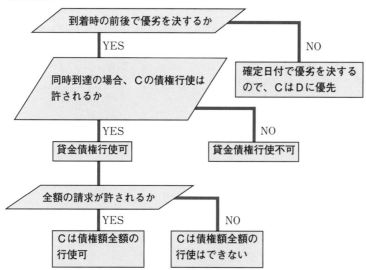

●論文式試験過去問

[答案構成]
一 設問前段について
　1　CがBに対して貸金債権を行使できるためには、
　　①　Cが当該債権を有効に譲り受けていること
　　②　その譲り受けたことを対抗できること
　　が必要
　2　この点、Cが当該債権を有効に譲り受けていることは、ＡＣ間の債権譲渡
　　契約が有効である限り問題ない
　3　では、Cはこの譲受の事実をＢ・Ｄに対抗できるか
　　　譲受人両者が第三者対抗要件である確定日付ある通知を備えている場合
　　（467Ⅱ参照）、いかなる基準で両者の優劣を決するべきか問題
　　　→この点、確定日付の先後を基準として優劣を決する方が、画一的処理が　　　⇒180頁
　　　　可能となる
　　　　　　　　　　　↓しかし
　　　債務者の地位が不安定になり妥当でない
　　　→そこで、通知の到達の先後により優劣を決するべき
　　　∵　467条2項が通知を対抗要件としているのは、債務者の認識を通じ
　　　　て債権譲渡の事実を第三者に公示させるためであるから、第三者に対
　　　　する対抗要件を備えたといえるためには、債務者が債権譲渡の事実を
　　　　認識しうるような状態、すなわち通知の到達が必要
　　　あてはめ：通知の到達が先行しているＤが優先し、ＣはＤに譲受の事実を
　　　　　　　　対抗できない。
　4　したがって、ＣはＢに対して貸金債権を行使できない
二 設問後段について
　1　到達時説
　　　→通知の到達が同時であるＣ・Ｄに優劣はないことになるところ、Ｃが債
　　　　権を行使することは許されるか
　　　→両譲受人は、いずれも債務者に請求することができる
　　　∵　債務者は、本来債務を負担しているにもかかわらず誰にも弁済し
　　　　なくてよいとするのは不当
　2　次に、先に債務者に請求した譲受人は全額の弁済を請求できるか　　　　　　⇒181頁
　　　何ら非のない債務者に面倒な分割弁済を課すのは妥当でない
　　　→Ｃ・Ｄの有する債権は一種の連帯債権として、両者とも全額請求が可能
　　　　であるとすべき
　3　よって、ＣはＢに対して全額行使できる

209

LEC東京リーガルマインド　C-Book民法Ⅲ〈債権総論〉改訂新版

1　譲渡制限の意思表示がされた債権（預貯金債権以外の金銭債権）が譲渡された場合において、その後に債務者が当該譲渡を承諾したときは、当該債権の譲渡は譲渡の時に遡って有効になる。［予R2－9改］

× 預貯金債権以外の債権について譲渡制限の意思表示がされたときであっても、債権譲渡は、その効力を妨げられない（466Ⅱ、466の5参照）。したがって、本肢の債権譲渡は当初より有効であり、債務者が承諾したときに譲渡時に遡って有効になるわけではない。
⇒6－1－3　二 (p.170)

2　譲渡制限の意思表示がされた債権が譲渡された場合、譲受人が譲渡制限の意思表示がされたことを過失なく知らなかったときであっても、債務者は、弁済の責任を免れるために、その債権の全額に相当する金銭を供託することができる。［予R2－9］

○ 466条の2第1項参照
⇒6－1－3　二 (p.171)

3　譲渡制限の意思表示がされた債権の全額が譲渡された場合において、譲渡人について破産手続開始の決定があったときは、債権譲渡について第三者対抗要件を備えた譲受人は、債務者にその債権の全額に相当する金銭の供託をするよう請求することができる。［予R2－9］

○ 466条の3参照
⇒6－1－3　二 (p.172)

4　譲渡制限の意思表示がされた債権の差押えがされた場合、当該債権の債務者は、差押債権者に対し、譲渡制限の意思表示がされたことを理由としてその債務の履行を拒むことはできない。［予R2－9］

○ 466条の4第1項、466条3項参照
⇒6－1－3　二 (p.172)

5　AがB銀行に対して有する預金債権について、譲渡はできない旨の特約がされていた場合、AがGとの間で、その預金債権をGに譲渡する契約をしても、Gが特約について悪意又は重過失であったときは、その譲渡は効力を生じない。［司R2－18］

○ 466条の5第1項参照
⇒6－1－3　三 (p.172)

6　債権者Aが債務者Bに対して有する甲債権をCとDに二重譲渡した場合（以下、Cに対する債権譲渡を「第一譲渡」といい、Dに対する債権譲渡を「第二譲渡」という）、Aが第一譲渡については確定日付のある証書によらずに通知をしてこれがBに到達し、第二譲渡については通知をしていないとき、BがCに対して弁済をすれば、甲債権はこれによって消滅する。［司H25－19改＝予H25－8改］

○ 債権譲渡の債務者対抗要件は、債務者への「通知」又は債務者の「承諾」である（467Ⅰ）。第一譲渡について債務者対抗要件を備えているため、BがCに対して弁済すれば、甲債権は消滅する。
⇒6－1－4　二 (p.176)

7　債権の譲受人は、譲渡人に代位して債務者に対して債権譲渡の通知をすることにより、その債権譲渡を債務者に対抗することはできない。［司H29－19＝予H29－8］

○ 大判昭5.10.10参照
⇒6－1－4　二 (p.177)

8 　債務者が譲渡人又は譲受人のいずれかに対して債権譲渡を承諾した場合、譲受人は、その譲渡を債務者に対抗することができる。［司H21−20］

○　467条1項の承諾は、譲渡人又は譲受人のいずれに対してすれば足りる（大判大6.10.2）。
⇒6−1−4　ニ（p.177）

9 　債権が二重に譲渡され、第一の債権譲渡について確定日付のある証書による通知が債務者に到達した後、第二の債権譲渡について確定日付のある証書による通知が債務者に到達した場合、第一の債権譲渡の確定日付が第二の債権譲渡の確定日付に後れるときは、第一の債権譲渡の譲受人は、債権の取得を第二の債権譲渡の譲受人に対抗することができない。［司R元−18］

×　判例（最判昭49.3.7／百選Ⅱ［第8版］〔29〕）は、譲受人相互間の優劣は、確定日付ある通知が債務者に到達した日時の先後によって決するとしている（到達時説）。
⇒6−1−4　三（p.178）

10 　債権が二重に譲渡され、確定日付のある証書による通知が同時に債務者に到達したときは、譲受人の一人から弁済の請求を受けた債務者は、同順位の譲受人が他に存在することを理由として弁済の責任を免れることができる。［司H29−19＝予H29−8］

×　各譲受人は、債務者に、譲渡債権全額の弁済を請求でき、債務者はこれを拒絶できない（最判昭55.1.11）。
⇒6−1−4　三（p.182）

11 　債権者Aが債務者Bに対して有する甲債権をCとDに二重譲渡した場合（以下、Cに対する債権譲渡を「第一譲渡」といい、Dに対する債権譲渡を「第二譲渡」という）、第一譲渡及び第二譲渡のいずれについても、Aが確定日付のある証書によらずに通知をしてこれらがBに到達したとき、これらの通知の到達後に、BがCに対して弁済をしても甲債権は消滅しない。［司H25−19改＝予H25−8改］

×　確定日付ある証書によらない通知・承諾でも、債務者対抗要件を満たし（467Ⅰ）、債務者は請求を拒めない以上、Bは、いずれかの譲受人への弁済で免責される。
⇒6−1−4　三（p.184）

12 　債権が二重に譲渡され、第一の債権譲渡について譲渡人が債務者に対して確定日付のある証書によらずに通知をした後に、第二の債権譲渡について譲渡人が債務者に対して確定日付のある証書による通知をした場合、第一の譲受人は債権の取得を債務者にも対抗することができない。［司H29−19＝予H29−8］

○　第一譲受人は、債権の取得を債務者にも対抗できず、債務者は、対抗関係で優先する譲受人に弁済しなければならない（大連判大8.3.28）。
⇒6−1−4　三（p.185）

13 　同一の債権を目的とする債権譲渡と債権差押えとの間の優劣は、債権譲渡についての債務者以外の第三者に対する対抗要件が具備された時と債権差押命令が発令された時の先後で決する。［司R元−18］

×　確定日付のある譲渡通知が債務者に到達した日時と債権差押命令が第三債務者に送達された日時の先後によって決定される（最判昭58.10.4）。
⇒6−1−4　三（p.185）

14 将来発生すべき債権を目的とする債権譲渡契約は、その締結時において目的債権の発生が確実に期待されるものでなければ、効力を生じない。[司R元－18]

× 466条の6第1項、最判平11.1.29／百選Ⅱ[第8版][26]参照。契約締結時において債権発生の可能性が低かったことは、その契約の効力を当然に左右するものではない。⇒6－1－6 二 (p.195)

15 債権譲渡の予約について確定日付のある証書による債務者の承諾がされても、予約の完結による債権譲渡の効力は、その承諾をもって第三者に対抗することができない。[司R元－18]

○ 最判平13.11.27参照。債務者は、予約完結権の行使によりその債権の帰属が変更される可能性を知るにとどまり、その債権の帰属に変更が生じた事実を認識するものではないからである。→6－1－6 四 (p.197)

16 併存的債務引受は、債務者の意思に反する場合であっても、債権者と引受人となる者との契約により有効に成立する。[司R3－20]

○ 470条2項参照。併存的債務引受の機能は保証に類似するところ、保証においては、本人の意思に反する場合であっても、第三者が保証することが可能である（462Ⅱ参照）。⇒6－2 二 (p.202)

17 債権者Aに対する債務者Bの債務について、Cを引受人とする併存的債務引受の効力が生じた場合において、Bの債務が時効により消滅したとしても、AはCに対して債務の全額を請求することができる。[司H29－20]

○ 470条1項・441条参照 ⇒6－2 二 (p.203)

18 併存的債務引受において、引受人は、引き受けた債務を弁済した場合、債務者に対し、弁済額のうち債務者の負担部分に応じた額を求償することができる。[司R3－20]

○ 470条1項・442条1項参照 ⇒6－2 二 (p.203)

19 免責的債務引受は、債権者、債務者及び引受人の三者の合意によらなければ、効力を生じない。[司H22－20]

× 472条2項・3項参照 ⇒6－2 二 (p.203)

20 債務者と引受人となる者との間で免責的債務引受契約がされたときは、債権者への通知又は債権者の承諾により、その効力を債権者に対抗することができる。[司R3－20]

× 472条3項参照。債権者への通知のみでは、その効力を債権者に対抗することはできない。⇒6－2 二 (p.204)

21 債務者が負担する債務の発生原因行為を債務者が詐欺を理由に取り消すことができる場合でも、引受人は、債権者に対して債務の履行を拒むことはできない。[司R3－20]

× 併存的債務引受につき471条2項、免責的債務引受につき472条の2第2項参照
⇒6－2 二 (p.203、204)

22 債権者Aに対する債務者Bの債務について、Cを引受人とする免責的債務引受の効力が生じた場合には、Bの債務を担保するために第三者Dが設定していた抵当権は、Cの債務を担保することについてDの同意がない限り、消滅する。[司H29－20]

○ 債権者は、472条1項の規定により債務者が免れる債務の担保として設定された担保権を引受人が負担する債務に移すことができる。ただし、引受人以外の者がこれを設定した場合には、その承諾を得なければならない(472の4Ⅰ)。
⇒6－2 二 (p.204)

23 ＡＢ間においてＡの所有する中古の時計甲の売買契約が締結された場合において、Ｂが、Ｅとの間で、売買契約における買主たる地位をＥに譲渡する旨の合意をした場合、Ａの承諾の有無にかかわらず、買主たる地位はＥに移転する。[司R2－23改]

× 539条の2参照。ＡＢ間の売買契約の一方当事者であるＢが、Ｅとの間で、買主たる地位をＥに譲渡する旨の合意をした場合には、売買契約の相手方であるＡがその譲渡を承諾することが必要となる。
⇒6－3 二 (p.207)

これから学ばれる方へ

　例えば、あなたが友人Aと車の売買契約を締結したとしましょう。この場合、あなたはAに対して、車を引き渡すよう請求できますし、Aはあなたに対して代金を支払うよう請求できます。すなわち、あなたはAに対して自動車の引渡請求権という債権を有し、Aはあなたに対して代金支払請求権という債権を有することになります。

　そして、あなたがAから実際に車の引渡しを受けると、あなたのAに対する自動車の引渡請求権は目的を達成したわけですから、当然に消滅します。これはAがあなたに「弁済」をしたためです。

　また、同様に、あなたがAに代金を支払うと、Aのあなたに対する代金支払請求権も弁済により消滅しますが、仮にあなたがAに同額のお金を貸しているとした場合、あなたはAに対して「相殺」の意思表示をすることで、あなたのAに対する貸金債権も、Aのあなたに対する代金債権も消滅することになります。このように、「相殺」によって債権が消滅することもあります。

　本章ではこのように、いかにして債権が消滅するのかということについて、学習していきます。

7-1　消滅原因の分類

<table>
<tr><td>一　はじめに
二　分類</td><td>学習の指針
　債権の消滅原因として、民法は、弁済・代物弁済・供託・相殺・更改・免除・</td></tr>
</table>

混同の7つを規定しています。このうち、本来的な債権の消滅原因は、債務の本旨に従った給付の実現である「弁済」ですが、それ以外の事由によっても債権は消滅します。
　ここでは、債権の消滅原因がどのように分類されているかについて見ていきます。

一　はじめに

　債権は本来、一定の者に一定の行為を請求する（債務者の給付を目的とする）権利であり、一定の行為・給付内容が実現されれば、その目的を達して消滅する。例えば、売買契約の売主は買主に対して代金の支払を請求する権利を有するが、この権利は買主が代金を支払うことによって消滅するわけである。

　そこで、債権の消滅原因としては、債務の本旨に従った債務の内容たる一定の給付が実現されること（本旨弁済）が中心的なものといえる。この点について民法は、債権者側からみて「債務の本旨に従った履行」（415Ⅰ本文）と規定し、また、債務者側からみて「債務の本旨に従って」弁済をなすことを要する（493本文）と規定している。

　しかし、債権の消滅原因には、その他にも、当事者間の契約によって本来の給付とは異なる他の給付を実現すること（代物弁済）や、契約によって新たな債権を発生させること（更改）、互いに債権を有するものが互いの債権を対当額において消滅させること（相殺）等がある。

◀中田・346頁

二　分類

【債権の消滅原因の分類】

本来の消滅原因	弁済
債権者が間接的な満足を得る消滅原因	代物弁済・供託・相殺・更改・混同
債権者の満足を伴わない消滅原因	免除・消滅時効の援用・解除条件の成就・終期の到来・取消し・解除（合意解除）・告知

＊　債務者に帰責事由がない履行不能があっても、債権は消滅せず、ただその履行の請求ができなくなるにとどまる（412の2Ⅰ参照）。なお、債務者に帰責事由がある履行不能の場合（415Ⅰ本文）は、損害賠償請求権として債権者の下に残る。

7-2　弁済

7-2-1　弁済総説

一　意義	学習の指針

一　意義
二　弁済の方法

学習の指針
　弁済とは、債務の本旨に従って債務の内容たる一定の給付を実現する債務者その他の第三者の行為をいいます。
　この節では、これから弁済を勉強していくにあたっての視点となる５Ｗ１Ｈ（誰が、誰に、いつ、どこで、何を、どのようにすれば有効な弁済になるのか）について学びます。弁済は最も基本的なところの１つですから、しっかり身につけるようにしましょう。

一　意義

　弁済（473）とは、債務の本旨に従って債務の内容たる一定の給付を実現する債務者その他の第三者の行為をいう。

ex.　売買契約で買主は売主に対して目的物の引渡請求権を有し、売主が目的物の引渡しを行うことが弁済となり、これにより引渡請求権が消滅する

◀内田Ⅲ・35頁以下
中田・350頁

二　弁済の方法

　弁済は債務者が債権者に対して任意に給付を実現することによってなされるのを原則とする

　　↓しかし例外として
　第三者による弁済も法律上認められ（弁済者の問題）、また、債権者以外に弁済しても債権が消滅する場合がある（弁済の相手方の問題）
　　　↓さらに
　弁済の時期・場所・内容などについても規定がある
＊　以下では、「誰が、誰に、いつ、どこで、何を、どのように」すれば有効な弁済となるのかについて、ひとつずつ説明していく。なお、一般的な５Ｗ１Ｈは、「誰が、いつ、どこで、何を、なぜ、どのように」を示す語句をいうが、弁済において「なぜ」の部分は大きな問題とならないことが多く、むしろ「誰に」が重要であるため、本書では上記のような意味で用いている。

7-2-2　弁済の要件

一	誰が（弁済者）
二	誰に（弁済受領者）
三	いつ（弁済の時期）
四	どこで（弁済の場所）
五	何を（債権の目的）
六	どのように（弁済の方法）

学習の指針

　ここでは、弁済の要件たる一「誰が」、二「誰に」、三「いつ」、四「どこで」、五「何を」、六「どのように」すれば、有効な弁済となるのかを順に学習していきます。特に、一「誰が」については、①第三者弁済（とその例外）②第三者による相殺、が問題となります。二「誰に」については、受領権者としての外観を有する者への弁済が問題となります。

　この分野に関する事項は、短答式試験でよく問われるところですが、論文式試験で出題される可能性も十分にあるので、しっかり覚えておきましょう。

一　誰が（弁済者）

◀内田Ⅲ・37頁
　中田・376頁以下

1　債務者本人

債務者本人による弁済は当然有効である。

＊　履行補助者による弁済も債務者の弁済とみなされる。

∵　全体としてみた場合に、債務者の行為と評価しうるならば、それは債務者の履行行為といえる

2　第三者弁済（474）

(1)　原則

債務の弁済は、第三者もすることができる（474Ⅰ）。

∵　債務の内容・性質が債務者の行為に依存するものでない限り、第三者による弁済であっても債権者は満足を受けられる以上、債務者による弁済と同視してよい

第三者弁済の要件は、以下のとおりである。

① 弁済者が債務者でないこと

→不可分債務者（430）、連帯債務者（436）、保証人（446）、併存的債務引受における引受人（470）は、自身が債務者であり、単に自己の債務を弁済しているに過ぎないため、第三者弁済には当たらない

② 弁済者が弁済権限を与えられていないこと

→債務者の代理人や破産管財人は弁済権限を有するため、第三者弁済には当たらない

③ 第三者として弁済すること（他人の債務を他人の債務として、自己の名において弁済すること）

→他人の債務を自己の債務と誤認して弁済した場合は、広義の非債弁済（707）の問題となり、債務者の名において弁済した場合は、弁済権限がない限り無権代理となる

ex. Aが友人Bの事業資金に係る融資のために自分の居宅に抵当権を設定した場合、AはBの債権者との関係では第三者であるが、Bに代わって弁済できる

∵　Aは債務者ではなく、弁済権限も有しない上、自己の債務と誤認しているわけでもない

(2)　例外

第三者弁済は原則として有効であるが、民法上、3つの例外がある。

(a)　債務の性質

債務の性質が第三者の弁済を許さない場合（474Ⅳ前段）には、例外的に、第三者弁済をすることができない。

> **ex.** 名演奏家による演奏など、その者が履行してこそ意味がある一身専属的給付の場合
>
> →たとえ第三者が「弁済をするについて正当な利益を有する者」（474Ⅱ本文）であっても弁済できない

(b)　当事者の意思表示

当事者が第三者の弁済を禁止し、又は制限する旨の意思表示をした場合（474Ⅳ後段）には、例外的に、第三者弁済をすることができない。

> **ex.** 第三者による弁済が効力を有しないとの合意を契約当事者間で結んだ場合
>
> →たとえ第三者が「弁済をするについて正当な利益を有する者」（474Ⅱ本文）であっても弁済できない

当事者の意思表示は、第三者による弁済の提供よりも前であれば、債権が発生した後であってもすることができる（大決昭7.8.10参照）。また、合意により発生する約定債権は当然のこと、不当利得債権や不法行為債権といった法定債権であっても、当事者の意思表示によって第三者弁済を禁止することができる。

(c)　弁済をするについて正当な利益を有する者でない第三者による弁済

「弁済をするについて正当な利益を有する者でない第三者」は、原則として、債務者及び債権者の意思に反して弁済をすることができない（474Ⅱ本文、同Ⅲ本文）。

ア　「正当な利益を有する者」の意義

「正当な利益を有する者」とは、「法律上の利害関係を有する者」をいう（最判昭39.4.21参照）。

具体的には、①弁済しないと債権者から執行を受ける地位にある者、②弁済しないと債務者に対する自分の権利が価値を失う者の2類型が「正当な利益を有する者」に当たる。

① 弁済しないと債権者から執行を受ける地位にある者

保証人（委託の有無を問わない）や物上保証人、担保不動産の第三取得者などがこれに当たる。

債務者が弁済しない場合、自己の財産に強制執行や担保権の実行がなされるおそれがあることから、それを避けるために弁済し、後日、債務者から回収するという選択を可能にするため、これらの者には「正当な利益」が認められている。

② 弁済しないと債務者に対する自分の権利が価値を失う者

後順位担保権者などがこれに当たる。

後順位担保権者は、現時点の担保権の実行では自己にまで配当が及ばない場合がある。そこで、先順位担保権者の被担保債権を債務者に代わって弁済することで、担保物の換価時期を選択する利益を得られる点で、「正当な利益」が認められる。また、借地上の建物の賃借人は、その敷地の地代の弁済について、「正当な利益」が認められるものと解される（最判昭63.7.1／百選Ⅱ［第8版］〔32〕）。

　最判昭63.7.1／百選Ⅱ[第8版]〔32〕

「借地上の建物の賃借人はその敷地の地代の弁済について法律上の利害関係を有すると解するのが相当である。けだし、建物賃借人と土地賃貸人との間には直接の契約関係はないが、**土地賃借権が消滅するときは、建物賃借人は土地賃貸人に対して、賃借建物から退去して土地を明け渡すべき義務を負う法律関係にあり、**建物賃借人は、敷地の地代を弁済し、敷地の賃借権が消滅することを防止することに法律上の利益を有するものと解されるからである。」

イ　債務者の意思に反する場合（474Ⅱ）

弁済をするについて正当な利益を有する者でない第三者は、債務者の意思に反して弁済をすることができない（474Ⅱ本文）。ここにいう「できない」とは、第三者が給付行為をしても、弁済の効果は生じず、債権は存続するという意味である。

→「正当な利益」を有する第三者であれば、債務者の意思に反しても弁済できる

債務者の意思は、債権者又は弁済者に明示されている必要はなく、諸般の事情から認定できればよい（大判大6.10.18）。また、第三者弁済が債務者の意思に反するか否かについては、当該弁済の無効を主張する者が主張・立証責任を負う（大判大9.1.26）。

ただし、債務者の意思に反しているか否かは必ずしも明らかではないことから、弁済の有効性について債権者を保護する必要がある。そこで、債務者の意思に反することを債権者が知らなかった場合、正当な利益を有しない第三者による弁済も有効となる（474Ⅱただし書）。

ウ　債権者の意思に反する場合（474Ⅲ）

弁済をするについて正当な利益を有する者でない第三者は、債権者の意思に反して弁済することができない（474Ⅲ本文）。ここにいう「できない」とは、第三者が給付行為をしても、弁済の効果や弁済の提供の効果が生じず、給付の受領を拒んでも受領遅滞（413）に陥らないという意味である。

→「正当な利益」を有する第三者であれば、債権者の意思に反しても弁済できる

474条3項は、債権者の利益を保護するための規定である。すなわち、474条2項ただし書による善意の債権者の保護だけでは、保護を受けるために債権者に立証の負担があり、債務者が行方不明の場合など、債務者の意思を確認できない場合もある。また、第三者の弁済による代位（499以下）によって、債権者と弁済者との間に関係が発生するが、債権者がこれを望まない場合もある。そこで、債権者の利益を保護するため、その意思による制約を認めている。

ただし、第三者が債務者の委託を受けて弁済をする場合（履行引受など）において、そのことを債権者が知っていたときは、正当な利益を有する者でない第三者の弁済であっても、有効となる（474Ⅲただし書）。

二　誰に（弁済受領者）

1　債権者又は弁済受領権限がある者

弁済は、債権者又は債権者から弁済受領権限を与えられた者（例えば、アパートの家賃を賃貸人自身ではなく管理人が受け取る場合などのように、受任者・

◀内田Ⅲ・40頁
中田・383頁以下

代理人などである）、法律の規定により受領権限を有する者（法定代理人など）にすることを要する。

2 債権者に対する弁済が無効な場合

債権者であっても、①債権が差押えを受けた場合（481Ⅰ）、②債権を質入れした場合、③破産手続開始決定を受けた場合には、自己の債権を処分する権限を失い、弁済を受領することができなくなる。

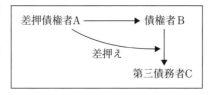

(1) 債権が差押えを受けた場合（481Ⅰ）

BのCに対する債権がBの債権者Aによって差し押さえられた場合、裁判所は、Bに対して債権の取立てを禁止し、第三債務者Cに対してBへの弁済を禁止する（民執145Ⅰ）。

この場合において、差押えを受けた債権の第三債務者CがBに弁済した場合、その弁済はBとの関係では有効であるが、Aに対抗することができない。そのため、Aは債権がなお存在するものとして取立てをし、又は転付命令を得て弁済を受けることができる（最判昭40.11.19）。

なお、CがBに支払った後にAが481条1項の規定に従ってCから弁済を受けたときは、CはBに対する求償権を取得する（481Ⅱ）。これは、不当利得法理から当然のことである。

＊ 差押えが競合した場合

複数の債権者が同一の債権を差し押さえた場合、第三債務者は、執行法上、供託する義務を負う。かかる義務にもかかわらず、第三債務者Cが自己の債権者B又は差押債権者の1人に弁済した場合、支払を受けた者との関係では弁済の効力が生じるが、他の差押債権者には対抗できず、Cは依然として全額の供託義務を負う。このとき、他の債権者DはCに対して供託を請求できるが、481条1項により「更に弁済を」請求することはできない。

なお、判例（最判昭40.7.9）は、同一債権が二重に差し押さえられている場合に、取立命令を取得した差押債権者に対する弁済には481条1項は適用されず、他の債権者は配当加入して満足を得るべきであり、第三債務者に対して更に弁済を請求することはできないとしている。

(2) 債権を質入れした場合

明文の規定はないが、債権者がその債権に質権を設定した場合には、債権を差し押さえられた債権者と同様の立場に置かれるため、債権者は債権の取立てができず、受領権限を失うとされている。したがって、債権が質入れされた場合や、転質がなされた場合についても、債権者からの通知又は第三債務者の承諾がなされた後には、481条の類推適用が可能であると解される。

3 弁済受領権限を有しない者への弁済

(1) 原則

債権者や弁済の受領権限を有しない者に対してした弁済は、債権者がこれによって利益を受けた限度においてのみ、その効力を有する（479）。

∵ 受領権者以外の者に対する弁済は原則として無効であるが、債権者が利益を受けている場合にまで無効とすると無用の煩雑を招く（弁済受領者は不当利得として弁済者に受領物を返還し、弁済者は改めて債権者に弁済するのは迂遠である）ため、その限度で債権の消滅の効力を認めた

これは、弁済者が弁済受領者に弁済の受領権限がないことを知っていたときでも、同様である（大判昭18.11.13）。

ex. AのBに対する100万円の貸金債権について、Bが弁済の受領権限が
ないCに対して100万円を支払い、Cがそのうちの60万円をAに与えた
場合、BがCに弁済の受領権限がないことを知っていたとしても、Aが
利益を受けた限度（60万円の限度）で、その弁済は効力を有する（60
万円の限度で貸金債権が一部消滅する）

→弁済の受領権限がない者に対する弁済であっても、債権者が利益を受け
るか否かにかかわらず、例外的に弁済の効力が生じる規定として、①受
領権者としての外観を有する者に対する弁済（478）、②有価証券に関す
る債務者保護の規定（520の10、520の15、520の20）がある

(2) 受領権者としての外観を有する者に対する弁済（478）

　(a) 意義

債権の弁済は、日常生活で頻繁に行われるため、簡易・迅速に行われる
べきであるとの要請がある。それにもかかわらず、弁済しようとする者が、
相手方に受領権限があるか否かをその都度調査しなければならないとすれ
ば、弁済しようとする者にとって酷であるし、ひいては経済取引の停滞を
招いてしまう。

そこで、いかにも弁済の受領権限がありそうに見える者（「受領権者……
以外の者であって取引上の社会通念に照らして受領権者としての外観を有
するもの」（478）、表見受領権者（外観受領権者）という）に対してした
弁済は、その弁済をした者が善意であり、かつ、過失がなかったときに限り、
その効力を有するものとされた。この478条は、権利外観法理の１つとし
て位置付けられている。

例えば、AがB銀行に預金債権を有しているところ、CがAの預金通帳
と届出印を窃取し、これらを持参してB銀行に払戻しを求め、B銀行が善
意・無過失でAの預金をCに払い戻した場合などがこれに当たる。

　(b) 要件

① 受領権者としての外観を有する者（表見受領権者）であること

② 弁済をした者が善意であり、かつ、過失がなかったこと（弁済者の
善意・無過失）

③ 弁済をしたこと

☞ One Point ▶ 債権者の帰責事由

478条が権利外観法理の１つとして位置付けられていることからすれば、本人で
ある債権者の帰責事由の存在が要件となるのではないかが問題となります。この点
について、受取証書や債権証書が偽造された場合のように、債権者には何らの帰責
事由のない場合にまで弁済を有効としてしまうと、権利を失う債権者にとって酷で
あるとの理由から、債権者に帰責事由があることも要件として必要であると解する
見解もあります。

しかし、条文にない要件を認めるべきではないこと、表見相続人に対する弁済の
ように債権者に帰責事由がなくても478条を適用すべき場合があることから、一般
的に、債権者の帰責事由の存在は478条の要件として不要であると解されていま
す。ただし、債権者の帰責事由を全く考慮しないわけではなく、債権者に帰責事由
がない場合には弁済者の過失を広く認めるなど、弁済者の無過失（要件②）の認定
材料としてしん酌されます。

ア　受領権者としての外観を有する者（要件①について）

「受領権者」とは、「債権者及び法令の規定又は当事者の意思表示によ
って弁済を受領する権限を付与された第三者」（478かっこ書）をいう。
したがって、「受領権者」としての外観を有する者である表見受領権者

には、「債権者」としての外観を有する者と、「弁済を受領する権限を付与された第三者」（代理人など）としての外観を有する者が含まれる。

　まず、表見相続人（大判昭15.5.29）や譲渡が無効であった場合の債権譲受人（大判大7.12.7）、真正権利者の預金証書と印鑑を所持する盗取者が表見受領権者に当たることに争いはない。

　次に、債権の二重譲渡の劣後譲受人について、判例（最判昭61.4.11／百選Ⅱ［第8版］〔33〕）は、二重に譲渡された債権の「債務者が、民法467条2項所定の対抗要件を具備した他の譲受人より後にこれを具備した譲受人に対してした弁済についても、同法478条の規定の適用があるものと解すべきである」としている。　⇒187頁

　また、債権証書・受取証書の持参人については、これらが真正のものか偽造されたものかにかかわらず、他の事情も総合的に考慮して、表見受領権者として認められる場合がありうる（その証書が真正のものであれば、より表見受領権者として認められる可能性が高まる）。

　詐称代理人（債権者の代理人と詐称して債権を行使する者）については、「弁済を受領する権限を付与された第三者」としての外観を有する者として、表見受領権者に含まれうる。

☞One Point▶表見相続人について

　例えば、40歳で独身の男性が死亡し、相続人たりうる者が父親しかいない場合、その唯一の相続人である父親が、被相続人の債権を相続して債務者から弁済を受けることになりますが、実は死亡した男性に隠された実子がいることが判明すると、父親には相続権がなかったことになります（887、889）。しかし、この父親にはあたかも相続人であるかのような外観が存します。かかる者を表見相続人といい、この場合には、表見相続人には相続権がないから債権者ではないのですが、まるで債権者であるかのような外観を有するため、478条により受領権者としての外観を有する者に対する弁済として弁済は有効になるのです。

　イ　**「弁済をした者が善意であり、かつ、過失がなかったとき」**（要件②について）

　　　弁済者の主観的要件として、弁済受領者に受領権限がないことについての善意・無過失が要件となる。

　ウ　**「弁済」**（要件③について）

　　　478条の「弁済」については、本来の弁済よりも拡張した解釈がなされている。

　㈎　定期預金の期限前払戻し

⚠️**論点**

問題の所在

　定期預金について、預金者の代理人と称する者が期限前の払戻しを受けた場合、銀行は478条により免責されうるか。定期預金の期限前払戻しは単純な弁済ではなく、定期預金契約の解約及び弁済という性質を有することから問題となる。

考え方のすじ道

確かに、期限前払戻しの性質からは、弁済の効力を論じる以前に解約の有効性を検討すべきであり、詐称代理人による解約の場合には表見代理が成立しない限り解約の効力は本人に帰属せず、478条の問題も生じないとも考えられる

　　　↓しかし

銀行は解約の申入れに応じるのが原則であることからすれば、期限前の払戻しであっても、期限到来後の払戻しと実質的に異なる点はない

　　　↓よって

判例 最判昭41.10.4

期限前払戻しの場合における弁済の具体的内容が契約締結時に既に合意により確定されている場合には、期限前払戻しも「弁済」に当たるとした。

定期預金の期限前払戻しも「弁済」にあたり、478条が適用され、銀行は免責されると解する

アドヴァンス

- **肯定説（判例）**
（理由）
　　銀行は解約の申入れに応じるのが通常であり、満期に弁済を受けるか満期前に弁済を受けるかは預金者が自由に選択しうるといえるから、満期前の払戻しも実質的には満期後の弁済と異ならない。

　　（イ）　預金担保貸付と相殺

⚠️**論点**

問題の所在

　　Aは、C銀行に定期預金債権を有していたが、事情により預金の名義はBとしていた。C銀行は、Bに対して金銭を貸し付けるにあたって、右定期預金がBのものであると思い、右定期預金債権に質権を設定し、満期において貸付債権と相殺する旨の相殺の予約をした。

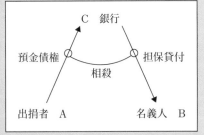

　　その後、貸付金の満期が到来したため、C銀行は貸付債権と定期預金債権を相殺した。この場合、C銀行はAに対して右相殺をもって対抗できるか。
　　①この場合における定期預金の預金者は誰か、②出捐者が預金者であるとした場合、預金担保貸付にも478条の適用があるか、③適用があるとした場合、善意・無過失の要件の判断時期をいかに解すべきか、が問題となる。

考え方のすじ道

①について
大量かつ定型的取引である定期預金契約を締結したにすぎない段階では、銀行は預金者が誰であるかにつき格別の利害を有さない
　　　　↓これに対して
出捐者は金員を支出しており、保護されるべき利益を有するといえる
　　　　↓よって
預金をする意思で出捐した出捐者が預金者であると解する

②について
確かに、相殺は弁済ではなく、478条を直接適用することはできない
　　　　↓しかし
Bに対する相殺が一切無効となるとすると、銀行取引の安全に欠ける
　　　　↓この点
定期預金債権への担保設定・貸付・相殺予約・相殺という銀行の一連の行為は、経済的機能の点では定期預金債権の期限前払戻しと同視できる
　　　　↓そして
銀行は解約の申入れに応じるのが原則であることからすれば、期限前の払戻しであっても、期限到来後の払戻しと実質的に異なる点はない以上、期限前払戻しも「弁済」（478）に当たる
　　　　↓とすると
銀行の預金担保貸付・相殺という行為も「弁済」（478）と同視しうるので、47条の類推適用により、善意・無過失であれば、銀行は保護されると解する

③について

相殺は預金担保契約の実行であり、実質的にみれば、担保設定時（貸付時）において既に自己の債権を処分したのと同視しうる

↓そうだとすれば

貸付時において金融機関の判断は終了しており、後の相殺は形式上の事務手続にすぎない

↓したがって

478条の善意・無過失は、貸付時を基準に判断すべきと解する

↓ただし

銀行は弁済を強制されておらず、自ら与信行為を行っているのであるから、銀行の払うべき注意義務の程度は通常よりも重いと解する

アドヴァンス

① 預金者の認定

A　主観説

　原則として預入行為者が預金者であり、同人が預入に際して他人が預金者であると表示したときは、その他人を預金者とする。

（理由）

① 金銭の所有権は原則として占有とともに移転するから、預入を依頼された者が自分の預金でない旨を明示しない限り、その者の預金とみるべきである。

② 預入行為者を預金者としないと、銀行がその者に無記名定期預金債権があると信頼して融資したような場合に、銀行に不利な結果となる。

B　客観説（判例）

判例　最判昭52.8.9

　XがY信用組合に定期預金をするにあたり、職員定期預金を利用して高利回りにするために、知り合いの職員Z名義としたところ、Y組合がZに対して貸付債権を有していたため、右定期預金と相殺した事案について、預金者はXであるとした。実際に出捐を行った出捐者が預金者である。

（理由）

① 預金者の認定それ自体は、真の権利者を確定する作業であるから、この認定作業を銀行の免責や取引安全の考慮とからめて政策的に論じることは適当でない。

② 記名式預金であっても、その名義は特に信頼するに値せず、銀行は預金者が誰であるかについて格別の利害関係を有しない。

② 預金担保貸付と478条

A　478条類推適用肯定説（判例）

（理由）

① 経済的効果の点では、預金担保貸付・相殺は、定期預金の期限前払戻と同視できるので、「弁済」といえる。

② 478条の趣旨は、債権者らしい外観を信頼してなした弁済を有効として、弁済者の保護を図ることにあるが、真の預金者らしい外観を信頼して担保貸付・相殺した場合にも妥当する。

B　478条類推適用否定説

（理由）

① 預金担保貸付における、預金債権への担保設定→貸付→相殺予約→相殺という一連の行為は、通常の弁済とは、法律的に全く異なるといえる。

② 沿革的にみても、478条を相殺の場合にまで類推適用することは、拡張しすぎである。

判例 最判昭59.2.23／百選Ⅱ［第8版］〔34〕

事案： XはAの紹介でY信用金庫に定期預金をしたが、手続はAが代行
し、証書・印鑑はAに預けたままであった。AはXの替え玉Bを連
れてYに赴き、預金担保貸付を申し込んだところ、Yの係員はBを
Xと誤信してこれを実行した。その後、Xが預金についてYに問い
合わせたところ、預金が貸付けの担保になっていることを知らされ
た。さらにその後になってYはXに対して貸付金と預金とを相殺す
る旨の通知をした。しかしXは、相殺は認められるべきではないと
してYに対して預金の返還を請求した。

判旨： 「金融機関が、自行の記名式定期預金の預金者名義人であると称す
る第三者から、その定期預金を担保とする金銭貸付の申込みを受け、
右定期預金についての預金通帳及び届出印と同一の印影の呈示を受
けたため同人を右預金者本人と誤信してこれに応じ、右定期預金に
担保権の設定を受けてその第三者に金銭を貸し付け、その後、担保
権実行の趣旨で右貸付債権を自働債権とし右預金債権を受働債権と
して相殺をした場合には、少なくともその相殺の効力に関する限り
は、これを実質的に定期預金の期限前解約による払戻と同視するこ
とができ、また、そうするのが相当であるから、右金融機関が、当
該貸付等の契約締結にあたり、右第三者を預金者本人と認定するに
つき、かかる場合に金融機関として負担すべき相当の注意義務を尽
くしたと認められるときには、民法478条の規定を類推適用し、右
第三者に対する貸金債権と担保に供された定期預金債権との相殺を
もって真実の預金者に対抗することができるものと解するのが相当
である（なお、この場合、当該金融機関が相殺の意思表示をする時
点においては右第三者が真実の預金者と同一でないことを知ってい
たとしても、これによって上記結論に影響はない。）。」

③ 善意・無過失の判断時期

A 貸付時説（判例）

銀行が善意・無過失か否かは、貸付時（担保設定時）を基準に判断する。

（理由）

銀行は預金と相殺することを予定して貸し付けたのであるから、貸付時におけ
る銀行の信頼を保護すべきである。

もし相殺時に善意・無過失を要求すると、出捐者の問い合わせによって金融機
関は、相殺前に、真の預金者ではない者に預金担保貸付をしたことを知ることが
多い現状のもと、金融機関はことごとく敗訴してしまい、478条類推適用という
構成をとった意味がなくなる。

B 相殺時説

銀行が善意・無過失か否かは、相殺時を基準に判断する。

（理由）

① 弁済と同一視されるのは相殺の場面である。

② 相殺時に真の預金者が判明しているのであれば、その者のために損害を回避
すべきである。

判例　最判昭59.2.23／百選Ⅱ【第8版】〔34〕

「金融機関が、当該貸付等の契約締結にあたり、右第三者を預金者本人と認定するにつき、かかる場合に金融機関として負担すべき相当の注意義務を尽くしたと認められるときには、民法478条の規定を類推適用し、右第三者に対する貸金債権と担保に供された定期預金債権との相殺をもって真実の預金者に対抗することができるものと解するのが相当である（なお、この場合、当該金融機関が相殺の意思表示をする時点においては右第三者が真実の預金者と同一人でないことを知っていたとしても、これによって上記結論に影響はない。）。」として、貸付時説を採用した。

(ウ)　保険契約者以外の者への契約者貸付

　契約者貸付とは、生命保険契約の保険者（保険会社）が契約者に対し、約款に基づき、解約返戻金のうちの一定の範囲内でする貸付のことをいう。保険契約が消滅する場合等において、保険会社が支払うべき金額から貸付金の元利金が差し引かれる。

　判例（最判平9.4.24）は、保険会社が保険契約者の詐称代理人に対して契約者貸付をした場合について、以下のとおり判示し、478条の類推適用を認めた。

判例　最判平9.4.24

「貸付けは、約款上の義務の履行として行われる上、貸付金額が解約返戻金の範囲内に限定され、保険金等の支払の際に元利金が差し引き計算されること」から、貸付行為は「経済的実質において保険金又は解約返戻金の前払と同視することができる」として、貸付行為自体に478条の類推適用を認めた。

(エ)　現金自動預払機（ATM）による預金の払戻し

(ⅰ)　免責約款

　銀行預金の払戻しについては、一般に、通帳の印鑑と書類に使用された印影を「相当の注意」をもって照合し、相違ないと認めて払い戻した場合には、書類につき偽造・変造その他の事故があっても、弁済者である銀行は責任を負わない旨の約款が存在する。この約款規定は、478条の具体化と解されており、ここにいう「相当の注意」とは、善意・無過失を意味するものと解されている。

　他方、ATMに「相当の注意」を要求することはできないため、キャッシュカード取引約款では、かかる文言は使われていない。そこで、判例（最判平5.7.19）は、真正なキャッシュカードが使用され、正しい暗証番号が入力されていた場合には、銀行による暗証番号の管理が不十分であったなどの特段の事情がない限り、銀行は免責約款により免責されるとしている。

(ⅱ)　機械払と弁済者の無過失

　478条は、弁済者に善意・無過失を要求しているところ、かかる要件が基本的に想定しているのは、銀行員が印影の照合をするような場合であるため、ATMによる機械払においては、かかる要件はそのまま妥当しない。そのため、免責約款を欠いている場合に、478条が適用されるのか。また、478条が適用されるとしても、どのような場合に銀行は無過失といえるのかが問題となる。

判例　最判平15.4.8／百選Ⅱ【第8版】〔35〕

事案：　Xは、Y銀行A支店で預金口座を開設して通帳とキャッシュカードの交付を受けた。その際、Xは暗証番号をXの所有自動車の登録番号と同じ4桁の数字とした。その後、Xは、本件通帳をダッシュボードに入れたまま自動車を駐車場に駐車していたところ、通帳を自動車ごと盗まれた。A支店への通帳喪失届出をしたときには、既に何者かが通帳機械払により810万円を引き出していた。Y銀行は、カード機械払と通帳機械払のシステムを採用していたが、Yのカード規定には、カード機械払の方法で預金払戻しが受けられる旨の規定及び同払戻しに係る免責規定があったが、通帳機械払の方法についてはこれらの規定を欠いていた。Xは、通帳機械払の方法で払戻しが受けられることを知らなかった。

　　　　XはYに対し、本件払戻しが無効であり、仮に本件払戻しが有効であったとしても債務の本旨に従った履行とはいえないと主張して、本件払戻しに係る預金の返還又は債務不履行に基づく同額の損害賠償の支払を請求した。

判旨：　「**無権限者のした機械払の方法による預金の払戻しについても、民法478条の適用があるものと解すべきであり、これが非対面のものであることをもって同条の適用を否定すべきではない**」。

　　　　「債権の準占有者〔注：改正民法下の表見受領権者〕に対する**機械払の方法による預金の払戻しにつき銀行が無過失であるというため**には、払戻しの際に機械が正しく作動したことだけでなく、銀行において、預金者による暗証番号等の管理に遺漏がないようにさせるため当該機械払の方法により預金の払戻しが受けられる旨を預金者に明示すること等を含め、**機械払システムの設置管理の全体について、可能な限度で無権限者による払戻しを排除し得るよう注意義務を尽くしていたことを要するというべきである。**」

　　　　「通帳機械払のシステムを採用する銀行がシステムの設置管理について注意義務を尽くしたというためには、通帳機械払の方法により払戻しが受けられる旨を預金規定等に規定して預金者に明示することを要するというべきであるから、Yは、通帳機械払のシステムについて無権限者による払戻しを排除し得るよう注意義務を尽くしていたということはできず、本件払戻しについて過失があったというべきである。」

(c)　効果
　ア　弁済は有効なものとされ、債権は消滅する。
　イ　表見受領権者は、債権者に対して不当利得返還義務（703、704）を負い、場合により債権侵害として不法行為による損害賠償義務（709）を負う。
　ウ　債務者は、その返還を請求することはできない（判例）。
　　∵　弁済の効力は確定的に生じている

(3)　有価証券の所持人に対する弁済
　　有価証券については、その流通性の高さから、債務者は悪意・重過失がない限り保護される（520の10、520の15、520の20）。

三 いつ（弁済の時期）

1 履行期

◀内田Ⅲ・59頁

弁済をすべき時期を履行期又は弁済期という。履行期は、通常は契約で定められるが、民法は412条に解釈規定を置いている。　⇒35頁

履行期に債務者が履行しない場合には、履行遅滞の責任を負い（412）、債権者が受領しない場合には受領遅滞の責任を負う（413）。

【遅滞に陥る時期】

	債務の種類	遅滞に陥る時期
期限の定めのある債務	確定期限債務	原則：期限到来時（412Ⅰ） 例外：期限到来に加えて、 　① 指図証券等の場合は、証券の提示が必要（520の9、520の18、520の20） 　② 取立債務の場合は、債権者が必要な協力をすることが必要
	不確定期限債務	期限の到来した後に履行の請求を受けた時、又はその期限の到来したことを知った時のいずれか早い時（412Ⅱ）
期限の定めのない債務（＊）		履行の請求を受けた時（412Ⅲ）
期限の定めのない消費貸借（591）		催告から相当期間経過後（591Ⅰ）
不法行為に基づく損害賠償債務（709）		不法行為時（最判昭37.9.4参照）

＊ 法律の規定により生ずる債務（ex. 不当利得返還債務）は、原則として期限の定めのない債務である。

2 履行期に弁済を行わない場合

弁済は、履行期に行うのが原則であるが、債務者に一定の事由が発生すると期限の利益を喪失する（137）。

また、期限の利益を放棄することによって履行期前に有効に弁済することが可能であるが、債権者の利益を害することはできない（136Ⅱ）。すなわち、例えば年利10％・弁済期1年後という契約でお金を借りた場合には、10か月後に返す場合であっても、利息は1年分、すなわち10％つけて返さなければならない。

一方、期限後の弁済は、本来の給付とともに遅延損害金をも合わせて提供しなければ、有効な弁済の提供とはならない。

四 どこで（弁済の場所）

◀内田Ⅲ・59頁

弁済の場所については、解釈規定として484条1項が設けられている。すなわち、当事者に別段の意思表示があればそれに従うが、そのような意思表示がない場合には、以下のように決定される。

1 特定物の引渡しを目的とする債務

→債権発生当時、その物の存在した場所（取立債務、484Ⅰ前段）

＊ ただし、特定物の引渡しを目的とする債務が履行不能によって損害賠償債務に転化した場合は、その債務は「その他の弁済」として持参債務となり、債権者の現在の住所となる（484Ⅰ後段）。

2 上記以外の給付が目的の債務（こちらが原則）

上記以外の給付が目的の債務については、債権者の現在の住所で弁済しなければならない（持参債務、484Ⅰ後段）。「現在の住所」とは、弁済の時点での住所である。債権が譲渡された場合には、新債権者の住所が弁済地となる。な

お、そのために弁済の費用が増加したときは、その増加額は債権者の負担となる（485ただし書）。

＊　ただし、売買代金の支払場所（574）、寄託物の返還の場所（664）、有価証券の弁済の場所（520の8、520の18、520の20）、商行為による債務の履行の場所（商516）については、個別に定められている。

五　何を（債権の目的）

◀内田Ⅲ・60頁

1　債務の本旨に従った弁済

「何を」弁済するかは、その債務の発生原因である契約等の解釈によって決定される。民法は、債権の目的が特定物の引渡しである場合に関する解釈規定（483）と、引き渡した物が他人の物であった場合に関する規定（475）を設けている。

(1)　特定物債権

債権の目的が特定物の引渡しである場合において、契約その他の債権の発生原因及び取引上の社会通念に照らして、その引渡しをすべき時の品質を定めることができないときは、弁済者は、その引渡しをすべき時の現状でその物を引き渡さなければならない（現状引渡義務、483）。

→契約その他の債権の発生原因及び取引上の社会通念に照らして、その引渡しをすべき時の品質を定めることができるときは、それによる

483条の適用によって、現状引渡義務で足りるとされるのは、主として、法定債権としての特定物引渡債権である。

→売買契約や請負契約が締結された場面では、483条が適用される余地はない

∵　売買契約や請負契約では、締結する時点で契約や取引上の社会通念に照らして、その引渡しをすべき時の品質を定めることができる

(2)　種類債権

債権の目的物が種類物である場合、法律行為の性質又は当事者の意思によってその品質を定めることができないときは、債務者は、中等の品質を有する物を給付する義務を負う（401Ⅰ）。

もっとも、種類債権の特定により、以後、給付の目的物はその特定された種類物に限定される。

2　引き渡した物が他人の物であった場合の問題

(1)　弁済をした者が弁済として他人の物を引き渡したときは、その弁済をした者は、更に有効な弁済をしなければ、その物を取り戻すことができない（475）。

弁済者が処分権限なく弁済として他人の物を引き渡しても、その効力は生じず、弁済者はその他人の物の取戻しを請求できるはずである。しかし、債権者にしてみれば、反対給付をしているような場合でも債務者から無条件にその他人の物を取り戻されると不都合である。そこで、475条は、弁済者の取戻しに制限を加え、債権者の利益、ひいては取引の安全を保護しようとした。

このように、475条は、「更に有効な弁済」がされることを前提としているため、本条が適用されるのは、種類物（不特定物）の引渡しを目的とする債権に限られる。

∵　特定物の引渡しを目的とする債権では、弁済者は「更に有効な弁済」をすることができない

また、債権者がその他人の物を即時取得（192）した場合にも、本条は適用されず、真の所有者から不当利得返還請求をされることもない。

∵　この場合には当該弁済は有効なものとなり、債権が消滅する

→なお、弁済者と真の所有者との間では不当利得返還の問題が生じる

(2) 弁済として引き渡した物の消費・譲渡がされた場合の弁済の効力

弁済者が弁済として他人の物を引き渡した場合において、債権者が弁済として受領した物を善意で消費し、又は譲り渡したときは、その弁済は、有効となる（476前段）。

475条の場合、弁済は無効であるのが原則である。しかし、「更に有効な弁済」がされるまでの間は、弁済者からの取戻しがあるか否か浮動的な状態であり、この間に、債権者が知らずに目的物を消費したり譲渡したりする場合がある。かかる場合にこの原則を貫くと、債権者に酷な結果となり、弁済者にも再履行の費用と手数をかける。そこで、両者間の公平と便宜を考慮して、この弁済を有効とした。

この場合に、債権者が第三者から賠償の請求を受けたときは、弁済をした者に対して求償をすることを妨げない（476後段）。

六　どのように（弁済の方法）

弁済の方法に関する規定として、振込みによる弁済について定めた477条、弁済の費用について定めた485条がある。

1　振込みによる弁済

(1) 多額の金銭債務であってもすべて現金で用意して弁済しなければならないとなると、債務の履行は滞り、円滑な経済活動が阻害されるリスクが高まる。そのため、現在では、金銭債務の弁済は、債権者の預金又は貯金の口座に対する振込みによってなされることが一般的である。

そこで、477条は、債権者の預貯金口座に対する振込みによる弁済が許容されている場合における、**弁済の効力発生時期**について規定している。

(2) 477条は、「債権者の預金又は貯金の口座に対する払込みによってする弁済は、債権者がその預金又は貯金に係る債権の債務者に対してその払込みに係る金額の払戻しを請求する権利を取得した時に、その効力を生ずる」と規定している。

ここでは、①債権者の預貯金口座に対する振込みによる弁済が許容されるのはどのような場合か、②振込みによる弁済の法的性質、③債務が消滅する時期が問題となる。

(a) **①債権者の預貯金口座に対する振込みによる弁済が許容されるのはどのような場合か**

まず、当事者間において振込みによる弁済の合意がある場合に、振込みによる弁済が許容されるのは当然である。また、弁済の方法についての合意がない場合、特段の事情のない限り、振込みによる弁済も有効と解されている。

他方、現金で弁済することの合意がされている場合には、債権者が承諾するなどの特段の事情のない限り、振込みによる弁済では有効な弁済とはならないと解される。

その他の場合（当事者間の合意や債権者の指定によって定められた預貯金口座以外の預貯金口座に対する振込み等）は、その合意や契約の解釈ないし慣習により、その有効性が判断される。

(b) **②振込みによる弁済の法的性質**

振込みによる弁済の法的性質については、弁済か代物弁済かという争いがあるところ、①477条は単に「弁済」との文言を用いていること、②代物弁済について規定する482条よりも前に配置されていることなどから、民法は、振込みによる弁済を「弁済」として位置付けているものと解され

ている。

(c)　③債務が消滅する時期

　　債務が消滅する時期、すなわち、「債権者がその預金又は貯金に係る債権の債務者に対してその払込みに係る金額の払戻しを請求する権利を取得した時」がいつの時点を指すのかについては、その預貯金契約の解釈に委ねられている。

ex.　顧客と銀行との取引における預金契約においては、入金記帳（銀行が顧客である預金者の預金口座についてする行為を指し、預金者が預金通帳に記帳する行為ではない）がされた時点で弁済としての効力が生じる

∵　通常、顧客と銀行との取引における預金契約においては、預金者の預金口座に振込額の入金が記録された時に預金債権が発生し、預金者が払戻請求権を取得する（最判平8.4.26／百選Ⅱ［第8版］〔72〕）

2　弁済の費用

(1)　弁済の費用（運送費、関税、登記費用、債権譲渡の通知費等）については、別段の意思表示がない限り、債務者の負担になる（485本文）。

(2)　ただし、債権者が、住所を移転したことなどによって弁済の費用を増加させたときは、その増加分については、債権者が負担しなければならない（485ただし書）。

(3)　なお、有償契約に関する契約費用（契約書作成費、目的物の鑑定のための費用等）は、当事者双方が等しい割合で負担する（558、559）。

7-2-3　弁済の効果

学習の指針
一　はじめに 二　弁済の充当 三　弁済者の権利 　　（弁済の証拠） 四　弁済による代位

学習の指針

　弁済がなされれば、債務は消滅します。これが弁済の効果です。民法は、この弁済の効果に関連して、弁済の充当や弁済による代位といったいくつかの規定を置いています。

　弁済による充当の問題とは、弁済者の提供した物が複数の債務のすべてを消滅させるのに足りないときはいずれの債務の弁済にあてるべきかということです。

　弁済による代位とは、債務者について消滅した債権者の権利を求償権の範囲で弁済者に法定移転させる制度のことをいいます。弁済の効果に関する事項は主に短答式試験で問われる部分ですので、まずは全体像を大まかに把握するようにしましょう。

一　はじめに

　弁済がなされれば、債務は消滅する。これが弁済の効果である。民法はかかる弁済の効力に関して、以下で述べるような規定を置いている。

◀内田Ⅲ・81頁
　中田・403頁

二　弁済の充当

1　弁済の充当の方法

(1)　債務者が同一の債権者に対して同種の給付を目的とする数個の債務を負担している場合（488Ⅰ）や、1個の債務の弁済として数個の給付をすべき場

合（491）において、弁済者の提供した給付が全ての債務を消滅させるのに足りないとき、どの債務の弁済に充当するべきか、というのが「弁済の充当」の問題である。

　例えば、債務者Aが債権者Bに対して100万円の貸金債務のほか、200万円の代金債務を負っている場合において、AがBに150万円を弁済として提供したとき、この150万円はどの債務に充当されることになるのか。

　民法は、弁済の充当の方法について、次のような規定を設けている。

(2)　弁済の充当の方法には、①合意による充当（合意充当、490）、②当事者の一方による指定充当（488ⅠⅡⅢ）、③法定充当（488Ⅳ）がある。

　①合意充当では、充当の順序に制限はない。一方、②当事者の一方による指定充当では、489条所定の順序に反する充当の指定をすることができない。そして、当事者双方が充当の指定をしない場合、又は弁済受領者による指定充当に対して弁済者が直ちに異議を述べた場合（488Ⅱただし書）には、③法定充当に移行する。

　③法定充当では、弁済期にあるもの（488Ⅳ①）→債務者のために利益の多いもの（同②）→弁済期が先に到来したもの又は先に到来すべきもの（同③）の順序で充当されるが、それでも充当の先後が決定されないときは、各債務の額に応じて充当される（同④）。

2　①合意充当（490）

弁済者と弁済受領者との間に弁済の充当の順序に関する合意があるときは、その順序に従い、その弁済を充当する（490）。

(1)　490条所定の合意は、弁済時に存在している債務への充当合意のみならず、将来発生する債務への充当合意としてすることもできる（最判平26.7.24参照）。

(2)　既に弁済の効果を生じている場合であっても、当事者は、後の合意によってこの効果を覆し、充当関係を変更することもできる（最判昭35.7.1参照）。ただし、利害関係のある第三者が既に登場していたときは、既に生じた弁済の効果を事後的な充当合意によって覆したことをもって、この者に対抗することができない。

3　②当事者の一方による指定充当（488ⅠⅡⅢ）

(1)　当事者間に490条所定の合意がない場合には、当事者の一方の指定によって充当される。

　(a)　弁済者は、給付の時に、弁済を充当すべき債務又は給付を指定することができる（488Ⅰ、491）。特約がなければ、弁済受領者はその指定を拒否することができない。

　(b)　弁済者が指定をしないときは、弁済受領者が、その受領の時に、弁済を充当すべき債務又は給付を指定することができる（488Ⅱ本文、491）。ただし、弁済者がその充当に対して直ちに異議を述べたときは、法定充当に移行する（488Ⅱただし書、491）。

　(c)　弁済の充当の指定は、相手方に対する意思表示によってする（488Ⅲ、491）。

(2)　指定充当の場合でも、489条所定の順序に反する充当の指定をすることができない。

　　⇒「5　充当方法に関する制限」参照

(3)　488条1項に基づく弁済充当特約において、債権者が任意の時期に充当の指定をすることができる旨の合意がされているとしても、上記合意に基づき弁済受領後いつまでも充当の指定をすることが許されるとすると、法的安定性が著しく害されるため、弁済充当特約に基づく充当指定権の行使が許され

ない場合（弁済受領後１年以上経過した時期において初めて充当指定権を行使するような場合等）がある（最判平22.3.16／平22重判〔３〕）。

4 ③法定充当（488Ⅳ）

当事者双方が充当の指定をせず、又は弁済受領者の指定充当に対して弁済者が直ちに異議を述べたときは、法定充当に移行する。法定充当は、次の順序に従う（488Ⅳ、491）。

(1) 弁済期にあるもの（488Ⅳ①）

履行期にあればよく、履行遅滞であることを要しない。

(2) 債務者のために弁済の利益が多いもの（488Ⅳ②）

ex. 無利息債務よりは利息付債務、低利の債務よりは高利の債務、無担保債務よりは担保付債務が、債務者のために利益が多い

(3) 弁済期が先に到来したもの又は先に到来すべきもの（488Ⅳ③）

cf. 期限の定めのない債務の場合、先に成立した債務が「弁済期が先に到来したもの」に当たる（大判大6.10.20）

(4) 以上の基準で先後が決定されない場合には、各債務の額に応じて充当する（488Ⅳ④）。

cf. 不動産競売手続における配当金が同一担保権者の有する数個の被担保債権の全てを消滅させるに足りない場合、その配当金は、488条４項ないし489条の規定に従って充当される（最判昭62.12.18参照）

5 充当方法に関する制限

債務者が、一個又は数個の債務につき「元本・利息・費用」を払わなければならない場合においては、その給付を、費用→利息→元本の順で充当しなければならない（489Ⅰ）。この順序は、当事者の合意による充当の場合は別として、公平的観点から認められたものであるから、一方当事者の指定で変更することはできない（大判大6.3.31）。

また、数個の債務がある場合に、その費用相互間、利息相互間、元本相互間では、488条の規定が準用される結果、法定充当の順序によることになる（489Ⅱ）。

三　弁済者の権利（弁済の証拠）

弁済が完了すれば債務は消滅するが、後に弁済の有無について争いが生ずるおそれがあるため、民法は弁済の受領者に次の２つの義務を課し、弁済者を保護した。

◀内田Ⅲ・83頁
中田・409頁

1 受取証書交付請求権（486）

受取証書とは、金銭債務でいえばいわゆる領収書であり、弁済を受領した旨を記載した文書である。弁済者は、弁済と引換えに、弁済受領者に対して受取証書の交付を請求することができる（486Ⅰ）。すなわち、弁済と受取証書の交付請求は、同時履行の関係に立つ（486Ⅰ、大判昭16.3.1参照）。

そして、一部弁済の場合や代物弁済の場合にも、受取証書の交付請求をすることが可能である。ただし、一部弁済の場合は、債務の本旨に従った提供ではないので、弁済と引換えに、受取証書の交付を請求することはできない。

また、弁済者は、受取証書の交付に代えて、その内容を記録した電磁的記録の提供を請求することもできる（同Ⅱ本文）。ただし、弁済受領者に不相当な負担を課すものであるときは、この限りでない（同Ⅱただし書）。

2 債権証書返還請求権（487）

債権証書とは、借用証書のように債権の成立を証明する文書である。弁済者が全部の弁済をしたときに、債権証書の返還を請求することができる。

→受取証書の交付と異なり、同時履行の関係に立たない（通説）

　∵①　受取証書の交付が同時履行の関係にあれば、再度の弁済を阻止する
　のに十分である
　②　債権者が債権証書を紛失している場合には、債権証書の返還と弁済
　との同時履行関係を認めることはかえって不当な結果となる

四　弁済による代位

1　はじめに

（1）　**意義**

◀内田Ⅲ・84頁
中田・410頁以下

　弁済による代位（代位弁済）とは、債務者について消滅した債権者の権利
を求償権の範囲で弁済者に法定移転させる制度である（499）。

　代位が認められると、弁済者は自己の求償権の範囲内において、①債権の
効力としての履行請求権・損害賠償請求権・債権者代位権、及び②債権者が
有していた人的担保・物的担保等一切の権利を行使することができる。

（2）　**趣旨**

　弁済がなされると、それが債務者による場合であると第三者による場合で
あるとを問わず債権は消滅する。

　しかし、弁済が第三者によってなされた場合には、

　①　債務者との契約による弁済の場合は、弁済者から債務者への契約によ
　る求償権が、

　②　契約によらない弁済の場合には、事務管理や不当利得による求償権
　が、

　成立することになる。

　この弁済者の債務者に対する求償権は単なる一般債権であるから、債務者
に他の債権者がいる場合には、弁済者は按分比例額を受けるにすぎない（債
権者平等の原則）。しかし、このような一定の第三者からの弁済は、信用（金
融）制度上からも好ましいことである。したがって、この弁済者の債務者に
対する求償権を保護（優先的保護）するため、民法は弁済による代位という
制度を設け、弁済者は債権者の有していた一切の権利を行使できるとした。
これはいわば、債務者以外の第三者が弁済したときの後始末の制度である。

　この制度は、誰も損をせず、かつ以下のようなメリットがある。すなわち、

　①　弁済者は求償権が確保され、安心して弁済できる。

　②　この制度によって第三者からの弁済が促されることになり、債権者の
　利益になる。

　③　債務者や担保権設定者（債務者以外の第三者が担保物権を設定してい
　た場合）は、債務者が弁済しない限り担保が実行されても文句を言う筋
　合いにはない。他方、債務者はこの制度によって、自分に代わって弁済
　してくれる者が増大し新たな信用を得る機会が大きくなる。

（3）　**具体例**

　例えば、BがAから1,000万円借金するにあたり、Cが保証人となったとす
る。CがBに代わって弁済すると（これは形式上はC自身の債務の弁済であ
るが）、債務者Bに対して求償債権を取得する。このとき、もし、債権者Aが
債務者Bに対して抵当権などの担保をもっていた場合には、それをそのまま
Cに移転して、保証人Cの求償権の行使において債権者Aと同様な地位が与
えられる。これにより、Bが求償債務を支払わないときは、CはAが有して
いた抵当権を実行できるわけである。

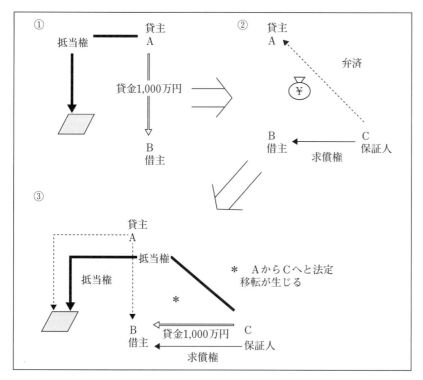

(4) 弁済による代位の法的構成

　　弁済による代位の制度趣旨は、弁済者の債務者に対する求償権を保護する点にあるとしても、理論的には、弁済によって債権は消滅し、それに伴って担保権も消滅するはずである。にもかかわらず、501条1項によれば、代位弁済者は債権者が有していた一切の権利を行使することができる。そこで、弁済による代位の法的構成が問題となる。

　　判例（最判昭59.5.29／百選Ⅱ［第8版］〔36〕）は、弁済による代位の法的構成について、原債権の法定移転として捉えている。すなわち、弁済による代位の制度は、求償権の効力を確保するために、客観的にその存在を失ったはずの原債権を法律上当然に代位弁済者に移転する制度であって、その結果として、原債権を担保する各種の担保権も原債権に随伴して移転するものと理解している。

☞ One Point ▶ 内入弁済

　　弁済による代位が行われ、債務者が代位弁済者に対して求償債権全額に満たない額の支払をした場合、このような弁済を内入弁済といいますが、内入弁済は求償権・代位債権の双方に充当されることになっています。したがって、例えば、求償権が100万円、代位債権が100万円という状態のときに、債務者が内入弁済として70万円支払ったとすると、求償権も代位債権もともに70万円消滅するということになります。

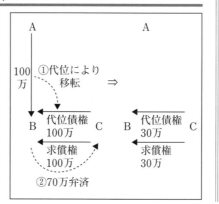

判例（最判昭60.1.22）も、「保証人が債権者に代位弁済したのち、債務者から右保証人に対し内入弁済があったときは、右の内入弁済は、右保証人が代位弁済によって取得した求償権のみに充当されて債権者に代位した原債権には充当されないというべきではなく、求償権と原債権とのそれぞれに対し内入弁済があったものとして、それぞれにつき弁済の充当に関する民法の規定に従って充当される」旨判示しています。

2　要件

弁済による代位の要件は、以下のとおりである。
①　弁済その他債権者に満足を与えること
②　弁済者が債務者に対して求償権を有すること
③　弁済をするについて正当な利益を有しているか、又は正当な利益を有していない場合には対抗要件を備えていること（500）

⑴　①弁済その他債権者に満足を与えること

弁済による代位が成立するためには、弁済をすることが必要となる（499）。条文上は「弁済」と規定されているが、弁済に限られない。すなわち、代物弁済・供託・相殺・混同も含まれ、抵当権の実行などの場合も499条の適用範囲となる。

⑵　②弁済者が債務者に対して求償権を有すること

弁済による代位は、弁済者の求償権を担保するためのものであるから、代位の前提として求償権の存在が必要となる（501Ⅱ参照）。とはいえ、贈与の目的で弁済をしたような場合を除き、通常、弁済者は弁済によって求償権を取得する。

求償権の根拠は、弁済者と債務者との関係によって個別的に定まる。例えば、弁済が、債務者の委託によるものであった場合には委任契約上の費用償還請求権（650Ⅰ）であり、委託によらないものであった場合には事務管理の費用償還請求権（702ⅠⅢ）や不当利得返還請求権（703、704）となる。その他、弁済者と債務者がいかなる関係にあるのかによって根拠となる条文が変わる。

ex.　保証人（459、459の2、462）、物上保証人（372・351）、委任（650Ⅰ）、事務管理（702ⅠⅢ）、債務者からの第三取得者（570参照）、物上保証人からの第三取得者（372・351、459、459の2、462）

⑶　③弁済をするについて正当な利益を有しているか、又は正当な利益を有していない場合には対抗要件を備えていること（500）

⒜　弁済をするについて正当な利益を有する者

これには、第三者弁済における「正当な利益を有する者」（474Ⅱ本文）と同様、①弁済しないと債権者から執行を受ける地位にある者、②弁済しないと債務者に対する自分の権利が価値を失う者の2類型が含まれる。

①　弁済しないと債権者から執行を受ける地位にある者

連帯債務者（大判昭11.6.2）、保証人（委託の有無を問わない）や物上保証人（大判昭4.1.30など）、担保不動産の第三取得者（大判明40.5.16）などがこれに当たる。

これらの者は、債務者が弁済をしないと、自己の財産に対し強制執行や担保権の実行がされることになるため、それを避けるため、弁済をするについて正当な利益が認められる。

②　弁済しないと債務者に対する自分の権利が価値を失う者

後順位担保権者（大決昭6.12.18）、抵当不動産の賃借人（最判昭55.11.11）などがこれに当たる。

一般債権者も、担保権が不利な時期に実行されるなどして、自らへの弁済額が減少する場合には、それを回避するために弁済することに正当な利益があるといえる（大判昭13.2.15）。

(b) 弁済をするについて正当な利益を有していない者

この者であっても、弁済者は弁済によって当然に代位するが、債権譲渡の対抗要件に関する467条に従い、債権譲渡の債務者対抗要件・第三者対抗要件を具備しなければ、代位の事実を債務者・第三者に対抗することができない（500）。

→弁済をするについて正当な利益を有する者であれば、これらの対抗要件を備えなくても、代位により取得した権利を債務者・第三者に対抗することができる

3 効果

◀内田Ⅲ・87頁
中田・417頁以下

弁済者は、自己の求償権の範囲内において、債権の効力及び担保として債権者が有した一切の権利（原債権・担保権）を行使することができる（501Ⅰ）。

(1) 代位者と債務者間

(a) 弁済による代位の制度は、代位弁済者が債務者に対して取得する求償権を確保するために、法の規定により弁済によって消滅すべきはずの債権者の債務者に対する債権（原債権）及びその担保権を代位弁済者に移転させ、代位弁済者がその求償権の範囲内で原債権及びその担保権を行使することを認める制度であるから、**代位弁済者が弁済による代位によって取得した担保権を実行する場合において、その被担保債権として扱うべきものは原債権である**（最判昭59.5.29／百選Ⅱ［第8版］〔36〕）。

(b) その債権の効力及び担保として債権者の有する一切の権利が、求償権の範囲内において代位者に移転する（501ⅠⅡ）。「債権の効力（として）」とは、元の債権に付随する損害賠償請求権や、債権者代位権、債権者取消権等をいい、「担保として」とは、抵当権や保証等をいう。ちょうど、原債権が担保権とともに弁済者に移転する形になる。これに対して、**取消権・解除権のような契約当事者の地位に付随する権利は、代位の目的にならず、契約当事者のみなしうる。**

(2) 代位者相互間

弁済による代位をなすべき者が複数のとき、その相互間の代位の順序と範囲を定める規定が置かれている（501Ⅲ①〜⑤参照）。もっとも、代位者相互間の求償関係は複雑であるので理解を容易にすべく、以下、設例を用いつつ説明する。

＜設例＞SのGに対する債務1,500万円を担保するために、Aが保証人となり、B・Cがその所有する不動産に抵当権を設定して物上保証人となっていた。AがSに代わって1,500万円を弁済したとき、AはGから代位取得したBの不動産に対する抵当権を実行して、1,500万円全額を回収できるだろうか。

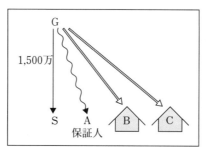

(a) 趣旨

ここで、Aの代位を認めると、今度は、Bが物上保証人として弁済したことになる。では、BはAやCに代位できるのだろうか。これを認めたのでは代位の循環が生ずる。しかし、BのAらに対する代位を否定すると、たまたま先に弁済したAが有利な地位を占めることになる。このような不

都合を避けるためのルールを作ることが501条の目的である。

　すなわち、Sのような債務者には、保証人や抵当権など、いろいろな担保が付いている可能性がある。この場合に、特定の保証人や担保不動産の所有者に過大な負担がかからないよう、人的・物的担保を提供した人々の間で、なるべく平等に負担を分け合おうという制度である。

(b)　**具体的なルール**

　501条3項は5号まである複雑な規定であるが、問題となる登場人物には、保証人、物上保証人のほかに、第三取得者がいる。やや特殊な問題を含む第三取得者を別とすると、これらの関係者間の代位に関する民法の原則は、人的担保は頭数で、物的担保は財産価格に応じて、負担部分を分配するというものである。整理すると次のようになる。

ア　**物上保証人・保証人が複数いる場合**

(ア)　保証人が複数の場合には、頭数に応じて負担部分を分ける（これは保証のところの465条の解釈による）。

(イ)　物上保証人が複数の場合には、各財産の価格に応じて負担部分を分ける（501Ⅲ③・同②）。

　　例えば、設例で、仮にABCが、全員物上保証人で、Aの不動産価格が3,000万円、Bの不動産価格が2,000万円、Cの不動産価格が1,000万円であった場合、それぞれの負担部分は、Aは750万円、Bは500万円、Cは250万円となる。

$$A：1,500×\frac{3}{3+2+1}=750万円$$
$$B：1,500×\frac{2}{3+2+1}=500万円$$
$$C：1,500×\frac{1}{3+2+1}=250万円$$

(ウ)　保証人と物上保証人がいる場合には、頭数で負担部分を分け、物上保証人が複数いる場合には、保証人の負担部分を除いた残額について、各財産の価格に応じて代位できる（501Ⅲ④）。

　　例えば、設例のAの負担部分は500万円であり、BCの負担部分は残額1,000万円をBCの不動産の価格割合で分割した額となる。仮に、価格割合が3対1とすると、Bの負担部分は

$$A：1,500÷3=500万円$$
$$B：1,000×\frac{3}{3+1}=750万円$$
$$C：1,000×\frac{1}{3+1}=250万円$$

750万円、Cの負担部分は250万円となり、Aは750万円の限度で、Bの不動産上の抵当権に、また、250万円の限度でCの不動産上の抵当権に代位できる。

イ　**第三取得者がいる場合**

　第三取得者の特殊性は、被担保債権が弁済によって消滅した後に不動産を取得するときには、抵当権の負担はないものと期待しているはずだが、消滅前なら、抵当権の負担を覚悟しているはずだ、とみられるところにある。しかも、第三取得者には、債務者からの第三取得者と、物上保証人からの第三取得者があり、いずれであるかによって利益状況は異なる。

(ア)　**保証人との関係**

　　債務者からの第三取得者は、債務者の立場を引き継ぐものと考えられるため、債務者からの第三取得者と保証人との関係は、債務者と保証人の関係に準じて処理される。

　　　→保証人は、債務者からの第三取得者に全額代位することができる
　　　（501Ⅰ）一方、第三取得者は、保証人に対して代位することがで
　　　きない（501Ⅲ①）

　　　∵　債務者と保証人の間では、債務者が自己の財産に設定した担
　　　　保権を実行されても、保証人に代位することはあり得ない以
　　　　上、債務者に準じる第三取得者についても同様に、保証人に対
　　　　して代位することができない

　　以上に対し、物上保証人からの第三取得者は、物上保証人の立場を
　引き継ぐものと考えられるため、物上保証人からの第三取得者と保証
　人との関係は、物上保証人と保証人の関係に準じて処理される（501
　Ⅲ⑤参照）。

　　　→前記ア(ウ)で述べたとおりに処理される

　(イ)　物上保証人との関係

　　　債務者からの第三取得者と物上保証人との関係は、債務者と物上保
　　証人の関係に準じて処理される。

　　　→物上保証人は、債務者からの第三取得者に全額代位することがで
　　　　きる（501Ⅰ）
　　　　一方、第三取得者は、物上保証人に対して代位することができな
　　　　い（501Ⅲ①）

　　以上に対し、物上保証人からの第三取得者と他の物上保証人との関
　係は、物上保証人が複数いる場合に準じて処理される。物上保証人か
　らの第三取得者が複数いる場合についても同様である。

　　　→前記ア(イ)で述べたとおりに処理される

　(ウ)　第三取得者相互間の関係

　　　債務者からの第三取得者と、物上保証人からの第三取得者との関係
　　は、債務者と物上保証人の関係に準じて処理される。

　　　→物上保証人からの第三取得者は、債務者からの第三取得者に全額
　　　　代位することができる（501Ⅲ⑤・同Ⅰ）一方、債務者からの第
　　　　三取得者は、物上保証人からの第三取得者に対して代位すること
　　　　ができない（501Ⅲ⑤・同Ⅲ①）

　　　債務者からの第三取得者が複数いる場合、第三取得者の1人は、各
　　財産の価格に応じて、他の第三取得者に対して代位する（501Ⅲ②）。

　　　物上保証人からの第三取得者が複数いる場合については、既に述べ
　　たとおりである。　⇒上記(イ)参照

【第三取得者がいる場合に関する代位の整理】

	債務者からの第三取得者	物上保証人からの第三取得者
保証人との関係	・保証人は、第三取得者に全額代位することができる（501Ⅰ） ・第三取得者は、保証人に対して代位することができない（501Ⅲ①）	保証人と第三取得者の頭数で負担部分を分け、第三取得者が複数いる場合には、保証人の負担部分を除いた残額について、各財産の価格に応じて代位する（501Ⅲ⑤・同Ⅲ④）
物上保証人との関係	・物上保証人は、第三取得者に全額代位することができる（501Ⅰ） ・第三取得者は、物上保証人に対して代位することができない（501Ⅲ①）	各財産の価格に応じて代位する（501Ⅲ⑤・同Ⅲ③・同Ⅲ②） ＊　物上保証人からの第三取得者が複数いる場合についても同様

		・物上保証人からの第三取得者は、債務者からの第三取得者に全額代位することができる（501Ⅲ⑤・同Ⅰ）
債務者からの第三取得者との関係	債務者からの第三取得者が複数いる場合、第三取得者の1人は、各財産の価格に応じて、他の第三取得者に対して代位する（501Ⅲ②）	・債務者からの第三取得者は、物上保証人からの第三取得者に対して代位することができない（501Ⅲ⑤・同Ⅲ①）

ウ　**保証人と物上保証人の二重資格を有する者がいる場合（保証人兼物上保証人（二重資格者）の取扱い）**

　この場合、代位の割合をどのようにして決めればよいのであろうか。このような場合には、まず、保証人・物上保証人という2つの地位があるのだから、それを1人として数えるか、2人として数えるかという問題があるが、判例（最判昭61.11.27）は1人として扱っている。そして、その1人を保証人として扱うか、物上保証人として扱うかが問題となるが、判例は、保証人兼物上保証人1人として扱う。保証人として扱おうが、物上保証人として扱おうが、公平という観点で考え

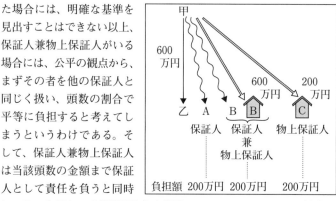

た場合には、明確な基準を見出すことはできない以上、保証人兼物上保証人がいる場合には、公平の観点から、まずその者を他の保証人と同じく扱い、頭数の割合で平等に負担すると考えてしまうというわけである。そして、保証人兼物上保証人は当該頭数の金額まで保証人として責任を負うと同時に、その金額までは担保目的物を提供しているのであるから、物上保証人としての責任もまた負うということになる。

　例えば、600万円の債務について、保証人A、物上保証人B（建物の価格は600万円）、物上保証人C（建物の価格は200万円）がいるときに、Bが保証人でもあったとする。このように、保証人兼物上保証人Bがいる場合は、まず、その者を保証人と同じように扱い、各人の負担を頭割によって計算すると、全員200万円ずつ負担することになる。

　また、仮にもう1人物上保証人D（建物の価格は100万円）がいた場合は、A、Bはそれぞれ、600万円を4人で頭割した150万円ずつを負担し、残る300万円を物上保証人CとDが不動産の価格割合で負担することになり、Cが200万円、Dが100万円となる。

エ　**保証人と物上保証人との間で代位割合を変更する特約の効力**

　例えば、501条3項4号（その数に応じる代位）と異なり、保証人と物上保証人との間において、保証人が物上保証人に対して全部代位できるとする特約が締結された場合である。ここで、物上保証人が設定した抵当権の目的不動産に後順位抵当権者がいる場合において、かかる特約も当事者間で有効であることに争いはないが、後順位抵当権者に対してもかかる特約の効力を対抗することができるか、後順位抵当権者としては自身の債権回収可能額が減少するおそれがあるため、

問題となる。

☞ **One Point** ▶ 判例（最判昭59.5.29／百選Ⅱ［第8版］〔36〕）の事案

　最判昭59.5.29／百選Ⅱ［第8版］〔36〕では、以下のような事案で問題となりました。

　B会社がA信用金庫から融資を受けるにつき、X信用保証協会が保証人となり、さらにB会社の代表取締役Cも、連帯保証人になるとともに、自己の所有する建物に根抵当権を設定しました。その際、B、CはXとの間で特約を結び、Xが代位弁済した額の全額及び、これに対する約定の遅延損害金をBはXに支払うこと、Xはこの求償権に関してA信用金庫の有するCの不動産上の根抵当権の全部を代位行使できることを約しました。

　その後、XはBの債務を弁済しましたが、Xが代位できる範囲について、Cの不動産に後順位抵当権を有するYとの間で争いが生じ、XとB、C間の特約がYに対抗できるかどうかが問題となりました。

　判例（最判昭59.5.29／百選Ⅱ［第8版］〔36〕）は、保証人と物上保証人との間で締結された代位割合変更特約は、当事者間で有効であるのみならず、後順位抵当権者との関係でもその効力を対抗することができるとしている。

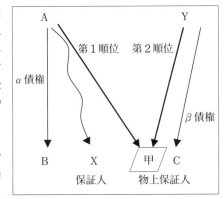

　なぜなら、①501条3項4号は補充規定であり、基本的に当事者間の特約が優先すると考えるべきである上、②後順位抵当権者は、代位弁済前に先順位抵当権者に優先的に把握されていた担保価値については、先順位抵当権者によって優先的に回収されることを覚悟せざるを得ない立場にあるからである。

　例えば、AはBに対して1000万円のα債権を有しており、Xが保証人となり、Cが物上保証人として、自己所有の甲土地（1000万円）上に第1順位の抵当権を設定していたという事案において、甲土地にはYが、Cに対する自己のβ債権を担保するため、第2順位の抵当権を有していた場合を考える。

　この場合、上記のような特約がなければ、Xがα債権を弁済すると、XはBに対する1000万円の求償権を確保するため、α債権に代位し、甲土地上の抵当権を実行して500万円（1000万円×1/2）の優先弁済を受けることができる（501Ⅲ④）。そして、第2順位の抵当権者であるYは、甲土地の売却代金の残額500万円につき、優先弁済を受けることができる。

　他方、C・X間で、Xがα債権について全額代位できるとする特約がある場合、これを有効とする判例の立場に立つと、Xは、α債権に代位し、甲土地上の抵当権を実行して1000万円全額について優先弁済を受けることができる。その結果、Yは甲土地から優先弁済を受けることができなくなるが、Yとしては1000万円（原債権）の限度ではもともと第1順位の抵当権者であるAに劣後する立場にあったのであるから、この結果を受忍すべきことになる。

(3) 代位者と債権者との間

(a) 全部代位の場合

　　代位弁済によって全部の弁済を受けた債権者は、債権に関する証書及び自己の占有する担保物を代位者に交付しなければならない（503Ⅰ）。

　∵　債権者は全額の弁済によって債権の満足を得た以上、債権証書や担

保物はもはや債権者にとって不要である一方、代位者は求償権を確保
すべき立場にあるから、代位者にとって必要な債権証書等を代位者に
引き渡すべきである

なお、債権の一部について代位弁済があった場合には、債権者は、債権
証書にその代位を記入し、かつ、自己の占有する担保物の保存を代位者に
監督させなければならない（503Ⅱ）。

(b) 一部弁済の場合

債権の一部について代位弁済があったときは、代位者は、債権者の同意
を得て、その弁済をした価額に応じて、債権者とともに代位権を行使する
ことができる（502Ⅰ）。

∵ 代位者による単独の代位権行使を認めると、債権者が有する担保権
の換価時期を選択する利益が失われ、望まない時期に担保権が実行さ
れる結果、債権者が債権の全額を回収できなくなるおそれがある

他方、債権者は、単独でその権利を行使することができる（502Ⅱ）。

∵ 債権者が単独での権利行使を妨げられると大きな不利益を被る一
方、弁済による代位の目的は代位者の求償権の確保にすぎないから、
債権者の利益を害してまで代位者の一部代位を認めるのは妥当でない

そして、担保権の実行があった場合、「その債権の担保の目的となって
いる財産の売却代金その他の当該権利の行使によって得られる金銭」につ
いては、債権者が代位者に優先する（502Ⅲ、最判昭60.5.23／百選Ⅰ［第
8版］〔94〕参照）。すなわち、抵当権実行等の配当金は、まず債権者の満
足に充てられる。

∵ 弁済による代位の目的は代位者の求償権の確保にすぎず、債権者の
利益を害してまで優先的に代位者を保護すべき理由はない

(c) 債権者の担保保存義務

弁済をするについて正当な利益を有する者（代位権者）がある場合にお
いて、債権者が故意又は過失によってその担保を喪失し、又は減少させた
ときは、その代位権者は、代位をするに当たって担保の喪失又は減少によ
って償還を受けることができなくなる限度において、その責任を免れる（504
Ⅰ前段）。

例えば、同一の債務のために債務者の甲土地及び物上保証人の乙建物に
抵当権が設定され、甲土地・乙建物が共同抵当の関係にある場合において、
乙建物について抵当権が実行されたときは、物上保証人は債務者に対して
求償権を取得し、その確保のために債権者に代位して、甲土地に係る抵当
権を行使することができる。このような物上保証人の代位への期待を保護
するため、債権者は担保保存義務を負い、債権者が甲土地上の抵当権を放
棄するなどしてこれを喪失させたときは、これによって償還を受けること
ができなくなる限度において、物上保証人は乙建物上の責任を免れる。

なお、ここにいう「担保」とは、物的担保又は人的担保を意味し、一般
財産は「担保」に含まれない。したがって、債権者が債務者の一般財産を
差し押さえた後にこれを解除しても、担保を喪失させたことにはならない
（大判大元.10.18）。

ア 要件

㋐ 免責される者

債権者の担保保存義務違反による免責は、①代位者、及び②物上
保証人である代位権者から担保の目的となっている財産を譲り受けた
「第三者及びその特定承継人」に適用される（504Ⅰ）。

→債権者の担保保存義務違反による免責の効果が生じた後に物上保

証人から担保物を譲り受けた者及びその特定承継人が②に当たる（債権者の担保保存義務違反よりも前に担保物を譲り受けた者は①に当たる。501Ⅲ⑤参照）

　㈣　**債権者の故意又は過失**

　　　債権者の故意又は過失とは、代位の対象となる担保の喪失又は減少についての故意又は過失である。積極的な担保の放棄はもちろん、保存義務の懈怠による権利の喪失も含む（大判昭6.3.16など）。

　　　もっとも、債権者の担保権の実行が遅れ、その間に担保価値が減少したとしても、債権者の態度が著しく不適当で信義則に反するという例外的事情がある場合でなければ、「過失」による担保保存義務違反には当たらないと解されている。

　　　∵　債権者が有する抵当不動産などの換価時期を選択する利益を尊重すべきであるし、担保価値の減少のリスクを債権者にのみ負担させるのは妥当でない

　㈦　**消極的要件**

　　　債権者が担保を喪失し、又は減少させたことについて取引上の社会通念に照らして合理的な理由が認められるときは、免責の効果は生じない（504Ⅱ）。

イ　**効果**

　　　債権者の担保喪失等行為があった場合、代位権者は「担保の喪失又は減少によって償還を受けることができなくなる限度において、その責任を免れる」。

　　　判例は、免責額を決める基準時について、担保を全部喪失した時（大判昭6.3.16）とし、一部の喪失（減少）の場合には残部が実行された時（大判昭11.3.13）としている。

ウ　**担保保存義務免除特約**

　　　銀行取引では、担保保存義務の免除を保証人等と銀行との特約で定めていることが多い（担保保存義務免除特約）。長期間継続する銀行取引において、繰り返し設定・解除・変更される個々の担保についていちいち保存義務違反が問題となるのでは、円滑な経済活動に支障を来たすためである。判例（最判平2.4.12）も、担保保存義務免除特約は原則として有効であるとしているが、債権者がこの特約の効力を主張することが信義則に反し、又は権利の濫用に当たる場合がありうることも認めている。

　　　なお、物上保証人が担保保存義務免除特約の効力により504条の免責の効果を主張できないときは、その物上保証人からの第三取得者もまた、504条の免責の効果を主張できない（最判平7.6.23／百選Ⅱ［第8版］〔37〕）。

判例 最判平7.6.23／百選Ⅱ〔第8版〕〔37〕

事案： YのAに対する債権を担
保するため、B所有の乙地
と、A所有の甲地に抵当権
を設定。

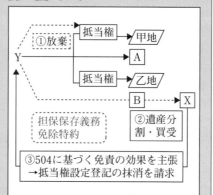

① Aが債務の一部を弁済
したことを受けてYは甲
地上の抵当権を放棄。

② Bが死亡し、その子X
が遺産分割や他の相続人
からの買受により乙地を
取得。

③ XはYに対し、抵当権設定登記の抹消を請求。

判旨： 「債務の保証人、物上保証人等、弁済をするについて正当な利益を
有する者（以下「保証人等」という）が、債権者との間で、あらか
じめ民法504条に規定する債権者の担保保存義務を免除し、同条に
よる免責の利益を放棄する旨を定める特約は、原則として有効であ
るが……、債権者がこの特約の効力を主張することが信義則に反し、
又は権利の濫用に当たるものとして許されない場合のあり得ること
はいうまでもない。しかしながら、当該保証等の契約及び特約が締
結された時の事情、その後の債権者と債務者との取引の経緯、債権
者が担保を喪失し、又は減少させる行為をした時の状況等を総合し
て、債権者の右行為が、金融取引上の通念から見て合理性を有し、
保証人等が特約の文言にかかわらず正当に有し、又は有し得べき代
位の期待を奪うものとはいえないときは、他に特段の事情がない限
り、債権者が右特約の効力を主張することは、信義則に反するもの
ではなく、また、権利の濫用に当たるものでもないというべきであ
る」。「債権者が担保を喪失し、又は減少させた後に、物上保証人と
して代位の正当な利益を有していた者から担保物件を譲り受けた者
も、民法504条による免責の効果を主張することができるのが原則
である……。しかし、債権者と物上保証人との間に本件特約のよう
な担保保存義務免除の特約があるため、債権者が担保を喪失し、又
は減少させた時に、右特約の効力により民法504条による免責の効
果が生じなかった場合は、担保物件の第三取得者への譲渡によって
改めて免責の効果が生ずることはないから、第三取得者は、免責の
効果が生じていない状態の担保の負担がある物件を取得したことに
なり、債権者に対し、民法504条による免責の効果を主張すること
はできないと解するのが相当である」。

7-3 弁済の提供

<table>
<tr><td>
一 はじめに
二 弁済の提供の方法
三 効果
</td>
<td>
学習の指針
弁済の提供は、債務者が弁済をする
ために必要な準備をして債権者に協力
を求めることです。これにより、債務
者は様々な効果を享受することができ
</td></tr>
</table>

ますが、特に履行遅滞責任を免れるというのが最も大きな効果といえます。
　弁済の提供は、短答式試験のみならず論文式試験でも前提知識として求められる事項ですので、その要件・効果を正確に押さえておく必要があります。

一 はじめに

1 意義

弁済の提供(492、493)とは、債務者側において、給付を実現するために必要な準備をして債権者の協力を求めることをいう。

弁済の提供は、債務者が履行遅滞責任を免れるためにいかなる行為をなすべきかという観点から定められた制度である。

2 趣旨

債務は弁済により消滅するところ、金銭債務や目的物の引渡債務のように、多くの債務は弁済の完了のために債権者の受領その他の協力行為を要する。そのため、債務者が弁済の完了に必要な行為を済ましたにもかかわらず、債権者が受領を拒絶するなどして協力に応じない場合には、弁済は完了せず債務も消滅しないことになる。しかし、これでは、債務者はいつまでたっても債務の負担から解放されないばかりか、弁済が完了していないゆえに履行遅滞責任をも負うことになりかねない。

そこで、このような場合に債務者を履行遅滞責任から解放するため、弁済の提供の制度が設けられている。債務者が弁済の提供をすれば、債権者がその受領を拒むなど協力に応じない場合でも、債務者は履行遅滞責任を免れることができる。

なお、後述するとおり、弁済の提供には履行遅滞責任からの解放以外の効果もある。

二 弁済の提供の方法

1 分類

弁済の提供には、①現実の提供（493本文）と、②口頭の提供（493ただし書）の２つがある。弁済の提供は、原則として①現実の提供により行われなければならないが、一定の場合には、例外的に②口頭の提供でも許される。

2 現実の提供

(1) 意義

現実の提供とは、「債務の本旨に従って」「現実に」なされた「提供」である（493本文）。

(a) 「債務の本旨に従って」

債務の内容に適合した形（日時・場所・内容）で提供することをいう。債務の内容に適合しているか否かは、契約に基づく債務であれば契約の解釈により、法律の規定によって生じる法定債権であればその法律の趣旨に

◀内田Ⅲ・98頁
中田・355頁

◀中田・359頁以下

照らして判断される。

(b) 「現実に」

「債権者が直ちに給付を受領できるようにすること」である（大判大10.7.8）。

(c) 「提供」

「債務者としてその事情のもとでできる限りのことをし、ただ債権者の協力がないために履行を完了できないという程度にまですべてのこと」をし尽くしたことである（大判大10.7.8）。

(2) 具体的検討

以下では、具体的に、金銭債務や目的物の引渡債務などでどのような提供を行えば有効な現実の提供となるのかについて説明する。

(a) 金銭債務

ア　まず、金銭債務の債務者が有効な提供をなすのに交付すべきものは、金銭に限られない。

ex.　郵便小為替（大判大8.7.15）、振替貯金払出証書（大判大9.2.28）、銀行の自己宛振出小切手（最判昭37.9.21）は有効な現実の提供になる

cf.　預金証書（大判大15.9.30）、郵便切手、銀行の支払保証がない個人振出の小切手（最判昭35.11.22）、デパートの商品券では有効な現実の提供とはならない

そして、金銭を持参していつでも支払える準備ができていれば、実際に金銭を呈示しなくてもよく、債権者が不在であった場合（大判明38.3.11）や、履行の場所に来なかった場合（大判大7.6.8）でも、現実の提供があったとされる。金銭を持参するのは債務者本人でなくともよい（大判昭5.4.7）。

また、債務者が履行期後に弁済する場合には、代金債務のみならず遅延損害金をも併せて提供しなければならない（大判大8.11.27）。

→提供された金額が債務額にごくわずかに不足しても、信義則上、有効な提供となる（最判昭35.12.15）

イ　甲建物を賃貸した賃貸人が賃借人に対して賃料の支払を求めたところ、賃借人が、乙建物及び丙土地も賃貸借の目的物であると主張して、甲建物の賃料に乙建物及び丙土地の賃料相当額を加えた金額を、その全額が受領されるのでなければ支払わない意思で提供した場合には、（甲建物の賃料相当部分についても）債務の本旨に従った履行の提供があったものとすることはできない（最判昭31.11.27）。

∵　賃貸人が、争われている物件に相当する賃料をも合わせて受領すれば、当該物件が賃貸借の目的物であることを承認したことになりかねない

(b) 金銭債務以外の債務

ア　目的物の引渡債務

目的物それ自体を提供するのが原則であるが、受取人に目的物の処分権を付与する形式の貨物引換証を交付することも現実の提供となりうる（大判大13.7.18）。

当然のことながら、提供した目的物が種類・品質・数量に関して契約の内容に適合しない場合には、債務の本旨に従った提供とはいえない。

イ　なす債務

例えば、不動産売買における売主の登記する債務について、売主が登記手続に必要な準備をして登記所に出頭すれば、現実の提供として有効

である（大判大7.8.14）。

3　口頭の提供

(1)　意義

　口頭の提供とは、債務者が弁済の準備をしたことを「通知」して、その受領の「催告」をすることである（493ただし書）。口頭の提供は、次の場合に許容される。

　　①　債権者があらかじめその受領を拒む場合
　　②　履行のために債権者の行為を必要とする場合

(2)　①債権者があらかじめその受領を拒む場合

(a)　意義・趣旨

　債権者による受領の拒絶は、黙示でもよい。そして、債権者が相当な理由もないのに、受領期日を延期したり、契約解除の主張をしたり、反対給付の不履行などを行う場合、これらは全て受領の拒絶に該当する。

　これらの場合において、債務者が現実の提供をしたところで無駄に終わることは容易に予想されるにもかかわらず、あえて現実の提供を強いることは債務者に酷である。そこで、493条ただし書は、口頭の提供で足りるとした。

> **ex.**　電化製品の売買契約において、売主が原材料の価格高騰を理由に引渡済みの製品の価格を一方的に100万円から150万円に値上げし、100万円では受け取らないと表明した場合
> 　　→この場合、買主が履行遅滞責任を免れるためには、明らかに受領を拒絶される100万円を売主方に持参する必要はなく、100万円の支払の準備をした上で「代金を支払うから受け取ってくれ」と口頭で伝えれば足りる

(b)　弁済の準備の程度

　債権者が翻意して受領しようとすれば、債務者の方でこれに応じて給付を完了しうる程度の弁済の準備で足りる。

> **ex.**　金銭債務については、債務者が現金を手元に用意していなくても、銀行との間で融資契約を締結し、資金調達の手立てをしておくことで足りる（大判大7.12.4）

(3)　②履行のために債権者の行為を必要とする場合

(a)　意義・趣旨

　「債権者の行為」とは、弁済に先立ち必要な債権者の協力行為（先行行為）を意味する。

> **ex.**　取立債務における債権者の取立行為、相手方が持参したパソコンを修理する債務におけるパソコンを持参する行為、相手方が指定した会場で楽器の演奏をする債務における会場を指定する行為

　これらの債務について口頭の提供で足りるとされたのは、債権者が先行行為をしない限り、債務者が現実の提供をすることは不可能だからである。

(b)　債権者の先行行為との関係

　債務者が口頭の提供をしなくても、債権者の先行行為がない限り履行遅滞に陥ることはない。

　もっとも、口頭の提供をすることにより、①債権者の同時履行の抗弁権（533本文）を封じて契約を解除したり、②債権者の受領拒絶状態を生じさせた上で供託（494Ⅰ①）することで債務を消滅させたりすることが可能となる。

　債権者が先行行為をした場合には、債務者は改めて現実の提供をしなければならない。現実の提供をしない場合には履行遅滞となる（大判大

10.7.8)。

(c) 弁済の準備の程度

　　債権者の協力があれば直ちにこれに応じて弁済を完了しうる程度の弁済の準備が求められる。

(4) 通知・催告

(a) 債務者が口頭の提供をする場合には、①債権者があらかじめその受領を拒む場合であると、②履行のために債権者の行為を必要とする場合であるとを問わず、債権者に対して、弁済の準備をしたことを「通知」して受領の「催告」をする必要がある。この「通知」と「催告」は別々に行っても同時に行ってもよい。

(b) 物の売買契約において、債務者（売主）が債権者（買主）に対して、物の引渡しの準備を完了した旨の通知をし、受領の催告をするにあたり、引渡場所を明示する必要があるかが問題となる。

　　判例（大判大14.12.3）は、「深川渡し」という商慣習のもとで行われた大豆粕の取引で、売主が倉庫で準備して買主に通知し、代金の支払の催告をしたところ、買主が引渡場所の十分な特定がないとして代金を支払わなかったため、売主が契約の解除を主張したという事案において、仮に売主が引渡場所を具体的に特定しなかったとしても、買主に誠実に取引する意思があれば、売主に対する一片の問合せで直ちにこれを知ることができたのであるから、信義則により、買主は問合せをするべきであったとして、売主による口頭の提供が契約の解除の前提として十分であったと判示した。

4　口頭の提供を要しない場合

⚠️論点

問題の所在

　債権者があらかじめ弁済の受領を拒絶している場合、債務者は口頭の提供をすれば履行遅滞責任を免れる。しかし、債権者の受領拒絶の意思が明確であって、債務者が口頭の提供をしても無意味であると認められる場合もある。このような場合であっても、なお債務者は口頭の提供をしなければならないかが問題となる。

考え方のすじ道

493条ただし書が、あらかじめ受領拒絶の意思表示をしている債権者に対しても口頭の提供をすることを債務者に求めているのは、債権者がその後に翻意して弁済を受領する可能性があるからである
　　　　↓そうだとすれば
口頭の提供をしても債権者が翻意する可能性がない場合にまで、債務者に口頭の提供を要求するのは無意味である
　　　　↓したがって
債権者の受領拒絶の意思が明確な場合には、口頭の提供は不要と解する

アドヴァンス

判例 最大判昭32.6.5

事案：　賃借人には債務不履行がないのに、賃貸人が債務不履行による賃貸借契約の解除を主張して賃料の受領を拒絶し、口頭の提供をしても賃料の弁済を受領しない意思が明確である場合、賃借人は、賃料債務について、口頭の提供をしなくても、履行遅滞の責任を負わないかが問題となった。

判旨： 「債権者において予め受領拒絶の意思を表示した場合においても、その後意思を翻して弁済を受領するに至る可能性があるから、債権者にかかる機会を与えるために債務者をして言語上の提供［注：口頭の提供］をなさしめることを要する」。しかし、「債務者が言語上の提供をしても、債権者が契約そのものの存在を否定する等弁済を受領しない意思が明確と認められる場合においては、債務者が形式的に弁済の準備をし且つその旨を通知することを必要とするがごときは全く無意義であって、法はかかる無意義を要求しているものと解することはできない。それ故、かかる場合には、債務者は言語上の提供をしないからといって、債務不履行の責に任ずるものということはできない。」

5　債務者に弁済の資力がない場合

論点

問題の所在

　前述のように、債権者の受領拒絶の意思が明確な場合には、債務者は口頭の提供をしなくても履行遅滞責任を免れると解される。それでは、債務者が無資力であり、弁済しうる経済状態にない場合はどうか。このような場合であっても、債務者の口頭の提供を必要と解すべきかが問題となる。

考え方のすじ道

債権者の受領拒絶の意思が明確な場合に口頭の提供を不要と解する考え方は、債務者が口頭の提供をすることが可能であることを前提としている
　↓そうだとすれば
弁済の準備すらできない経済状態にあり、口頭の提供をすることが不可能な債務者は、そもそも債権者の協力を求めるうる地位にない
　↓したがって
このような債務者は、たとえ債権者の受領拒絶の意思が明確な場合であっても、口頭の提供をしない限り、履行遅滞責任を免れないと解する

アドヴァンス

判例　最判昭44.5.1

事案：　Y会社は、X所有の家屋を賃借していたが、その後Xが賃貸借契約の期間が満了したと主張して、賃料を受領しなくなった。そこで、Y会社は3年以上にわたって毎月の賃料を供託してきたが、次第に資金繰りが苦しくなり、供託もできなくなった。そして、賃料の供託がなされなくなってから約1年経過後、XがY会社の債務不履行を理由として賃貸借契約の解除を主張し、Y会社に対して建物の明渡しを請求した。

判旨：　債権者の弁済を受領しない意思が明確であると認められる場合には、口頭の提供は不要であるが、「このことは、賃借人において言語上の提供［注：口頭の提供］をすることが可能なことを前提としているものであって、経済状態不良のため弁済の準備ができない状態にある賃借人についてまでも債務不履行の責を免れるとするものではない。すなわち、弁済の準備ができない経済状態にあるため言語上の提供もできない債務者は、債権者が弁済を受領しない意思が明確と認められるときでも、弁済の提供をしないことによって債務不履行の責を免れないものと解すべきである。」

　　なぜなら、「債権者が弁済を受領しない意思が明確であると認められるときには、債務者において言語上の提供をすることを必要としないのは、債権者により現実になされた協力の程度に応じて、信義則上、債務者のなすべき弁済の準備の程度の軽減を図っているものであって、逆に、債務者が経済状態の不良のため弁済の準備ができない状態にあるときは、そもそも債権者に協力を要求すべきものではないから、現実になされた債権者の協力の程度とはかかわりなく、信義則上このような債務者に前記のような弁済の準備の程度についての軽減を図るべきいわれはないのである」として、債務不履行責任を免れないと判断した。

三　効果

1　債務不履行についての免責

　弁済の提供の効果は、債務者が債務を履行しないことによって生ずべき責任を免れることである（492）。具体的には、①債権者から損害賠償・遅延利息（遅延損害金）・違約金を請求されない、②契約を解除されない、③債権に設定されていた担保権を実行されない、という効果が生じる。

2　その他の効果

　また、④双務契約の場合には、債権者（相手方）の同時履行の抗弁権が消滅するという効果も生じる（533本文）。これにより、相手方を履行遅滞状態に陥らせ、契約の解除（541）といった責任追及を行うことができるようになる。

　さらに、⑤約定利息が発生しないという効果も生じる。これは、仮に弁済の提供後も約定利息が発生し続けるとすると、債務者は提供をしたにもかかわらず遅延損害金を負わされるのと同じことになるからである。したがって、492条の類推適用という形でこの効果を導くことができる。

Ｂ
ランク

7-4　代物弁済

学習の指針
一　意義 二　要件 三　効果 四　代物弁済の予約

学習の指針

　代物弁済とは、本来の給付に代えて他の給付をなすことにより債権を消滅させる、債権者と弁済者との契約をいいます。代物弁済については、短答式試験の対策として、要件と効果をおさえておきましょう。

一　意義

1　意義

　代物弁済とは、本来の給付に代えて他の給付をすることにより債権を消滅させる、債権者と弁済者との契約をいう（482）。

ex.　金銭債務を負う場合に、本来の給付である金銭の代わりに自動車（の所有権）を給付して、その債務を消滅させる場合

＊　代物弁済契約が締結された場合でも、本来の債権に代わる新たな債権が発生するわけではない点で、更改（513以下）と異なる。　⇒264頁参照

Ｂ
ランク

◀内田Ⅲ・227頁
　中田・448頁

2 代物弁済の法的性質

代物弁済は、弁済者と債権者が合意をすることによって代物の給付義務が発生する諾成契約である（482）。

また、代物の給付と債権の消滅との間に対価関係があるため、有償契約である。そのため、給付した代物に契約不適合があった場合、弁済者には契約不適合責任の規定が準用される。

→債権者は弁済者に対して、目的物の追完請求や、損害賠償請求・解除権の行使（559・562、564、565）をすることができる

二 要件

1 債権の存在

◀内田Ⅲ・228頁
　中田・449頁以下

代物弁済は、債権を消滅させる行為であるから、前提として債権の存在が必要となる。債権が存在しない場合には、代物弁済契約は成立せず、給付された目的物は不当利得（703・704）として返還すべきことになる。

→弁済者が債務の不存在について悪意であるときは、狭義の非債弁済（705）として、その給付した目的物の返還を請求することができなくなる

2 代物弁済契約をしたこと

弁済者が、債権者との間で、「債務者の負担した給付に代えて他の給付をすることにより債務を消滅させる旨の契約」が必要となる（代物弁済契約、482）。

「他の給付」の種類に制限はないので、その内容は物や金銭に限らず、なす債務であってもよい。なお、本来の給付と他の給付との間に著しい不均衡があり、暴利行為といえるような場合には、当該代物弁済契約は公序良俗に反し、無効（90）となる。

3 「他の給付」をしたこと

代物弁済によって債権の消滅の効果が生じるためには、「他の給付」をしたことが必要となる。

→後述するとおり、目的物の所有権移転の効果は、原則として代物弁済契約によって生じ、「他の給付」をしたことは要件として不要である

三 効果

1 債権の消滅

◀内田Ⅲ・229頁
　中田・451頁以下

(1) 代物弁済により、債権が消滅する。これに伴い、担保物権・保証債務も消滅する。

既に述べたとおり、代物弁済によって債権の消滅の効果が生じるためには、「他の給付」をしたことが必要となる。具体的には、債権の消滅の効果を主張する場合、代物弁済契約の成立のほか、代物弁済契約に従って他の給付がなされたことを主張・立証する必要がある（最判昭39.11.26参照）。

「他の給付」が代物の所有権の移転や債権の譲渡である場合、対抗要件（177、178、467）を具備しなければ、債権の消滅の効果は生じない（最判昭60.12.20参照）。

もっとも、判例（最判昭43.11.19）は、「当事者間において、債権者が右不動産の所有権移転登記手続に必要な一切の書類を債務者から受領したときは右移転登記手続の実行をまたないでただちに代物弁済による債務消滅の効力を生ぜしめる旨の特約をすることを妨げるものではなく、かかる特約が存する場合には、債権者が債務者から右書類を受領したときに、ただちに代物弁済による債務消滅の効力が生ずる」としている。

(2) なお、更改（債権の要素を変更することによって、新債権を成立させるとともに、旧債権を消滅させる契約、513）と異なり、代物弁済契約が締結さ

れても元の債務は消滅しない。したがって、代物弁済契約が締結された後で
あっても、債権者は、代物弁済契約に基づく他の給付が完了する前であれば
本来の給付を請求することが可能であり、弁済者も、元の債務を弁済により
消滅させることが可能である。

> **ex.** AのBに対する1000万円の債務について、AB間でA所有の甲土地で
> 代物弁済をする合意をした場合、代物弁済の合意をしても、その所有権
> 移転登記手続の完了前であれば、AはBに1000万円を支払って、本件
> 債務を弁済により消滅させることができる

2 目的物の所有権移転

目的物の所有権移転の効果は、原則として、代物弁済契約の意思表示によっ
て生ずる（176、最判昭57.6.4参照）。

> →代物弁済による目的物の所有権移転後に、元の債務の発生原因となった契
> 約が解除された場合、解除の意思表示によって元の債務は遡及的に消滅
> し、代物弁済による目的物の所有権移転の効果も遡って消滅する（最判昭
> 60.12.20）

Q： この前友達に1,000円貸したので、そのお金を返し
てもらおうとしたところ、「この宝くじを5枚あげる
からチャラにしてくれ」と言われ、しぶしぶ承諾し
ました。ところがその宝くじが100万円の大当たり
で、それを知った友達が1,000円返すから宝くじを
返して欲しいとしつこく言ってきます。この場合、
僕は宝くじを返さなくてはならないのでしょうか。

A： あなたがその宝くじを1,000円の代わりに承諾して受け取った時点で代
物弁済契約（482）が成立しています。これは契約ですから一方的に契
約を解除することはできません。したがって、あなたはその宝くじを返
還する必要はありません。

四　代物弁済の予約

代物弁済の予約とは、債務者が将来弁済できないときには代物弁済するとい
う、債権者と債務者の間の予約である。金銭の借主の所有不動産について、担
保目的でなされることが多く、通常その仮登記がなされる。このように、不動
産の代物弁済の予約は、実質的には担保的機能を営むものであるため、「仮登
記担保法」により規制されている。

◀中田・453頁

7-5　相殺

7-5-1　相殺総説

一　意義
二　相殺の機能
三　相殺の態様

学習の指針
相殺とは、債権者と債務者とが相互に同種の債権・債務を有する場合に、その債権と債務とを対当額において消滅させる一方的意思表示をいいます。

ここでは、相殺の意義・機能やその態様について見ていきます。

一　意義

相殺とは、債権者と債務者とが相互に同種の債権・債務を有する場合に、その債権と債務とを対当額において消滅させる一方的意思表示をいう。

◀内田Ⅲ・301頁
　中田・454頁

例えば、AがBに1,000万円の貸金債権を有し、BがAに1,200万円の代金債権を有している場合に、A又はBは一方的意思表示により1,000

万円の限度で双方の債権・債務を消滅させることができる。

＊　相殺をする方の債権を「自働債権」、相殺される方の債権を「受働債権」という。
　①　Aが相殺するとき　→αが自働債権、βが受働債権
　②　Bが相殺するとき　→βが自働債権、αが受働債権

二　相殺の機能

相殺は、債権の消滅事由の1つとして規定されているが、今日では次の3つの目的のために存在するものと解されている。

◀内田Ⅲ・301頁以下
　中田・455頁

1　簡易決済機能

対当額については、両者がそれぞれ、つまり合計2回の弁済をする必要はなく、簡単に済ませることが実際上便利だということである。

2　当事者間の公平（公平保持機能）

速やかに履行をする当事者がいる一方で、怠惰な当事者がいつまでも履行をしないまま無資力となってしまったような場合には、履行をした当事者がかえって不利益を受けることとなり、当事者間の公平が害される。そこで、相殺を認めることにより、当事者双方が同時に履行したこととなり、当事者間の公平を図ることができる。

3　担保的機能

例えば、AがBに対してα債権（貸金債権）を有し、BがAに対してβ債権（売買代金債権）を有している場合、Aは、β債権（Aから見ればβ債務）の範囲内で、Bに対する他の一般債権者に優先して自己の債権を回収することができる。このような機能を、相殺の担保的機能という。

相殺の担保的機能は、特に、銀行が顧客に対して貸金債権（自働債権）を有し、顧客が銀行に対して預金債権（受働債権）を有する場合によく働く。銀行側としては、顧客に対する貸金債権の弁済に預金を充当することを目的として相殺している。ここでの銀行のように、自働債権を有する者にしてみれば、相

殺は実質的に自働債権の優先的な回収手段として機能するため、あたかも債権の担保権を有するのと同様といえる。

三　相殺の態様

1　法定相殺（単独行為）

505条以下で規定する相殺（反対債権を有する債務者が一方的な意思表示で自己の債務を消滅させる相殺）をいう。

2　合意に基づく相殺（相殺契約）

法定相殺に対して、合意に基づく相殺があり、相殺契約や相殺予約と呼ばれる。合意に基づく相殺は、以下の4類型に分類することが可能である。

合意に基づく相殺においては、法定相殺の要件を満たしていない場合（相殺の意思表示を不要とする相殺や三面相殺）や、法定相殺では禁止されている場合（不法行為による債権や差押禁止債権による相殺）であっても相殺が可能である。もっとも、公序良俗（90）に反する相殺は当然に認められないし、第三者を害するような相殺も認められない。

(1)　確定的相殺契約

既存の、又は将来の一定期間に発生する対立する債権について、対当額ないしは対当の評価額で消滅させる当事者間の合意である。

(2)　停止条件付相殺契約

一定の事由が生じたときには、相殺の意思表示を必要とせず、当然に相殺契約の効力を生ずるとするものである。なお、506条1項後段は、相殺に条件を付けることを禁止しているが、この規定は法定相殺に関する規定であるから、合意に基づく相殺をするに当たり停止条件を付しても、506条1項後段に抵触することはない。

(3)　相殺予約

一定の事由が生じたときに、予約完結権を行使して相殺の効果を発生させるものである。狭義の相殺予約ともいい、(2)〜(4)をあわせて広義の相殺予約ともいう。

(4)　弁済期に関する特約

将来一定の事由が生じたときに、自働債権については期限の利益を失わせて（137参照）弁済期が到来し、受働債権については期限の利益を放棄（136Ⅱ）しうるという合意である。この特約により、「双方の債務が弁済期にある」状態（相殺適状、505Ⅰ）が発生し、法定相殺が可能となる。金融取引において汎用されている。

◀内田Ⅲ・311頁以下
　中田・457頁

7-5-2　相殺の要件

◀論文・司法H26

一　積極的要件 　二　消極的要件	**学習の指針**

ここでは、相殺の要件について詳細に説明していきます。相殺は、債権総論の分野においても最も重要な学習分野の1つです。短答式試験でその知識がよく問われるところですし、論文式試験でも出題された実績があります（平成26年司法試験・民事系科目第1問参照）。したがって、繰り返し学習を重ねて、正しく理解するよう努めましょう。

一　積極的要件

相殺をするためには、積極的要件として、相殺適状にあること及び相殺の意

◀中田・464頁以下

思表示が必要となる。また、消極的要件として、相殺が制限されないことも必要となる。以下、順次説明する。

1 相殺適状

相殺をするには、双方の債権が相殺適状にあることが必要である。相殺適状とは、次の要件を具備する債権の対立状態のことをいう。

① 「2人が互いに」債権を負担すること（対立する債権の存在、505Ⅰ本文）
② 双方の債権が「同種の目的」を有すること（505Ⅰ本文）
③ 「双方の債務が弁済期にある」こと（505Ⅰ本文）
④ 債務の性質が相殺を許さないものでないこと（505Ⅰただし書）

(1) ①「2人が互いに」債権を負担すること（対立する債権の存在）

(a) 債権の対立

原則として、同一当事者間に債権の対立があることが必要となる。

→抵当不動産の第三取得者は、たまたま抵当権者に対して債権を有していたとしても、当該債権をもって、自己の債務ではない抵当権者の債務者に対する債権とを相殺することはできない（大判昭8.12.5）

∵ 受働債権は、相殺の相手方が相殺をしようとする者に対して有する債権であることを要する

例外として、同一当事者間に債権の対立がない場合でも、次のような主張が可能な場合がある。

① 他人に相殺権があることを理由とする履行拒絶
② 自己の他人に対する相殺権があることを理由とする履行拒絶
③ 債権譲渡と相殺

以下、順次説明する。

ア ①他人に相殺権があることを理由とする履行拒絶

連帯債務者BCのうち、Cが債権者Aに対して債権を有する場合において、Cが相殺を援用しない間は、Cの負担部分の限度において、Bは、Aに対して債務の履行を拒むことができる（439Ⅱ）。

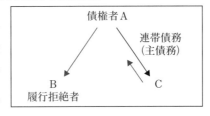

同様に、主たる債務者Cが債権者Aに対して相殺権を有するときは、これによって主たる債務者がその債務を免れるべき限度において、保証人Bは、Aに対して債務の履行を拒むことができる（457Ⅲ）。

イ ②自己の他人に対する相殺権があることを理由とする履行拒絶

連帯債務者BCのうち、CがBに事前の通知をせずに債権者Aに弁済した場合において、BがAに対して債権を有するときは、Bは、その負担部分について、Aに対する相

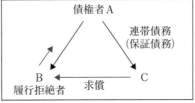

殺権があることを理由に、Cからの求償を拒むことができる（443Ⅰ）。

同様に、受託保証人Cが主たる債務者Bに事前の通知をせずに債権者Aに弁済した場合において、BがAに対して債権を有するときは、Bは、Aに対する相殺権があることを理由に、Cからの求償を拒むことができる（463Ⅰ）。

ウ ③債権譲渡と相殺

債務者Cは、債権譲渡の通知（467 I）を受けた時より前に取得した譲渡人Aに対する債権による相殺をもって譲受人Bに対抗することができる（469 I）。

→Cは、Bに対して相殺の意思表示をする

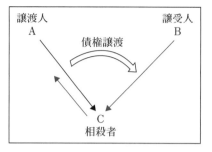

(b) 債権の存在

相殺適状は、相殺の意思表示がされた時点においても現存していることが必要である。したがって、相殺適状の発生後、相殺の意思表示をする前に、一方の債権が弁済・代物弁済・更改・相殺等によって消滅した場合は、債権の存在を欠くことになるので、相殺することはできない（大判大4.2.17、最判昭54.7.10）。

∵ 後行の相殺における受働債権が弁済等や先行する相殺により既に消滅していることになるから、後行の相殺は相殺適状を欠くことになる

もっとも、この例外として、時効によって消滅した債権がその消滅以前に相殺適状にあった場合には、その債権者は、相殺をすることができる（508）。

∵ 当事者としては、いったん相殺適状になった以上、かかる債権は当然に決済されたものと考えるのが通常であるため、このような相殺への合理的な期待を保護する必要がある

当事者の相殺に対する期待を保護するという508条の趣旨に照らせば、508条が適用されるためには、消滅時効が援用された自働債権はその消滅時効期間が経過する以前に受働債権と相殺適状にあったことを要する（最判平25.2.28／百選Ⅱ［第8版］〔38〕）。

また、既に消滅時効にかかった他人の債権を譲り受け、これを自働債権として相殺することは許されない（最判昭36.4.14）。当事者の相殺に対する期待を保護するという508条の趣旨に反するからである。

判例 **最判平25.2.28／百選Ⅱ［第8版］〔38〕**

「民法505条1項は、相殺適状につき、『双方の債務が弁済期にあるとき』と規定しているのであるから、その文理に照らせば、自働債権のみならず受働債権についても、弁済期が現実に到来していることが相殺の要件とされていると解される。また、受働債権の債務者がいつでも期限の利益を放棄することができることを理由に両債権が相殺適状にあると解することは、上記債務者が既に享受した期限の利益を自ら遡及的に消滅させることとなって、相当でない。したがって、既に弁済期にある自働債権と弁済期の定めのある受働債権とが相殺適状にあるというためには、受働債権につき、期限の利益を放棄することができるというだけではなく、期限の利益の放棄又は喪失等により、その弁済期が現実に到来していることを要する」。

そして、「当事者の相殺に対する期待を保護するという民法508条の趣旨に照らせば、同条が適用されるためには、消滅時効が援用された自働債権はその消滅時効期間が経過する以前に受働債権と相殺適状にあったことを要すると解される」。

(2)　②双方の債権が「同種の目的」を有すること

　　双方の債権の目的が同種であればよく、原因や債権額、履行期が同一であることを要しない。

　　　→合意に基づく相殺（相殺契約）においては、双方の債権が「同種の目的」を有するものでなくてもよい（大判昭17.2.18）

　　また、双方の債務の履行地が異なるときであっても、相殺することができるが、この場合には、相殺をする当事者は、相手方に対し、これによって生じた損害を賠償しなければならない（507）。

(3)　③「双方の債務が弁済期にある」こと

　(a)　自働債権と受働債権の双方について、弁済期が現実に到来していることが必要である（最判平25.2.28／百選Ⅱ［第8版］〔38〕）。

　　　∵①　「双方の債務が弁済期にあるとき」（505Ⅰ本文）という文理

　　　　②　自働債権の相手方には期限の利益（136Ⅰ）があるため、その弁済期が到来する前に相殺がなされると、相手方の期限の利益を一方的に奪う結果となる

　　　→自働債権について期限の定めがない場合、債権者はいつでも相殺することができる（自働債権についてまだ催告がなされておらず、債務者が履行遅滞となっていなくても差し支えない（大判昭17.11.19））

　(b)　受働債権の弁済期が到来する前であっても、相殺しようとする者は、期限の利益の放棄（136Ⅱ本文）をすれば、現実に弁済期を到来させることができる。

　　　→受働債権につき、期限の利益を放棄することができるというだけでなく、期限の利益の放棄・喪失等により、現実に弁済期が到来していることを要する（最判平25.2.28／百選Ⅱ［第8版］〔38〕）

(4)　④債務の性質が相殺を許さないものでないこと（505Ⅰただし書）

　　相殺適状にあるためには、その債務の性質が相殺を許すものでなければならない。

　　例えば、なす債務（ピカソとゴッホが互いの自画像を描くという契約をした場合など）や不作為債務（マンションの住民が互いに21時以降は騒音を出さないという契約をした場合など）は、債務の性質上、相殺を許すものではないと解されている。

2　相殺の意思表示（506Ⅰ）

　　当事者の知らない間に相殺がなされるという事態を避けるため、相殺は、裁判の内外を問わず、当事者の一方から相手方に対する意思表示によってなされる必要がある。

　　　→相殺の意思表示の相手方は、その時点において受働債権を有する者であるので、受働債権が譲渡された場合、その相手方となるのは受働債権の「譲受人」である（大判明38.6.3、最判昭32.7.19）

　　また、相殺の意思表示には、条件又は期限を付することはできない（506Ⅰ後段）。

　　　∵　相殺の意思表示に条件を付すと相手方の地位を不安定にする上、相殺には遡及効（506Ⅱ）があるので相殺の意思表示に期限を付しても無意味

　　　→506条1項後段は法定相殺に関する規定であるので、合意に基づく相殺（相殺契約）をする際には、公序良俗（90）に反しない限り、条件・期限を付することができる

二　消極的要件

　　積極的要件が全て満たされた場合でも、以下の消極的要件を満たす場合に

◀中田・473頁以下

は、相殺が制限される。
① 当事者の意思表示により相殺が制限されている場合
② 自働債権について制限がある場合
③ 受働債権について制限がある場合
④ その他の法律による制限がある場合
⑤ 相殺権の濫用の場合

1　①当事者の意思表示により相殺が制限されている場合

当事者が相殺を禁止し、又は制限する旨の意思表示（相殺制限特約）をした場合には、相殺することが禁止又は制限される。ただし、相殺制限特約は、第三者がこれを知り、又は重大な過失によって知らなかったときに限り、第三者に対抗することができる（505Ⅱ）。

→相殺制限特約につき善意・無重過失の第三者に対しては、これを対抗することができない（譲渡制限特約に関する466条3項と同様の規律となっている）

2　②自働債権について制限がある場合

自働債権について同時履行の抗弁権（533）や催告・検索の抗弁権（452、453）など抗弁権が付着している場合には、相殺をすることができない（大判昭13.3.1、最判昭32.2.22）。

∵　自働債権に抗弁権が付着している場合に相殺を認めてしまうと、**相手方は抗弁権を一方的に奪われることになる**

もっとも、自働債権に抗弁権が付着している場合であっても、次のような場合には、例外的に相殺が可能とされている。

建物の建築請負契約に基づき請負人が工事を完成させて建物を引き渡したものの、その建物に契約不適合があった場合、注文者は修補に代わる損害賠償請求権を取得し（559・564・415）、請負人の報酬債権と同時履行の関係（533かっこ書参照）に立つ。そうすると、自働債権である修補に代わる損害賠償請求権に同時履行の抗弁権が付着している場合であるため、注文者はこれをもって相殺できないとも思える。しかし、注文者の修補に代わる損害賠償請求権は、実質的・経済的には請負代金（報酬債権）を減額し、請負契約の当事者が相互に負う義務に等価関係をもたらす機能を有するものであるし、両債権は相互に現実の履行をさせなければならない特別の利益があるわけでもない。そのため、注文者は、同時履行の抗弁権が付着していても、修補に代わる損害賠償請求権を自働債権として、これと請負人の報酬債権とを相殺することが許されている（最判昭51.3.4、最判昭53.9.21）。

＊　受働債権にのみ抗弁権が付着しているに過ぎない場合は、相殺をしようとする者が抗弁権を放棄すればよいだけであるから、相殺は可能である。

3　③受働債権について制限がある場合

(1)　不法行為等によって生じた損害賠償請求権（509）

509条は、①「悪意による不法行為に基づく損害賠償の債務」（509①）、又は②「人の生命又は身体の侵害による損害賠償の債務」（同②）については、債務者は、これを受働債権とする相殺をもって債権者に対抗することができない（相殺しても無効）としている。

509条は、不法行為の被害者に現実の給付を得させることの他、債権者による不法行為の誘発を防止するために規定されたものである。

(a)　509条1号が適用される損害は、人身損害・物損・人格的利益の侵害による損害など、不法行為による損害賠償の対象となるものが広く含まれる。

509条1号にいう「悪意」とは、積極的に他人を害する意思（害意）を

意味し、単なる故意では足りない。

(b)　509条2号が適用される損害は、人身損害に限られる。もっとも、不法行為に限られず、**安全配慮義務違反（債務不履行）による人身損害**もこれに含まれる。

　　なお、悪意による不法行為に基づく人身損害は、509条2号ではなく、509条1号が適用される（509②かっこ書）。

(c)　509条1号・2号からすると、双方の過失に起因する同一の不法行為（交通事故等）によって生じた物的損害についての損害賠償債権相互間では、受働債権が不法行為に基づく損害賠償債権でも相殺することができる。

　　ex.　車両同士の交通事故が双方の運転者の過失に基因して発生し、双方に物的損害のみが生じた場合、一方の運転者は、双方の損害賠償債権を対当額において相殺することができる

(d)　509条1号・2号に該当する債務であっても、これらの債務に係る債権を他人から譲り受けた場合には、509条の趣旨が妥当しないので、その債権者は相殺することができる（509柱書ただし書）。

　　もっとも、相続・合併のような包括承継によって債務が移転した場合には、「他人から譲り受けた」とはいえないので、相殺することはできない。

(2)　差押禁止債権（510）

　債権が差押えを禁じたもの（差押禁止債権）であるときは、その債務者は、相殺をもって債権者に対抗することができない（510）。

　差押禁止債権とは、法律により差押えが禁止された債権のことをいう。

　ex.　扶養料・俸給・恩給・扶助料等（民執152、恩給11Ⅲ、生活保護58）

　∵　これらの債権について差押えが禁止されているのは、債権者自身が現実に給付を受け取る必要があるためであるのに、相殺を認めてしまうと、差押えを禁止した趣旨が没却される

　もっとも、差押禁止債権を自働債権として相殺をすることや、相殺契約による相殺の場合には、510条の適用はない。

(3)　差押えと相殺　

　A銀行はBに対して甲債権（貸金債権）を有する一方、BはA銀行に対して乙債権（預金債権）を有している場合において、Bの債権者CがBの乙債権を差し押さえたとき、A銀行は甲債権を自働債権、乙債権を受働債権として相殺をすることができるか。

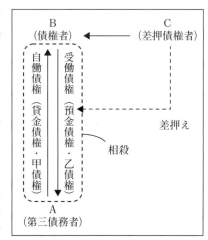

(a)　**差押え前に取得した債権を自働債権とする相殺**

　　差押えを受けた債権の第三債務者（A）は、差押え前に取得した債権（甲債権）による相殺をもって差押債権者（C）に対抗することができる（511Ⅰ、無制限説・最大判昭45.6.24／百選Ⅱ［第8版］〔39〕参照）。

　　∵　差押え前に自働債権を取得していた第三債務者は、相殺の担保的機能に対する合理的な期待を有しているから、受働債権が差押えを受けた場合でも、この期待を保護すべきである

　　→差押え前に債権を取得しているのであれば、まだ相殺適状になくても、差押え後に相殺することができる（自働債権と受働債権の弁済期の前

後を問わない）

　なお、当然のことながら、第三債務者が現実に相殺をすることができる
のは、相殺適状になった後である。

(b)　**差押え後に取得した債権を自働債権とする相殺**

　　差押えを受けた債権の第三債務者（A）は、原則として、差押え後に取
　得した債権（甲債権）による相殺をもって差押債権者（C）に対抗するこ
　とができない（511 I）。

　　∵　このような場合に相殺が可能であるとしてしまうと、差押債権者は
　　　債権を差し押さえる意味がなくなるし、第三債務者としても、差押え
　　　の時点で相殺への期待を有していなかった以上、保護に値しない

　　もっとも、例外的に、差押え後に取得した債権が「差押え前の原因」に
　基づいて生じたものであるときは、その第三債務者は、その債権による相
　殺をもって差押債権者に対抗することができる（511 II 本文）。

　　∵　このような場合の第三債務者にも相殺の担保的機能に対する合理的
　　　な期待があり、この期待を保護すべきである

　　ex.　差押え後に取得した賃料債権が差押え前の賃貸借契約に基づいて生
　　　じたものであるときや、差押え後に取得した受託保証人の事後求償権
　　　（459 I）が差押え前の保証委託契約に基づいて生じたものであるとき
　　　は、その債権による相殺を差押債権者に対抗することができる

　　「差押え前の原因」における「原因」とは、契約に限らず、不法行為や
　不当利得をも含むものと解されている（同じ趣旨の規定である469条2項
　1号参照　⇒194頁）。

　　もっとも、差押え前の原因に基づいて生じた債権であっても、これを差
　押え後に他人から譲り受けた第三債務者は、相殺に対する合理的な期待を
　有しているとはいえないから、その債権による相殺をもって差押債権者に
　対抗することができない（511 II ただし書）。

(c)　**抵当権に基づく物上代位と相殺**

◀中田・484頁

◀ 論文・司法 H 25

　　抵当権者が物上代位権を行使
　して賃料債権の差押えをした後、
　抵当不動産の賃借人が、抵当権
　設定登記後に賃貸人に対して取
　得した債権を自働債権として、
　賃料債権（受働債権）と相殺す
　ることができるか。

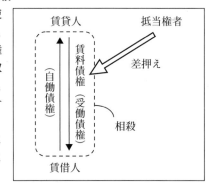

　　判例（最判平13.3.13）は、こ
　の相殺を抵当権者に対抗するこ
　とはできないとしている。

　　∵　物上代位により抵当権の効力が賃料債権に及ぶことは抵当権設定登
　　　記により公示されているから、抵当権設定登記後に取得した賃貸人に
　　　対する債権と物上代位の目的となった賃料債権とを相殺することに対
　　　する賃借人の期待を、物上代位権の行使により賃料債権に及んでいる
　　　抵当権の効力に優先させる理由はない

4　**④その他の法律による制限がある場合**

　破産法や会社法、信託法などにおいて、それぞれの制度趣旨に基づき、個別
的に相殺が禁止されている場合がある。

5　**⑤相殺権の濫用の場合**

　恣意的に相殺権を行使することで、かえって当事者間の公平などが害される
おそれがある場合には、相殺権の濫用として許されない。

ex. 狙い撃ち相殺（AがBに対して甲・乙・丙債権を有し、BがAに対して丁債権を有する場合において、Aの債権者Cが甲債権を差し押さえたところ、Bが乙・丙債権を弁済し、被差押債権である甲債権を狙って丁債権と相殺した場合）

7-5-3　相殺の効果

一　債権の消滅
二　遡及効

学習の指針
ここでは、相殺の効果について見ていきます。相殺の効果は、遡及的な債権の消滅です。以下では、債権の消滅と相殺の遡及効に分けて説明します。

一　債権の消滅

1　相殺により、「各債務者は、その対当額について」、「その債務を免れることができる」（505Ⅰ本文）。すなわち、相殺の意思表示によって、自働債権と受働債権は対当額で消滅する。

2　**相殺の充当**

自働債権と受働債権の一方又は双方の債権が複数ある場合には、いかなる債権が対当額で消滅するのかが問題となる。

この点について、まず当事者間に別段の合意がある場合には、その合意された順序による（合意充当）。

他方、当事者間に合意がない場合には、法定充当となる（指定充当はない）。すなわち、①複数の自働債権と受働債権があるときには、相殺適状になった時期の順序に従って、その対当額について消滅する（512Ⅰ）。そして、②上記①によっても自働債権が受働債権の全部を消滅させるのに足りない場合（512Ⅱ）や、逆に受働債権が自働債権の全部を消滅させるのに足りない場合（512Ⅲ）には、弁済の充当の規定（488Ⅳ②〜④、489）が準用される（512Ⅱ①②）。

また、1個の債権の弁済として数個の給付をすべきものがある場合における相殺についても、同様に512条の規定によって処理される（512の2）。

二　遡及効

◀中田・459頁

相殺の意思表示は、「双方の債務が互いに相殺に適するようになった時」（相殺適状時）に遡ってその効力を生ずる（遡及効、506Ⅱ）。

∵　双方の債権が相殺適状に達した時に、当事者は双方の債権が決済されたものと期待するため、かかる相殺への合理的な期待を保護すべきであるし、それが当事者間の公平にも合致する

相殺の遡及効により、相殺適状の時点から利息は発生しなかったことになる。そのため、支払済みの利息については不当利得（703）の問題となる。また、相殺適状の後に生じた履行遅滞の効果も消滅する。

もっとも、判例（最判昭32.3.8）は、賃料不払のために賃貸人が賃貸借契約を解除した後、賃借人が賃貸人に対する債権をもって賃料債務と相殺し、遡及的に賃料債務が消滅しても、「相殺の意思表示以前既に有効になされた契約解除の効力には何らの影響を与えるものではない」としている。

∵　契約解除の効力がその解除以降の相殺によって左右されるとすると、法律関係の不安定な状態が存続することとなり、妥当でない

7-6 その他の消滅原因

学習の指針

供託とは、債権者が弁済を受領しない場合等に、弁済者が弁済の目的物を債権者のために供託所に寄託して債務を免れる制度をいいます。更改とは、債権の要素を変更することによって新債権を成立させるとともに旧債権を消滅させる契約をいいます。免除とは、債権を無償で消滅させる一方的意思表示をいい、混同とは、債権及び債務が同一人に帰することをいいます。

これらは、主に短答式試験で問われる事項ですので、一通りおさえておき、直前期に再度復習するのが効率的です。

一 供託（494以下）

1 意義・性質

(1) 意義

供託とは、弁済者が債権者のために弁済の目的物を供託所に寄託して、一方的に債務を消滅させる行為をいう（494 I）。

例えば、不動産の賃貸借契約において、賃料をめぐるトラブルから賃貸人が賃料を受け取ってくれないという場合に、賃借人がこれを放置していると賃料不払を理由に契約を解除されてしまうおそれがある。そこで、弁済者たる賃借人は、賃料に相当する金額を供託することによって賃料債務を免れることができ、引き続き不動産を適法に利用することができる。

(2) 性質

供託は、弁済者と供託所との間で締結される、第三者（債権者）のためにする寄託契約である（537以下、657）。

→ただし、債権者が供託物の引渡請求権を取得するのに、その受益の意思表示は不要である

2 趣旨

債務者が弁済の提供をすれば、以後、債務不履行責任を負うことはない（492）。しかし、弁済の提供によって債務それ自体が消滅するわけではない。債務者が債務に担保権を設定している場合には、債務者はその担保権の目的物を十分に活用することもできないし、債務の目的物の保管義務も負い続ける。そこで、債務者の一方的な行為により債務を消滅させることができる制度として、供託制度が認められている。

3 要件

(1) 供託原因

(a) 債権者の受領拒絶（494 I ①）

弁済の提供をした場合において、債権者がその受領を拒んだとき（494 I ①）は、弁済者は供託することができる。このように、適法な「弁済の提供」が必要となるため、たとえ債権者に受領拒絶の態度が認められる場合であっても、弁済者は口頭の提供（493ただし書）をしなければ供託することができない（大判明40.5.20）。

もっとも、債務者が口頭の提供をしても、債権者の受領拒絶の意思が明確な場合には、口頭の提供をせず直ちに供託することができる（大判明

◀内田Ⅲ・114頁以下
中田・440頁以下

45.7.3)）。

(b) 債権者の受領不能（494 I ②）

　債権者が弁済を受領することができないとき（494 I ②）も、弁済者は供託することができる。このとき、「弁済の提供」は不要である。

　また、債権者の受領不能について、債権者の帰責事由は不要であり、受領不能は一時的なものでもよい（大判昭9.7.17）と解されている。

(c) 債権者不確知（494 II 本文）

　「弁済者が債権者を確知することができない」（494 II 本文）場合にも、弁済者は供託をすることができる。

> **ex.1** 債権者について相続が発生したが、相続人が不明である場合
> **ex.2** 債権が二重に譲渡され、確定日付のある2つの譲渡通知が債務者に到達したが、その先後関係が不明である場合（最判平5.3.30／百選II［第8版］〔30〕）

　ただし、債権者を確知することができないことについて、弁済者に過失があるときは、供託をすることができない（494 II ただし書）。

(2) 供託の目的物

　供託の目的物は、原則として、弁済の目的物である。目的物は金銭であることが多いが、有価証券や動産・不動産であってもよい。

> →供託に適しない物（爆発物など、497①）や、滅失・損傷等による価格の低落のおそれがある物（生鮮食品など、497②）、保存に過分の費用を要する物（家畜など、497③）、その他供託することが困難な物（497④）は、自助売却（弁済者が裁判所の許可を得て競売に付し、その代金を供託すること）することができる

　供託は、債権の消滅という効果を発生させる行為である以上、弁済者は、債権者に対して、債務の本旨に従った弁済がなされた場合と同一内容の目的物を供託しなければならない。

> →借入金債務について弁済者がその一部だけを供託しても、その供託は供託した部分も含めて効力を生じない（大判明44.12.16）

　もっとも、債権の一部についての供託であっても、不足額がわずかであるなどの事情がある場合には、供託が有効となる場合もある（最判昭35.12.15）。この場合、供託額の範囲で債権が消滅する。

　判例（最判平6.7.18）は、交通事故による損害賠償請求訴訟の控訴審係属中に、加害者（債務者）が第一審判決で命じられた損害賠償金の全額を任意に弁済の提供をした場合には、その提供額が損害賠償債務の全額に満たないことが控訴審において判明したとしても、弁済の提供はその範囲で有効であり、被害者（債権者）が金員の受領を拒絶したことを理由になされた供託も有効であるとしている。

(3) 供託の当事者

　供託の当事者は、弁済者と供託所である。供託は、債権の消滅原因であるから、供託をすることができる弁済者は、債務者に限られず、弁済をすることができる第三者を含む。

(4) 供託の方法

　供託は、債務の履行地の供託所に供託する必要がある（495 I）。供託所について法令に特別の定めがない場合には、裁判所は、弁済者の請求により、供託所の指定及び供託物の保管者の選任をしなければならない（495 II）。

　また、供託をした者は、遅滞なく、債権者に供託の通知をしなければならない（495 III）。

4　効果

(1)　債権の消滅

弁済者が供託をした時に、その債権は、消滅する（494Ⅰ柱書）。また、債権の消滅に伴い、担保権や保証債務等の従たる権利も消滅する。

→供託による債権の消滅は、供託物の取戻しを解除条件とする

∵　弁済者が供託物を取り戻すと、供託がされなかったものとみなされる（496Ⅰ後段）

(2)　債権者の供託物還付請求権

弁済の目的物等が供託された場合には、債権者は、供託所に対して、供託物の還付を請求することができる（供託物還付請求権、498Ⅰ）。

供託物還付請求権は、本来の履行請求権と実質的に同じであるため、債務者が債権者の給付に対して弁済すべき場合（同時履行の抗弁権（533）を有する債務者が供託した場合など）には、債権者は、その給付をしなければ、供託物を受け取ることができない（498Ⅱ）。

(3)　供託物所有権の移転

(a)　金銭の供託の場合

金銭の供託は消費寄託（666）であるので、その所有権はいったん供託所に帰属し、債権者が供託所から同額の金銭の交付を受けた時にその所有権が移転する。

(b)　特定物の供託の場合

この場合、供託契約によって、債権者にその所有権が移転する。供託所は、所有者たる債権者のために特定物を占有するにすぎない。

5　弁済者の供託物取戻請求権

(1)　意義

供託は、弁済者の一方的な行為により債務を消滅させることができる制度であり、これにより弁済者の便宜を図りつつ、弁済者を保護するものである。そこで、民法は、債権者に不利益になる場合等を除き、弁済者に供託物の取戻しを認めている。これが、供託物取戻請求権である（496Ⅰ前段）。

→供託物取戻請求権が行使されると、弁済者は供託をしなかったものとみなされ（496Ⅰ後段）、消滅した保証債務も消滅しなかったことになる

(2)　供託物取戻請求権を行使することができなくなる場合

① 債権者が供託を受諾した場合（496Ⅰ前段）

② 供託を有効と宣告した判決が確定した場合（496Ⅰ前段）

③ 供託によって質権又は抵当権が消滅した場合（496Ⅱ）

∵　この場合に取戻しを認めると、質権や抵当権も復活することになり、第三者が不測の損害を被るおそれがある

④ 弁済者が供託物取戻請求権を放棄した場合

⑤ 供託物取戻請求権が時効消滅した場合

→消滅時効の起算点は、供託時ではなく、供託者が供託による免責の効果を受ける必要が消滅した時である（最大判昭45.7.15）

二　更改（513以下）

1　意義

更改とは、債務の重要な要素を変更し、従前の債務（旧債務）に代えて、新たな債務を発生させる契約（513）のことをいう。

cf.　代物弁済との異同　⇒250頁

更改と代物弁済とは、本来の給付と異なる対価を与えて債務を消滅させるという点において共通性を有する。もっとも、代物弁済は、対価を現実に与える

◀内田Ⅲ・119頁

のに対して、更改は、対価として新債権を成立させる点で、両者は異なる。

　例えば、画家Aが、自己の借金の返済に代えて、貸主Bのために肖像画を描くという契約をした場合、貸金返還債務という旧債務を消滅させ、肖像画を描くという新たな債務を成立させるものであるから、かかる契約は更改となる（513Ⅰ）。

　これに対して、画家Aが、貸主Bの承諾を得て、自己の借金の返済に代えて、既に描いてあった絵を交付することは、旧債務の給付に代えて他の給付を提供するものであり、代物弁済となる（482）。

2　要件

(1) 消滅すべき債務が存在すること

　更改は、旧債務に代えて、新たな債務を発生させる契約であるから、消滅すべき旧債務が存在することが前提となる。

　→更改によって消滅すべき債務が存在しない場合、更改は無効であり、新たな債務は発生しない

(2) 新たな債務の発生を目的とすること

　更改は、旧債務の消滅を目的とするものであることに加え、新たな債務を発生させる契約である。したがって、新たな債務の発生を目的とすることも必要となる。

　→新たな債務が成立しない場合、更改は無効であり、旧債務は消滅しない

(3) 債務の重要な要素を変更すること（513各号）

　513条は、次の3つを規定している。

(a) 従前の給付の内容について重要な変更をするもの（513①）

　例えば、金銭給付に代えて役務を供給したりする場合などがこれに当たる。

(b) 従前の債務者が第三者と交替するもの（513②）

　債務者の交替による更改は、債権者・旧債務者・新債務者の三者間で行われることを前提としつつ、債権者・新債務者間の契約によってもすることができる（514Ⅰ前段）。旧債務者の意思に反していてもよい。

　そして、更改の効力は、債権者が旧債務者に対して更改契約をした旨を通知した時に生ずる（514Ⅰ後段）。

　→新債務者は、旧債務者に対して求償権を取得することはない（514Ⅱ）

　∵　新債務者は自己の債務として新債務を負担するものである

(c) 従前の債権者が第三者と交替するもの（513③）

　上記(b)の場合と異なり、債権者の交替による更改は、旧債権者・新債権者・債務者の三者間によってのみ行うことができる（515Ⅰ）。

　∵　債務者は新債権者との間で新たな債務を負担し、旧債権者に対する抗弁権を失うという不利益を受けるから、債務者の意思を無視することはできない

　債権者の交替による更改は、確定日付のある証書によらなければ、第三者に対抗することができない（515Ⅱ）。

3　効果

(1) 旧債務の消滅

　更改の効果として、旧債務は消滅し、新たな債務が成立する。両債務には同一性がないことから、旧債務の担保のために存在していた担保権や保証債務等の従たる権利も消滅する。

　もっとも、質権又は抵当権については、債権者があらかじめ又は同時に更改の相手方に対して意思表示（518Ⅱ）をすることにより、旧債務の目的の限度において、新債務に移すことができる（518Ⅰ本文）。ただし、第三者が

質権又は抵当権を設定していた場合には、その承諾を得なければならない（518 Iただし書）。

(2) 新債務の成立

更改により、新旧両債務について同一性がなくなる以上、旧債務に付着していた抗弁権等も消滅する。

☞ **One Point** ▶ 新債務の不履行の場合の更改契約の解除

更改は、新債務を成立させることによって旧債務を消滅させる契約であるので、更改契約の履行という概念を容れる余地はありません。そのため、更改契約自体の不履行はあり得ず、更改契約を解除することはできないと解されています。

三 免除（519）

◀内田Ⅲ・120頁

1 意義

債権者が、一方的な意思表示によって、無償で債務を消滅させることをいう（519）。

例えば、学生Bの起こした交通事故によりBに対して200万円の損害賠償請求権を有しているAが、Bの実情に配慮して、その全部又は一部を支払わなくてもよいとするような場合である。

2 要件

(1) 処分権限を有すること

∵ 免除は処分行為である

(2) 債務者に対して債務を免除する旨の意思表示をすること

免除は、債権者による一方的な意思表示によって効果が生ずる単独行為であるため、債務者の承諾は不要である一方、その意思表示の撤回をすることはできない。また、免除は、新たに債務者に不利益を課すものではないため、相殺の場合と異なり、条件・期限を付すことも可能である（相殺につき、506 I後段参照）。

なお、債務の一部免除も可能である。

3 効果

債権が消滅する。また、これに伴い、担保権や保証債務等の従たる権利も消滅する。

もっとも、債権が第三者の目的となっている場合（債権が差し押さえられている場合や、債権に質権を設定している場合等）は、免除をすることができない（最判昭44.11.6参照）。

四 混同（520）

1 意義

債権及び債務が同一人に帰属することをいう（520）。

例えば、Aが父親Bから500万円の借金をしていた場合、Bが死亡すれば、BのAに対する債権も相続財産となり、他の相続人とともにAもこの債権を承継することになるが、自己の負担する債務の債権者となるのは無意味であるから、Aの債務はAの相続分に相当する部分については混同により消滅する。

2 効果

債権は消滅する（原則、520本文）。

∵ 通常、1人の者が債権者であると同時に債務者であることを認める必要はない

3 混同の例外

債権が第三者の権利の目的であるとき（遺贈の対象とされている場合や債権が差し押さえられている場合、債権に質権を設定している場合等）は、混同によっても消滅しない（520ただし書）。

また、債権を存続させることに法律上意味がある場合も、混同によって消滅しない。

ex.1 家屋の転借人が当該家屋の所有者たる賃貸人の地位を承継しても、賃貸借関係及び転貸借関係は、当事者間に合意のない限り消滅しない（最判昭35.6.23）

ex.2 相続における限定承認（925）の場合のように、債権・債務が同一人に帰属しても、これを分離独立したものとして扱うべき場合は消滅しない

👉 One Point ▶ 混同による消滅の例外

混同による消滅はその存続に意味がないことによるものであるから、第三者の権利の目的となっている場合でなくても、存続させるべき理由がある場合には、混同の効果は否定されます。

例えば、家屋の賃借人Aが賃貸人Bからその家屋の譲渡を受ければ、賃借権は混同により消滅します。ところが、その所有権移転登記を経由しないうちに第二の譲受人Cが所有権移転登記を経由してしまった場合

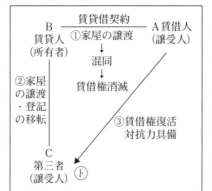

には、混同による賃借権の消滅という効果を貫くと、AはCの明渡請求に対して所有権はもとより賃借権をもってしても対抗できなくなってしまいます。そこで、このような場合、第三者Cに対する関係では、一度混同によって消滅したAの賃借権は復活し、消滅しなかったものとなると解されています（最判昭47.4.20）。

1　第三者は、当事者が合意により禁止したときは、弁済をすることができない。
　　［司H30－19＝予H30－9］

○　474条4項参照
⇒7－2－2　一　(p.218)

2　委託を受けない保証人は、主たる債務者の意思に反して弁済することができない。［司H30－19＝予H30－9］

×　保証人は、委託の有無を問わず、弁済しなければ債権者から強制執行を受ける者であるから、「弁済をするについて正当な利益を有する第三者」(474Ⅱ本文)に当たり、債務者の意思に反しても弁済することができる。
⇒7－2－2　一　(p.218)

3　債務者Aが債権者Bに対して負う金銭債務（以下「本件債務」という。）に関し、本件債務の物上保証人は、Aの意思に反しては、本件債務を弁済することができない。［司R元－19改＝予R元－9改］

×　物上保証人は、弁済しなければ債権者から強制執行を受ける者であるから、「弁済をするについて正当な利益を有する第三者」(474Ⅱ本文)に当たり、債務者の意思に反しても弁済することができる。
⇒7－2－2　一　(p.218)

4　Aの所有する甲土地を、Bが建物の所有を目的として賃借し、Bが甲土地上に乙建物を建築して乙建物をCに賃貸した場合、BがAに対し甲土地の賃料の支払を拒絶しているときは、Cは、Aに対し甲土地の賃料の支払をすることができる。［司H27－19］

○　474条2項参照。判例（最判昭63.7.1／百選Ⅱ［第8版］〔32〕)によれば、借地上の建物の賃借人は、敷地の地代の弁済について法律上の利害関係を有する。
⇒7－2－2　一　(p.219)

5　AのBに対する債権についてBが弁済を受領する権限がないCに対して弁済をした場合において、Aがこれによって利益を受けたときは、Cに弁済を受領する権限がないことをBが知っていたとしても、Aが利益を受けた限度で、その弁済は効力を有する。［司H29－21］

○　479条参照。これは、弁済者が弁済受領者に弁済を受領する権限がないことを知っていたときでも、同様である（大判昭18.11.13)。
⇒7－2－2　二　(p.220)

6　A名義のB銀行に対する預金に係る通帳と印鑑を窃取したCが、Aの代理人と称して、B銀行から預金の払戻しを受けた場合、Cは、自己のためにする意思でしたものではなく、受領権者としての外観を有する者には当たらないので、B銀行の過失の有無にかかわらず、弁済の効力は生じない。［司H26－21改＝予H26－9改］

× 478条参照。債権者の代理人と称して債権を行使する者（詐称代理人）は、受領権者としての外観を有する者に当たる。
⇒7－2－2　ニ（p.222）

7　AがB銀行に対する定期預金債権を有していたところ、Cが、Aと称して、B銀行に対し、その定期預金債権を担保とした貸付けの申込みをし、B銀行は、CをAと誤信したため貸付けに応じた。この場合、B銀行は、貸付けの際に、Cを預金者本人と認定するにつき金融機関として負担すべき相当の注意義務を尽くしていたとしても、その貸付債権と定期預金債権とを対当額において相殺することができない。［司H30－21］

× 本肢のような場合において、金融機関として負担すべき相当の注意義務を尽くしたと認められるときは、478条の類推適用により、相殺することができる（最判昭59.2.23／百選Ⅱ［第8版］〔34〕）。
⇒7－2－2　ニ（p.225）

8　預金通帳を盗んだ者が預金通帳を使用して現金自動入出機から預金の払戻しを受ける行為については、弁済の効力が生じることはない。［司H30－19＝予H30－9］

× 無権限者のした機械払の方法による預金の払戻しについても、民法478条の適用がある（最判平15.4.8／百選Ⅱ［第8版］〔35〕）。
⇒7－2－2　ニ（p.227）

9　弁済をすべき場所について別段の意思表示がない場合には、特定物の引渡しは、債権発生の時にその物が存在した場所においてしなければならないが、その他の弁済は債権者の現在の住所においてしなければならない。［司H27－19］

○ 484条1項参照
⇒7－2－2　四（p.228）

10　動産の引渡債務を負うAが、債権者Bに対し、他人の所有する動産を弁済として引き渡し、その動産が他人の物であることを知らずにBがその動産を消費した場合、その弁済は有効となる。［司H29－21］

○ 475条・476条前段参照
⇒7－2－2　五（p.229）

11　AはB銀行に預金口座を開設し、金銭を預け入れた。HがAに対する代金債務の全額をAH間の合意によりB銀行のAの預金口座への振込みによって支払った場合、その債務は、Hの振込みによってAがB銀行に対して同額の預金の払戻しを請求する権利を取得した時に、弁済により消滅する。［司R2－18改］

○ 477条参照
⇒7－2－2　六（p.230）

12　持参債務の債権者が履行期前に遠方に転居した場合、目的物の運送費は債務者の負担となる。［司H18－27］

× 485条ただし書参照
⇒7－2－2　六（p.231）

13　債務者が1個の債務について費用、利息及び元本を支払うべき場合において、債務者のした給付がそれらの全部を消滅させるのに足りないときは、債権者と債務者がその給付を利息に充当する旨を合意すれば、その給付は利息に充当される。〔予R元−8〕

○　合意による充当（490）では、充当の順序に制限はない。
⇒7−2−3　ニ（p.232）

14　債務者のした給付が数個の債務の全てを消滅させるのに足りない場合に、債務者は給付の時に充当の指定をせず、債権者が給付の受領の時に特定の債務に充当する旨を指定したところ、債務者が直ちに異議を述べたときは、債権者のした指定は効力を有しない。〔予R元−8〕

○　488条2項ただし書参照
⇒7−2−3　ニ（p.232）

15　法定充当において、債務者のした給付が数個の債務の全てを消滅させるのに足りず、かつ、全ての債務が弁済期にあるときは、その給付は、債務者のために弁済の利益が多い債務に先に充当される。〔予R元−8〕

○　488条4項2号参照
⇒7−2−3　ニ（p.233）

16　AがBに対して100万円の甲借入金債務と200万円の乙借入金債務を負っており、両債務とも利息付きの場合、Aは、Bに対して50万円を支払うと同時に、これを乙債務の元本の弁済に充当することを指定することができる。〔司H18−22改〕

×　489条1項参照。489条1項所定の順序（費用→利息→元本）は、当事者の合意による充当の場合は別として、当事者の指定で変更することはできない。
⇒7−2−3　ニ（p.233）

17　弁済者が履行期に弁済の目的物を提供して受取証書の交付を請求したにもかかわらず、弁済受領者がこれに応じないときは、弁済者は、目的物の引渡しをしなくても、遅滞の責めを負わない。〔司H23−21〕

○　486条1項、大判昭16.3.1参照
⇒7−2−3　三（p.233）

18　物上保証人は、被担保債権を弁済した場合、代位により取得した被担保債権につき、対抗要件を備えなくても、これを行使することができる。〔司R2−19〕

○　物上保証人は「弁済をするについて正当な利益を有する者」（500かっこ書）に当たるため、467条所定の対抗要件を備えなくても、代位により取得した権利を行使できる。
⇒7−2−3　四（p.236）

19　後順位抵当権者は、先順位抵当権者の被担保債権を代位弁済したときは、債権者に代位して先順位抵当権を取得する。〔司H19−20〕

○　500条参照。判例（大決昭6.12.18）によれば、後順位抵当権者は、先順位抵当権者の有する被担保債権を弁済するについて「正当な利益」を有する。
⇒7−2−3　四（p.236）

20 同一の債務につき、保証人がいるとともに、物上保証人所有の甲土地に抵当権が設定されている場合、保証人が保証債務を履行し、債務を消滅させたときは、保証人は、当該債務者に対する求償権の全額について、甲土地に設定された抵当権を行使することができる。［司H25-21］

× 保証人と物上保証人との間においては、その数に応じて、債権者に代位する（501Ⅲ④本文）。
⇒7-2-3 四（p.238）

21 保証人Aと物上保証人Bとの間で、Aが自己の弁済した全額につき債権者に代位することができる旨の特約をした場合において、弁済をしたAが債権者に代位してB所有の不動産上の第一順位の抵当権を行使するときは、Aはその特約の効力を当該不動産の後順位抵当権者に主張することはできない。［司R2-19］

× 判例（最判昭59.5.29／百選Ⅱ［第8版］〔36〕）は、後順位抵当権者との関係でも特約の効力を対抗することができる旨判示している。
⇒7-2-3 四（p.241）

22 保証人は、被担保債権の一部を弁済したが残債務がある場合、その弁済をした価額の限度において、代位により取得した被担保債権及びその担保権を単独で行使することができる。［司R2-19］

× 一部代位の場合、代位者は、債権者の同意を得て、その弁済をした価額に応じて、債権者とともにその権利を行使することができる（502Ⅰ）。
⇒7-2-3 四（p.242）

23 債務者が所有する不動産と物上保証人が所有する不動産に共同抵当権が設定された場合において、後者の不動産が競売されて債権者が被担保債権の一部の満足を受けたときは、物上保証人は、一部代位者として債権者と共に前者の不動産に設定された抵当権を実行することができるが、競落代金の配当においては債権者に劣後する。［司H23-22］

○ 502条3項、最判昭60.5.23／百選Ⅰ［第8版］〔94〕参照
⇒7-2-3 四（p.242）

24 債権者が故意に担保を減少させたとしても、そのことについて取引上の社会通念に照らして合理的な理由がある場合、保証人は、その担保の減少に基づく免責を主張することはできない。［司R2-19］

○ 504条1項・2項参照
⇒7-2-3 四（p.242）

25 債権者が過失により担保を減少させた後に物上保証人から抵当目的不動産を譲り受けた者は、物上保証人と債権者との間に債権者の担保保存義務を免除する旨の特約がされていたために担保の減少に基づく免責が生じていなかった場合、債権者に対して担保の減少に基づく自己の免責を主張することはできない。［司R2-19］

○ 最判平7.6.23／百選Ⅱ［第8版］〔37〕参照
⇒7-2-3 四（p.243）

26 甲土地の賃貸人がその賃料の支払を催告したのに対し、賃借人が、賃貸借の目的物ではない乙土地も共に賃貸借の目的物であると主張して、甲土地の賃料額を超える額の金員を、その全額が受領されるのでなければ支払わない意思で提供した場合、債務の本旨に従った弁済の提供があったものとはいえない。［司R元-20］

○ 最判昭31.11.27参照
⇒7-3 二（p.246）

27　特定物の売主は、その特定物を売買契約の締結当時から自己の住所に保管している場合、その引渡債務について弁済の提供をするに当たり、買主に対し、引渡しの準備をしたことを通知してその受領の催告をすれば足りる。[司R元−20]

○　特定物の引渡しは債権発生の時にその物が存在した場所において行う（484Ⅰ）。本肢では取立債務となるから、その売主は、買主に対して口頭の提供をすれば足りる（493ただし書）。
⇒7−3　二（p.247）

28　AがBに対して取立債務を負っている場合において、その履行期にBが取立をしなかったとしても、Aが口頭の提供をしていないときは、Aは債務不履行責任を免れない。[司H26−21＝予H26−9]

×　取立債務は、「債務の履行について債権者の行為を要する」（493ただし書）場合に当たり、債権者の先行行為である取立行為がない限り、取立債務は履行期を過ぎても履行遅滞にならない。
⇒7−3　二（p.247）

29　賃借人には債務不履行がないのに、賃貸人が債務不履行による賃貸借契約の解除を主張して賃料の受領を拒絶し、口頭の提供をしても賃料の弁済を受領しない意思が明確である場合、賃借人は、賃料債務について、口頭の提供をしなくても、履行遅滞の責任を負わない。[司R元−20]

○　最大判昭32.6.5参照
⇒7−3　二（p.248）

30　弁済の準備ができない経済状態にあるため口頭の提供をすることができない債務者は、債権者が弁済を受領しない意思が明確な場合であっても、弁済の提供をしないことによる債務不履行の責任を免れない。[司H22−21]

○　最判昭44.5.1参照
⇒7−3　二（p.249）

31　土地をもってする代物弁済による債務消滅の効果を主張する場合、当事者の合意を主張立証すれば足り、対抗要件の具備まで主張立証する必要はない。[司H18−4]

×　代物弁済による債務消滅の効果を主張する場合には、代物弁済の合意が成立したことのほか、代物弁済契約に従って他の給付がなされたことの主張・立証が必要となる（482、最判昭39.11.26参照）。
⇒7−4　三（p.251）

32　AのBに対する1000万円の債務について、AB間でA所有の甲土地で代物弁済をする合意をした場合、甲土地の所有権移転登記手続に必要な書類をBがAから受領した時点で本件債務の消滅の効果が生じるという特約があるとき、BがAからその書類を受領した時に、本件債務の消滅の効果が生じる。[司H29−22改]

○　最判昭43.11.19参照
⇒7−4　三（p.251）

33　AのBに対する1000万円の債務について、AB間でA所有の甲土地で代物弁済をする合意をした場合、代物弁済の合意をしても、その所有権移転登記手続の完了前であれば、AはBに1000万円を支払って、本件債務を弁済により消滅させることができる。［司H29－22改］

○　更改と異なり、代物弁済契約では元の債務は消滅しない。そして、代物弁済契約が締結されても、代物の給付がされるまで債務は消滅しないため、所有権移転登記手続の完了前であれば、債務を弁済により消滅させることができる。
⇒7－4　三（p.251）

34　AのBに対する1000万円の債務について、AB間でA所有の甲土地で代物弁済をする合意をした場合、Bが、甲土地の所有権を取得するには、代物弁済の合意に加えて、給付の完了として対抗要件を具備する必要がある。［司H29－22改］

×　代物弁済契約は諾成契約（482参照）であるから、代物弁済として譲渡された土地の所有権は、意思主義（176）により、代物弁済の合意が成立した時点で債権者に移転する（最判昭57.6.4参照）。
⇒7－4　三（p.252）

35　継続的契約の当事者が、その契約が終了したときに債権債務が残っていた場合は相殺することをあらかじめ合意していたとしても、その合意は無効である。［司H27－20＝予H27－10］

×　506条1項後段は法定相殺に関する制限であるところ、合意に基づく相殺においては、法定相殺では禁止されている場合でも、公序良俗（90）に反しない限り、相殺することが可能である。
⇒7－5－1　三（p.254）

36　抵当不動産の所有権を取得したAが、抵当権者Bに対する売買代金債権を有している場合には、当該売買代金債権と抵当権の被担保債務であるCに対する貸金債務とを対当額において相殺することができる。［司H30－21］

×　大判昭8.12.5参照
⇒7－5－2　一（p.255）

37　AのBに対する金銭債権（以下「甲債権」という。）とBのAに対する金銭債権（以下「乙債権」という。）との相殺に関し、甲債権と乙債権の両方の弁済期が到来した後、甲債権がAからCに譲渡され、その対抗要件が具備された。この場合において、Bは、CがBのCに対する金銭債権（丙債権）と甲債権とを相殺した後であっても、乙債権と甲債権との相殺をもってCに対抗することができる。［司R3－21改＝予R3－9改］

×　相殺の意思表示がされる前に一方の債権が弁済、代物弁済、更改、相殺等の事由によって消滅していた場合には相殺は許されない（最判昭54.7.10）。
⇒7－5－2　一（p.256）

38 自働債権が時効によって消滅している場合には相殺をすることができないが、相手方は時効利益を放棄して相殺をすることができる。〔司H21-22〕

× 自働債権が時効によって消滅した債権でも、その消滅以前に相殺適状に達すれば、相殺をすることができる(508)。
⇒7-5-2 ー (p.256)

39 請負代金債務を負担する注文者が、請負人に対する貸金債権を譲り受けたが、譲受けの時点で当該貸金債権の消滅時効が完成していた。その後、請負人により消滅時効が援用された場合、注文者は、これらの債権債務を対当額において相殺することができない。〔司H30-21〕

○ 最判昭36.4.14参照
⇒7-5-2 ー (p.256)

40 時効によって消滅した債権を自働債権とする相殺をするためには、消滅時効が援用された自働債権は、その消滅時効期間が経過する以前に受働債権と相殺適状にあったことを要する。〔予H29-9〕

○ 最判平25.2.28／百選Ⅱ[第8版]〔38〕参照
⇒7-5-2 ー (p.256)

41 弁済期の定めのない貸金債権を有する者は、当該貸金債権の債務者に対して、弁済期が未到来の売買代金債務を負担している場合には、当該売買代金債務の期限の利益を放棄した上で、これらの債権債務を対当額において相殺することができる。〔司H30-21〕

○ 大判昭17.11.19参照。弁済期の定めのない貸金債権は、契約成立と同時に弁済期にあるものとして、成立の時から相殺適状になる。
⇒7-5-2 ー (p.257)

42 相殺の意思表示には、条件を付することができる。〔司H25-23＝予H25-9〕

× 506条1項後段参照
⇒7-5-2 ー (p.257)

43 建物賃借人Aは、賃貸人Bに対する賃料債務を消滅させるため、Aを売主、Bを買主とする動産の売買における引渡債務の履行を提供しなくても、履行期にあるその売買代金債権を自働債権として相殺をすることができる。〔司H20-20〕

× 判例(大判昭13.3.1)によれば、自働債権に同時履行の抗弁権が付着している場合には、相殺は許されない。本肢において、相手方Bは売買代金債務について同時履行の抗弁権を有するから、Aは引渡債務の履行の提供をしなければ、相殺できない。
⇒7-5-2 二 (p.258)

44 注文者は、請負人に対する目的物の修補に代わる損害賠償債権を自働債権として、請負人の注文者に対する報酬債権と相殺することはできない。〔司H27-20改＝予H27-10改〕

× 判例(最判昭53.9.21)によれば、注文者は請負人の報酬支払請求に対して、修補に代わる損害賠償債権(559・564、415)を自働債権とする相殺をすることができる。
⇒7-5-2 二 (p.258)

45　不法行為に基づく損害賠償債権を自働債権とし、不法行為に基づく損害賠償債権以外の債権を受働債権とする相殺は、必ず許される。［司Ｈ23－23改＝予Ｈ23－9改］

×　「人の生命又は身体の侵害による損害賠償債務を負担する債務者」による相殺は禁止される（509②）。そして、これには安全配慮義務違反（債務不履行）による損害賠償債務を負担する債務者も含まれる。
⇒7－5－2　二（p.259）

46　車両同士の交通事故が双方の運転者の過失に基因して発生し、双方に物的損害のみが生じた場合、一方の運転者は、双方の損害賠償債権を対当額において相殺することができる。［司Ｈ30－21］

○　本肢の受働債権は、不法行為に基づく損害賠償債権ではあるが、509条1号・2号に規定するもののいずれにも当たらないため、相殺することができる。
⇒7－5－2　二（p.259）

47　ＡのＢに対する金銭債権（以下「甲債権」という。）とＢのＡに対する金銭債権（以下「乙債権」という。）との相殺に関し、甲債権は、Ｂの悪意による不法行為に基づいて生じたＥのＢに対する損害賠償債権を、ＡがＥから譲り受けたものであった。この場合、Ｂは、乙債権と甲債権との相殺をもってＡに対抗することができる。［司Ｒ3－21改＝予Ｒ3－9改］

○　509条柱書ただし書参照
⇒7－5－2　二（p.259）

48　債権者Ａの債務者Ｂに対する甲債権がＡの債権者Ｃに差し押さえられても、差押え前からＢがＡに対する乙債権を有していた場合、Ｂは、甲債権と乙債権の弁済期の先後を問わず、相殺適状にあれば、相殺をすることができる。［予Ｈ29－9］

○　511条1項、最大判昭45.6.24／百選Ⅱ［第8版］〔39〕参照
⇒7－5－2　二（p.259）

49　ＡのＢに対する金銭債権（以下「甲債権」という。）とＢのＡに対する金銭債権（以下「乙債権」という。）との相殺に関し、甲債権の弁済期が到来した後に、Ａの債権者であるＦが甲債権を差し押さえた場合には、Ｂは、差押え前に取得していた乙債権の弁済期到来前であっても、乙債権と甲債権との相殺をもってＦに対抗することができる。［司Ｒ3－21改＝予Ｒ3－9改］

×　差押えを受けた債権の第三債務者は、差押え後に取得した債権による相殺をもって差押債権者に対抗することはできないが、差押え前に取得した債権による相殺をもって対抗することができる（511Ⅰ）。しかし、相殺をするには、双方の債務が弁済期にあるとき（505Ⅰ本文）でなければならない。
⇒7－5－2　二（p.260）

50　AのBに対する金銭債権（以下「甲債権」という。）とBのAに対する金銭債権（以下「乙債権」という。）との相殺に関し、乙債権は、Aの債権者であるDが甲債権を差し押さえた後に、Bが他人から譲り受けたものであった。この場合、乙債権が差押え前の原因に基づいて生じたものであるとしても、Bは、乙債権と甲債権との相殺をもってDに対抗することができない。［司R３−21改＝予R３−９改］

○　511条２項ただし書参照
⇒7−5−2　ニ（p.260）

51　賃貸人が賃料の不払を理由として賃貸借契約を解除した後、賃借人が解除後に存在を知った賃貸人に対する債権と賃料債務を相殺により消滅させたとしても、賃貸借契約の解除の効力には影響がない。［司H 27−20＝予H 27−10］

○　最判昭32.3.8参照
⇒7−5−3　ニ（p.261）

52　弁済供託は、債権者が弁済の受領を拒むとき、債権者が弁済を受領することができないとき、又は債務者が過失なく債権者を確知することができないときに、することができる。［司H 20　19］

○　494条１項・２項参照
⇒7−6　一（p.262）

53　口頭の提供をしても債権者が弁済の受領を拒むことが明確な場合、債務者は、口頭の提供をしなくても、供託することができる。［司H 30−20］

○　大判明45.7.3参照
⇒7−6　一（p.262）

54　債権が二重に譲渡され、確定日付のある２つの譲渡通知が債務者に到達したが、その先後関係が不明である場合、債務者は供託することができる。［司H 30−20改］

○　最判平5.3.30／百選Ⅱ［第8版］〔30〕参照
⇒7−6　一（p.263）

55　自己が相当と考える額を債務者が供託した場合には、債務の全額に満たなくても、その額については供託は有効である。［司H 30−20］

×　大判明44.12.16参照
⇒7−6　一（p.263）

56　不法行為の加害者Aが被害者Bに対して第一審判決で支払を命じられた損害賠償金１億円の全額について弁済の提供をしたが、その後、控訴審判決において損害賠償金が２億円に増額され、それが確定した場合、Aがした弁済の提供は、無効となる。［司R元−20］

×　最判平6.7.18参照
⇒7−6　一（p.263）

57　金銭債務について弁済供託がされた場合、債権者が供託金を受け取った時に債務は消滅する。［司H 30−20］

×　弁済者が供託をした時に、その債権は、消滅する（494 I 柱書）。債権者が供託金を受け取った時ではない。
⇒7−6　一（p.264）

58　消費貸借契約の成立後、第三者が借主と連帯して債務弁済の責任を負担することを約することは、更改に当たる。［司R元－21］

× 従前の借主が第三者と交替するものではなく、従前の債務が消滅するものでもないため、更改には当たらない。本肢の合意は、併存的債務引受（470）に当たる。
⇒7－6　二（p.265）

59　債務者Aが債権者Bに対して負う金銭債務（以下「本件債務」という。）に関し、Bと第三者Cとは、Aの意思に反しては、Cに債務者を交替する更改をすることができない。［司R元－19改＝予R元－9改］

× 債務者との交替による更改は、債権者と更改後に債務者となる者（新債務者）との契約によってすることができる（514Ⅰ前段）。
⇒7－6　二（p.265）

60　債権者の交替による更改は、確定日付のある証書によってしなければ、第三者に対抗することができない。［司R元－21］

○ 515条2項参照
⇒7－6　二（p.265）

61　更改の当事者は、更改前の債務の目的の限度であれば、その債務の担保として第三者が設定した抵当権を、その第三者の承諾を得ずに更改後の債務に移すことができる。［司R元－21］

× 第三者が抵当権を設定した場合には、その承諾を得なければならない（518Ⅰただし書）。
⇒7－6　二（p.265）

62　債権者が債務者に対して債務の免除をする場合には、債務者の同意がなければ、免除の効果は発生しない。［司H24－22］

× 免除は、債権者が、一方的な意思表示によって無償で債務を消滅させるものであり（519）、単独行為であるから、債務者の同意を要しない。
⇒7－6　三（p.266）

63　AのBに対する債権を担保するため、B所有の土地に抵当権が設定された後、CのBに対する債権を担保するためにその土地に後順位抵当権が設定された場合において、AがBを単独で相続したときは、Aの抵当権は消滅する。［司H24－22］

○ 520条本文参照。債権者AがB債務者Bを相続することにより、AがBに対して有する被担保債権は混同によって消滅し、抵当権の付従性によりAの抵当権も消滅する。
⇒7－6　四（p.266）

64　保証人が主たる債務者を単独で相続した場合、保証債務を担保するために抵当権が設定されているときは、保証債務は消滅しない。［司R元－21］

○　本肢では、債権及び債務が同一人に帰属しているわけではないので、混同（520）は生じない。なお、最判平25.9.13／平25重判〔3〕参照。
⇒7－6　四（p.266）

65　Aが所有する甲建物の賃借人BがAから甲建物を譲り受けて占有を継続していたが、CがAから甲建物を譲り受け、その旨の所有権移転登記を経由したため、Bにおいて甲建物の所有権の取得をCに対抗することができなくなったときは、賃借権は、Cに対する関係で消滅しなかったものとなる。［司R元－21］

○　最判昭47.4.20参照
⇒7－6　四（p.267）

論点一覧表

＊ 「問題の所在」が記載されている箇所やその他重要な論点が掲載されている箇所を一覧化しました。「考え方のすじ道」が掲載されている論点には「○」マークを付しています。

論　点　名	考え方の すじ道	該当頁
債権総説		
債権の目的		
1　取立債務の場合の特定時期	○	15
2　契約内容に適合しない物の提供による特定の可否	○	16
3　特定後の変更権		17
債権の効力		
4　第三者による債権侵害		29
5　安全配慮義務①（第三者による加害行為と安全配慮義務）		42
6　安全配慮義務②（下請企業の労働者に対する元請企業の安全配慮義務）		43
7　損害賠償の範囲	○	45
8　損害賠償額の算定基準時	○	49
9　債務者からの損害賠償請求・契約解除の可否（受領遅滞の法的性質）		59
責任財産の保全		
10　債務者の一身に専属する権利（一身専属権）		70
11　虚偽表示と債権者代位権		72
12　債権者代位権の転用		75
13　転用の具体的場面①（妨害排除請求権（不動産賃借権の保全））		75
14　転用の具体的場面②（債権譲渡通知請求権）		76
15　転用の具体的場面③（建物買取請求権）		76
16　転用の具体的場面④（金銭債権を被保全債権とする債権者代位権の転用）	○	77
17　対抗要件具備行為と詐害行為取消権		82
18　離婚に伴う財産分与と詐害行為取消権		83
19　相続放棄と詐害行為取消権		84
20　遺産分割協議と詐害行為取消権		84
21　同時交換的行為		87
22　目的物が不可分である場合（取り消すことができる範囲）		92
23　不動産の場合（返還等の相手方）		93
24　不動産の二重譲渡と詐害行為取消権	○	93
25　他の債権者による分配請求の可否		95
26　受益者でもある債権者による按分額の支払拒絶の可否		95
27　債務者の受けた反対給付に関する受益者の権利（425の2）と同時履行の抗弁		96
多数当事者の債権・債務関係		
28　連帯債務の共同相続	○	118
29　第1弁済者が事後の通知を怠り、第2弁済者も事前の通知を怠って弁済した場合		124
30　求償権と負担部分（不真正連帯債務）		126
31　解除に基づく原状回復義務（保証債務の範囲）	○	135
32　物上保証人の事前求償権	○	144
債権譲渡・債務引受		
33　譲渡制限特約付きの預貯金債権の譲渡後における債務者の承諾	○	173

INDEX

判例索引

平成

INDEX

編著者代表　　反町　勝夫（そりまち　かつお）

＜経歴＞
　1965年東京大学経済学部卒業。株式会社電通勤務を経て、1970年公認会計士第2次試験合格。公認会計士試験受験指導を通じて開発した、経済学・経営学・会計学の論理体系思考を法律分野に導入し、新しい実務法律体系（LEC体系）を創造する。
　1978年司法試験合格後、株式会社東京リーガルマインド（LEC）を創立。わが国で一般的に行われている実務法律・会計の、教育・研修システムのほとんどを考案し、今日それらは資格試験・実務研修のデファクトスタンダードになっている。2004年日本初の株式会社大学「LEC東京リーガルマインド大学［略称：LEC（れっく）大学］」創立、2005年LEC会計大学院創立。若年者の就職100％を目指してキャリア開発学という学問分野を立ち上げ、研究・教育に邁進する。現在、弁護士・弁理士・税理士・会計士補・社会保険労務士・職業訓練指導員（事務科）。株式会社東京リーガルマインド代表取締役会長。
　著書に『21世紀を拓く法的思考』『司法改革—時代を先取りする「提言」—』『司法改革2—新時代を築く人々—』『各界トップが語る—改革への法的思考』『各界トップが語る—改革のプロセス』『各界トップが語る—改革の羅針盤』『各界トップが語る—改革の発進』『各界トップが語る—ここまで進んだ「改革」』『わかる！楽しい！法律』（LEC東京リーガルマインド）、『士業再生』（ダイヤモンド社）。広報誌『法律文化』編集長。そのほか、資格試験受験用テキスト（『C-Book』など）・社員研修用教材、論文・評論多数。

司法試験＆予備試験対策シリーズ

C-Book　民法III＜債権総論＞改訂新版

2001年3月30日	第1版	第1刷発行
2022年3月30日	改訂新版	第1刷発行

　　　　　編著者●株式会社　東京リーガルマインド
　　　　　　　　　LEC総合研究所　司法試験部

　　　　発行所●株式会社　東京リーガルマインド
　　　　　　〒164-0001　東京都中野区中野4-11-10
　　　　　　　　　アーバンネット中野ビル
　　　　　LECコールセンター　0570-064-464
　　　　　　受付時間　平日9:30〜20:00／土・祝10:00〜19:00／日10:00〜18:00
　　　　　　※このナビダイヤルは通話料お客様ご負担となります。
　　　　書店様専用受注センター TEL 048-999-7581／FAX 048-999-7591
　　　　　　受付時間　平日9:00〜17:00／土・日・祝休み
　　　　www.lec-jp.com/

　　　　　印刷・製本●株式会社　サンヨー

司法試験
受験指導歴

司法試験対策の
歴史は
LECの歴史

LECが始めた革命的合格メソッドは、
カリキュラム、テキスト、指導法、
そのすべてがデファクトスタンダードとなって、
多数の司法試験合格者を
輩出し続けています。

**1993年～2021年
LEC入門講座出身者
司法試験合格者数**

5,274名

※上記の実績には、旧司法試験の合格者数も含みます。
※入門講座申込後7年以内に実施された
　司法試験に合格された方の人数を集計したものです。
※上記合格者数は、官報をもとに算出しているため、
　同姓同名の方を含む可能性があります。
※複数年度にわたり講座を受講されている方は、
　1人としてカウントしています。
※上記数値の集計期間
　（入門講座の申込期間）は、
　1989年3月8日～2019年3月30日です。

42年
SINCE 1979

その理由

3年連続！
大学在学中1年合格者輩出！

※コースお申込から1年後の予備試験に合格

▶ 一人の講師による7科目一貫指導

◆7科目をばらばらの講師から教わると、科目間のバランスや関連性に配慮
されず、ともすれば講義内容に重複が生じたり、特定の分野に多くの時間が
割かれて偏りが生じることになります。こうした学習では効率的な学習は望め
ません。そのため1人の講師が7科目一貫して教えることは重要です。
◆LECのカリキュラムでは**主要講座の法律科目7科目を1人の講師が教えます。**
この7科目一貫指導によって短期
で合格する力を身につけること
が可能になるのです。

憲 民 刑 商 民訴 刑訴 行
主要講座

▶ 演習（Output）も標準装備

◆早い段階から問題を実際に解いてみることは合格への近道です。分かった
つもりでも、実際に解いてみると解けないことが往々にしてあります。
◆**LECの全てのコースには、バランスよく演習講座（アウトプット）が標準装備**され
ています。インプットとアウトプットを同時に行うことで、効率的に知識を吸収
できるだけでなく、自然と答案作成方法が身に付くように設計されています。

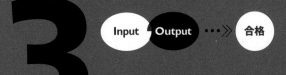

Input　Output　‥‥≫　合格

3つの
ストロングポイント

▶ 3ステップ学習／短期合格を効率的に実現

◆LECは41年にわたる指導経験から短期合格のためのカリキュラム「**3STEP
学習**」（入門➡論文対策➡短答対策）を完成させました。**段階的に学習を進め
ることで、効率的に真の実力を身につけることができる**カリキュラムです。

実績と 選ばれるLEC

1979年。今から42年前、LECは、合理的かつ効果的な司法試験の受験指導を始め、今日に至るまで、実に5274名!（詳細は左の頁参照）もの司法試験合格者を輩出しています。数ある受験合格者を輩出している予備校の中で類を見ない傑出した実績を、維持し続けている理由があります。

5つの 短期合格アイテム

1 カリキュラム・コース
- LEC体系
- インプット×アウトプット学習
- 3STEP学習

1993年から2021年までの間にLEC入門講座受講生から5,274名もの司法試験合格者が誕生しています。なぜ、このように多くの合格者を輩出しているのでしょうか。その答えが、1.LEC体系、2.INPUT×OUTPUT学習、3.3STEP学習、です。

2 テキスト
- セブンサミットテキスト ● 講師オリジナルテキスト
- 合格答案作成講座・短答合格講座オリジナルテキスト

42年の受験指導歴の中で、合格に必要な情報を蓄積し、沢山の書籍を刊行してきました。「セブンサミットテキスト」「講師オリジナルテキスト」「合格答案作成講座・短答合格講座オリジナルテキスト」には、これらの刊行物をベースに、最新判例などの情報も加えられています。記載されている情報の質と量は、自信を持ってお薦めできます。

3 専任講師陣

- 田中正人 LEC専任講師　● 武山茂樹 LEC専任講師
- 森剛士 LEC専任講師　● 赤木真也 LEC専任講師

受験に精通し短期合格の秘訣を知り尽くした講師陣をラインナップしております。LECでは、短期合格を果たしている講師とともにカリキュラムなどについても綿密な打ち合わせを行っています。LEC講師陣による講義は、どの講師でも合格に必要な知識を合理的に学ぶことができます。

4 受講スタイル
- 通学受講（教室／ Webシート／提携校通学）
- 通信（Web＋音声DL＋スマホ／ DVD）
- Zoom受講

多彩な受講スタイルで学べます。通学受講形態には、Web教材又はDVD教材が標準装備されています。一部は通学、一部はご自宅でのご受講という選択も可能です。通信受講形態では、Web教材とDVD教材のどちらかを選択できます。Web教材には音声ダウンロード機能が標準装備され、スマートフォンでのご受講も可能です。
また、2021年度春生より入門講座がZoomでご受講いただけるようになりました。

5 フォローアップ制度
- 司法試験マイスター
- 予備試験・法科大学院インフォメーションセンター
- 入門講座無料体験会・ガイダンス
- ご父母様向け情報提供サービス etc.

短期合格ができる時代になったとはいえ、司法試験は多くの忍耐と努力を要する試験です。当然大きな壁にもぶつかることがあるでしょう。そんなときに利用していただきたいのがLECのフォローアップ制度です。

司法試験の受験資格を取得する2つのルート

2 ROUTE

予備試験ルート

試験で受験資格を取得
確実性は高くはないが、
時間的経済的負担が少ないルート

予備試験とは、法科大学院に進学しない人にも法律家になる道を与えるための試験です。この試験に合格すると司法試験の受験資格を取得することができ、その後司法試験に合格すれば法律家となることができます。**時間的・経済的負担が比較的小さく、また受験資格の制限が無いので、**大学在学中に予備試験に合格し司法試験の受験資格を取得することも可能で、**法科大学院ルートより、はるかに短期間で法律家になれる可能性があります。**反面、予備試験では、法科大学院修了程度のハイレベルな法律的知識と実務能力を求められるため、これを法科大学院以外の方法で修得しなければなりません。また、難関試験であるので、司法試験の受験資格取得の確実性は、法科大学院より低いのも事実です。

法科大学院ルート

法科大学院で受験資格を取得
時間的・経済的負担は大きいが
比較的確実性の高いルート

大学卒業後、法科大学院へ進学し、法学未修者コース（3年）、又は法学既修者（2年）を修了することで司法試験の受験資格を得ることができます。さらに2020年4月より新制度「法曹コース」が始まり、大学（3年）と法科大学院（2年）の5年間、一貫教育を受けることで司法試験の受験資格を得ることができるようになりました。これらの法科大学院ルートは、**比較的確実に司法試験の受験資格を取得することができる**のが特長です。反面、法科大学院に進学する必要があるので、時間的な負担と経済的な負担は非常に大きいのも確かです。また、近年は大学院修了者の司法試験合格率は低く入学後の十分な受験対策が必要です。

ROUTE 1

予備試験には、学歴や年齢の制限はありません。大学生や高校生でも受験できます。

予備試験の合格には、法科大学院修了者と同等の、ハイレベルな法律知識と実務知識が必要です。

●受験資格

●法律知識の要否

法科大学院への進学には、原則として、4年制大学を卒業※1していることが必要です。

※1 大学卒業以外にも飛び入学で法科大学院へ進むことも可能です。

法科大学院入試では、法学未修者コースなら法律的な知識は不要、既修者コースでも予備試験ほどハイレベルな知識は必要ありません。

4年制大学 4年間で卒業 卒業

法曹コース 3年間で早期卒業 卒業 ▶ **法科**

ROUTE 2 **法曹コース**

ご存知のように、裁判官・弁護士・検察官といった法律家になるためには、司法試験に合格しなければなりません。しかし、司法試験は誰もが自由に出願し受験することができる試験ではなく、一定の受験資格が必要とされています。そして、法律家へのルートは、この司法試験の受験資格の取得のしかたにより、大きく2つのルートに分けられます。その一つは、法科大学院へ進学することで司法試験の受験資格を取得する法科

大学院ルート、もう一つは司法試験予備試験に合格する予備試験ルートです。従来、予備試験ルートは時間的余裕がない方向けのルートとされていましたが2020年度から導入された法曹コースでは3年間で早期卒業し法科大学院を2年で修了することで今までの法科大学院ルートよりも短期で受験資格を取得できるようになりました。いずれのルートで受験資格を取得しても最後に受験する司法試験は同じ試験です。

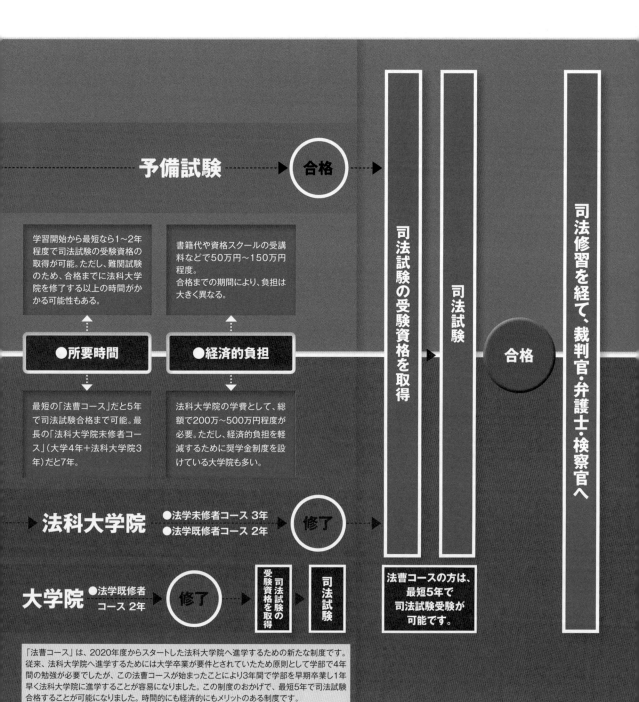

司法試験対策がスマホでできる!

スマホで[司法試験]
S式入門講座

講義時間約300時間
（基礎編約160時間・完成編約140時間）

8万9800円（税込）
から始められる
司法試験対策の
新方式

※価格は変更する可能性もございます。
詳しくは右のQRコードをご参照ください。

田中正人講師が2022年向けに完全リニューアル！
法律知識ゼロの方でも司法試験合格に必要な知識の
90%をスマホ受講で修得できる

講座概要 この講座は、予備試験短期合格者多数輩出の田中正人講師の講義のコンテンツを、講義の聴講がすべてスマートフォンで完結するという最新のシステムに搭載したものです。講義は講師の長年の講義経験と実務経験を踏まえて実施され、法律が身近に感じ体感できるだけでなく、司法試験合格に必要な知識を修得し、法律の考え方を完全にマスターできるものです。また、データ通信、データダウンロードによる講義の形式を採用することで、受講生は通勤・通学時でも、外出先でも、自宅でもどこでもいつでも学習できる上、従来の講座に比べて破格の価格の実現という革命的な内容を実現しました。

**こんな方に
お勧め**

| これから学習を始めようとお考えの方 | 時間がとれない社会人・学生 | 費用を抑えて学習したい方 |

学習スタイル

1 スマホでお手軽受講!
PCはもちろん、スマホでも十分な学習効果が得られる！

本講座は、画面上にテキストと講師の姿が同時に表示され、講義内容に合わせてテキストのページが自動的にスライドされていきます。紙のテキストは原則として使用しません(※)。動画を見ながら講義を聴いているだけで内容が理解でき、十分な学習効果が得られるように設計されています。講義は講師の長年の講義経験と実務経験を踏まえて実施され、法律が身近に感じ体感できるだけでなく、司法試験合格に必要な知識を習得し、法律の考え方を完全にマスターできるものです。

※製本印刷されたテキストは別売です。

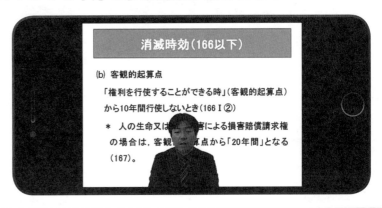

2 1ユニット約15分、いつでもどこでも
倍速視聴も可能！≫コマ切れ時間を使える≫電車、カフェが勉強部屋に

いつでもどこでも学習することができる工夫が施されています。講義は1ユニット約15分です。電車・バスを使った移動時間やお昼休憩などのコマ切れ時間も有効活用できます。また、スマホやタブレットにも対応しています。電車内、カフェ、公園などスマホやタブレットを見ることができればどこでも学習することができます。もちろん、倍速視聴も可能です。最大で2倍速で聴くことができます。

3 講義動画をダウンロードして視聴可能
通信容量を気にせず視聴可能！

自宅などのWi-Fi環境のある場所でスマホに動画をダウンロードしておけば、Wi-Fi環境がない外出先でも講義を受講することができます。また、スマホやタブレットにダウンロードした動画を見ることで、通信容量を気にせずに受講することができます。

※ダウンロードしてのご受講には、ダウンロード回数・ダウンロード1回あたりの視聴期間に制限がございます。ダウンロードでのご受講には制限がございますが、ダウンロードせずにデータ通信しながらのご受講には制限がございません。視聴期間内は何回でもご視聴いただけます。

簡単操作でダウンロード・動画視聴 ➡

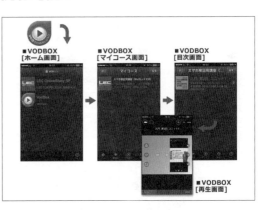

LEC司法試験講座を
もっと知るための**5**つの方法

次のアクション どうしますか?

**Webで
チェック
する**

資格・勉強方法を知る
①Webガイダンス
人気の講師陣が資格や勉強方法について解説するガイダンスをみることが
できます。

LEC　司法試験　Webガイダンス 検索

講座を体験
②おためしWeb受講制度
講師がたくさんいて、どの講師が自分にマッチするかわからない!LECの講義って実際どう?
法律初学者でも本当に講義についていけるの?そんな不安や疑問を解消してもらうために全体構
造編・民法の講義をWebで受講できます。

LEC　司法試験　おためし 検索

**近くの
LECに
行って
みる**

講師の話を聞いてみる
③無料講座説明会
全国の本校にて資格の概要や合格するための勉強法などを
講義する公開講座を開催しています。ぜひ公開講座から新た
な一歩を踏み出して下さい。

実際の講義で雰囲気を体感
④無料体験入学
開講日は無料で体験入学ができます。実際の教室で、講義の
進め方や講師の話し方を確認でき、講義の雰囲気を体感で
きます。

とりあえず話を聞いてみる
⑤受講相談
各本校では試験に精通したスタッフが試験や講座、教材など
あらゆるご質問にお答えします。お気軽にお越しください。

予約不要

参加無料

LEC司法試験・予備試験

書籍のご紹介

2022年版 司法試験&予備試験 完全整理択一六法

徹底した判例と条文の整理・理解に！
逐条型テキストの究極形『完択』シリーズ。

	定価
憲法	本体2,600円+税
民法	本体3,300円+税
刑法	本体2,600円+税
商法	本体3,300円+税
民事訴訟法	本体2,400円+税
刑事訴訟法	本体2,400円+税
行政法	本体2,400円+税

司法試験&予備試験 単年度版 短答過去問題集（法律基本科目）

短答式試験(法律基本科目のみ)の問題と解説集。

	定価
令和元年	本体2,600円+税
令和2年	本体2,600円+税
令和3年	本体2,600円+税

司法試験&予備試験 体系別短答過去問題集【第2版】

司法試験・予備試験で実施された短答式試験を体系別に収録。分かり易くコンパクトな解説で学習効率を向上させる。

	定価
憲法	本体3,200円+税
民法	本体5,000円+税
刑法	本体3,500円+税

司法試験&予備試験 論文過去問 再現答案から出題趣旨を読み解く。※単年度

出題趣旨を制することで論文試験を制する！
各年度再現答案を収録。

	定価
令和元年	本体3,500円+税
令和2年	本体3,500円+税
令和3年	本体3,500円+税

司法試験&予備試験 論文5年過去問 再現答案から出題趣旨を読み解く。※平成27-令和元年

	定価
憲法	本体2,900円+税
民法	本体3,500円+税
刑法	本体2,900円+税
商法	本体2,900円+税
民事訴訟法	本体2,900円+税
刑事訴訟法	本体2,900円+税
行政法	本体2,900円+税
法律実務基礎科目・一般教養科目(予備試験)	本体2,900円+税

※各書籍の版数、年度、価格は2022年1月現在のものです。

LEC Webサイト ▷▷▷ **www.lec-jp.com/**

情報盛りだくさん！

 資格を選ぶときも、
講座を選ぶときも、
最新情報でサポートします！

> **最**新情報
各試験の試験日程や法改正情報、対策講座、模擬試験の最新情報を日々更新しています。

> **資**料請求
講座案内など無料でお届けいたします。

> **受**講・受験相談
メールでのご質問を随時受付けております。

> **よ**くある質問
LECのシステムから、資格試験についてまで、よくある質問をまとめました。疑問を今すぐ解決したいなら、まずチェック！

> **書**籍・問題集（LEC書籍部）
LECが出版している書籍・問題集・レジュメをこちらで紹介しています。

充実の動画コンテンツ！

 ガイダンスや講演会動画、
講義の無料試聴まで
Webで今すぐCheck！

> **動**画視聴OK
パンフレットやWebサイトを見てもわかりづらいところを動画で説明。いつでもすぐに問題解決！

> **W**eb無料試聴
講座の第1回目を動画で無料試聴！気になる講義内容をすぐに確認できます。

LEC全国学校案内

*講座のお問合せ、受講相談は最寄りのLEC各校へ

LEC本校

■ 北海道・東北

札幌本校 ☎011(210)5002
〒060-0004 北海道札幌市中央区北4条西5-1　アスティ45ビル

仙台本校 ☎022(380)7001
〒980-0022 宮城県仙台市青葉区五橋1-1-10　第二河北ビル

■ 関東

渋谷駅前本校 ☎03(3464)5001
〒150-0043 東京都渋谷区道玄坂2-6-17　渋東シネタワー

池袋本校 ☎03(3984)5001
〒171-0022 東京都豊島区南池袋1-25-11　第15野萩ビル

水道橋本校 ☎03(3265)5001
〒101-0061 東京都千代田区神田三崎町2-2-15　Daiwa三崎町ビル

新宿エルタワー本校 ☎03(5325)6001
〒163-1518 東京都新宿区西新宿1-6-1　新宿エルタワー

早稲田本校 ☎03(5155)5501
〒162-0045 東京都新宿区馬場下町62　三朝庵ビル

中野本校 ☎03(5913)6005
〒164-0001 東京都中野区中野4-11-10　アーバンネット中野ビル

立川本校 ☎042(524)5001
〒190-0012 東京都立川市曙町1-14-13　立川MKビル

町田本校 ☎042(709)0581
〒194-0013 東京都町田市原町田4-5-8　町田イーストビル

横浜本校 ☎045(311)5001
〒220-0004 神奈川県横浜市西区北幸2-4-3　北幸GM21ビル

千葉本校 ☎043(222)5009
〒260-0015 千葉県千葉市中央区富士見2-3-1　塚本大千葉ビル

大宮本校 ☎048(740)5501
〒330-0802 埼玉県さいたま市大宮区宮町1-24　大宮GSビル

■ 東海

名古屋駅前本校 ☎052(586)5001
〒450-0002 愛知県名古屋市中村区名駅4-6-23　第三堀内ビル

静岡本校 ☎054(255)5001
〒420-0857 静岡県静岡市葵区御幸町3-21　ペガサート

■ 北陸

富山本校 ☎076(443)5810
〒930-0002 富山県富山市新富町2-4-25　カーニープレイス富山

■ 関西

梅田駅前本校 ☎06(6374)5001
〒530-0013 大阪府大阪市北区茶屋町1-27　ABC-MART梅田ビル

難波駅前本校 ☎06(6646)6911
〒542-0076 大阪府大阪市中央区難波4-7-14　難波フロントビル

京都駅前本校 ☎075(353)9531
〒600-8216 京都府京都市下京区東洞院通七条下ル2丁目
東塩小路町680-2　木村食品ビル

京都本校 ☎075(353)2531
〒600-8413　京都府京都市下京区烏丸通仏光寺下ル
大政所町680-1 第八長谷ビル

神戸本校 ☎078(325)0511
〒650-0021 兵庫県神戸市中央区三宮町1-1-2　三宮セントラルビル

■ 中国・四国

岡山本校 ☎086(227)5001
〒700-0901 岡山県岡山市北区本町10-22　本町ビル

広島本校 ☎082(511)7001
〒730-0011 広島県広島市中区基町11-13　合人社広島紙屋町アネクス

山口本校 ☎083(921)8911
〒753-0814 山口県山口市吉敷下東 3-4-7　リアライズⅢ

高松本校 ☎087(851)3411
〒760-0023 香川県高松市寿町2-4-20　高松センタービル

松山本校 ☎089(961)1333
〒790-0003 愛媛県松山市三番町7-13-13　ミツネビルディング

■ 九州・沖縄

福岡本校 ☎092(715)5001
〒810-0001　福岡県福岡市中央区天神4-4-11　天神ショッパーズ
福岡

那覇本校 ☎098(867)5001
〒902-0067 沖縄県那覇市安里2-9-10　丸姫産業第2ビル

■ EYE関西

EYE 大阪本校 ☎06(7222)3655
〒530-0013　大阪府大阪市北区茶屋町1-27　ABC-MART梅田ビル

EYE 京都本校 ☎075(353)2531
〒600-8413　京都府京都市下京区烏丸通仏光寺下ル
大政所町680-1 第八長谷ビル

【LEC公式サイト】www.lec-jp.com/

QRコードから
かんたんアクセス！

LEC提携校

＊提携校はLECとは別の経営母体が運営をしております。
＊提携校は実施講座およびサービスにおいてLECと異なる部分がございます。

■北海道・東北

北見駅前校【提携校】　☎0157(22)6666
〒090-0041　北海道北見市北1条西1-8-1　一燈ビル　志学会内

八戸中央校【提携校】　☎0178(47)5011
〒031-0035　青森県八戸市寺横町13　第1朋友ビル　新教育センター内

弘前校【提携校】　☎0172(55)8831
〒036-8093　青森県弘前市城東中央1-5-2
まなびの森　弘前城東予備校内

秋田校【提携校】　☎018(863)9341
〒010-0964　秋田県秋田市八橋鯲沼町1-60
株式会社アキタシステムマネジメント内

■関東

水戸見川校【提携校】　☎029(297)6611
〒310-0912　茨城県水戸市見川2-3092-3

所沢校【提携校】　☎050(6865)6996
〒359-0037　埼玉県所沢市くすのき台3-18-4　所沢K・Sビル
合同会社LPエデュケーション内

東京駅八重洲口校【提携校】　☎03(3527)9304
〒103-0027　東京都中央区日本橋3-7-7　日本橋アーバンビル
グランデスク内

日本橋校【提携校】　☎03(6661)1188
〒103-0025　東京都中央区日本橋茅場町2-5-6　日本橋大江戸ビル
株式会社大江戸コンサルタント内

新宿三丁目駅前校【提携校】　☎03(3527)9304
〒160-0022　東京都新宿区新宿2-6-4　KNビル　グランデスク内

■東海

沼津校【提携校】　☎055(928)4621
〒410-0048　静岡県沼津市新宿町3-15　萩原ビル
M-netパソコンスクール沼津校内

■北陸

新潟校【提携校】　☎025(240)7781
〒950-0901　新潟県新潟市中央区弁天3-2-20　弁天501ビル
株式会社大江戸コンサルタント内

金沢校【提携校】　☎076(237)3925
〒920-8217　石川県金沢市近岡町845-1　株式会社アイ・アイ・ピー金沢内

福井南校【提携校】　☎0776(35)8230
〒918-8114　福井県福井市羽水2-701　株式会社ヒューマン・デザイン内

■関西

和歌山駅前校【提携校】　☎073(402)2888
〒640-8342　和歌山県和歌山市友田町2-145
KEG教育センタービル　株式会社KEGキャリア・アカデミー内

■中国・四国

松江殿町校【提携校】　☎0852(31)1661
〒690-0887　島根県松江市殿町517　アルファステイツ殿町
山路イングリッシュスクール内

岩国駅前校【提携校】　☎0827(23)7424
〒740-0018　山口県岩国市麻里布町1-3-3　岡村ビル　英光学院内

新居浜駅前校【提携校】　☎0897(32)5356
〒792-0812　愛媛県新居浜市坂井町2-3-8　パルティフジ新居浜駅前店内

■九州・沖縄

佐世保駅前校【提携校】　☎0956(22)8623
〒857-0862　長崎県佐世保市白南風町5-15　智翔館内

日野校【提携校】　☎0956(48)2239
〒858-0925　長崎県佐世保市椎木町336-1　智翔館日野校内

長崎駅前校【提携校】　☎095(895)5917
〒850-0057　長崎県長崎市大黒町10-10　KoKoRoビル
minatoコワーキングスペース内

沖縄プラザハウス校【提携校】　☎098(989)5909
〒904-0023　沖縄県沖縄市久保田3-1-11
プラザハウス　フェアモール　有限会社スキップヒューマンワーク内

※上記は2022年2月1日現在のものです。

書籍の訂正情報の確認方法と お問合せ方法のご案内

このたびは、弊社発行書籍をご購入いただき、誠にありがとうございます。
万が一誤りと思われる箇所がございましたら、以下の方法にてご確認ください。

1 訂正情報の確認方法

発行後に判明した訂正情報を順次掲載しております。
下記サイトよりご確認ください。

www.lec-jp.com/system/correct/

2 お問合せ方法

上記サイトに掲載がない場合は、下記サイトの入力フォームより
お問合せください。

http://lec.jp/system/soudan/web.html

フォームのご入力にあたりましては、「Web教材・サービスのご利用について」の
最下部の「ご質問内容」に下記事項をご記載ください。

> ・対象書籍名(○○年版、第○版の記載がある書籍は併せてご記載ください)
> ・ご指摘箇所(具体的にページ数の記載をお願いします)

お問合せ期限は、次の改訂版の発行日までとさせていただきます。
また、改訂版を発行しない書籍は、販売終了日までとさせていただきます。

※インターネットをご利用になれない場合は、下記①〜⑤を記載の上、ご郵送にてお問合せください。
①書籍名、②発行年月日、③お名前、④お客様のご連絡先(郵便番号、ご住所、電話番号、FAX番号)、⑤ご指摘箇所
　送付先:〒164-0001 東京都中野区中野4-11-10 アーバンネット中野ビル
　　　　東京リーガルマインド出版部 訂正情報係

> ・正誤のお問合せ以外の書籍の内容に関する質問は受け付けておりません。
>   また、書籍の内容に関する解説、受験指導等は一切行っておりませんので、あらかじ
>   めご了承ください。
> ・お電話でのお問合せは受け付けておりません。

講座・資料のお問合せ・お申込み

LECコールセンター ☎0570-064-464
携帯OK

受付時間:平日9:30〜20:00/土・祝10:00〜19:00/日10:00〜18:00

※このナビダイヤルの通話料はお客様のご負担となります。
※このナビダイヤルは講座のお申込みや資料のご請求に関するお問合せ専用ですので、書籍の正誤に関する
　ご質問をいただいた場合、上記「②正誤のお問合せ方法」のフォームをご案内させていただきます。